AU BONHEUR DES PLANTES

MICHEL PIERRE
MICHEL LIS

Au bonheur des plantes

Au bonheur des plantes

LA campagne du Massif central est un paradis pour les plantes. La région possède en effet une flore très riche et bien préservée.

Michel Pierre (directeur de l'herboristerie du Palais Royal) et Michel Lis (alias Michel le Jardinier) ont marié leurs connaissances pour nous présenter la « pharmacie du Bon Dieu ». En fait, ils nous invitent à cueillir des plantes après les avoir soigneusement choisies. Ils nous apprennent à bien les utiliser, à les préparer, à les conserver...

Ce livre repose sur des connaissances scientifiques, sérieuses et récentes. Chaque plante sélectionnée est représentée par un dessin. Les deux auteurs rappellent l'origine de son nom, la décrivent de manière précise, donnent des conseils de culture et de récolte avant d'en expliquer les usages...

« Ce bonheur des plantes » permet d'abord de mieux connaître les plantes, il rapproche réellement le lecteur de la nature. En prime, on découvre les vertus des plantes, des recettes d'hier et des remèdes d'aujourd'hui, des recettes de santé et des infusions de plaisir...

Les plantes peuvent nous aider à mieux vivre en toute sérénité... L'été est une période de prédilection pour cueillir les plantes et pour les conditionner. Muni de ce livre, vous pouvez effectuer des promenades dans la campagne qui ne manqueront pas de vous surprendre !

R. G.

Editions Le Pré aux Clercs, 160 F.

Le Pré aux Clercs

ISBN 2-7144-2781-2

La conquête de la santé
ne se mène pas comme une guerre,
car elle est liée justement
au rétablissement de la paix.

R. Dextreit
Prix de l'Académie
diplomatique de la Paix, 1989

Avant-propos

La nature ne connaît ni le bien ni le mal et il serait illusoire de croire que, puisqu'il s'agit de plantes, cela ne peut faire de mal. Les « bonnes herbes » de nos jardins de santé que nous vous proposons ici ont donc été soigneusement passées au crible des connaissances scientifiques les plus récentes de l'herboriste et les « bonnes santés » – comme les appelaient nos anciens – figurant dans cet ouvrage sont bien les plantes de la remise en forme que vous attendez. Ce livre, conçu à deux mains entre l'herboriste et le jardinier, n'est pas un ouvrage médical ni un traité des plantes quelconque comme il y en a déjà tant. Il n'est pas, non plus, ce « médecin des simples » si cher aux toujours « mal portants » de tous poils ; il est plus naturellement une porte donnant sur le jardin dont nous rêvons tous et en plus de la pratique du jardinage, la cueillette et la récolte de plantes, vous viendrez découvrir un nouvel art de vivre mieux, grâce à ces plantes que d'aucuns nomment « la pharmacie du Bon Dieu » et qui sont simplement le résultat d'une alchimie mystérieuse entre le ciel et la terre où elles sont nées.

Ces plantes, fleurs, fruits, feuilles, tiges et racines ont été rassemblés ici pour vous permettre de retrouver ces rythmes essentiels d'une nature que l'on a trop voulu domestiquer, diriger aveuglément.

Avant de rêver, il faut savoir, Michel Pierre et Michel Lis, le jardinier, l'ont perçu depuis longtemps. Ils ont appris à connaître, à cultiver parfois ces « filles du vent » que sont toujours les herbes aux vertus médicinales. Elles n'ont rien de magique pour eux, elles sont simplement des aides pour mieux supporter une vie de plus en plus trépidante, « stressée » comme l'on dit aujourd'hui.

Au bonheur des plantes indique la couverture de ce livre, et c'est bien de cela qu'il s'agit avec Michel Pierre, de l'Herboristerie du Palais-Royal, et Michel Lis, le Jardinier à la Moustache Verte tant radiophonique que télévisuelle ! Au-delà du jardin, des balades en forêt, des petits bonheurs, qui sont comme on le sait dans le pré, et qu'il ne faut pas laisser filer, ils veulent partager avec vous, lecteurs, un art tout simple mais essentiel, celui de mieux vivre, avec plus d'harmonie entre l'esprit et le corps remis en forme par ces plantes que la terre nous offre si généreusement.

Avec eux, découvrez cet art discret de la tisane merveilleuse, de l'infusion « qui vous remet un Jésus en culottes de velours dans la gorge »... Une manière d'être aux senteurs multiples de l'Orient comme de l'Occident, d'un monde des sens sans frontières, car le magasin « Au bonheur des plantes » a vraiment des succursales dans tous les jardins de la planète !

Bonne dégustation !

Michel PIERRE
Michel LIS

Jardin des simples

En chacun de nous doit probablement sommeiller un jardinier et, par voie de conséquence, un artiste qui associe le goût, les odeurs, les couleurs. Autant de jardins autant de jardiniers : aucun jardin ne ressemble à un autre, ils sont tous l'expression d'une personnalité, de votre personnalité. « Montre-moi ton jardin, je te dirai qui tu es. » Impossible de se masquer, on ne triche pas avec la nature, elle ne se gêne pas pour nous le rappeler quand il le faut.

Les plantes médicinales et condimentaires peuvent apporter les couleurs qui manquent à votre palette. Elles s'intègrent partout, sur un balcon, sur le rebord d'une fenêtre, dans la maison et dans le jardin, seules ou en harmonie avec les plantes potagères. Mais la réussite dépend des soins que vous apporterez et du respect que vous témoignerez à chacune d'elles. Toutes ont leurs habitudes, leurs caprices même, avec lesquels vous devrez composer. En fait, si on veut créer un jardin, il faut commencer par se poser trois questions : où ? pourquoi ? comment ?

BIEN IMPLANTER VOTRE JARDINIÈRE

Aussi curieux que cela puisse paraître, une jardinière n'est pas un simple réceptacle, une sorte de boîte contenant quelques végétaux mais un ensemble bien vivant. Votre mini-jardin ne doit pas être posé là parce qu'après tout cela bouche un trou. Vous devez tenir compte de divers facteurs techniques qui favoriseront le bon développement des plantes. Ajoutez, à ces considérations, la création d'un décor ou la modification de celui déjà existant.

LE BON ENDROIT

Commencez par déterminer l'emplacement de la jardinière en fonction de l'exposition nécessaire aux plantes. Plusieurs facteurs entrent en ligne de compte.

L'ENSOLEILLEMENT vient immédiatement à l'esprit. Celui-ci varie considérablement suivant les régions d'une part, et l'exposition d'autre part. Vous devez repérer les zones les plus ombrées, cela vous fournira un élément de décision important. La surexposition peut se moduler par l'existence de stores qui vous permettront de distiller à loisir les rayons du soleil. Vous pouvez également utiliser des petites claies, faciles à enrouler sur elles-mêmes. Dans les régions méditerranéennes, les stores sont actionnés automatiquement en fonction de la luminosité. Pour les terrasses et les balcons d'angle, munissez les jardinières de roulettes qui vous permettront de les déplacer d'un angle à un autre suivant les saisons. Vous disposerez ainsi de deux expositions différentes.

LE VENT. Voilà un des grands ennemis de la végétation. Il influe de manière néfaste de deux façons. Tout d'abord il se comporte comme un véritable séchoir aussi bien sur la plante elle-même que sur le sol. Ensuite il collabore à un abaissement de la température. Les gelées au sixième étage sont beaucoup plus fréquentes qu'au rez-de-chaussée. Si le règlement vous l'autorise, fixez sur la rambarde un coupe-vent. Suivant le décor choisi, vous disposez de plusieurs matériaux : les plastiques transparents très neutres qui ne jaunissent pas avec le temps, les polycarbonates très légers faciles à couper et bien sûr le verre Securit.

Veillez tout particulièrement à la fixation car il s'agit de matériaux pleins offrant une grande résistance au vent. Les produits semi-perméables tels que les treillages s'adaptent parfaitement aux zones moyennement exposées. Différentes matières sont proposées : le châtaignier fendu, le roseau, le bambou. Les végétaux tels que le thuya peuvent fournir une protection efficace mais une taille sera nécessaire pour qu'ils ne prennent pas trop d'ampleur.

LE GEL. Les variations de son intensité sont considérables d'une région à une autre, voire d'une ville à sa grande banlieue. À titre d'exemple, cette différence est estimée à 8 °C entre Paris intra-muros et Le Bourget. Le mode d'implantation, les délais de culture varieront eux aussi. Les moyennes établies donnent quatre-vingt-dix jours de gel par an à Nancy pour douze à Nice. Vous devez apporter des nuances quant à l'intensité de ces gelées, leur effet dévastateur n'a rien de comparable. Dans les régions à faible risque, protégez les jardinières sous un tunnel de plastique ou par une feuille de polyane maintenue par des arceaux ; fixez-les solidement. Vous vous trouvez dans une situation à haut risque, les solutions sont très limitées : vous devez faire hiverner votre ou vos jardinières à l'intérieur. Pour cela n'attendez pas le dernier moment. Plus tard, ce jardin extérieur deviendra jardin d'intérieur. Pensez à disposer d'éléments de petite taille afin de mieux les répartir dans votre appartement. Pour réussir ces amalgames, certaines plantes peuvent être disposées dans des poteries qui s'intégreront mieux dans le décor intérieur et d'autres dans des jardinières.

LES JARDINIÈRES FIXES. Dans certains types de construction, les jardinières sont incorporées dans les balcons ; vous devrez faire avec, elles sont inamovibles. Avant toute plantation veillez à vérifier qu'un système d'évacuation ait été prévu, sinon percez quelques trous car le drainage sera pratiquement inutile. Par ailleurs, vous n'aurez pas le choix de l'exposition ; le surplus d'alimentation d'eau peut servir à d'autres jardinières situées en position basse.

QUEL TYPE DE JARDINIÈRE CHOISIR ?

De nombreux modèles sont proposés sur le marché, le choix dépend de considérations esthétiques et de la facilité d'entretien.

Étant une matière stable qui ne craint pas les intempéries, le PVC (chlorure de polyvinyle) semble être le matériau idéal. Il ne demande pas d'entretien sinon un simple lavage épisodique, identique à celui des meubles de jardin. D'une façon générale, les bacs sont munis de pieds qui les isolent du sol. Certains modèles bon marché en sont dépourvus, d'où la nécessité de les caler à l'aide d'une petite planchette à chaque extrémité ou de pierres plates. Deux ou trois centimètres de surélévation suffisent.

Les jardinières en bois sont d'un aspect plus naturel, même recouvertes d'une peinture toute fraîche. Les modèles en bois naturel ayant été traités à cœur en usine ne nécessitent pas de préparation. Ils vous seront vendus prêts à l'emploi et imputrescibles. Ils sont tous pourvus de pieds. Dans le cas où les mesures standard ne conviendraient pas, il vous faudra opter pour le « sur mesure ». Les bois naturellement imputrescibles, comme le châtaignier, se font rares, vous avez donc intérêt à construire ou à faire construire des éléments en résineux. Une couche d'huile de lin passée à chaud au pinceau assurera une protection efficace. Faites chauffer l'huile au bain-marie de manière qu'elle soit très fluide. Réchauffez-la au fur et à mesure de l'utilisation. Il existe des composés de particules de bois qui sont dits marines. Normalement ils sont totalement insensibles à l'humidité.

LA TERRE CUITE. Laissée à l'état brut, elle offre beaucoup d'avantages, ne serait-ce que par sa technique de fabrication qui autorise la présence de motifs décoratifs. L'absence de glaçure laisse respirer la terre qui peut soit garder la fraîcheur, soit laisser évaporer les excédents d'humidité. On peut reprocher à la terre cuite d'être gélive et relativement fragile aux chocs. Dans la même catégorie de jardinières, la pierre reconstituée présente plus d'avantages décoratifs que pratiques. La plupart des modèles ne comportent pas de pieds ni d'évacuation d'eau ; de plus, sauf marques réputées, la pierre reste gélive et fragile.

Pour les bordures de fenêtre, les modèles classiques mesurent de quarante à quatre-vingt-dix centimètres. De faible largeur et de faible profondeur, vous devez trouver la jardinière adaptée à la taille de la fenêtre. Même si vous disposez d'un rebord assez large, il est impératif que vous prévoyiez un système d'accroche métallique très résistant, pour éviter tout risque de chute par grand vent. L'alignement de pots de fleurs en terre n'est qu'un risque d'accident.

VOTRE JARDIN INTÉRIEUR

Vous aurez deux problèmes à régler simultanément d'une façon aiguë : l'esthétique et la bonne santé des plantes. Cependant, non seulement ces problèmes ne sont pas insolubles, mais ils vous permettront d'en résoudre d'autres avec utilité et bonheur. Les plantes sont souvent utilisées comme fausse séparation entre deux pièces. Rien n'empêche de remplacer l'éternelle plante retombante par une succession de plantes aromatiques ou médicinales suspendues au plafond. Chaque vasque peut contenir des éléments de tailles et de couleurs différentes. Une courbe d'escalier trop large reprendra une ligne plus harmonieuse si les marches sont garnies dans leur mouvement extérieur. La tentation est grande d'utiliser des pots très décoratifs mais peu pratiques. Vous devrez généralement percer le fond. Si le centre de gravité se situe assez haut, lestez le fond à l'aide d'une couche de billes d'acier.

Des problèmes d'éclairage peuvent se poser, en particulier si vous posez les jardinières en bordure d'une fenêtre ou d'une baie vitrée. Sous l'effet de serre, les rayons du soleil risquent de brûler les feuilles sans que vous vous en aperceviez. Il est donc nécessaire d'éviter une trop grande proximité ou une exposition directe. Un voilage atténuera le rayonnement. Vos plantes peuvent très bien vivre dans un espace sombre, pourvu que vous complétiez le manque de lumière par un éclairage artificiel, en particulier des tubes fluorescents dits agricoles. Vous ferez d'une pierre deux coups en éclairant par la même occasion cette partie sombre. La consommation d'électricité est négligeable, inférieure à celle d'un aquarium.

VOS PLANTES EN PLEINE TERRE

Les impératifs météorologiques sont identiques à ceux des jardinières. Cependant les moyens de les satisfaire sont beaucoup plus variés. Un mur servira de pare-vent et accumulera la chaleur dans la journée pour la restituer la nuit. La brique, les pierres calcaires ont des pouvoirs diffusants importants. Les haies persistantes préservent également du vent. Observez la durée d'ensoleillement en hiver et en été de manière à disposer judicieusement les plantes.

Elles peuvent s'utiliser de plusieurs manières, les plus hautes faisant office de haies, de séparations, de touffes. Dans la plupart des cas, une taille sera nécessaire. Les plus petites serviront de bordures. Cette technique de la plantation en ligne s'utilise surtout dans les jardins potagers, car elle a l'avantage de faciliter le travail de la terre pour les autres cultures. Pour les variétés les plus exigeantes, la terre sera amendée ou remplacée sur un espace bien délimité. La culture regroupée évitera les effets de dispersion des traitements prodigués sur les autres végétaux. Il est également possible de délimiter les bordures par un système proche de celui des jardinières. Enfoncez dans le sol des petits rondins de bois en les laissant dépasser du sol de quelques centimètres. Trempez le bois deux ou trois heures dans une solution d'eau de Javel diluée à trente pour cent. Posez des planches de bois brut, de petite longueur, pour éviter un aspect trop linéaire. Un traitement à l'huile de lin chaude suffira à la protection. Une teinture au brou de noix en solution aqueuse donnera une couleur brune rustique. Les bordures fournissent une protection efficace contre les projections des gravillons des allées, que vous pourrez traiter d'ailleurs en toute tranquillité contre les herbes envahissantes. Les bordures préfabriquées, d'installation aisée, sont d'une qualité esthétique toute relative à moins de les masquer partiellement par des plantes retombant légèrement.

Avec les pierres, vous n'aurez que l'embarras du choix pour créer un décor : toutes les couleurs, toutes les formes sont envisageables. Les murets en pierre sèche seront construits de préférence à l'aide d'éléments plats, calés les uns sur les autres par un apport de terre et de sable. Vous pouvez tricher en cas de difficulté avec un peu de mortier tout prêt. Sur les terrains pentus, le mur bloquera la terre et évitera les effets néfastes du ruissellement. Rajoutez à mi-hauteur un petit morceau de tuyau incliné vers le bas tous les mètres pour faciliter l'écoulement, en particulier si vous habitez une région où les orages sont fréquents et violents. Peut-être aurez-vous la chance de vous procurer à bon prix des galets, n'hésitez pas à les utiliser. Les superposer exige bien souvent un scellement partiel en raison de leur forme ovale.

À partir de ces matériaux vous pouvez agrémenter votre jardin de plantes aromatiques selon votre inspiration, mais si vous prélevez des plantes fraîches, songez à l'installer le plus près possible de la cuisine. Si vous disposez d'une descente de garage, profitez-en pour l'aménager par des cultures en vasques. Les murs de clôture, les espaces éloignés seront plutôt réservés à des cultures de plantes dont la récolte doit être séchée.

LA ROCAILLE, UN TYPE PARTICULIER DE CULTURE. Il existe deux types de rocailles, les unes à plat, les autres en dénivelé. D'une manière générale, posez des pierres de grande dimension et de même nature. Si elles sont trop petites, le résultat ressemblera plus à un tas de cailloux qu'à une rocaille. Préférez les pierres non calcaires qui peuvent par désagrégation modifier la nature du sol. À plat vous pourrez donner une impression de volume en plaçant les pierres les plus volumineuses au centre ou en arrière. Les rocailles en hauteur procèdent du même principe que les jardinières. Vous tiendrez compte du volume, de la pente et de l'irrigation.

LES MATÉRIAUX DE RÉCUPÉRATION. À l'occasion, ou si vous êtes pressé, vous pourrez dénicher chez les récupérateurs des matériaux qui vous permettront d'aménager votre jardin. Les traverses de chemin de fer peuvent être coupées et à demi enterrées. Aucun traitement n'est nécessaire au préalable car elles sont imputrescibles. Les vieilles poutres nécessitent au contraire l'utilisation d'un produit protecteur tel qu'un lasure. Les bordures de trottoir et les pavés en grès, plus difficiles à trouver, serviront à créer des mini-allées.

PRÉPAREZ VOTRE JARDINIÈRE

Un matériel ne nécessitera pas de préparation particulière ; en revanche, des jardinières qui auront préalablement servi devront être nettoyées soigneusement. Dans la mesure du possible, ne réutilisez pas l'ancienne terre qui peut receler des parasites. Lavez les jardinières réutilisées avec un désinfectant tel que l'eau de Javel diluée à trente pour cent. Laissez agir quelques heures avant de rincer à grande eau. Cassez des morceaux de pots de fleurs ou découpez des petits morceaux de polystyrène qui serviront à recouvrir les trous destinés à l'évacuation de l'eau au fond de la jardinière. Faites une sorte de tumulus de trois ou quatre centimètres, le recouvrement restant perméable. Déposez ensuite une couche de gravillons ou de petits cailloux sur quelques centimètres. Tassez-les en les remuant. Prenez du sable propre dépourvu de débris végétaux et recouvrez la première couche de drainage : deux ou trois centimètres suffisent pour une jardinière de vingt centimètres de profondeur. Découpez de la toile de jute ou du voilage de rideau à la dimension de la jardinière. Recouvrez le drainage d'une ou deux couches. Vous trouverez des matériaux synthétiques qui servent de filtre, car cette protection est destinée à éviter que le drainage ne soit obstrué par la terre lors des écoulements d'eau.

QUELLE TERRE ?

Il en est de la terre comme des régimes, il existe une formule de base et des variantes correspondant à chaque besoin. Le terreau pur est trop fort, vous risquez de faire mourir vos plantes. Effectuez plutôt un mélange de terre de jardin, d'un peu de tourbe et enfin de terreau.

Vérifiez que la terre de jardin est saine et qu'il s'agit d'une terre franche. Pour cela elle doit s'émietter dans la main, ne pas être collante ni trop friable. Elle se compose de débris végétaux que vous repérez facilement. Sa texture laisse s'évacuer une partie de l'eau, mais la terre demeure fraîche et humide.

Selon les besoins vous pourrez la rendre plus ou moins poreuse en y ajoutant un peu de sable. Après avoir soigneusement effectué le mélange, il ne vous reste plus qu'à garnir les jardinières. Dans ce cas, l'outillage se réduit au strict minimum : une petite pelle et un petit râteau, les deux étant très souvent solidaires du même manche en métal. Un petit arrosoir d'appartement fera parfaitement l'affaire. Le matériel classique de jardinage sera suffisant si vous travaillez dans votre jardin à l'extérieur.

L'ARROSAGE : LA VIE OU LA MORT

Cette opération d'apparence anodine mérite au contraire que l'on y porte une attention toute particulière. Un excès d'humidité provoque à coup sûr un dépérissement et à plus long terme un pourrissement par la racine. À la limite un manque d'eau momentané a des conséquences bien moins graves qu'un surplus.

L'arrosage se doit d'être parfaitement dosé en fonction de chaque variété de plantes ; le concevoir d'une manière globale conduit bien souvent à l'échec ; le testeur le plus naturel reste votre doigt qui doit pouvoir pénétrer facilement dans le sol. Vous devez ressentir une sensation de fraîcheur. Il existe des petits appareils qui, enfoncés dans le sol, vous serviront de témoin d'humidité. On ne peut définir des espacements de temps entre chaque arrosage, car ils varient selon la saison, l'évaporation et l'assèchement dû au vent. Il n'en demeure pas moins une constante : en période hivernale, ceux-ci doivent être considérablement ralentis. Reste l'éternel problème des vacances de l'éclairage, plus facile à résoudre que celui de l'arrosage. Vous trouverez des réserves d'eau que vous placerez en bordure de jardinière. Une mèche enterrée apportera par capillarité l'eau nécessaire, mais, dans les régions dites chaudes, les réserves s'épuisent assez rapidement ; il faut songer à les renouveler ou espérer quelques pluies. Dans le Nord, le phénomène est moins aigu.

LES BACS À RÉSERVE D'EAU. Mieux vaut n'utiliser cette réserve qu'à titre exceptionnel lorsqu'on s'absente, car les plantes non aquatiques supportent mal la vie pieds dans l'eau. Elles pourrissent par la racine. Avant de vous absenter, procédez à un bon arrosage et recouvrez la terre de paille humide qui gardera la fraîcheur, limitera l'évaporation et laissera malgré tout filtrer l'eau de pluie.

Au jardin, vous pouvez installer un arrosage automatique, programmable, qui vous évitera l'éventuelle désertification. Certains systèmes munis de sondes adaptent la fréquence des arrosages aux besoins immédiats. Réglez ces appareils de manière qu'ils se mettent en action la nuit pour éviter des écarts de température trop grands entre la plante et l'eau. L'idéal, si vous vous servez du bon vieil arrosoir, est de constituer une réserve d'eau dans un bac pour qu'elle soit à la température ambiante.

MALADIES ET PARASITES

Feuilles recourbes, tachées, plantes chétives, voilà qui présage mal de la santé de vos plantes. *A priori,* il s'agit bien d'une mauvaise maladie. Avant d'entreprendre tout traitement, vous devez vous poser la question de savoir s'il ne s'agit pas tout simplement de l'expression d'une culture mal adaptée. Trop ou pas assez de... Vous pouvez agir à titre préventif en prenant quelques mesures d'hygiène. Désinfectez régulièrement les outils qui auront été au contact de plantes malades. Eau de Javel, brûlage des plantes malades, utilisation de terreaux sains... Ne laissez pas les plantes malades contaminer les autres, arrachez-les et brûlez-les ou jetez-les. S'il ne s'agit que d'une branche ou deux, coupez-les tout simplement.

LES CLIMATS SPÉCIAUX

LE LITTORAL. L'atmosphère y est toujours plus ou moins humide, les précipitations régulières, le gel assez rare. Vous devrez protéger les végétaux de cette humidité saline qui est véhiculée par les vents à plusieurs kilomètres à l'intérieur des terres.

LA MONTAGNE. Vent et gel y sont fréquents pendant une bonne partie de l'année. La neige constitue un excellent isolant pour les végétaux les moins fragiles, mais elle n'est pas toujours suffisante. Vous aurez donc tout intérêt à une mise sous châssis pour l'hiver, ou à un hivernage dans une pièce hors gel et claire. Pour cela on pratique une fausse culture en pleine terre. Les plantes sont disposées dans des pots de tailles différentes qui sont enterrés à la belle saison et retirés dès les premières gelées.

Balcons de santé

Le choix des plantes mérite d'être étudié, car le hasard est souvent très mauvais conseiller. Évaluez vos besoins, la destination de ces plantes : peut-être préférez-vous l'usage alimentaire, les vertus médicinales, ou l'aspect décoratif. Parmi les variétés les plus courantes et déjà fort nombreuses, vous trouverez certainement votre bonheur et celui de toute la famille.

ABSINTHE

CULTURE

Bien qu'il s'agisse d'une plante de montagne, elle s'adapte à toutes les régions pour peu que vous lui fournissiez un sol légèrement argileux et humide.

REPRODUCTION

Au printemps, bouturez des rameaux d'une quinzaine de centimètres, espacez d'un demi-mètre chaque pied. Arrosez abondamment lors du repiquage puis diminuez au fur et à mesure.

EMPLACEMENT

Elle peut se cultiver aussi bien en jardinière qu'en pleine terre. Les plantes peuvent atteindre une hauteur de quatre-vingt-dix centimètres.

ACHE

CULTURE

Vous pouvez semer en ligne ou à la volée. Comme la germination pose quelques problèmes, n'enterrez pas trop profondément les graines. Les semis s'effectuent à la fin du mois de mars et courant avril. Vous pouvez soit éclaircir, soit repiquer, ce qui est profitable car la plante sera fortifiée.

La terre doit être riche, légère et humide. Ne négligez pas les arrosages.

EMPLACEMENT

L'ache se cultive essentiellement au jardin.

AUBÉPINE

CULTURE

Bien qu'il préfère les terrains rocailleux et bien secs, vous pourrez planter cet arbuste dans tous les jardins. Très courant en bordure des chemins, vous pouvez soit arracher quelques pieds, soit procéder par semis. La plantation s'effectue à la fin de l'été.

UTILISATION

L'aubépine fournit d'excellentes haies, d'autant plus que ses branches sont garnies d'épines. Il n'est pas inutile d'effectuer une taille, car l'aubépine prend rapidement de l'ampleur.

BARDANE

CULTURE

Elle n'est pas très exigeante quant à la nature du sol, mais elle a une préférence pour les terrains calcaires et légèrement argileux. La reproduction s'effectue par semis en place tous les mètres environ. Pour assurer une bonne croissance, ne négligez pas l'arrosage.

EMPLACEMENT

La bardane peut atteindre deux mètres de hauteur, c'est une plante de jardin.

BOURRACHE

CULTURE

À la fin de l'hiver, semez les graines dans un sol bien préparé. Lorsque les plantes mesurent une bonne dizaine de centimètres, éclaircissez le semis pour ne laisser un plant que tous les cinquante centimètres.

EMPLACEMENT

La bourrache préfère les emplacements ensoleillés, c'est une plante de jardin qui a besoin d'espace et qui devient très vite envahissante.

BRUYÈRE

CULTURE

Généralement vous devez préparer la terre spécialement pour la bruyère qui ne supporte pas les sols humides. Cette terre doit être parfaitement drainée. Pour obtenir une bonne plantation, mélangez de la terre de jardin, du terreau et surtout du sable. La bruyère affectionne les terres acides mais n'apprécie pas le plein soleil. Mettez directement les plants en place.

EMPLACEMENT

La bruyère convient aussi bien au jardin d'intérieur que d'extérieur.

CAMOMILLE

CULTURE

Il existe deux variétés de camomille, l'une vivace, l'autre annuelle. Elles se contentent de tous les sols, même pauvres, avec cependant une attirance pour le calcaire.

Comme les tiges sont rampantes, au contact du sol elles finissent par prendre racine. Il suffit de séparer le pied mère des autres pour la multiplication.

EMPLACEMENT

C'est essentiellement une plante de jardin sur qui vous devrez veiller car elle devient très vite envahissante, à tel point qu'elle a été considérée comme nuisible. Vous pouvez également effectuer des semis et mettre en jardinière.

CAROTTE SAUVAGE

CULTURE

Elle est relativement simple, car la carotte sauvage s'accommode de tous les sols avec une préférence pour les terres légères, et bien fumées. C'est une plante de toute l'année qui se sème en pleine terre, ou sous couche chaude ou froide. Après avoir récolté des graines sur des plantes sauvages, semez-les en ligne, en conservant vingt à trente centimètres d'espacement. Éclaircissez les jeunes plants. La carotte sauvage ne se repique pas.

EMPLACEMENT

Au jardin, exclusivement.

CERFEUIL

CULTURE

Elle ne pose aucun problème, le cerfeuil pousse très vite, quelques jours suffisent à sa germination. Cependant vous devez prendre quelques précautions, car il aime une température douce mais craint le plein soleil. La date des semis s'étale du printemps à l'automne. Il s'éclaircit comme le persil. Étalez les semis tous les mois.

EMPLACEMENT

Au jardin en ligne, en bordure, à la volée, ou en jardinière. Choisissez un endroit protégé du soleil et surtout du gel.

GRANDE CONSOUDE

CULTURE

Si vous disposez d'un terrain humide, d'un fossé, ou d'un petit ru, la grande consoude se trouvera fort à l'aise. Elle affectionne les terrains humides. À partir d'une plante, vous obtiendrez par division des jeunes pieds que vous planterez à cinquante centimètres les uns des autres.

EMPLACEMENT

La grande consoude est essentiellement une plante de jardin qui dépasse les soixante centimètres.

COQUELICOT

CULTURE

Amoureux du soleil, il se plaît dans les sols de préférence argileux. Il se reproduit par semis. Récoltez les graines à partir des capsules. Après séchage, vous les conserverez jusqu'au printemps suivant.

EMPLACEMENT

Le jardin est son lieu de prédilection, mais vous pouvez semer quelques graines dans une rocaille ou sur un mur de pierres sèches.

GAILLET VRAI

CULTURE

Fournissez-lui un terrain bien drainé, il affectionne les terres sèches. Pour le multiplier, divisez un gros pied et repiquez en pleine terre. Trois plants par mètre seront suffisants.

EMPLACEMENT

De préférence au jardin, en touffes bien exposées.

GUIMAUVE

CULTURE

Elle pousse dans les terres riches et ne supporte aucune humidité constante. Vous devez très bien drainer la terre.

À partir d'un pied que vous aurez divisé, vous obtiendrez des plants que vous repiquerez, deux ou trois par mètre. Vous pouvez également effectuer des semis que vous éclaircirez par la suite.

EMPLACEMENT

La guimauve étant une plante de jardin qui craint le gel, trouvez-lui un emplacement abrité du vent.

HYSOPE

CULTURE

C'est une plante tout terrain mais qui a des tendances gourmandes. Elle se reproduit de deux façons : le semis ou le bouturage. Dans le premier cas, il s'effectue au printemps ; attendez que les plantes aient atteint une bonne dizaine de centimètres avant de les repiquer. Semez en pleine terre à bonne exposition.

Si vous possédez déjà un pied, coupez quelques branches que vous piquerez dans la terre. Arrosez régulièrement jusqu'à la prise de la bouture.

EMPLACEMENT

L'hysope aime la chaleur, elle doit être bien exposée dans le jardin. Elle se plaira encore plus si vous lui fournissez une rocaille. Elle se cultive aussi en jardinière ; protégez-la des intempéries.

LAVANDE

CULTURE

Elle peut se cultiver dans toutes les régions si vous lui fournissez un sol bien irrigué. Elle ne se plaît pas en milieu humide. La reproduction s'effectue par un bouturage des jeunes rameaux. Mettez-les en pleine terre et arrosez-les régulièrement jusqu'à la reprise.

EMPLACEMENT

Le soleil lui est indispensable. Elle se place en touffes ou en bordures. N'oubliez pas de la tailler.

MAUVE

CULTURE

Ce n'est pas une plante très exigeante, car à l'état sauvage elle pousse un peu partout, même dans les sols pauvres. Une terre légère lui suffit. Procédez par semis et vous repiquerez les plants dès qu'ils auront deux ou trois feuilles. Chaque année vous pouvez récolter les graines pour les semis suivants.

EMPLACEMENT

La mauve est une plante de jardin qui aime les espaces légèrement ombragés.

MÉLILOT

CULTURE

Le mélilot pousse un peu partout, dans les champs, en bordure de fossé, sur des tas de pierres et dans les haies ; de là à dire qu'il s'agit d'une mauvaise herbe, il n'y a qu'un pas. Semez les graines à la fin de l'été. Espacez vos semis de quarante centimètres et éclaircissez dès que les pieds ont pris de la vigueur.

EMPLACEMENT

C'est une plante de jardin à caractère envahissant. Veillez à contenir son expansion.

MILLE-FEUILLE

CULTURE

Choisissez de préférence un sol azoté.

REPRODUCTION

Comme cette plante abonde dans les champs, au bord des chemins et sur les talus, prélevez sur place des plants, si possible avec une bonne motte de terre.

Mettez-les en place tous les vingt-cinq centimètres. N'arrosez pas trop.

EMPLACEMENT

Dans le jardin en pleine terre.

ONAGRE

CULTURE

Cette plante n'aime pas les terrains humides, il lui faut un sol bien drainé et une terre légère. La reproduction se fait par semis en fin d'été. N'enfoncez pas les graines, que vous aurez semées en ligne.

EMPLACEMENT

Essentiellement une plante de jardin.

ORIGAN

CULTURE
Semez-le dans un sol drainé et riche. Le semis de printemps se fait en rayons espacés de vingt-cinq centimètres. Éclaircissez les jeunes pousses pour n'en garder qu'une tous les vingt centimètres. Les semis d'automne sous couche se repiquent au printemps.
EMPLACEMENT
L'origan apprécie la chaleur et le soleil, ce qui ne veut pas dire qu'il apprécie les courants d'air, bien au contraire. Plantez-le à l'abri.

OSEILLE

CULTURE
L'oseille pousse dans tous les sols, elle se développe plus dans les terres fraîches et complétées de terreau. Semez au printemps et en été jusqu'à la fin août, en ligne ou à la volée. Arrosez très souvent. Les semis en pépinière seront repiqués tous les dix centimètres.
EMPLACEMENT
Au jardin en ligne. L'oseille peut constituer d'excellentes bordures. Vous pouvez disposer cette plante en jardinière.

PENSÉE SAUVAGE

CULTURE
Mélangez les graines avec un peu de cendre, car, en raison de leur petite taille, on a tendance à semer trop serré. Les pensées adorent les terrains riches en fumier. Placez un pied tous les dix centimètres.
EMPLACEMENT
Au jardin, en massif ou en bordure. Vous pouvez également garnir une jardinière.

PERSIL

CULTURE
Le persil éprouve quelques lenteurs dans sa germination. Pour hâter le processus, mélangez les graines avec un peu de sable et humidifiez avec de l'eau tiède. Attendez deux jours avant de semer, dans une terre bien travaillée sans fumier. Selon l'emplacement choisi, vous pouvez semer en ligne ou à la volée. Éclaircissez les plants à quelques centimètres, le sable permet de mieux répartir les graines.
EMPLACEMENT
Le persil peut se semer en pleine terre mais aussi en jardinière extérieure, en pot. Vous pouvez vous servir de pots percés de trous sur les côtés. La plante masquera le pot en poussant. Vous obtiendrez une sorte de boule verte. Vous pouvez mélanger le persil commun et le persil frisé.

ROMARIN

CULTURE
Cet arbuste pousse dans toutes les régions, pourvu qu'il bénéficie d'un bon ensoleillement et qu'il n'ait pas les pieds dans l'eau. La plupart des sols lui conviennent.
REPRODUCTION
Elle s'effectue de deux manières. Coupez des rameaux que vous mettrez en terre au printemps ou en pot à l'intérieur à l'automne ; vous transplanterez le romarin en pleine terre l'année suivante. La deuxième solution, c'est le semis à la volée et le repiquage.
EMPLACEMENT
Le romarin étant une plante du Sud, plantez-le à bonne exposition. Il craint le gel, méfiez-vous tout particulièrement du vent. Il a sa place au jardin, comme arbuste unique, en bordure ou en petite haie. Il pousse très bien dans une grande jardinière ou dans un pot de bonne dimension. Taillez-le pour qu'il ne prenne pas trop de volume.

SAPONAIRE

CULTURE

Si vous possédez une terre humide et argileuse, la saponaire s'y plaira. Multipliez-la par semis, que vous éclaircirez. Il est possible aussi de multiplier une touffe.

EMPLACEMENT

Aussi bien au jardin qu'en jardinière. Prévoyez un endroit frais et facile d'accès pour des arrosages fréquents.

SARRIETTE

CULTURE

Cette plante de chaleur apprécie les terres riches et surtout très bien drainées. Semez-la au printemps et éclaircissez les plants pour n'en laisser qu'un tous les vingt-cinq centimètres. Elle doit être remplacée régulièrement tous les quatre ans.

EMPLACEMENT

La situation idéale, c'est le plein soleil. La sarriette est une plante de jardin qui permet de très jolies bordures. Vous pourrez également en disposer sur votre balcon.

SAUGE

CULTURE

Elle n'est pas très difficile quant à la nature du sol. Mais si vous voulez lui fournir un milieu idéal, la terre doit être riche, bien drainée, car elle n'est pas grand amateur d'eau.

EMPLACEMENT

C'est la plante du soleil, n'hésitez pas à lui donner une exposition maximale. Elle convient pour les bordures, sur un balcon, dans un pot. Attention ! elle prend vite de l'ampleur si elle se plaît.

THYM

CULTURE
Le thym se contente de différentes terres pourvu qu'elles soient drainées. Mélangez les terres trop lourdes avec du sable et des petits graviers. Il se multiplie par semis ou par bouturage. On divise également les touffes. Les petits plants se repiquent au printemps.
EMPLACEMENT
Le thym pousse aussi bien en intérieur qu'en extérieur ; en touffes, en bordure ou dans une rocaille. Il existe des thyms décoratifs à cet effet.

VERVEINE

CULTURE
Plantez-la dans une terre riche et meuble. La reproduction s'effectue par division d'un pied mère. Chaque plant sera espacé de trente centimètres.
EMPLACEMENT
Aussi bien au jardin qu'en jardinière.

VIOLETTE

CULTURE
Au printemps, repiquez quelques pieds en pleine terre dans un sol riche.
EMPLACEMENT
Normalement dans le jardin mais également dans une jardinière. Attention ! la violette a tendance à envahir et il est difficile de s'en débarrasser par la suite.

Herboriser

Le ramassage des plantes médicales dans la nature ou sur les lieux de culture paraît être chose facile. Pourtant il est nécessaire d'en respecter certaines règles.

Avant toute chose, avoir une parfaite connaissance de l'espèce végétale choisie.

Faire la cueillette par une journée ensoleillée ou tout au moins sans pluie, après la disparition de la rosée ou du brouillard éventuellement.

Choisir pour les plantes sauvages des endroits loin des routes, des cultures intensives ou autres pollutions.

Ne cueillir que la quantité de plantes nécessaires en éliminant toutes celles qui sont tachées ou abîmées.

Le ramassage se fait espèce par espèce, en les séparant bien dans des paniers en bois ou en osier. Éviter l'usage des matières plastiques.

Le séchage, qui n'est rien d'autre que le fait de retirer progressivement à la plante son humidité, doit se faire dès la fin de la cueillette, dans des endroits secs et aérés. Il est souvent nécessaire de passer les plantes sous un filet d'eau pour en éliminer la poussière, les insectes et autres éléments indésirables.

Étaler les plantes sur des claies, dans des cagettes, sur des papiers d'emballage, sur des grillages fins. Éviter de les mettre à même le sol. Certaines plantes entières peuvent être laissées à sécher à l'air libre.

La couche de séchage doit être mince. Suivant la plante, il faudra les brasser tous les jours pour éviter l'échauffement, ou le noircissement de certaines feuilles. Un soin particulier sera apporté aux fleurs qui doivent conserver leur couleur initiale. La durée du séchage est variable selon l'époque, la température ambiante, trois à six jours pour les fleurs et les feuilles, mais beaucoup plus longtemps pour les écorces et les racines.

Une fois que la plante est séchée, son stockage se fait dans des matières permettant une légère aération, toiles de jute, sacs en papier, caisses de bois, en tout cas toujours à l'abri de la lumière.

Étant donné leur grande fragilité, il est souhaitable d'inscrire, sur l'emballage, la date de récolte. Les fleurs et les feuilles peuvent s'utiliser durant dix-huit mois après leur récolte, deux années pour les écorces et les racines.

Calendrier des récoltes

Loin d'être complet et précis, le calendrier des périodes de récolte peut varier en fonction de la région, des conditions de la végétation, du temps, etc., mais d'une façon générale les indications suivantes vous guideront.

LES FLEURS : fragiles, délicates, sauf avis contraire, on les récolte à leur complet épanouissement.

LES SOMMITÉS FLEURIES : la récolte se fait au tout début de la floraison.

LES FEUILLES : elles sont ramassées à leur complet développement, pour certaines avant l'apparition des boutons floraux.

LES TIGES : elles sont cueillies à l'automne ou à l'entrée de l'hiver, période où les feuilles ne sont plus en activité.

LES FRUITS : ils sont cueillis dès qu'ils sont mûrs, sans attendre leur pleine maturité.

LES SEMENCES : elles sont récoltées à leur complète maturité, quand la plante commence à se faner.

LES ÉCORCES ET LES RACINES : elles sont récoltées à l'entrée de l'hiver ou au printemps, période où les principes actifs y sont accumulés.

JANVIER

C'est le mois où la végétation sommeille, mais où l'on récolte cependant certaines racines.

Noix de cyprès, pulmonaire de chêne, écorces de saule.

FÉVRIER

Sans particularité au mois de janvier, si l'hiver a été doux, on peut commencer à récolter.

Fleurs de violette et de primevère, racines d'arbousier, de bugrane, d'impératoire, bourgeons de pin et de peuplier.

MARS

La végétation commence à sortir de son sommeil, les premières fleurs apparaissent, il est temps de ramasser certaines racines.

Plante d'ail des ours, fleurs et feuilles d'aubépine, racines d'aunée, racines de bardane, écorces de bouleau, écorces de chêne, racines de consoude, feuilles de cresson, fleurs de lilas, racines de panicaut, fleurs de pêcher, bourgeons de pin et de peuplier, racines de potentille tormentille.

AVRIL

C'est le début de l'épanouissement des fleurs, des feuilles font leur apparition, les récoltes de mars continuent sur avril.

Sommités fleuries d'absinthe, plante de benoîte, feuilles de chélidoine, feuilles de fraisier, fleurs de genêt, plante de germandrée, sommités de lamier blanc (et pendant toute la floraison), *écorces de marronnier, feuilles de ményanthe, feuilles de mûrier noir, boutons et pétales d'oranger, feuilles de persil* (jusqu'au mois d'août) *feuilles et racines de pissenlit* (la racine peut se récolter en septembre), *fleurs de prunellier, lichen pulmonaire, feuilles de ronce, fleurs de roses rouges, écorces et feuilles de saule.*

MAI

La végétation est en pleine beauté. La nature a revêtu son voile de couleurs.

Feuilles d'ache, plante d'agripaume, fleurs d'arnica, feuilles d'artichaut, feuilles de bardane, feuilles de basilic, feuilles d'angélique, feuilles de berce, feuilles de bouillon blanc, écorces de bourdaine, sommités de bourrache, feuilles de cassis, sommités de cataire, feuilles de cerfeuil, plante de chardon béni, feuilles de chèvrefeuille, feuilles de consoude, fleurs de coquelicot, feuilles de framboisier, feuilles de frêne, plante de lampsane, plante de marrube blanc, feuilles de noisetier, feuilles de noyer, plante de passiflore, sommités de sabline, plante de saponaire, feuilles de romarin et de sauge (plusieurs coupes peuvent se faire jusqu'en septembre).

DE MAI À OCTOBRE

De nombreuses plantes peuvent être récoltées tout au long de ces six mois.

Plante de fumeterre, plante de gaillet, plante de géranium à Robert, fleurs de matricaire, sommités fleuries de mélilot et de millepertuis, feuilles d'ortie, fleurs de pâquerette, feuilles et fleurs de pensée sauvage, plante de persicaire âcre, fleurs de pied-de-chat, plante de piloselle, plante de prêle, plante de renouée, fleurs de souci.

JUIN

La nature a conservé sa parure de beauté.

Sommités d'armoise, plante de bétoine, fleurs de bleuet, fleurs de bouillon blanc, plante de calament, feuilles de cassis, sommités de centaurée, queues de cerises, plante de chardon marie, feuilles de chicorée, feuilles de cochléaria, fleurs de coquelicot, plante d'euphraise, plante de ficaire, feuilles de galéga, plante de grindélia, feuilles de guimauve, feuilles d'hamamélis, feuilles d'hysope, feuilles de lierre terrestre, fleurs de lis blanc, sommités de lotier corniculé, feuilles de mauve, feuilles de mélisse, feuilles de menthe poivrée (une deuxième coupe est faite en septembre), *feuilles de menthe coq, feuilles de myrtille, feuilles d'olivier, sommités d'origan, plante de pariétaire* (jusqu'en octobre) *plante de potentille ansérine, feuilles de roquette, plante de santo-*

line, feuilles de scabieuse, feuilles de serpolet (une deuxième coupe est faite en septembre), *fleurs de sureau.*

JUILLET

On continue la récolte des fleurs et des feuilles.

Plante d'aigremoine, sommités fleuries d'armoise, plante de ballote, fleurs de bleuet, fleurs de bouillon blanc, fleurs de camomille, plante de cardère, plante de drosera, plante d'érysimum, feuilles d'eucalyptus, fleurs de guimauve, fleurs de lavande, feuilles de liseron, sommités de lotier corniculé, plante de lycopode, stigmates de maïs, feuilles de marjolaine, fleurs de mauve, fleurs de nénuphar, plante de passerage, racines de polypode de chêne, pulmonaire officinale, feuilles de sanicle, feuilles de sarriette (une deuxième récolte se fait en septembre), *plante de saxifrage, fleurs de tanaisie, fleurs de karkadé.*

AOÛT

On continue la récolte de beaucoup de plantes du mois de juillet ; à la fin du mois d'août commence le ramassage des graines et des fruits.

Semences d'aneth, d'angélique, d'anis vert, de carvi, de coriandre, de cumin, de fenouil, de fenugrec, racines de bistorte, plante de capillaire, racines de chiendent, plante de grémil, fruits de myrte et de myrtille, plante de salicaire.

SEPTEMBRE

Beaucoup de plantes du mois d'août continuent à se récolter ; le ramassage des racines commence.

Baies d'alkékenge, semences de capucine, racines de fougère mâle, racines de fraisier, semences de gattilier, cosses de haricot, cônes de houblon, graines de lin, racines d'ortie, fruits de paliure, racines et semences de persil, racines de pissenlit, racines de saponaire, plante de scolopendre, fruit de sureau.

OCTOBRE

L'automne est là, les feuilles commencent à se faner, c'est le grand mois de la récolte des racines et des écorces.

Racines d'ache, d'acore, d'angélique, d'arbousier, d'aunée, de benoîte, de chicorée, de consoude, de fenouil, de gentiane, de guimauve, de nénuphar, de panicaut, de patience, de petit houx, de polygala, de raifort, de ratanhia, de réglisse, de salsepareille, de sceau de Salomon, écorces de bouleau, de frêne, de grenadier, de marronnier, de sureau, feuilles de gui, d'oranger, lichen pulmonaire, stigmates de safran, fruits d'églantier.

NOVEMBRE

Les récoltes du mois d'octobre continuent.

DÉCEMBRE

La végétation sommeille, la terre est froide, quelquefois gelée, restons au coin du feu.

PLANTES À RÉCOLTER TOUT LE TEMPS DE LA VÉGÉTATION

Plante d'alchémille, feuilles et écorces d'aulne, feuilles de bouleau, plante de bourse-à-pasteur, racines de bugrane, feuilles de buis, de busserole, de carragahen, de cyprès, laminaires, feuilles de laurier, lichen d'Islande, feuilles de lierre grimpant, mousse de Corse, écorces d'orme, plante de pimprenelle, rameaux de thuya.

Termes d'usage en herboristerie

ARILLE : enveloppe plus ou moins charnue et plus ou moins complète autour de la graine. Ex. : macis de la noix de muscade.

AUBIER : partie périphérique du bois dont les fibres ne sont pas encore lignifiés. Ex. : *aubier de tilleul sauvage.*

BAUME : produit végétal naturel, composé de résine, d'une huile volatile et d'un acide aromatique (acide benzoïque, acide cinnamique). Ex. : *baume du Pérou.*

BOIS : partie interne d'une tige ou d'une racine formée par des vaisseaux durcis par la lignification. Ex. : *bois de sureau.*

BOURGEON : germe d'une pousse contenant une ébauche de rameau revêtue d'écailles. Ex. : *bourgeon de pin ou de peuplier.*

BOUTON FLORAL : fleur non encore épanouie. Ex. : *clous de girofle.*

BOUTURE : jeune pousse prélevée de la plante, placée dans de l'eau ou une terre humide jusqu'à formation des racines.

BRACTÉE : ensemble du pédoncule floral et d'une petite feuille.

BRANCHE : ramification de la tige principale, elle se dit des arbustes et des arbres.

BULBE : tige généralement souterraine, plus ou moins globuleuse, plus ou moins charnue. Assure la survie de la plante durant l'hiver. Ex. : *iris, safran.*

CAIEU : bourgeon se développant sur le bord d'un bulbe.

CALICE : partie la plus externe de la fleur composée de sépales. Généralement vert, sauf exception, il est l'élément contenant les graines et formant le fruit.

CAPITULE : groupe de fleurs sur un support commun, lui-même entouré de bractées, formant un épi dense. Ex. : *bleuet, pâquerette.*

CAPSULE : fruit sec s'ouvrant spontanément, pour laisser échapper les graines.

CARDELLE : c'est la partie de la fleur dont l'ensemble forme le pistil.

CÔNE : appareil reproducteur des conifères toujours unisexué. Ex. : *cyprès.* Ce terme est aussi donné aux inflorescences de houblon.

COROLLE : enveloppe interne de la fleur, composée par l'ensemble des pétales.

CORYMBE : toutes les fleurs sont groupées sur un même plan : ex. , le fenouil.

DRAGEON : pousse naissant d'une racine vivante.

ÉCORCE : tissu externe des tiges et des racines. Certaines s'enlèvent facilement, elles sont presque sèches, d'autres plus souples. Ex. : *bourdaine.*

ÉTAMINE : organe mâle de la fleur.

FÉCULE : amidon généralement extrait d'un organe souterrain. Ex. : *pomme de terre.*

FEUILLE : intimement lié à la tige, c'est l'élément végétatif essentiel de la plante. Par sa chlorophylle, elle capte la lumière du soleil, accumulant l'énergie.

FLEUR : appareil reproducteur généralement bisexué, mais pouvant ne renfermer que les organes d'un seul sexe. Elle est souvent l'éclat de la plante ou de l'arbre, et donne fruits et graines.

FLEUR MONDÉE : fleur dont les corolles sont soudées entre elles.

FOLIOLE : partie d'une feuille composée. Ex. : *folioles de séné.*

FOLLICULE : fruit en forme de gousse très fine.

FRONDE : feuille portant l'appareil reproducteur. Ex. : *fougère.*

FRUIT : organe sec ou charnu, résultat final de la maturation de l'ovaire fécondé. Il contient une ou plusieurs graines, qui donneront naissance à un autre sujet.

GOMME : produit de sécrétion de certains végétaux, durcissant à l'air, s'écoulant de la plante ou de l'arbre. Ex. : *gomme d'acacia.*

GOMME-RÉSINE : produit de sécrétion fait de gomme et de résine, durcissant à l'air.

GRAINE : organe contenu dans le fruit et renfermant l'embryon de la plante, qui par germination donnera une autre plante.

HERMAPHRODITE : fleur portant des organes femelles et mâles.

HUILE ESSENTIELLE : principe huileux aromatique d'un végétal, ou d'une partie d'un végétal, obtenu par distillation ou pression.

INFLORESCENCE : disposition des fleurs sur un même pédoncule.

LANCÉOLÉE : se dit d'une feuille allongée, plus ou moins étroite.

LATEX : produit de sécrétion lactifère obtenu par incision d'un végétal vivant.

LICHEN : résultat de la symbiose d'un champignon et d'une algue.

MARCOTTE : branche tenant à la plante dont on enterre une partie pour qu'elle y prenne ses racines

OIGNON : bulbe charnu.

OLÉORÉSINE : produit visqueux constitué d'une huile essentielle et d'une résine.

PANICULE : grappe composée, de forme conique.

PÉDONCULE : partie reliant une fleur ou un fruit à la tige. Ex. : *queue de cerise.*

PÉRICARPE : partie entourant et protégeant le fruit.

PÉTALES : leur ensemble constitue la corolle de la fleur.

PÉTIOLE : partie de la feuille permettant son attache à la tige. Certaines feuilles sont sessiles, c'est-à-dire sans pétiole.

PISTIL : organe femelle de la fleur.

PLANTE ENTIÈRE : plante constituée de la totalité des parties aériennes et souterraines. En herboristerie, l'appellation « simple de plante » signifie tige et feuille.

POIL : expansion de l'assise externe d'un organe, tige, feuille. Il peut porter l'appellation « glanduleux », comportant une ou plusieurs cellules sécrétrices.

PULPE DE FRUIT : partie charnue du fruit qui, lorsqu'elle est pressée donne un jus épais nommé également « pulpe ».

RACINE : partie souterraine assurant l'emprise au sol du végétal, donc sa stabilité. Elle pompe dans le sol les éléments nutritifs qu'elle envoie vers les feuilles. Elle peut être pivotante, ramifiée, tubéreuse, etc.

RADICELLE : petite racine secondaire.

RAMEAU : tige secondaire.

RÉSINE : substance visqueuse, se solidifiant éventuellement à l'air. Insoluble à l'eau, elle l'est dans l'alcool.

RHIZOME : tige souterraine rampante. Elle doit durant l'hiver assurer la survie de la plante. Ex. : *chiendent.*

SCLÉROTE : sorte de champignon de consistance dure constitué par un thalle.

SÉPALES : leur ensemble constitue l'enveloppe externe de la fleur, le calice.

SESSILE : qualifie une feuille ou une fleur ne possédant pas de pétiole et reliée directement à la tige.

SOMMITÉ FLEURIE : partie terminale de la tige formée de feuilles et de fleurs. En moyenne vingt à trente centimètres à partir de la hauteur.

SOUCHE : partie souterraine de la tige s'enracinant en une pousse pour donner une ou plusieurs tiges, feuilles ou inflorescences.

SPORE : élément reproducteur de certains végétaux. Ex. : *fougère.*

SQUAME : écaille charnue d'un bulbe.

STIGMATES : partie terminant le style. Ex. : *safran.*

STOLON : tige aérienne rampante s'enracinant pour former une autre tige aérienne. Ex. : *fraisier.*

STYLE : partie du pistil reliant le stigmate à l'ovaire.

SUC : liquide d'un végétal ou d'une partie de végétal que l'on peut extraire par incision ou expression. Ex. : *chélidoine.*

THALLE : corps de cryptogames non vasculaires. Ex. : *algues, champignons, lichens.*

TIGE : support des feuilles, fleurs, fruits, conducteur des éléments nutritifs, la sève. Elle est aérienne ou souterraine.

TUBERCULE : racine ou rhizome gorgé de réserve nutritive.

VERTICILLE : ensemble de fleurs ou de feuilles partant du même niveau qui les porte.

ZESTE : partie externe des agrumes. Ex. : *orange.*

Mode d'emploi des plantes

Les trois principes élémentaires de préparation des plantes sont l'infusion, la décoction la macération, la digestion..

En dehors de ces préparations classiques, on utilise les plantes médicinales en poudre, cataplasme, ou fumigation.

En fonction du but recherché, toutes ces préparations sont destinées à être absorbées par la bouche, utilisées en gargarisme, bain de bouche, lotion, compresse, bain, injection, lavement, etc.

Le liquide utilisé peut être de l'eau, de l'huile, du vin, du vinaigre, du lait.

L'eau, qui est le véhicule le plus utilisé, doit être neutre donc très peu riche en minéraux.

INFUSION

Elle consiste à verser les plantes dans l'eau bouillante, un temps plus ou moins long, trois à dix minutes.

On la réserve aux fleurs fragiles, aux plantes fortement aromatiques, aux graines mucilagineuses.

DÉCOCTION

Les plantes sont versées dans l'eau froide et portées à ébullition un temps plus ou moins long. Deux ou trois minutes pour les tiges, les feuilles, les fruits, cinq minutes ou plus pour les écorces et les racines.

MACÉRATION

Ce serait le meilleur mode de préparation des plantes dans les liquides pour extraire le maximum des principes actifs de la plante, si ce n'était la fermentation rapide de ce liquide.

Raison pour laquelle les macérations dans l'eau ne doivent pas dépasser une douzaine d'heures.

Dans l'alcool, le vin, le vinaigre, l'huile, cette macération peut se prolonger plusieurs jours sans inconvénient.

DIGESTION

Elle consiste à maintenir à une certaine température pendant un temps plus ou moins long une plante dans un liquide, sans le faire bouillir. On peut la faire au bain-marie ; au soleil c'est l'insolation des anciens.

ÉDULCORATION

Il s'agit d'une tisane faite avec du sucre, des jus de fruits, ou mieux encore avec ce nectar des abeilles qu'est le miel. Vous pouvez éviter l'usage de ces sucres en ajoutant certaines plantes pour parfumer, comme la réglisse, la verveine, la citronnelle, la menthe, l'anis, les baies de myrtille.

PRISE DES TISANES

Le moment de la prise des tisanes est variable en fonction de l'action des plantes dont elles sont issues. Celles pour soulager le foie et réduire le taux de cholestérol se prennent avant le repas, celles pour la digestion après. Dans les cas d'aérophagie ou de flatulence, dix minutes avant ou une heure après le repas. Pour les autres, en fonction de vos possibilités.

La durée d'un traitement par les plantes est très variable : certains se prolongent quelques jours ou se prennent ponctuellement, chaque fois que cela est nécessaire (aérophagie, constipation) ; d'autres sont permanents (diabète, hypertension) ; d'autres encore s'administrent en cures de trois semaines (circulation, calculs). Si vous êtes perdu et ne savez que faire, n'hésitez pas à demander un avis éclairé.

MESURE ET POIDS DES PLANTES ET DES LIQUIDES :

Pour les liquides, le poids (donné en grammes) est précis ; pour les plantes, étant donné l'extrême variété de leurs densités, il n'est donné qu'approximativement.

POIDS OU VOLUME	EAU	SIROP	HUILE
1 cuillerée à café	5 g	6,5 g	4,5 g
1 cuillerée à dessert	10 g	13 g	9 g
1 cuillerée à soupe	15 g	19,5 g	13,5 g
1 verre à liqueur	30 g	39 g	27 g
1 verre à bordeaux	70 g	91 g	63 g
1 verre ordinaire	150 g	185 g	135 g
1 tasse à thé ou à tisane	150 g	185 g	135 g
1 bol	200 g	246 g	180 g

Pour les essences, la moyenne est de 40 gouttes au gramme.

Les plantes de A à Z

ABSINTHE *Artemisia absinthium* (Composées)

Artemisia est l'ancien nom grec ou latin de diverses plantes de ce genre. Pour certains auteurs, elles seraient dédiées à Artémis, la Diane grecque, à cause de leur usage médicinal en gynécologie ; pour d'autres à Artémise, veuve du roi de Carie, qui l'utilisait en médecine, ou du nom grec *artemès*, « sain et sauf », à cause de leurs propriétés révulsives ; *absinthium* vient du nom grec *apsinthion* de la plante.

NOMS COMMUNS : Grande Absinthe, Aluine, Alvine, Herbe sainte, Armoise amère, Absinthe suisse.

All. : *Wermut, Absinth.* Angl. : *Wormwood, Absinth.*
Esp. : *Ajenjo común.* It. : *Assenzio.*

Gaulois et Gauloises s'en ceinturaient les reins, les premiers pour lutter contre les rhumatismes, les secondes pour faire venir les règles. Traditionnellement lorsqu'un jeune homme aimant et honnête offre au 1er-mai un rameau d'Absinthe à une jeune fille, cela signifie qu'elle a tort de refuser ses propositions. Dans le Midi, bourrer son matelas de feuilles d'Absinthe favorise les nuits oniriques.

DESCRIPTION

C'est une plante vivace dont la tige rameuse, qui peut atteindre 1 mètre de hauteur, est couverte d'un duvet blanchâtre, lui donnant un aspect gris cendré.

Les feuilles de la partie inférieure sont profondément découpées en lanières étroites, blanchâtres et cotonneuses, surtout en dessous. En s'élevant de la tige, elles sont de moins en moins divisées, les plus élevées sont simples et obtuses.

Les fleurs, visibles de juillet à août, jaune verdâtre, sont petites mais très nombreuses. Elles se groupent en petits capitules globuleux, pendants, réunis en grappes à l'extrémité des rameaux.

L'Absinthe maritime (*Artemisia maritima*) est beaucoup plus petite, et plus cotonneuse. Son odeur est moins forte, sa saveur moins amère. Elle se trouve sur toutes les plages d'Europe, et plus particulièrement dans les marais de Saintonge, d'où son ancien nom *Santonicum.*

L'espèce type *Artemisia maritima* a donné de nombreuses variétés dont l'une fournit le semen-contra.

CULTURE ET RÉCOLTE

L'Absinthe se trouve plus ou moins partout dans le monde. Elle préfère les endroits incultes, rocailleux, pierreux, atteignant quelquefois 2 000 mètres d'altitude.

Pour sa culture, l'Absinthe demande une terre souple, légère, une exposition chaude et du soleil. On la multiplie par le semis des graines ou la division des touffes qui se font au printemps. L'hiver, dans les endroits froids, il est nécessaire de les protéger au pied par des paillis.

On la récolte au tout début de la floraison, à une dizaine de centimètres du sol. On l'attache en paquets que l'on fait sécher en les suspendant dans des endroits secs et aérés.

USAGES

Tonique, stimulante, fébrifuge, comme la plupart des plantes amères, elle est utile dans les fièvres intermittentes, elle excite l'appétit tout en facilitant la digestion.

Précieuse pour les femmes et jeunes filles en formation, elle favorise l'apparition des règles tout en soulageant les douleurs, ses qualités toniques sont d'autant plus importantes dans ce cas-là.

Vermifuge contre les ascaris et les oxyures – l'Absinthe maritime étant la plus efficace –, on l'associe à d'autres poudres pour en faciliter l'absorption, telle la POUDRE VERMIFUGE (page 361). On en fait aussi un vin, une bière ; elle entre dans la composition du VINAIGRE DES QUATRE VOLEURS (page 372).

À ne pas confondre avec la liqueur d'Absinthe que l'on prépare avec du Génépi des Alpes, plante protégée mais que l'on cultive facilement (*voir* GÉNÉPI).

Elle se prépare en décoction à raison d'une cuillerée à soupe de plante coupée par tasse. Prenez-en une à trois tasses par jour avant les repas.

Comme vermifuge, une tasse le soir au coucher 3 jours avant et 3 jours après la pleine lune. Séchée et déposée en bouquets dans l'armoire, l'Absinthe constitue un très efficace anti-mites. Fraîche, on en fait des frictions sur le corps pour éloigner les moustiques.

VIN D'ABSINTHE

Utile comme tonique amer, ce vin facilite la digestion et lutte contre les vers. Prenez-en un verre avant les repas.

Sommités d'absinthe	30 g
Alcool à 60°	60 ml
Vin blanc	1 l

Laissez en contact l'Absinthe avec l'alcool pendant 24 heures, ajoutez ensuite le vin, laissez macérer le tout pendant 10 jours en agitant de temps en temps.

ACHE *Apium graveolens* (Ombellifères)

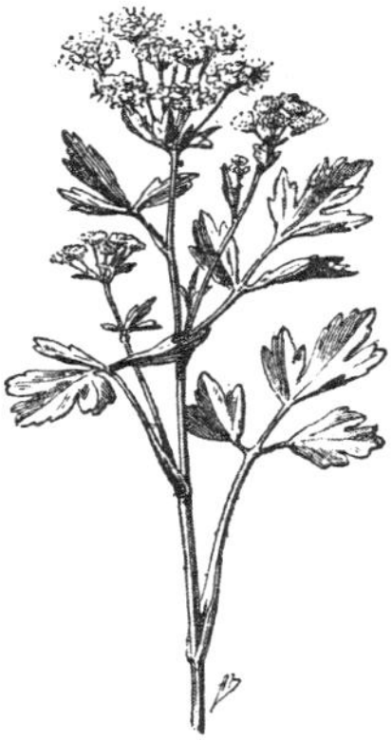

Apium viendrait du celtique *apon*, « eau », la plante aimant les endroits marécageux ; g*raveolens* de *grave*, « fortement », et *olens*, « odorant ».

NOMS COMMUNS : Ache des marais, Céleri, Persil des marais.

All. : *Sellerie, Appich.* Angl. : *Celery, Ach.* Esp. : *Apio común.* It. : *Apio palustre.*

DESCRIPTION

Plante bisannuelle, la racine est courte et pivotante, la tige herbacée de 60 centimètres environ est dressée, cylindrique, portant des rameaux diffus.

Les feuilles sont décomposées, longuement pétiolées dans le bas de la tige. Elles sont luisantes et lisses, d'un beau vert foncé.

Les fleurs d'un blanc verdâtre, groupées en ombelles, apparaissant de juillet à septembre, sont suivies de fruits ovales bruns striés de cottes blanchâtres peu saillantes.

CULTURE ET RÉCOLTE

On trouve la plante sauvage dans tous les endroits humides d'Europe, mais elle préfère particulièrement les côtes de la Manche, de l'Atlantique et de la Méditerranée.

Poussant spontanément, l'Ache peut se cultiver comme le Céleri.

Il suffit de faire des semis au printemps en pleine terre. Dès l'apparition de quelques feuilles, on repique en pépinière et en place vers le mois de juin, espacées de 30 à 40 centimètres. Le terrain doit être humide et bien fumé.

La récolte se fait à la fin de la deuxième année, les racines sont fortes, tordues, noueuses, plus ou moins grosses. Elles sont lavées, coupées, quelquefois fendues et séchées dans des endroits chauds. Les tiges et les feuilles sont suspendues en bouquets jusqu'à leur séchage complet dans des locaux secs et aérés.

L'Ache ressembe un peu à l'Angélique, mais son parfum est bien celui du Céleri, balsamique, aromatique et chaud.

Médicinales toutes les deux, il est souhaitable de ne pas la confondre avec l'Ache des montagnes, ou Livèche.

USAGES

Tour à tour condiment, légume et remède, les vertus diurétiques des feuilles et des racines d'Ache sont appréciées dans les cas de lithiase rénale, d'arthrite, de rhumatismes, et surtout d'albuminurie.

Elles favorisent la digestion et décongestionnent le foie. Le jus frais s'utilise pour laver les ulcères variqueux.

L'Ache se prépare en décoction, pendant 5 minutes pour les racines, durant 2 minutes pour les feuilles, en mettant une cuillerée à soupe de plantes par tasse.

Prenez-en une à quatre tasses par jour.

MÉLANGE POUR GRILLADES

Ce mélange est assez piquant, on en enduit la viande 1 heure avant la grillade.

Feuilles ou racines séchées d'ache des marais	2 cuillerées à soupe
Feuilles de thym de Provence	1/2 cuillerée à café
Feuilles de marjolaine	1/2 cuillerée à café
Feuilles de romarin	1/2 cuillerée à café
Racines de gingembre	1/2 cuillerée à café
Graines de moutarde blanche	2 cuillerées à café
Poivre noir	1/2 cuillerée à café
Piment de Cayenne	1/2 cuillerée à café
Paprika	2 cuillerées à café
Vinaigre de cidre	quantité suffisante

Pilez toutes les plantes dans un mortier, ajoutez la quantité de vinaigre suffisante pour faire une pâte.

SEL DE CÉLERI

Plus parfumé que le Céleri qui l'est déjà beaucoup, faites un sel de Céleri en superposant par couches les racines d'Ache et du sel, fin ou gros suivant votre usage. Laissez en contact une dizaine de jours.

ACORE *Acorus calamus* (Aracées)

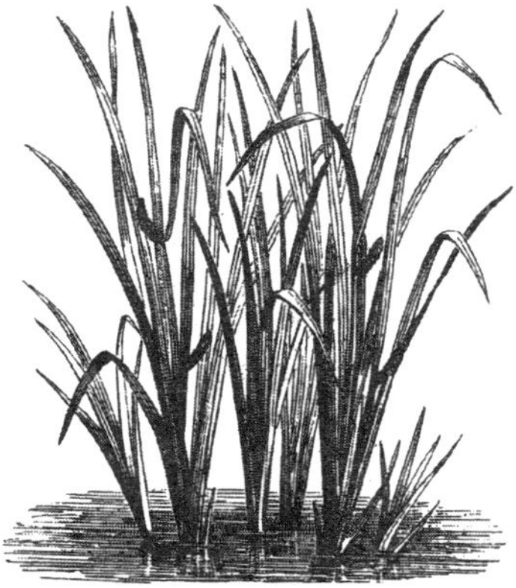

En grec, *akoros* est le nom d'une plante aromatique, et *calamus,* ou *kalamos,* est une plante ressemblant à un roseau.

NOMS COMMUNS : Acore vrai, Acore odorant, Roseau odorant, Canne aromatique, Jonc odorant.

All. : *Kalmus.* Angl. : *Calmus.*
Esp. : *Calamo aromatico.*
It. : *Acoro vero, Calamo aromatico.*

On disait qu'une amende était donnée à tout droguiste n'ouvrant pas sa porte de jour ou de nuit pour délivrer de l'Acore.

DESCRIPTION

L'Acore est une plante vivace à rhizome rampant, de la grosseur d'un doigt, sur lequel on observe de distance en distance des nœuds d'où naissent en dessous des racines fibreuses très nombreuses. Au-dessus, des touffes de feuilles engainantes à la base peuvent atteindre 1 mètre. Au milieu, s'élève une tige dressée dont la longueur dépasse celle des feuilles. Sur un côté, vers la partie moyenne, elle semble s'ouvrir pour laisser sortir un épi couvert de fleurs jaunâtres serrées les unes contre les autres.

CULTURE ET RÉCOLTE

Originaire de l'Inde, l'Acore s'est répandu dans un grand nombre de régions du globe, préférant les prés humides, le bord des eaux tranquilles. La récolte de la plante dans la nature suffit aux besoins de l'herboristerie.

Il est possible d'en faire la culture en choisissant des terres constamment humides, consistantes et chaudes. On le propage par éclats des pieds en les plantant à 10 centimètres les uns des autres, sans trop les enfouir dans la terre.

La récolte du rhizome se fait à l'automne.

USAGES

Digestif et carminatif avant tout, l'Acore soulage les lourdeurs et les lenteurs de la digestion. Ses qualités diurétiques et sudorifiques sont les bienvenues dans les cas de goutte, de grippe, de pneumonie, de néphrite, de fièvres intermittentes. Bienfaisant sur les bronches et la gorge, on l'associe couramment à l'Érysimum pour combattre l'aphonie.

L'Acore se prépare en décoction pendant 5 minutes, à raison d'une cuillerée à café de racines coupées par tasse. Prenez-en deux ou trois tasses par jour.

AGRIPAUME *Leonurus cardiaca* (Labiacées)

Leonurus a donné « queue de lion », en raison de la disposition des fleurs, *cardiaca* ; à cause de l'usage populaire de l'Agripaume pour le cœur.

NOMS COMMUNS : Cardiaque, Cardiaire, Creneuse, Cheneuse, Queue de lion, Mélisse sauvage, Herbe des tonneliers.

All. : *Herzgespann*. Angl. : *Motherwoort*. Esp. : *Cardiaca*. It. : *Cardiaca*.

DESCRIPTION

L'Agripaume est une très belle plante vivace dont la tige dressée, carrée, velue, atteint 70 centimètres environ.

Les feuilles, opposées, présentent un limbe divisé en trois ou cinq lobes plus ou moins dentés, vert sombre dessus, blanchâtres dessous.

Les fleurs, visibles de juin à septembre, sont d'un blanc rosé, très serrées, disposées à l'aisselle des feuilles. Le fruit, velu, est tonique.

CULTURE ET RÉCOLTE

Originaire d'Asie, on trouve l'Agripaume un peu partout à faible altitude, dans les lieux incultes, sur le bord des chemins, les haies, etc.

La plante sauvage est la seule employée, elle n'est guère cultivée que dans les jardins botaniques.

Les feuilles et les sommités fleuries sont récoltées en pleine floraison. Réunies en bouquets, on les suspend jusqu'au séchage complet dans des endroits secs et aérés.

USAGES

Les propriétés antispasmodiques de l'Agripaume se justifient dans les affections nerveuses du cœur, les palpitations de l'enfant quand les vers en sont la cause par exemple. Antispasmodique, elle s'associe fréquemment à d'autres plantes calmantes ou somnifères.

La préparation se fait en décoction pendant 3 minutes d'une cuillerée à soupe de plantes coupées par tasse. Prenez-en deux tasses par jour après les repas.

AIGREMOINE *Agrimonia eupatoria* (Rosacées)

Agrimonia vient du mot grec *argemone,* « plaie de l'œil », la plante semblait en effet agir sur les affections des yeux ; *eupatoria,* parce que le roi Mithridate Eupator l'aurait reconnue comme plante médicinale.

NOMS COMMUNS : Agrimone, Eupatoire des anciens, Herbe de saint Guillaume, Herbe de sainte Madeleine.

All. : *Agrimonien.* Angl. : *Agrimony.*
Esp. : *Agrimonia.* It. : *Agrimonia.*

Les sorciers assurent que les fleurs de cette plante se fanent instantanément dès que l'on entre dans une maison habitée par le démon. Ils usaient aussi de l'Aigremoine pour endormir ceux auxquels ils voulaient du mal en en bourrant leur oreiller. Le charme ne cessait que lorsqu'on retirait l'oreiller.

DESCRIPTION

L'Aigremoine est une plante vivace dont la tige herbacée, cylindrique, dressée, velue et simple peut atteindre 40 à 50 centimètres. Les feuilles, alternes, sont très découpées, à folioles lancéolées, profondément dentées, d'un vert cendré dessous et velues sur les deux faces. Les fleurs, jaunes, groupées en épi terminal, s'épanouissent de juin à août. Le fruit, membraneux, est renfermé par le calice.

CULTURE ET RÉCOLTE

Commune dans presque toute l'Europe, sauf en altitude, l'Aigremoine aime les lieux arides, les buissons, les bords des chemins.

Son abondance dans la nature suffit à l'herboristerie, mais on peut la multiplier par semis des graines au printemps.

La récolte se pratique durant tout l'été et une partie de l'automne. Elle est coupée, réunie en bouquets, que l'on suspend à l'ombre dans des endroits secs et aérés.

Son odeur est légèrement aromatique, sa saveur amère.

USAGES

Astringente par sa richesse en tanin, l'Aigremoine s'utilise en gargarisme contre les maux de gorge, la pharyngite, la toux des fumeurs, toutes les affections de la bouche, irritations ou ulcérations.

Elle sert de boisson aux diabétiques dont elle calme la soif.

Son usage est courant contre la diarrhée, l'entérite, les affections du foie.

Elle se prépare en décoction pendant 3 minutes en mettant une cuillerée à soupe de plantes coupées par tasse. Suivant le cas, prenez-en deux à quatre tasses par jour, ou faites des gargarismes.

AIL DES OURS *Allium ursinum* (Liliacée)

Allium est un mot employé par Virgile signifiant « brûlant », sans doute à cause des propriétés de la plante ; *ursinum* signifie « ours ». L'appellation « Ail des ours » vient du fait qu'après leur repos hivernal, les ours viennent en manger pour se purger.

NOMS COMMUNS : Ail des bois, Ail à larges feuilles, Ail sauvage.

All. : *Bärenlauch*. Angl. : *Ramsons*.
Esp. : *Ajo de oso*. It. : *Aglio ursino*.

Tous les Aulx ont des pouvoirs magiques très forts. En Savoie on avait coutume d'en jeter des fragments dans les rivières afin de les purifier. Au XVIII*e siècle, porter autour du cou un collier de gousses d'Ail pendant treize jours guérissait de la jaunisse. Le mot sanscrit qui désigne l'Ail signifie « tueur de monstres ».*

DESCRIPTION

L'Ail des ours est une plante herbacée de 15 à 30 centimètres. Deux feuilles, vertes, ovales et lancéolées, partent à la base de la tige qui est un peu molle. Les fleurs apparaissent de mai à juin et sont disposées en ombelle à l'extrémité de la tige, elles sont d'un blanc pur. Le fruit est une capsule triangulaire contenant des graines sphériques noirâtres.

CULTURE ET RÉCOLTE

L'Ail des ours est la variété sauvage de l'Ail commun. Il se cultive en faisant une séparation des bulbes à l'automne que l'on plante. On peut les semer également au printemps dans des terres légères, on les repique dès la première formation du bulbe. Les feuilles sont récoltées au printemps et reliées en bouquets. Elles sont séchées dans des endroits aérés. Curieusement, séchées, elles attirent les araignées.

USAGES

On retrouve dans l'Ail des ours les merveilleuses propriétés identiques à celles de l'Ail cultivé : bactériostatiques, antiseptiques, antiputrides.

On l'utilise pour faciliter la digestion, calmer les spasmes des bronches, contre l'hypertension, les diarrhées et autres défaillances intestinales, comme dépuratif pour les problèmes de peau, contre les troubles du sommeil s'ils sont d'origine digestive.

L'Ail des ours se prépare en décoction pendant 2 minutes, à raison d'une cuillerée à soupe de plantes coupées par tasse. Prenez-en deux tasses par jour.

ALCHÉMILLE VULGAIRE *Alchemilla vulgaris* (Rosacées)

Elle doit son nom aux alchimistes qui recueillaient sur ses feuilles la rosée utilisée pour la pierre philosophale.

NOMS COMMUNS : Pied de lion, Pied de griffon, Patte de lapin, Porte rosée, Mantelet de dame, Soubeviette.

All. : *Frauenmantel.* Angl. : *Lady's Mantel.*
Esp. : *Pie de leon.* It. : *Alchimilla.*

La particularité de l'Alchémille est de retenir longtemps sur ses feuilles les gouttes de rosée. Les alchimistes l'avaient baptisée Eau céleste. Aux environs de Nogent-le-Rotrou, jusqu'à la fin du XIXe siècle, on a cru, dur comme fer, que l'Alchémille avait le pouvoir de « rafistoler » les virginités endommagées « par quelques coups de canif dans le contrat ». Hélas, ce n'était qu'une légende !

DESCRIPTION

L'Alchémille est une plante vivace à grosse racine ligneuse et noirâtre, entourée de nombreuses radicelles. La tige, de 30 à 50 centimètres environ, est lisse et rameuse.

Les feuilles à la base sont larges à lobes pétiolés ; plus haut, elles sont plus étroites, à pétiole plus court. Elles sont d'un vert jaune dessus, plus claires dessous. Les fleurs, visibles de mai à août, forment des petits corymbes à l'extrémité de la tige. Elles sont petites, nombreuses et verdâtres.

Le fruit est arrondi, jaunâtre et brillant.

CULTURE ET RÉCOLTE

Répandue dans toute l'Europe, l'Alchémille préfère les bois et les régions montagneuses. Elle se multiplie par semis des graines au printemps.

La plante se récolte tout le temps de sa végétation ; on la coupe de 20 à 30 centimètres à partir de la hauteur. Elle est suspendue en bouquets et séchée dans des endroits secs et aérés.

USAGES

Riche en tanin, l'Alchémille donne de bons résultats dans les cas de coliques, de diarrhées, de pertes blanches, de règles trop abondantes, d'incontinence d'urine. En injection vaginale, elle soulage et favorise les règles, en lotion elle s'utilise contre le prurit vulvaire.

Elle se prépare en mettant une cuillerée à soupe de plantes coupées par tasse. Faites bouillir pendant 2 ou 3 minutes, laissez infuser durant 10 minutes.

En moyenne, buvez-en deux ou trois tasses par jour. Pour les injections vaginales, utilisez la valeur de deux tasses.

ALKÉKENGE *Physalis alkekengi* (Solanacées)

Physalis, à cause de la forme du calice, signifie « vessie » en grec ; Coqueret, qui est l'un des noms communs de la plante, vient de sa couleur rouge, qui rappelle la crête du coq.

NOMS COMMUNS : Coqueret, Cerise d'hiver, Cerise des juifs, Coccigrole, Lanterne, Amour en cage.

All. : *Schlutte.* Angl. : *Ground-Cherry.*
Esp. : *Alkekenge.* It. : *Vescicaria.*

DESCRIPTION

L'Alkékenge est une plante vivace à tige dressée, dont les feuilles groupées par deux, longuement pétiolées, ovales, légèrement dentées, ont un bord onduleux. Les fleurs, visibles de mai à octobre, sont assez grandes et se trouvent à l'aisselle des feuilles. Elles donnent un fruit, une sorte de baie globuleuse et charnue, enfermé dans le calice très agrandi, parcheminé et d'un beau rouge orangé, formant un lampion fort décoratif.

CULTURE ET RÉCOLTE

L'Alkékenge se trouve facilement dans les haies, les champs, mais peut se cultiver dans les jardins, pour sa beauté à l'automne, et le plaisir de récolter ses fruits ensuite.

On le cultive en divisant les souches ou en semis au printemps dans une terre légère, sablonneuse et ensoleillée. Il suffit de les repiquer au bout de deux mois, en plein champ, dans le jardin ; il préférera les terrains calcaires.

Seuls les fruits se récoltent à leur maturité, vers le mois de septembre. Ils sont séchés dans des endroits secs et aérés.

USAGES

Diurétique par excellence, on emploie l'Alkékenge contre la goutte, les calculs rénaux, les rhumatismes, l'albuminurie, les affections urinaires en général.

Il est possible de consommer le fruit frais à la saison, d'en faire un VIN (page 369). Il entre dans la composition du sirop de chicorée. On le prépare en décoction pendant 5 minutes, à raison d'une cuillerée à soupe par quart de litre d'eau. Il est nécessaire de prendre cette dose trois ou quatre fois par jour. Un traitement de quelques jours suffit dans certains cas.

ANETH *Anethum graveolens* (Ombellifères)

Anethum est une descendance du grec *anethon* désignant l'Anis, à cause de leur ressemblance ; *graveolens*, « grave », « fort », *olens*, « odorant » : toute la plante ressemble à l'Anis, elle est fortement parfumée.

NOMS COMMUNS : Fenouil bâtard, Fenouil puant, Faux Anis, Cumin.

All. : *Dill.* Angl. : *Dill.*
Esp. : *Eneldo medicinal.* It. : *Aneto puzzolente.*

L'École de Salerne disait : « L'Aneth chasse les vents, amoindrit les humeurs, et d'un ventre replet dissipe les grosseurs. » Réputée aphrodisiaque, cette plante avant tout culinaire a servi aux plus grands de ce monde. On dit que Raspoutine versait des graines d'Aneth dans l'eau de son bain et dans celle des dames qu'il voulait séduire. Dans les campagnes, il n'est pas rare de faire respirer aux enfants une touffe d'Aneth pour les protéger du hoquet.

DESCRIPTION

L'Aneth est une plante annuelle à racine fusiforme, fibreuse et blanchâtre. La tige, de 50 centimètres à 1 mètre, est cylindrique, striée, peu rameuse et creuse à l'intérieur. Les feuilles, alternes, d'un beau vert, sont décomposées en segments linéaires. D'avril à juillet, apparaissent les fleurs, petites et jaunâtres, formant de larges ombelles terminales, et donnant des fruits un peu comprimés, aplatis, ovales, marqués de dix cottes longitudinales.

CULTURE ET RÉCOLTE

Originaire d'Orient, l'Aneth demande une exposition chaude et une terre meuble. Il suffit de le semer dès la maturité des graines. Les semis du printemps réussissent rarement, la terre étant trop froide. La récolte des fruits se pratique au fur et à mesure de leur maturité. Elle peut commencer au mois d'août, dès qu'ils brunissent, après la rosée. Ils sont enfermés dans des sacs à l'abri de l'humidité.

USAGES

D'abord carminatif, pour son efficacité à soulager l'aérophagie, favoriser l'expulsion des gaz intestinaux, enrayer le hoquet spasmodique, l'Aneth active la sécrétion du lait chez les nourrices. Antispasmodique, on l'utilise en Amérique du Sud contre les hémorroïdes, en boisson et en lavement.

Les feuilles sont utilisées pour les mêmes usages, on les préfère malgré tout fraîches, dans les boissons et autres recettes de cuisine.

La plante se prépare en décoction légère d'une cuillerée à café par tasse. Le moment de la prise est important, 15 minutes avant le repas ou 1 heure après la fin du repas.

ANGÉLIQUE *Angelica archangelica* (Ombellifères)

Angelica vient du grec *angelos,* « messager ». L'archange Raphaël aurait fait connaître la plante aux hommes.

NOMS COMMUNS : Angélique de bohème ou des jardins, Archangélique, Herbe aux anges, Herbe de saint esprit.

All. : *Engelwurz.* Angl. : *Angelica.*
Esp. : *Angelica.* It. : *Angelica.*

La véritable galette saintongeaise ne serait pas ce qu'elle est sans quelques morceaux d'Angélique confite. Déjà, au Moyen Âge, Villon et ses amis ne se livraient pas au jeu dans les tripots sans porter sur eux une racine fraîche d'Angélique. Les « gamblers » du Mississippi de la conquête de l'Ouest avaient la même croyance pour gagner à coup sûr. Ce sont pourtant les mendiants de la cour des Miracles qui en faisaient l'usage le plus insolite : avec le suc irritant de l'Angélique ils se provoquaient des ulcères et des chancres dignes d'inspirer la pitié.

DESCRIPTION

L'Angélique est une très belle plante bisannuelle pouvant atteindre jusqu'à 2 mètres de hauteur. Sa racine est forte, charnue, noirâtre, très rameuse, supportant une tige épaisse, cylindrique, dressée, très rameuse également, creuse à l'intérieur. Les feuilles sont alternes, très grandes, deux ou trois fois ailées, à folioles ovales, lancéolées, aiguës et dentées. Les fleurs, d'un jaune verdâtre, disposées en larges ombelles, sont visibles vers juillet, août. Le fruit, jaune crème ou marron clair, est ovale, allongé, aplati, relevé par des cottes saillantes.

CULTURE ET RÉCOLTE

L'Angélique habite les régions montagneuses de l'Europe méridionale, les bords des ruisseaux, les fossés humides, les prairies.

Pour sa culture, il est souhaitable de choisir des terres légères, chaudes, humides ou d'irrigation facile.

On sème les graines dès leur maturité dans un terreau léger et humide. À l'automne, on repique en pleine terre à environ 80 centimètres de distance.

La racine ne se récolte pas avant la fin de la deuxième année. Elle est lavée, coupée, et séchée dans des endroits secs, légèrement chauffés en hiver.

Les feuilles se ramassent dès leur apparition vers le mois de mai ou juin, on les sèche à l'ombre en bouquets suspendus.

On coupe les ombelles pour récolter les fruits, qui se détachent facilement, vers le mois d'août.

Les tiges destinées à la confiserie sont récoltées à la fin de la première et de la deuxième année.

USAGES

La racine d'Angélique entre dans la composition d'un grand nombre de préparations, ALCOOLAT THÉRIACAL, ALCOOL DE MÉLISSE (page 40), etc. ; les racines quant à elles sont utilisées par les liquoristes, vespetro, GRANDE-CHARTREUSE.

Très agréable à consommer, l'Angélique, en particulier ses semences, est antispasmodique surtout chez les émotifs anxieux, les asthmatiques, les nerveux, les stressés digérant avec difficulté, les irritables à l'approche des règles.

La racine est préférable pour ses propriétés toniques, fortifiantes et équilibrantes des fatigues nerveuses.

Dans les débuts de grippe, on l'utilise en fumigation calmante (semences de préférence), les feuilles et les racines calment la toux.

Les semences et les racines se préparent en décoction, 2 minutes d'ébullition pour les semences, 5 bonnes minutes pour les racines, à raison d'une cuillerée à soupe de plantes par tasse. Pour faciliter la digestion et pour calmer, la prise a lieu après le repas ; pour fortifier, de préférence 10 minutes avant de manger.

Avec la racine, il se prépare un VIN délicieux (page 369).

TISANE ANTISTRESS

Pour calmer, détendre, reposer l'organisme, sans lui faire perdre sa tonicité et lui redonner une dynamique équilibrée, prenez une ou deux tasses par jour de cette préparation.

Sommités d'aspérule odorante	20 g
Racines d'éleuthérocoque	20 g
Plante d'eschscholtzia	20 g
Sommités de lotier corniculé	20 g
Feuilles, semences et racines d'angélique	20 g

Faites bouillir pendant 2 minutes et laissez infuser durant 10 minutes une cuillerée à soupe de plantes par tasse.

LIQUEUR D'ANGÉLIQUE

Le parfum délicieux de cette Herbe aux anges se communique à cette liqueur qu'il faut boire après le repas, à dose modérée, pour faciliter la digestion.

Tiges d'angélique fraîches ou confites	150 g
Écorces de cannelle de Ceylan	10 g
Clous de girofle	5 g
Vanille Bourbon	1 gousse
Eau-de-vie ou rhum	1 l

Versez les plantes dans l'eau-de-vie ou le rhum en prenant soin de couper la gousse de vanille dans le sens de la longueur. Laissez macérer pendant 10 jours en agitant de temps en temps. Filtrez.

ANIS *Pimpinella anisum* (Ombellifères)

Pimpinella désignait autrefois la primprenelle, qui ressemble beaucoup à l'Anis ; *anisum* est le nom utilisé dans plusieurs langues.

NOMS COMMUNS : Anis vert, Pimpinelle, Boucage, Petit Anis, Anis d'Europe.

All. : *Grüner Anis.* Angl. : *Anise, Sweet Cumin.* Esp. : *Anis común.* It. : *Anice, Anacio.*

Pour vaincre les cauchemars et retrouver un sommeil heureux, pendant très longtemps en Angleterre, on bourrait les oreillers des insomniaques de trois grosses poignées de graines d'Anis.

DESCRIPTION

L'Anis est une plante annuelle à racine fusiforme, un peu ramifiée et blanchâtre. La tige, de 50 centimètres au plus, est dressée, cylindrique, rameuse, porteuse de feuilles alternes, un peu charnues, d'un beau vert, divisées, dentées et pointues. Les fleurs blanches et petites, visibles en juillet, sont disposées en ombelles. Elles donnent des fruits ovales, striés, d'un gris-vert blanchâtre.

CULTURE ET RÉCOLTE

Originaire de la région méditerranéenne, l'Anis aime les endroits secs et découverts.

Préférez une terre légère, ensoleillée. Ensemencez au printemps en sillon ou à la volée, en recouvrant très peu le semis, passez le rouleau éventuellement. Éclaircissez les plants au bout d'un certain temps, buttez ce que vous voulez garder.

La récolte des fruits se fait à leur maturité en août. On coupe ou on arrache la plante, le grain est ensuite séparé par battage.

USAGES

L'Anis est le carminatif le plus connu et le plus utilisé, pour son goût peut-être, et son efficacité sûrement. En plus de la confortable digestion qu'il assure, chassant l'aérophagie et les coliques venteuses, il favorise la lactation des nourrices, calme l'asthme, la toux nerveuse, les coliques des nourrissons (tout comme l'Aneth et le Fenouil). Il entre dans la composition de préparations diverses, ESPÈCES CARMINATIVES (page 345).

Il se prépare en décoction pendant 3 minutes, à raison d'une cuillerée à café par tasse. Comme tous les carminatifs, une tasse 10 minutes avant le repas, ou 1 heure après.

ARBOUSIER *Arbustus unedo* (Éricacées)

Arbustus, dérivé de *arbos,* est l'ancien nom latin de « arbre », et de *arbois,* nom celte de « fruit raboteux » ; *nedo,* de *unum edo,* « j'en mange un seul », le fruit n'étant pas des plus succulents.

NOMS COMMUNS : Arbre aux fraises, Fraisier en arbre, Frôle, Olonie.

All. : *Erdbeerbaum.* Angl. : *Strawberry Tree.*
Esp. : *Madrono común.* It. : *Corbezzeolo.*

Sacré chez les Romains, l'Arbre aux fraises était l'attribut de la nymphe Carna, épouse de Jaus, le dieu aux deux visages. En pays berbère, il n'est pas rare aujourd'hui encore de voir des Arbousiers recouverts de morceaux d'étoffe ; ce sont des malades qui viennent ainsi chercher une guérison magique.

DESCRIPTION

L'Arbousier est un petit arbre à la tige noueuse et rameuse, pouvant atteindre quelquefois 10 mètres de hauteur. L'écorce, gris brunâtre à la base, devient rougeâtre à la partie supérieure. Les feuilles, alternes, sont ovales, oblongues, dentées, coriaces, d'un beau vert dessus, plus pâle dessous. Les fleurs, blanches, visibles d'octobre à janvier, odorantes, sont disposées en grelot formant ainsi une petite grappe à l'extrémité des rameaux. Le fruit globuleux, de 1 ou 2 centimètres, à la peau verruqueuse, est jaune d'abord, puis rouge orangé à sa maturité.

CULTURE ET RÉCOLTE

L'Arbousier est très commun sur le bassin méditerranéen, le Sud-Ouest surtout, sur le bord de l'Atlantique. Il aime les régions montagneuses et les bois arides. Plante essentiellement sauvage, sa culture est très rare. L'Arbousier se propage par les graines semées dès leur maturité, placées sur couche sous un châssis. On les protège pendant l'hiver, et au printemps on repique les jeunes plantes.

Les feuilles se récoltent à l'automne, le bois et la racine peuvent l'être à la même époque ou au printemps. Les fruits, qui sont à maturité en janvier, se ramassent lorsqu'ils sont bien rouges.

USAGES

Les fruits de l'Arbousier peuvent, comme dans les pays arabes, se préparer en marmelade, ils sont diurétiques et astringents contre la diarrhée.

La racine, comme toute la plante, est astringente, utilisée contre la tension trop élevée, pour stimuler la circulation du sang, lutter contre l'artériosclérose et les pertes blanches. Les feuilles comme les fruits sont diurétiques. Les feuilles et les racines se préparent en décoction pendant 5 minutes en en mettant une cuillerée à soupe par tasse. Prenez-en deux ou trois tasses par jour.

ARMOISE *Artemisia vulgaris* (Composées) (*voir* ABSINTHE, page 46)

Artemisia est l'ancien nom grec ou latin de diverses plantes de ce genre. Pour certains auteurs, elles sont dédiées à Artémis, la Diane grecque, à cause de leur usage en gynécologie ; pour d'autres, à Artémise, veuve du roi de Carie, qui l'utilisait en médecine ; ou bien *Artemisia* viendrait du nom grec *artemès*, « sain et sauf », à cause de leurs propriétés révulsives.

NOMS COMMUNS : Couronne de saint Jean, Ceinture de saint Jean, Herbe à cent goûts, Remise, Artémise, Herbe de saint Jean, Herbes de feu, Tabac de saint Pierre.

All. : *Beifuss*. Angl. : *Mugwort*.
Esp. : *Artemisia común*. It. : *Amarella, Artemisia*.

Voici une des Herbes de la Saint-Jean les plus prisées des sorciers. On lui attribue pratiquement toutes les vertus, mais certains coureurs de marathon feraient bien de l'employer pour se donner des ailes... Il suffit en effet d'accrocher une branche d'Armoise à sa chaussure gauche pour courir plus vite plus longtemps que les autres. Mais que se passe-t-il quand tous les coureurs ont eu la même idée ?

DESCRIPTION

L'Armoise est une plante vivace à racine ligneuse, rampante et fibreuse. La tige, qui peut atteindre 1,5 mètre, est herbacée, cylindrique, striée, rougeâtre, un peu velue, dressée et rameuse. Les feuilles sont alternes, profondément lancéolées, découpées en segments, vert foncé dessus, blanches et cotonneuses dessous. Les fleurs jaunes sont groupées en petits capitules et disposées en petits épis axillaires dont la réunion constitue une longue panicule. Le fruit est ovale et lisse.

CULTURE ET RÉCOLTE

L'Armoise se trouve abondamment à l'état sauvage, préférant malgré tout les terres légères et les expositions découvertes.

Pour sa culture, il suffit d'en semer les graines au printemps et de repiquer les plants dès qu'ils sont assez forts à 60 centimètres les uns des autres environ.

Une autre méthode consiste simplement à diviser les touffes au printemps.

Les sommités fleuries se récoltent dès l'apparition des fleurs en juin, juillet. On coupe la plante de 30 à 40 centimètres à partir de la hauteur ; disposée en bouquets suspendus, on la fait sécher dans des endroits aérés.

USAGES

L'Armoise est une plante, tonique, stimulante, antispasmodique, emménagogue. C'est pour ce dernier usage qu'elle est la plus connue, elle facilite l'apparition des règles et en soulage les douleurs. La rumeur populaire lui a attribué des propriétés abortives qu'elle ne possède pas. Elle sert à fabriquer les MOXAS (page 359).

Elle se prépare en décoction pendant 3 minutes en mettant une bonne cuillerée à soupe de plantes coupées par tasse. Prenez-en deux ou trois tasses par jour.

ARNICA *Arnica montana* (Composées)

L'origine du mot est difficile à définir, peut-être du grec *arnos* , « agneau », ou de *ptarnica,* « qui fait éternuer ».

NOMS COMMUNS : Arnique, Tabac des Vosges, Tabac des Savoyards, Doronic d'Allemagne, Herbe aux chutes, Souci des Alpes, Plantain des Alpes, Herbe aux prêcheurs.

All. : *Wohlverleih.* Angl. : *Mountain Tabacco.* Esp. : *Arnica.* It. : *Arnica.*

DESCRIPTION

L'Arnica est une plante des montagnes à racine traçante, noirâtre, munie de radicelles fibreuses. La tige, de 50 centimètres environ, est cylindrique et velue. Les feuilles sont presque toutes réunies à la base de la tige. Sessiles, elles sont ovales, entières, épaisses, aux nervures saillantes, un peu velues. Les fleurs, solitaires ou groupées, sont disposées à l'extrémité de la tige : l'une, principale, est régulière, d'un beau jaune orangé ; les autres sont longuement étalées en languettes. Elles font leur apparition de mai à juillet.

CULTURE ET RÉCOLTE

Très abondante à l'état sauvage, l'Arnica est difficile à cultiver. Elle pousse entre 600 et 2 400 mètres d'altitude, dans des rocailles et sur des sols riches de terre de bruyère, abrités et ombragés.

On la propage par ses graines que l'on sème à l'automne ou au printemps. On repique les jeunes plants en août ou à l'automne.

La fleur se récolte au tout début de la floraison ; délicate, elle est séchée dans des endroits très secs.

USAGES

L'action de l'Arnica est légère sur la circulation, le foie, les reins, les intestins ; on l'utilise comme calmant léger et pour soulager l'asthme. Elle trouve tout son intérêt et démontre sa qualité en macération dans l'alcool pour en faire une teinture. Son usage est bénéfique pour soulager coups et bosses.

Fragile, la fleur se prépare en infusion à raison d'une cuillerée à soupe par tasse. Prenez-en une ou deux tasses par jour. Pour les coups, il est souhaitable de diluer la TEINTURE (page 368) avec un peu d'eau avant son application.

ARTICHAUT *Cynara scolymus* (Composées)

Cynara vient du grec *kinara* désignant le Cardon, et *scolymus* désigne une sorte de Chardon.

NOM COMMUN : Bérigoule.

All. : *Artischocke.*
Angl. : *Artichoke.*
Esp. : *Alcachofa.*
It. : *Carciofo.*

DESCRIPTION

L'Artichaut est une plante vivace à racine épaisse, charnue et dure. La tige, haute de 1 mètre environ, peu rameuse, porte de très grandes feuilles à segments, divisés profondément en lobes dentés, vert pâle au dessus, blanchâtres dessous. Les fleurs sont réunies en très gros capitules de 6 à 15 centimètres entourés de nombreuses bractées pointues, robustes, charnues à la base. Cette partie de la plante fait le délice de nos tables. Le fruit est surmonté d'une aigrette plumeuse.

CULTURE ET RÉCOLTE

Originaire du midi de l'Europe, l'Artichaut n'existe pas à l'état sauvage, mais il est cultivé dans tous les jardins maraîchers.

En automne ou au printemps, on prélève les drageons qui se développent au pied de la touffe. On aura pris soin de les entourer de fumier, de paille ou de tourbe.

Dans une terre défoncée assez profondément et fortement fumée, on plante les œillets assez loin les uns des autres.

Les feuilles sont récoltées avant la floraison, en mai, juin. Elles sont séchées à plat ou suspendues en bouquets.

USAGES

L'aspect velouté et cotonneux des feuilles d'Artichaut, coupées pour l'usage en herboristerie, donne une apparence d'herbe peu appétissante. N'en croyez rien, si la tisane est un peu amère, elle fait partie des merveilleuses plantes pour le foie, augmentant et facilitant l'évacuation de la bile, luttant contre le cholestérol, l'urée, l'acide urique, facilitant la combustion des sucres et des graisses ; elle est aussi utilisée contre l'artériosclérose, l'athérome, les néphrites et autres insuffisances rénales, les diabètes hépatiques, certaines dermatoses. Ce sont plus spécialement les fleurons violets séchés de *Cynara cardunculus*, ou Cardon, que l'on utilise pour cailler le lait. On le trouve en herboristerie sous le nom de « Chardonnette ».

La feuille d'Artichaut se prépare en décoction pendant 2 minutes, à raison d'une cuillerée à soupe de feuilles coupées par tasse. Prenez-en deux ou trois tasses par jour avant les repas.

Le légume comme la tisane sont déconseillés pendant l'allaitement, car ils défavorisent la sécrétion lactée.

LAIT CAILLÉ

Cynara cardunculus, ou Cardon, contient un ferment qui a l'avantage de faire cailler le lait à partir de 35 °C, et qui est détruit à 65 °C.

Dans un sachet ou dans un linge fin, introduisez 20 grammes de Chardonnette. Glissez le tout dans un litre de lait que vous portez à plus de 35 °C, sans dépasser 65 °C ; laissez chauffer à cette température pendant 30 minutes. Enlevez le sachet et laissez refroidir.

ASPERGE *Asparagus officinalis* (Liliacées)

Asparagos était le nom de l'Asperge chez les Grecs.

NOM COMMUN : Asperge.

All. : *Spargel.* Angl. : *Asparagus.*
Esp. : *Esparrago.* It. : *Sparagio.*

DESCRIPTION

L'Asperge est une plante vivace à souche rampante, épaisse, cylindrique, charnue, écailleuse, rameuse, munie de nombreuses racines fibreuses et allongées. La tige, de 1 mètre et plus, est cylindrique, dressée et rameuse à la partie supérieure. Elle porte des feuilles divisées en rameaux filiformes et mous. Les fleurs, visibles de mai à juin, jaune verdâtre, en forme de cloche, terminent les pédoncules grêles et pendants, articulés vers le milieu. Unisexuées, les fleurs mâles sont plus grandes que les femelles.

CULTURE ET RÉCOLTE

Creusez des fossés de 50 centimètres de largeur et profonds de 50 à 60 centimètres. Déposez du fumier chaud que vous recouvrez d'une couche de terre. Plantez les greffons d'Asperge, que vous aurez trouvés chez un pépiniériste, à 50 centimètres les uns des autres. Remplissez ensuite la fosse de terre.

Les racines pour l'usage en herboristerie se récoltent sur des pieds de 2 ou 3 ans. Difficiles à sécher, on les lave après les avoir arrachées, puis elles sont coupées et mises dans des endroits secs légèrement chauffés.

USAGES

Bien que contestée par divers auteurs, l'Asperge est un bon diurétique chez les cardiaques, ainsi que chez les personnes ayant les chevilles facilement enflées, à éviter toutefois chez celles souffrant de lésions urinaires. La tisane ou le légume sont également déconseillés chez les personnes atteintes de la goutte, d'artériosclérose, de calculs rénaux ou d'autres inflammations urinaires. La racine séchée se prépare en décoction en mettant une cuillerée à soupe de racines coupées par tasse. En prendre deux ou trois tasses par jour est une bonne dose.

ASPÉRULE ODORANTE *Asperula odorata* (Rubiacées)

Asper est un nom venant d'*asperula* qui signifie « rugueux », certaines tiges étant très rudes ; *odorata*, à cause du délicieux parfum qu'elle développe en séchant.

NOMS COMMUNS : Reine des bois, Petit Muguet, Muguet des bois, Thé suisse, Hépatique étoilée.

All. : *Waldmeister.* Angl. : *Sweet woodruff.*
Esp. : *Asperula odorosa.* It. : *Stellina odorosa.*

DESCRIPTION

L'Aspérule odorante est une petite plante vivace à racine grêle, fibreuse et traçante. Les tiges, dressées, de 10 à 30 centimètres, sont très minces, presque carrées, noueuses. Elles portent des feuilles réunies par cinq ou six çà et là autour de la tige, formant une étoile, ovales, lancéolées, rétrécies à la base, pointues, lisses et luisantes, rêches sur les bords et d'un beau vert. Les fleurs, blanches, très petites, visibles en mai, juin, sont réunies en corymbes à l'extrémité de la tige. Le fruit est couvert de poils raides et crochus.

CULTURE ET RÉCOLTE

L'Aspérule odorante habite les régions tempérées, elle est rare au-dessus de 1 600 mètres et dans les régions méditerranéennes.

Demandant une terre légère et une exposition découverte, on la multiplie soit par semis à l'automne ou au printemps, soit par éclatement des touffes au printemps. Elle ne demande ensuite aucun soin.

La récolte se fait au moment de la floraison au mois de mai. On en fait des bouquets que l'on suspend dans des endroits secs et aérés. Détachez ensuite les feuilles qui dégagent un parfum très agréable. Le séchage est très délicat, les feuilles peuvent noircir facilement.

USAGES

L'Aspérule odorante est diurétique et fait partie des bonnes plantes pour le foie, elle est antispasmodique, elle facilite la digestion des angoissés et des nerveux : c'est la plante idéale pour procurer un bon sommeil aux sujets sensibles et aux personnes âgées, etc. Son action bienfaisante contre les spasmes explique sûrement son efficacité sur la décontraction de la vésicule. Elle doit faire partie de toutes les compositions calmantes et hépatiques. Macérée, on en fait un vin réputé en Alsace sous le nom de VIN DE MAI (page 371) ; seule ou mêlée à d'autres plantes, on en fait un tabac. Elle sert également à parfumer les armoires.

Les vaches qui consomment cette plante dans la nature ou dans le fourrage fournissent un lait plus abondant et savoureux.

L'Aspérule odorante se prépare en décoction légère en mettant une bonne cuillerée à soupe de feuilles par tasse. Il est important de la prendre avant le repas ou le soir au coucher.

AUBÉPINE *Crataegus oxyacanta* (Rosacées)

Crataegus est un dérivé de *krataigos*, nom grec d'une plante du même genre ; *oxycanta* vient de *oxus*, « aigu », et de *akanta*, « épine », l'arbre étant couvert d'épines courtes.

NOMS COMMUNS : Épine blanche, Épine de mai, Noble Épine, Bois de mai, Poire d'oiseau, Sénellier.

All. : *Weissdorn*. Angl. : *Hawthorn*.
Esp. : *Spin blanco*. It. : *Azarolo selvatico*.

Malgré ses aiguillons et son bois dur, et bien que ce fût dans celui-ci que l'on taillait les billots pour y coucher la tête des suppliciés, les poètes et les romanciers l'ont souvent célébrée.
Réputée depuis toujours pour accroître la fidélité dans tous les domaines, on affirme aussi que l'Aubépine est capable de conserver la chasteté et de prolonger le célibat ! Piquée au sommet du mât des barques de pêcheurs marseillais, elle leur assure une pêche « miraculeuse », mais si vous en glissez un fagot sous le lit d'une femme, inutile de l'approcher, elle vous refusera toutes ses faveurs !

DESCRIPTION

L'Aubépine est un arbrisseau buisson pouvant atteindre 4 mètres de hauteur. Les rameaux grisâtres sont couverts de fortes épines courtes. Les feuilles dentées et incisées sont divisées en trois à cinq lobes peu profonds, vert luisant dessus, plus pâles dessous. Les fleurs blanches ou rosées apparaissent en mai, elles sont disposées en corymbes et partent à l'aisselle des feuilles. Le fruit charnu renferme plusieurs graines.

CULTURE ET RÉCOLTE

L'Aubépine est très commune dans toute l'Europe, en Asie, dans le nord de l'Afrique.

Sa culture s'effectue par semis, mais la plante ne germe que l'année suivante, sa croissance est lente. On repique ensuite les plants, toutes les terres leur conviennent. L'Aubépine, extrêmement robuste, peut vivre jusqu'à 500 ans. Supportant bien la taille, elle sert à confectionner des haies, et comme porte-greffe pour les Poiriers.

Les fleurs sont recueillies avant leur épanouissement, qui leur donne un aspect velouté, voire de fausse moisissure. Elles sont séchées en couches minces. L'odeur fraîche et agréable disparaît au séchage.

On récolte également les sommités fleuries, qui sont séchées à plat ou en bouquets.

USAGES

L'usage des fleurs d'Aubépine est idéal contre l'hypertension artérielle, l'artériosclérose, les palpitations et autres irrégularités du cœur.

Antispasmodique et calmante, elle facilite le sommeil des nerveux et des angoissés, elle rend la vie plus heureuse des personnes en période de ménopause, soulageant les bouffées de chaleur.

Elle est indiquée pour la tisane classique du soir, seule ou associée à d'autres plantes analogues, dès la cinquantaine, comme tonique du cœur et « assureur » de ses artères.

Les fleurs se préparent en infusion pendant 10 minutes, à raison d'une cuillerée à café par tasse. Prenez-en deux ou trois tasses par jour dont une le soir. En cure d'entretien, la prise du soir suffit.

TISANE DE LA CINQUANTAINE

Utile en cure d'entretien pour assurer une bonne santé à vos artères, prenez-en une tasse après le repas ou le soir au coucher.

Fleurs d'aubépine	50 g
Feuilles de cassis	30 g
Plante de chrysantellum americanum	30 g
Feuilles de ginkgo biloba	30 g
Feuilles de gui	30 g
Feuilles de pervenche	30 g

Mettez une cuillerée à soupe du mélange de plantes par tasse, faites bouillir pendant 2 ou 3 minutes, laissez infuser durant 10 minutes.

AULNE *Alnus glutinosa* (Bétulacées)

Alnus vient du celte *al lan*, « voisin des rivières », la plante préférant les lieux humides ; *glutinosa*, à cause des jeunes pousses qui sont gluantes.

NOMS COMMUNS : Aulne commun, Aulne noir, Verne, Vergne.

All. : *Erle, Bacherie.* Angl. : *Alder.*
Esp. : *Aliso.* It. : *Alno.*

DESCRIPTION

L'Aulne est un bel arbre pouvant atteindre 20 mètres de hauteur. Les racines portent des nodosités remplies de filaments enchevêtrés, destinées à fixer par symbiose l'azote de l'atmosphère. Les feuilles, à pétiole assez court, sont arrondies, crénelées, dentées sur les bords, vert foncé sur la partie supérieure, plus claires dessous. Comme les fleurs de Bouleau et de Noisetier, celles d'Aulne sont verdâtres, groupées en chatons, elles apparaissent à l'automne pour s'ouvrir au printemps. Fleurs mâles et femelles coexistent sur le même arbre, allongées et pendantes pour les unes, arrondies pour les autres. Le fruit, aplati, est bordé par deux ailes coriaces et étroites.

CULTURE ET RÉCOLTE

Commun en Europe, l'Aulne peut pousser jusqu'à 1 200 mètres d'altitude.

Sa multiplication se réalise par semis des graines dans une terre légère et dans une serre. Le plus simple est d'aller rendre visite au pépiniériste.

Les feuilles se récoltent pendant la végétation, l'écorce à peu près toute l'année. Elles sont séchées de façon classique dans des endroits secs et aérés.

USAGES

On utilise fréquemment l'écorce d'Aulne. Astringente, elle est utile pour soulager les maux de gorge en gargarismes ; en bains de bouche, elle tonifie la cavité buccale et les gencives.

Fébrifuge, elle peut remplacer le Quinquina. Elle se prépare en décoction pendant 5 minutes, en mettant une cuillerée à café de plante par tasse.

Prenez-en deux ou trois tasses par jour, ou faites des gargarismes et des bains de bouche quand cela est nécessaire.

AUNÉE *Inula helenium* (Composées)

Inula viendrait du grec *ineo*, « purger » ; *helenium* est le nom grec de la plante. Elle serait née des larmes d'Hélène, femme de Ménélas, qui fut la cause de la guerre de Troie.

NOMS COMMUNS : Grande Aunée, Inule, Œil de cheval, Aromate germanique, Énule-campane, Canada, Panacée de Chiron, Aillaume.

All. : *Echter Alant.* Angl. : *Elecampane.* Esp. : *Enula campana.* It. : *Elenio.*

En dépit de son odeur désagréable, la racine d'Aunée portée sur soi aide à attirer l'amour. Une touffe suspendue dans l'étable protège le bétail des sorcelleries. On affirme même que les derviches tourneurs en font brûler sur du charbon ardent pour tourner encore plus vite.

DESCRIPTION

L'Aunée est une belle plante vivace de 1 à 1,50 mètre, dont la racine est épaisse, blanchâtre en dedans, rougeâtre en dehors, en forme de navet. La tige est dressée, ferme, cotonneuse, rameuse au sommet. Les feuilles, alternes, sont très grandes à la base, plus petites au sommet. Ovales, allongées, dentées, elles embrassent la tige à leur base, vert blanchâtre, elles sont cotonneuses en dessous. Les fleurs d'un beau jaune, visibles de mai à septembre, sont terminées en larges capitules solitaires, plus arrondies, plus ouvertes dès qu'elles approchent du sommet. Le fruit, allongé, est surmonté d'une aigrette poilue.

CULTURE ET RÉCOLTE

L'Aunée est commune dans tous les pays d'Europe, préférant les bois, les prés humides, les haies, le bord des fossés, elle ne pousse pas à grande altitude.

Sa culture demande une terre fraîche et humide. Elle se propage facilement par semis au printemps, ou en divisant les pieds, au printemps également.

La racine se récolte au bout de 2 ou 3 ans, au printemps ou à l'automne. Elle est lavée, coupée, et séchée au soleil ou dans des endroits chauds.

USAGES

La racine d'Aunée est antispasmodique et digestive, elle calme les brûlures d'estomac et les nausées, augmente le volume de la bile. Tonique, elle redonne de l'appétit et de la vigueur. Sédative de la toux, c'est un excellent calmant des voies respiratoires, soulageant la toux des asthmatiques.

Il en est fait un VIN (page 371) appelé *« potio paulina »*.

Elle se prépare en décoction, à raison d'une cuillerée à café par tasse. L'usage est d'en consommer deux ou trois tasses réparties dans la journée.

AVOCATIER *Laurus persea* (Lauracées)

Laurus était le nom du Laurier chez les Romains ; *persea*, parce qu'il est originaire de Perse.

NOM COMMUN : Laurier avocatier.

À Thèbes, c'était l'arbre privilégié des nécropoles, on disait que les morts se régalaient de la chair de ses fruits. Un noyau d'Avocat qui germe bien à la maison posé sur une carafe d'eau est considéré comme un porte-chance des plus efficaces.

DESCRIPTION

L'Avocatier est un arbre de la famille des Lauriers qui fournit ce fruit bien connu plus ou moins ovale, avec une forme plus ou moins proche de la prune.

CULTURE ET RÉCOLTE

L'Avocatier ne se trouve pas sous nos climats, il aime les terres chaudes et le soleil d'Afrique, d'Orient, de la Martinique, de la Guadeloupe, etc. Les feuilles se récoltent toute l'année, on choisit les plus jeunes.

USAGES

Digestives, les feuilles d'Avocatier facilitent l'apparition des règles et en soulagent les douleurs. Mais c'est surtout pour ses propriétés antidiabétiques que l'on en fait usage.

Faites bouillir pendant 2 ou 3 minutes et laissez infuser durant 10 minutes une cuillerée à soupe de feuilles coupées par tasse. Prenez-en deux ou trois tasses par jour.

BADIANE DE CHINE *Illicium verum*

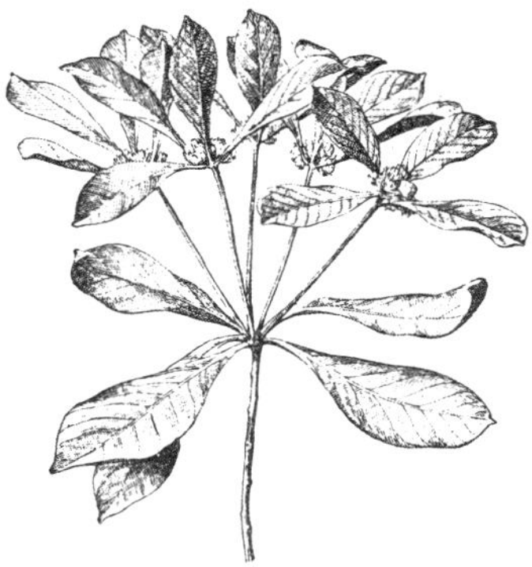

NOMS COMMUNS : Anis étoilé, Anis de la Chine.

All. : *Badian.* Angl. : *Indian Anise.*
Esp. : *Anis de la China.* It. : *Badiana.*

Comme les Chinois, sucez un fruit de Badiane après le repas, pour rafraîchir l'haleine et faciliter la digestion.
L'Anis étoilé est le parfum privilégié des soirées d'automne en Limousin où l'on fait cuire les châtaignes. Quelques étoiles posées sur un objet du culte chargent celui-ci de fortes vibrations, c'est d'ailleurs pourquoi les sourciers s'en servent en guise de pendule.

DESCRIPTION

La Badiane de Chine est un arbre moyen de 3 à 5 mètres de hauteur. La tige, assez forte, est rameuse, trapue, couverte d'une écorce grisâtre. Les feuilles sont d'un joli vert gai, rappelant celles du Laurier, éparses ou réunies, persistantes. Le fruit est le résultat de la réunion de huit à douze coques assemblées en étoile ; le péricarpe est coriace, il s'ouvre sur le bord interne et renferme une graine brune, arrondie et luisante.

CULTURE ET RÉCOLTE

La Badiane se trouve surtout en Chine, au Japon, en Inde, aux Philippines, où elle préfère les lieux humides.

Elle peut être cultivée en pleine terre dans le midi de la France. Il lui faut de la terre de bruyère mélangée à une terre plus franche. Elle est multipliée par semis, par boutures, ou marcottes faites avec les jeunes pousses. La récolte se pratique en choisissant les plus jolis fruits d'un beau marron. La meilleure qualité de fruits vient de Chine.

USAGES

La Badiane est l'objet d'une grande vénération chez les Chinois, qui en mangent après les repas, l'ajoutent au thé ou au café.

Plus parfumée que l'Anis d'Europe, la Badiane est un bon carminatif, qui facilite la digestion, lutte contre l'aérophagie et les coliques gazeuses.

Elle se prépare en décoction en mettant quatre ou cinq étoiles par tasse. Comme il est d'usage pour tous les carminatifs, il est souhaitable d'en prendre une tasse 10 minutes avant le repas ou 1 heure après.

BALLOTE *Ballota nigra* (Labiées)

Ballota vient du grec *ballein*, « rejeter », la plante a en effet une odeur désagréable.

NOMS COMMUNS : Ballote noire ou fétide, Marrube noir ou puant.

All. : *Schwarze Ballote.* Angl. : *Black Horehound.* Esp. : *Marrubio negro.* It. : *Marrobio fetido.*

DESCRIPTION

La Ballote est une plante vivace, à racine grêle, allongée, fibreuse et chevelue. La tige, haute de 50 centimètres environ, est dressée, carrée, rougeâtre, surtout dans le bas, et rameuse. Elle porte des feuilles nombreuses, opposées, pétiolées, ovales tout en étant pointues au sommet, crénelées et gaufrées. Les fleurs, visibles de mai à octobre, sont violacées, groupées en petits fascicules à l'aisselle des feuilles supérieures.

CULTURE ET RÉCOLTE

Abondamment répandue dans les régions chaudes et tempérées, la Ballote préfère les lieux incultes et arides, les décombres, les bords de chemins, les haies. La culture s'effectue sur des terrains chaudement exposés, par semis ou par éclat des pieds avant la fin de l'hiver.

La récolte des sommités fleuries a lieu en juillet, août. Coupez-les à 30 centimètres à partir de la hauteur, réunissez-les en bouquets que vous suspendez dans des endroits secs et aérés.

USAGES

Très bon calmant nerveux, la Ballote procure un meilleur sommeil, calme les angoisses, les palpitations, les bouffées de chaleur, les spasmes digestifs, les quintes de toux.

Elle augmente considérablement la production de bile, joue un rôle vermifuge en tisane ou en lavement.

Elle se prépare en décoction pendant 2 minutes, à raison d'une cuillerée à soupe de plantes coupées par tasse. L'usage est d'en boire une à trois tasses par jour, avant ou après les repas.

BARDANE *Arctium majus* (Composées)

Arctium vient du grec *arctos*, « ours », la plante évoquant bien l'aspect hirsute de cet animal ; *majus* signifie « grand ».

NOMS COMMUNS : Bouillon noir, Napolier, Glouteron, Gratteau, Grateron, Grappon, Grippe copeau, Herbe à la teigne, Oreille de géant, Peignerolle, Pignet.

All. : *Grosse Klette.* Angl. : *Great Burdok.*
Esp. : *Bardana.* It. : *Bardana.*

La fleur de Bardane est à l'origine de l'invention du Velcro. Sa racine pressée ajoutée à l'eau bénite le jour de la Toussaint rend celle-ci encore plus puissante ! Autrefois dans les campagnes, on suspendait une racine de Bardane au-dessus de l'âtre et, chaque soir avant de se coucher, il suffisait de la caresser pour obtenir un sommeil réparateur.

DESCRIPTION

La Bardane est une plante bisannuelle ou vivace à racine fusiforme, charnue, longue, de la grosseur d'un doigt, blanchâtre en dedans, brune en dehors. La tige, dressée, haute de 1 mètre et plus, est cylindrique, strièe, rougeâtre, ferme, épaisse, rameuse. Les feuilles sont très larges, un peu cordiformes, plus petites en s'élevant vers le sommet, un peu dentées sur les bords, d'un beau vert dessus, cotonneuses dessous. Les fleurs, violet-pourpre, sont groupées en petits capitules constituant une panicule terminale. Elles sont entourées d'un grand nombre de petites bractées étroites, rudes, imbriquées, dirigées dans tous les sens, terminées au sommet par un petit crochet recourbé à l'extérieur.

CULTURE ET RÉCOLTE

Visible dans toute l'Europe, l'Asie, la Sibérie, le Japon, l'Amérique, la Bardane est absente de la région méditerranéenne. Sa culture se pratique à partir des graines dès leur maturité. N'attendez pas, semez-les tout de suite, en plein champ assez profondément, entre 30 et 40 centimètres. La racine de Bardane se récolte au printemps de la deuxième année, avant l'apparition des fleurs. Après l'avoir lavée et débarrassée des radicelles, coupez-la en rondelles, que vous mettez à sécher dans des endroits secs, aérés, chauffés si nécessaire. Les feuilles se ramassent en mai, juin et se font sécher à l'ombre.

USAGES

Efficace dans les affections à staphylocoques, la Bardane est la plante dépurative par excellence pour les problèmes de peau, dermatoses diverses, acné, impétigo, dartre, eczéma, séborrhée de la face ou du cuir chevelu, furoncle, abcès. Outre ces merveilleuses propriétés, elle est utilisée contre le diabète, les rhumatismes, la goutte, la congestion du foie.

En gargarismes, elle est recommandée contre les maux de gorge ; en bains de bouche, contre les gingivites et les pyorrhées.

On prépare les feuilles et les racines en décoction pendant 2 minutes pour les premières, pendant 5 minutes pour les secondes, à raison d'un cuillerée à soupe par tasse. L'usage est d'en boire deux ou trois tasses par jour, dont une à jeun.

LOTION CAPILLAIRE

La racine de Bardane a la réputation de guérir la calvitie, ou plutôt de stopper la chute des cheveux. Faites une friction du cuir chevelu tous les matins avec cette lotion.

Racines de bardane	120 g
Feuilles d'ortie piquante	20 g
Feuilles de thym de Provence	20 g
Baies de genévrier	10 g
Huile de ricin	30 ml
Essence d'ylang-ylang	50 gouttes
Eau de Cologne à 70°	500 ml

Versez les plantes dans l'eau de Cologne, laissez-les macérer pendant 10 jours, filtrez, ajoutez l'huile de ricin et l'essence.

HUILE CAPILLAIRE

Sa renommée pour ses propriétés à guérir les maladies de peau n'est pa surfaite ; cette huile s'applique sur l'eczéma, les dartres, le psoriasis, le cuir chevelu si nécessaire.

Faites cuire à feu doux pendant 1 heure 100 grammes de racines de Bardane dans un demi-litre d'huile de sésame, filtrez.

BASILIC *Ocimum basilicum* (Labiées)

Basilicum vient du grec *basilikon,* « royal », son parfum est très agréable.

NOMS COMMUNS : Oranger des savetiers, Herbe royale, Grand Basilic, Basilic aux sauces.

All. : *Basilikum.* Angl. : *Basil.*
Esp. : *Albaca grande verde.* It. : *Bassilico.*

Jadis, dans les villages de Croatie, lorsqu'une jeune fille à la conduite jusqu'ici irréprochable tombait amoureuse d'un garçon peu recommandable, tout le monde disait : « Il l'a eue au Pistou ». Dans le midi de la France, il est de tradition d'offrir aux jeunes mariés le mortier et le pilon pour préparer la fameuse soupe. Bien sûr, c'est le « novi » qui reçoit le pilon ! Si vous voulez savoir si un jeune homme apparemment bien sous tous rapports n'est pas un coureur de jupons, glissez un brin de Basilic dans sa main : si l'herbe se dessèche en quelques secondes, le test est positif.

DESCRIPTION

Le Basilic est une plante annuelle à tige dressée, rameuse, légèrement velue, de 40 centimètres environ. Les feuilles, opposées, sont cordiformes, épaisses, vert foncé, couvertes de points glanduleux, un peu dentées, d'un beau vert foncé. Les fleurs, blanc rougeâtre, sont visibles en juin. Groupées en petits verticilles, elles forment par leur réunion de longs épis terminaux. Le fruit, ovale et brun, est logé dans le calice.

CULTURE ET RÉCOLTE

Originaire d'Indonésie (les anciennes Indes orientales), le Basilic aime les terres ensoleillées de la Méditerranée, préférant la sécheresse.

Sa multiplication s'opère en semis peu profonds au printemps, puis par repiquage dans une terre humidifiée.

Pour récolter la plante, coupez-la juste avant la floraison, faites-la sécher en bouquets suspendus dans des endroits aérés. Pour conserver son parfum après un séchage parfait, conservez les feuilles dans des pots ou des boîtes hermétiques.

USAGES

Les propriétés antispasmodiques et digestives du Basilic donnent de bons résultats sur les digestions lentes et difficiles, l'aérophagie, les coliques gazeuses, les gastrites et autres douleurs d'estomac, ainsi que sur certaines constipations légères.

Réduisez les feuilles en poudre et prisez-les pour lutter contre le coryza.

On le prépare en infusion pendant 10 minutes, en mettant une cuillerée à café de plantes par tasse. Prenez-en une tasse après les repas.

BENOÎTE *Geum urbanum* (Rosacées)

Geum vient du grec *geyein*, « assaisonner », la racine étant très parfumée ; *urbanum*, « des villes ».

NOMS COMMUNS : Herbe bénite, Herbe de Saint Benoît, Avence, Herbe du bon soldat, Herbe à la fièvre, Sanicle des montagnes, Galiote, Récise.

All. : *Nelkenwurz*. Angl. : *Herb Bennet*.
Esp. : *Erba benedetta*. It. : *Erba benedetta*.

DESCRIPTION

La Benoîte est une plante vivace, à racine traçante, fibreuse, brunâtre. Sa tige, de 50 centimètres environ, est dressée, grêle, presque fragile, peu ramifiée, légèrement velue, rêche.

Les feuilles à la base sont longuement pétiolées, velues, composées de cinq ou sept folioles, dont la terminale, beaucoup plus grande, est profondément divisée en trois lobes arrondis et dentés ; celles de la tige, plus haut, sont composées de trois folioles inégales, lancéolées et très dentées.

Les fleurs, jaunes, sont petites, solitaires et terminales. Le fruit est constitué par une réunion d'akènes velus, surmontés d'une longue pointe terminée en crochet.

CULTURE ET RÉCOLTE

Répandue dans toute l'Europe, l'Asie, l'Afrique du Nord, la Benoîte ne pousse pas à plus de 1 300 mètres d'altitude. Elle aime tous les terrains, avec une préférence pour ceux qui sont humides, ombragés et frais. Elle se propage facilement par ses graines ou par division des pieds, au printemps ou à l'automne. Récoltez la plante au printemps, c'est l'époque où elle contient le maximum de principes actifs. Lavez et coupez les racines dès leur arrachage. Réunissez la plante en bouquets, laissez-les sécher en les suspendant dans des locaux secs et aérés.

USAGES

Feuilles et racines de Benoîte sont astringentes, donc utilisées avec succès contre les diarrhées accidentelles ou la dysenterie, les hémorragies, les pertes blanches. La Benoîte est également recommandée contre la fièvre, les douleurs d'estomac, l'aérophagie. Elle se prépare en décoction pendant 3 minutes, à raison d'une cuillerée à soupe de plantes par tasse. Prenez-en deux ou trois tasses réparties dans la journée.

BERCE *Heracleum sphondylium* (Ombellifères)

Heracleum vient du nom du héros grec Heraclés, auquel la plante est dédiée pour sa robustesse ; *sphondylium* est le nom grec de la plante, à cause de son odeur.

NOMS COMMUNS : Grande Berce, Fausse Acanthe, Herbe du diable, Patte d'oie.

All. : *Bärenklare.* Angl. : *Hogweed.*
Esp. : *Branca ursina.* It. : *Spondilio.*

L'origine de son nom serait-elle une confirmation de son usage dans les joies de l'amour ?

DESCRIPTION

La Berce est une plante bisannuelle ou vivace, à racine pivotante, un peu rameuse, blanche. La tige, dressée, haute de 1 à 2 mètres est grosse, cylindrique, striée, velue. Les feuilles, alternes, sont très grandes, velues, à trois ou cinq lobes pétiolés, élargies, dentées, à terminal cordiforme. Les fleurs blanches sont groupées en larges ombelles terminales. Le fruit est ovoïde, comprimé, et strié sur la longueur.

CULTURE ET RÉCOLTE

La Berce est abondamment répandue dans toute l'Europe, elle préfère les endroits frais, les haies, les bords des ruisseaux. La plante sauvage suffit largement à l'usage en herboristerie, mais on peut la semer au printemps, puis on la repique à maturité. Elle peut également se cultiver par éclat des touffes.

Récoltez les feuilles avant la floraison, étalez-les dans des endroits secs et aérés.

USAGES

La Berce est un bon diurétique, elle lutte contre l'hypertension, soulage les règles douloureuses, les rhumatismes, facilite la digestion. Mais ce sont surtout ses propriétés aphrodisiaques qui sont intéressantes : tonique, stimulante, excitante, elle redonne l'appétit sexuel et le plaisir aux jeux de l'amour.

Pour sa préparation, mettez une cuillerée à soupe de feuilles coupées par tasse, faites une légère décoction. Prenez-en une ou deux tasses par jour.

BÉTOINE *Stachys officinalis* (Labiées)

Stachys est le mot grec signifiant « épi », allusion à ses fleurs.

NOMS COMMUNS : Bétoine pourpre, Épiaire vulgaire, Belle Tête.

All. : *Rote Betonie.* Angl. : *Betony.*
Esp. : *Betonica.* It. : *Betonica.*

DESCRIPTION

La Bétoine est une gracieuse plante vivace à racine noueuse de la grosseur du petit doigt, brune et fibreuse. La tige, de 20 à 60 centimètres, est dressée, simple, noueuse et velue. Les feuilles sont opposées, ovales, cordiformes, allongées, crénelées et longuement pétiolées à la base de la plante, elles sont plus étroites et plus petites vers la hauteur. Les fleurs apparaissent de juin à septembre, elles sont d'un beau rouge pourpré. Groupées en petits verticilles, leur réunion donne un long épi terminal. Le fruit est composé de quatre akènes bruns et velus.

CULTURE ET RÉCOLTE

La Bétoine est une plante très commune en Europe, préférant les lieux ombragés, les clairières, les lisières des bois. Sa culture se pratique par semis au printemps, ou par éclatement des pieds au printemps ou à l'automne.

Récoltez la plante au tout début de la floraison, coupez-la en bouquets, laissez-les sécher en les suspendant dans des endroits secs et aérés.

USAGES

La Bétoine est utile pour combattre la fièvre, comme tonique, en solution concentrée pour laver les plaies infectées ou les ulcères variqueux.

On l'utilise également en poudre comme sternutatoire pour soulager le coryza, et en guise de tabac.

Pour sa préparation, mettez une cuillerée à soupe de plantes pour une tasse, faites une décoction. Prenez-en deux tasses par jour.

BISTORTE *Polygonum bistorta* (Polygonacées)

Polygonum vient des mots grecs *polus,* « nombreux », et *gonu,* « genou », la plante étant noueuse ; *bistorta,* tout simplement de *bis,* « deux », et *torta,* « tordue », la racine étant deux fois tordue.

NOMS COMMUNS : Feuillotte, Serpentaire rouge, Renouée bistorte, Andresse, Couleuvrée, Langue de bœuf, Faux Épinard.

All. : *Natterwurz.* Angl. : *Bistort.* Esp. : *Bistorta.* It. : *Bistorta.*

Si une femme désire avoir un enfant, elle doit porter en permanence sous sa chemise de nuit des feuilles de Bistorte. Encore une plante qui symbolise la fécondité. Si vous préparez une infusion de Bistorte au soir de la Saint-Jean-Baptiste et que vous la laissiez refroidir sous un rayon de lune, cette eau bénite devient capable de chasser les pires démons.

DESCRIPTION

La Bistorte est une plante vivace à racine cylindrique, grosse, courte, articulée, présentant deux coudes rapprochés. La tige, qui peut atteindre 80 centimètres, est droite, cylindrique, noueuse, striée, elle porte des feuilles alternes et engainantes. Celles du bas sont cordiformes, longuement pétiolées ; sur la hauteur, elles sont plus lancéolées. Toutes sont d'un beau vert dessus, plus claires et duveteuses dessous. Les fleurs, d'un très beau rose, sont visibles en juin, juillet, elles sont courtement pédonculées et forment un iris terminal ovoïde et très serré.

CULTURE ET RÉCOLTE

La Bistorte aime les régions humides et tempérées, sa présence est fréquente sur les prairies des régions montagneuses et dans tous les endroits humides. Très abondante à l'état sauvage, on la propage par semis de ses graines au printemps, en la repiquant ensuite, ou mieux par la division de vieux pieds. Récoltez la racine tout l'été, éventuellement en automne. Arrachez-la à la pioche, éliminez tiges et radicelles, lavez-la pour éliminer la terre, séchez-la au soleil ou dans des endroits chauds et aérés. Coupez-la en morceaux avant ou après le séchage.

USAGES

Riche en tanin et amidon, utilisez la Bistorte pour lutter contre les diarrhées, les pertes blanches, les hémorroïdes, en gargarismes contre toutes les inflammations de la bouche et de la gorge, aphtes, stomatites, angines. Son pouvoir astringent vous permet de l'employer contre les incontinences d'urines.

Elle se prépare en décoction pendant 5 minutes, à raison d'une cuillerée à café de racines coupées par tasse. Prenez-en deux ou trois tasses par jour.

BLEUET *Centaurea cyanus* (Composées)

Centaurea, du grec *kentaurion,* « herbe au centaure », nom donné à Chiron, mi-homme, mi-cheval ; *cyanus* vient du grec *kyanos,* « bleu ».

NOMS COMMUNS : Blavette, Barbeau, Casse-lunettes, Aubifoin, Cornailles, Fleurs de Zacharie.

All. : *Blaumutze.* Angl. : *Blue Bottle.*
Esp. : *Azulejo.* It. : *Ciano.*

DESCRIPTION

Le Bleuet est une plante herbacée bisannuelle à racine pivotante couverte de nombreuses radicelles. La tige est raide, striée, rameuse, duveteuse, elle porte des feuilles alternes sans stipules, étroites, simples ou dentées, légèrement cotonneuses dessous. Les fleurs, qui apparaissent de mai à août, d'un très beau bleu céleste, sont de grands capitules solitaires. Le fruit est comprimé et blanchâtre.

CULTURE ET RÉCOLTE

Originaire d'Orient, le Bleuet est très commun dans toute l'Europe, l'Asie, l'Amérique du Nord. Se plaisant sur tous les terrains, on le trouve couramment dans les prairies et les champs de blé. Semez-le dès la maturité des graines, en septembre, en semis ou en pleine terre.

Récoltez les fleurs dès leur apparition, ramassez-les entières ou les capitules seulement. Laissez-les sécher délicatement à l'ombre.

USAGES

Utilisé comme diurétique antirhumatismal, le Bleuet est aussi la plante idéale pour soulager toutes les inflammations des yeux, irritations, rougeur des paupières, conjonctivite, orgelet, ou, tout simplement, le protégeant de la luminosité de tous les écrans de notre vie moderne, pour préserver le bien-être de l'œil.

On l'utilise également en lotion du cuir chevelu contre les pellicules.

Préparez ces délicates fleurs en infusion, en en versant une pincée par tasse. Pour permettre à cette infusion de se conserver plusieurs jours, ajoutez une pincée de sel marin.

BOLDO

Pneumus boldus **(Monimiacées)**

Espèce de Gentiane d'Amérique du Sud.

All. : *Boldo Baum.* Angl. : *Boldo Tree.* Esp. : *Boldo.* It. : *Boldu.*

DESCRIPTION

Le Boldo est originaire du Chili. Ses feuilles, assez grandes, ressemblent à celles de la Pervenche, elles sont ovales, pointues au sommet, à pétiole assez court. Fraîches, elles sont munies de poils, qui tombent ensuite ; séchées, elles sont assez rudes et cassantes. Leurs saveur et odeur sont très aromatiques.

CULTURE ET RÉCOLTE

Le Boldo ne se cultive pas dans nos climats. Il est entièrement importé du Chili.

USAGES

Le Boldo est la plante du foie par excellence.

Il en active ses fonctions, donc augmente la production de bile, dont il facilite l'évacuation, et, par là même, joue un rôle de léger laxatif.

Préparez-le en décoction pendant 3 minutes en mettant une cuillerée à soupe de plante par tasse. Prenez-en deux ou trois tasses par jour avant les repas.

BOUILLON BLANC *Verbascum thapsus* (Scrofulariacées)

Beaucoup d'espèces portent le nom de *Verbascum.* Serait-ce une déformation de *barbascum,* à cause de la forme du support des fleurs ?

NOMS COMMUNS : Molène, Herbe de saint Fiacre, Cierge de Notre-Dame, Bonhomme.

All. : *Wollkraut.* Angl. : *Mullein.*
Esp. : *Gordolobo.* It. : *Verbasco.*

Les feuilles étaient utilisées autrefois pour faire des mèches de lampe à huile, et l'épi floral pour chauffer le four des boulangers.

DESCRIPTION

Le Bouillon blanc est une plante bisannuelle à racine pivotante, fibreuse et blanchâtre. Sa tige très haute, de 1 à 2 mètres, est droite, effilée, simple, très cotonneuse, elle porte des feuilles grandes, ovales, crénelées, cotonneuses, vert blanchâtre. Les fleurs, grandes, jaunes, sont groupées en un long épi terminal très serré. Elles sont visibles de juin à septembre.

CULTURE ET RÉCOLTE

Le Bouillon blanc est très répandu dans toute l'Europe. Pour sa culture, choisissez une terre légère et bien travaillée. Semez en pleine terre ou sous châssis, à l'automne. Dès le printemps, repiquez les plants à 60 centimètres les uns des autres.

Récoltez les feuilles juste avant la floraison, les fleurs à leur complet épanouissement. Les unes comme les autres sont très délicates à sécher, prenez soin de les mettre dans des endroits secs et aérés en les retournant très souvent.

USAGES

Le Bouillon blanc est l'une des meilleures plantes adoucissantes. Ses propriétés sont les bienvenues dans les cas de toux, enrouement, bronchite, où elles facilitent l'expectoration.

Il facilite la respiration des asthmatiques, calme les inflammations de l'estomac, des intestins ; en applications, il soulage les hémorroïdes.

Préparez les feuilles ou les fleurs en infusion, à raison d'une cuillerée à soupe par tasse. Prenez soin de bien filtrer pour éliminer les poils irritants.

Prenez-en deux ou trois tasses par jour.

BOULEAU BLANC *Betula alba* (Bétulacées)

Betula est un mot dérivé de l'ancien nom de l'arbre ; *alba,* parce que l'écorce devient blanche.

NOMS COMMUNS : Boule, Biole, Boulard, Bois à balais, Arbre de la sagesse, Sceptre des maîtres, Bois néphrétique d'Europe.

All. : *Birke.* Angl. : *Brich.* Esp. : *Abedul.* It. : *Betule.*

Dans tous les pays du Nord, le Bouleau jouit d'une réputation non usurpée d'arbre magique. C'est aussi avec son bois que les maîtres d'école russes fabriquaient les fameuses verges si cinglantes, d'où lui viennent les noms de « Sceptre des maîtres » et d'« Arbre de la sagesse ». C'est sans doute pour cela que le Bouleau est le symbole du... travail. En Suède, si une jeune fille veut se marier dans l'année, il lui suffit, paraît-il, d'aller se frotter à un Bouleau près d'un étang pour que son vœu soit exaucé.

DESCRIPTION

Le Bouleau est un arbre pouvant atteindre jusqu'à 25 mètres de hauteur. L'écorce, blanc argenté dans sa jeunesse, devient brune, crevassée ensuite. Les rameaux, flexibles, retombent, donnant à l'arbre un aspect gracieux. Les feuilles sont alternes, triangulaires, longuement pétiolées, très dentelées, d'un beau vert luisant dessus. Les fleurs, unisexuées, jaune verdâtre, sont disposées en chatons. Le fruit, ovale, est bordé de chaque côté d'une aile membraneuse.

CULTURE ET RÉCOLTE

Le Bouleau est un arbre assez commun qui préfère les terrains sablonneux.

Sa multiplication s'effectue par semis dans une terre légère et sous serre, on le repique dès sa formation.

Récoltez les feuilles de juin à septembre, en choisissant les jeunes, l'écorce à l'automne ou au printemps, les chatons dès leur apparition au printemps. Séchez-les correctement avant de les mettre en sachets.

USAGES

Les feuilles, les chatons, les écorces du Bouleau sont d'excellents diurétiques. Choisissez toutefois l'écorce pour les problèmes de peau, eczéma, dartres, ou bien mélangez-la avec des feuilles, ce sera plus que parfait.

Utilisez le Bouleau à volonté pour lutter contre la cystite, les rhumatismes, l'arthrite, la goutte, les calculs et les boues dans les reins, la cellulite.

Préparez les feuilles, les écorces ou les chatons en décoction pendant 3 minutes, à raison d'une poignée par litre d'eau. Buvez-en à volonté en cure de 3 semaines.

L'essence de Bouleau, appelée « huile russe », donne de bons résultats contre les pellicules, on l'ajoute à certains shampooings.

BOURDAINE *Rhamnus frangula* (Rhamnacées)

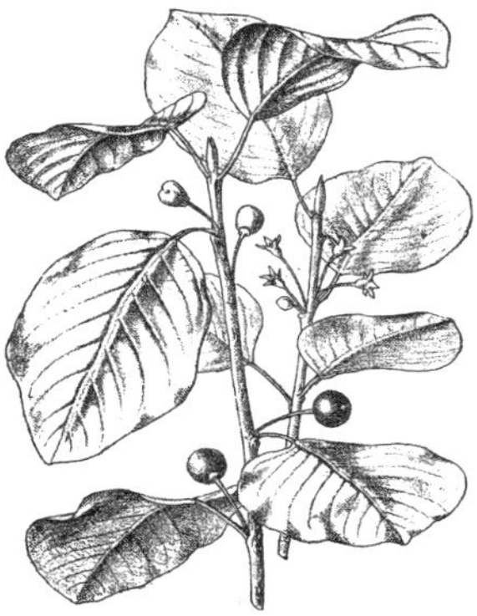

Rhamnus vient du nom grec *ramnos,* nom donné à cet arbre ; *frangula* du latin *frangire,* « casser », ses rameaux sont en effet fragiles.

NOMS COMMUNS : Nerprun noir, Bourgène, Borzène, Aulne noir, Bois noir, Bois à poudre, Rhubarbe des paysans.

All. : *Faulbaum, Buckthorn.* Angl. : *Alder.*
Esp. : *Arraclan.* It. : *Frangula.*

Pour exaucer à coup sûr un souhait, tracez un cercle en forêt à l'endroit où pousse la Bourdaine, dansez-y jusqu'à l'apparition d'un lutin, qui réalisera votre vœu. Il paraît aussi qu'il ne faut jamais se présenter au tribunal pour un procès sans avoir une dizaine de baies de Bourdaine dans sa poche. Le succès est assuré.

DESCRIPTION

La Bourdaine est un arbrisseau touffu, buissonnant, à tige haute de 3 à 4 mètres, droite, rameuse, flexible, couverte d'une écorce noirâtre. Les feuilles, alternes, sont pétiolées, ovales, entières, quelquefois pointues, lisses, d'un très beau vert clair luisant. Les fleurs sont petites, blanc rosé, disposées en bouquets à l'aisselle des feuilles. Le fruit est une baie arrondie, rouge, puis noire à maturité.

CULTURE ET RÉCOLTE

La Bourdaine se trouve dans toutes les régions tempérées d'Europe, elle préfère les marécages, les bois humides, les taillis. Très commune dans la nature, on la cultive rarement. Toutefois vous le pouvez en faisant des semis dès la maturité des graines, ou par boutures et marcottes.

Récoltez l'écorce pendant la floraison sur des rameaux de 2 à 3 ans, elle se détachera facilement. Faites-la sécher rapidement dans des endroits secs et aérés. Prenez soin de l'utiliser une année seulement après sa récolte.

USAGES

L'écorce de Bourdaine est l'un des plus efficaces laxatifs doux, agissant sans irritations ni accoutumance. Utilisée à faible dose ou dans certaines compositions, elle joue sur le foie et la vésicule biliaire ; à très forte dose, elle est purgative. Sachez la doser pour en faire un bon usage.

Comme laxatif, pour une personne normale, mettez une cuillerée à café d'écorces coupées pour une tasse, faites une décoction pendant 3 minutes.

Prenez une tasse le soir au coucher quand vous le jugez nécessaire.

BOURRACHE *Borrago officinalis* (Borraginacées)

N'étant cité dans aucun texte de l'Antiquité, le mot Bourrache aurait pour origine une altération des mots arabes *abou*, « père », et *rach*, « sueur ». Allusion aux propriétés sudorifiques de la plante.

NOMS COMMUNS : Bourrage, Langue de bœuf.

All. : *Boretsch*. Angl. : *Common borage*.
Esp. : *Borraja*. It. : *Borrana salvatica*.

Les vertus magiques de cette plante ne s'exercent que lorsqu'elle est utilisée fraîche. Portez-en sur vous en la renouvelant pour affronter en vainqueur les risques de la vie.

DESCRIPTION

La Bourrache est une plante annuelle à racine fusiforme, noirâtre, épaisse, tendre et charnue. La tige, qui peut atteindre 50 centimètres, est cylindrique, dressée, charnue, un peu ailée, rameuse au sommet, couverte de poils rudes. Les feuilles, alternes, sont très grandes, ovales, sinueuses sur les bords, plus ou moins ridées ; comme la tige, elles sont couvertes de poils. Les fleurs, bleues, quelquefois blanches ou rosées, s'épanouissent de mai à septembre. Un peu penchées, elles sont formées de cinq pétales soudés autour d'étamines formant un cône au centre. Le fruit est composé de quatre akènes brun noirâtre.

CULTURE ET RÉCOLTE

La Bourrache est très répandue en Europe, dans les terrains incultes, les bords de chemins, auprès des cultures dont elle aime les terrains azotés. Propagez-la en semis au printemps, éclaircissez dès la formation des pieds.

Récoltez les sommités fleuries à 30 centimètres à partir de la hauteur de la plante dès la floraison. Réunies en bouquets, faites-les sécher dans des endroits secs et aérés.

USAGES

La Bourrache est diurétique, sudorifique, dépurative. Ces trois principes la font recommander comme dépuratif de printemps contre les dermatoses, l'eczéma, l'herpès et les autres maladies de peau.

Ses propriétés sudorifiques sont les bienvenues chaque fois qu'il est nécessaire de transpirer, en cas de grippe, de rhume, de bronchite, de rougeole, de fièvre ; de plus, elle calme très bien la toux. Préparez-la en infusion pendant 10 minutes, à raison d'une cuillerée à soupe de sommités fleuries coupées par tasse.

Prenez-en deux ou trois tasses par jour, très chaudes.

BOURSE-À-PASTEUR *Capsella bursa pastoris* (Crucifères)

Capsella signifie « cassette » en latin ; *bursa pastoris,* allusion au fruit qui ressemble à une bourse.

NOMS COMMUNS : Capselle, Molette, Millefleurs, Bourse de capucin, de berger, de Judas, Boursette, Malette à berger.

All. : *Taschelkraut.* Angl. : *Shepheard's purse.* Esp. : *Bolsa de pastor.* It. : *Borsacchina.*

DESCRIPTION

La Bourse-à-pasteur est une plante de 50 centimètres environ, à racine pivotante longue, couverte de quelques radicelles. Plusieurs tiges partent de la racine à la base desquelles se trouvent des feuilles bariolées, un peu dentées, assez grandes, formant une rosette étoilée. Sur la hauteur, des feuilles plus petites embrassent la tige. Les fleurs, blanches, sont visibles pratiquement toute l'année. Elles sont groupées en corymbe terminal. Les fruits, en forme de bourse ou de cœur, renferment les graines.

CULTURE ET RÉCOLTE

La Bourse-à-pasteur est une plante très commune en plaine comme en montagne, elle aime tous les terrains. Vous pouvez la multiplier en semis à l'automne ou au printemps.

La récolte de la plante est possible pratiquement toute l'année, en choisissant de préférence les plus jeunes pieds. Coupez-la à 20 ou 30 centimètres à partir de la hauteur, faites des bouquets et suspendez-les dans des endroits aérés jusqu'au séchage complet.

USAGES

La Bourse-à-pasteur est utile dans tous les cas de saignements, règles trop abondantes, fibromes, saignements du nez.

Elle est employée également contre l'hypertension, les troubles de la ménopause, les diarrhées, l'incontinence d'urine, les varices et les hémorroïdes.

Pour sa préparation, mettez une cuillerée à soupe de plante coupée par tasse, faites une décoction pendant 3 minutes.

Buvez-en deux ou trois tasses dans la journée.

BRUYÈRE *Calluna vulgaris* (Éricacées)

Calluno signifie en grec « nettoyer ». On fait usage de la bruyère pour fabriquer des balais.

NOMS COMMUNS : Brande, Bucane, Calune, Grosse Pétérolle.

All. : *Heidekraut.* Angl. : *Common Heather.*
Esp. : *Brezo común.* It. : *Erica.*

On utilisait autrefois sa racine tourmentée en remplacement de la Mandragore pour les filtres d'envoûtement. C'est aussi un porte-chance... à condition d'installer un bouquet de Bruyère dans le gobelet en étain d'un ivrogne qui a bu toute sa vie. Tâche difficile. Heureusement que la Bruyère commune éloigne les fantômes et que, brûlée en plein air avec des fougères, elle provoque la pluie. Enfin de l'eau !

DESCRIPTION

La Bruyère est un sous-arbrisseau ligneux, tortueux, dont les rameaux sont nombreux, dressés, brun rougeâtre. Les feuilles, très petites, sont opposées sur quatre rangs, linéaires et sessiles. Les fleurs, rosées, petites, en grappes irrégulières à l'extrémité des rameaux, sont visibles de juillet à novembre. Le fruit est une capsule contenant de nombreuses graines.

CULTURE ET RÉCOLTE

Commune en Europe, la Bruyère préfère les terrains siliceux, elle peut pousser jusqu'à 2 000 mètres d'altitude.

Sa multiplication se réalise par semis des graines ou par division des touffes.

Récoltez les fleurs durant leur formation. Faites-les sécher dans des locaux secs et aérés.

USAGES

Diurétique actif, la Bruyère a également l'avantage d'être un antiseptique et un sédatif urinaire. Utile donc dans toutes les inflammations, telles que la cystite, où elle décongestionne et calme, elle soulage la goutte et les rhumatismes, facilite l'élimination des boues et des calculs rénaux, lutte contre l'urémie, l'acide urique, l'albuminurie, les prurines des personnes consommant trop de viande, elle soulage et décongestionne la prostate, elle élimine les pertes blanches.

Pour la préparer, mettez une cuillerée à soupe de plante par tasse ou quatre par litre d'eau bouillante, laissez infuser pendant 10 minutes, filtrez.

Buvez-en à volonté dans la journée un litre, ou plus suivant le cas.

BUCCHU *Barosma crenata* (Rutacées)

Barosma vient de *baros*, « pesant », « lourd », peut-être à cause de son parfum très fort.

NOMS COMMUNS : Bucco, Bucko, Bocco, Bocho, Booko, Bocchoe.

All. : *Buccoblatter*. Angl. : *Bucku*. Esp. : *Bucchu*. It. : *Bucchu*.

Dès la livraison chez l'herboriste après sa récolte, son parfum est tellement puissant qu'il est impossible de rester dans le local sans l'aérer généreusement.
L'huile essentielle extraite du Bucchu, ou Buku, dégage une forte odeur de menthe poivrée. D'où son usage en Afrique et en Amérique du Sud comme antiseptique. Attention ! on la dit aussi hallucinogène.

DESCRIPTION

Le Buchu est un arbre ressemblant au Bouleau nain. La tige, dressée, brune ou grisâtre, se divise en rameaux qui portent des feuilles alternes, pétiolées, ovales, crénelées, vert clair, un peu luisantes. Les fleurs, blanches ou bleu très pâle, se trouvent soit à l'aisselle des feuilles, soit au sommet des rameaux. Le fruit est une capsule ovale.

CULTURE ET RÉCOLTE

Demandant une terre de bruyère et des locaux éclairés, on ne cultive le Bucchu dans nos régions que sous serre, par semis des graines et repiquage ultérieur.

Les feuilles se récoltent au moment de la floraison, elles sont séchées avec soin. Leur odeur est très forte, chaude et aromatique.

USAGES

Balsamique, antiseptique, le Bucchu donne de très bons résultats pour soulager les voies respiratoires, de la bronchite chronique en particulier.

Cette propriété antiseptique est la bienvenue dans les affections urinaires, telle la cystite, et pour décongestionner la prostate.

Sa préparation idéale est de l'associer à d'autres plantes ayant les mêmes propriétés.

Faites bouillir une cuillerée à soupe de plante par tasse pendant 3 minutes et laissez infuser durant 10 minutes.

BUGRANE *Ononis spinosa* (Légumineuses)

Ononis vient du grec *ane*, et *oneni*, « plaire », « se délecter », la plante plaisant aux ânes ; *spinosa*, du latin *spina*, « épine ».

NOMS COMMUNS : Arrête-bœuf, Tendron.

All. : *Hauhechel*. Angl. : *Rest Arrow*.
Esp. : *Detienebuey*. It. : *Bonaga*.

Les racines, profondes et résistantes, arrêtent la charrue dans les labours, d'où le nom d'« Arrête-bœuf ».

DESCRIPTION

La Bugrane est un sous-arbrisseau à racine très longue, grêle, brun grisâtre, traçante. Les tiges, de 50 centimètres environ, sont cylindriques, velues, à nombreux rameaux terminés en épine. Les feuilles, alternes, ont un pétiole court divisé en folioles finement dentées d'un beau vert. Les fleurs, roses, sont visibles d'avril à septembre. Sessiles, elles sont disposées à l'aisselle des feuilles. Le fruit est une gousse velue, remplie, contenant un petit nombre de graines.

CULTURE ET RÉCOLTE

Commune en France, la Bugrane se trouve dans toute l'Europe, l'Asie, l'Afrique du Nord, elle préfère les terres argilo-calcaires. Plaie des agriculteurs, qui la regardent comme une mauvaise herbe, elle se propage par semis des graines, puis repiquage.

La racine de Bugrane se ramasse toute l'année ; après l'avoir arrachée, lavez-la soigneusement, coupez-la, et faites-la sécher dans des endroits secs et aérés.

USAGES

Excellent diurétique, la Bugrane est utilisée avec succès pour éliminer boues et calculs de la vessie, soulager la cystite, lutter contre les œdèmes et l'eczéma. En gargarismes, on en fait des bains de bouche pour soulager les angines.

Préparez-la en décoction pendant 5 minutes avec une cuillerée à café de racines coupées par tasse. Prenez-en deux à quatre tasses par jour.

BUIS *Buxus sempervirens* (Buxacées)

Buxus vient de *puxos,* nom grec désignant la plante ; *sempervirens* signifie « toujours vert ».

NOMS COMMUNS : Bois béni, Guézette, Ozane, Bois arborescent, Bois d'Artois.

All. : *Buchs.* Angl. : *Box.*
Esp. : *Boj común.* It. : *Bosso.*

DESCRIPTION

Le Buis est un arbrisseau à racine ligneuse, tortueuse, rameuse. La tige, qui peut atteindre 4 à 5 mètres de hauteur, est aussi tortueuse, rameuse, à quatre angles. Les feuilles, opposées, presque sessiles, ovales, fermes et coriaces, sont d'un beau vert. Les fleurs, blanches ou jaunâtres, apparaissent en avril, elles forment un épi court qui porte un certain nombre de bractées à l'aisselle des feuilles. Le fruit est une capsule globuleuse, jaunâtre.

CULTURE ET RÉCOLTE

Le Buis, très répandu, préfère les sols calcaires, il peut pousser jusqu'à 1 600 mètres d'altitude. Il se multiplie par semis des graines et se repique à maturité. Le Buis supporte les températures au-dessous de 20 °C. Les feuilles se récoltent toute l'année, mais choisissez de préférence l'automne pour votre cueillette. Faites-les sécher à plat sur des journaux ou un grillage fin, prenez soin de les remuer fréquemment pour éviter qu'elles noircissent.

USAGES

Antiviral, sudorifique, le Buis est intéressant dans tous les états frébriles, un début de grippe en particulier, où il donne de merveilleux résultats. Il s'agit également de la plante souveraine du foie par excellence, il active l'écoulement de la bile. Il est recommandé contre la goutte, les rhumatismes, surtout déformants, le zona.

Les feuilles de Buis sont également utilisées pour lutter contre la chute des cheveux : faites une lotion concentrée de 60 grammes par litre en laissant bouillir pendant 20 minutes. Préparez le Buis en décoction durant 5 minutes en mettant une bonne cuillerée à soupe de feuilles par tasse. Prenez-en deux à quatre tasses par jour. Cela est un dosage normal, certains auteurs préconisent 40 grammes de feuilles séchées par litre, faites réduire de moitié. Buvez ce breuvage dans la journée.

BUSSEROLE *Arctostaphylos uva-ursi* (Éricacées)

Arctostaphylos vient du grec *arctos,* « ours », et *staphylé,* « raisin » ; *uva-ursi,* du latin *uva,* « vigne », et *ursi,* « ours ».
Les ours raffolaient de ce fruit.

NOMS COMMUNS : Arbousier traînant, Raisin d'ours, Petit Buis, Buxerolle.

All. : *Gemeine Bärentraube.* Angl. : *Bearberry.*
Esp. : *Gayuba europa.* It. : *Uva ursina.*

Plante tinctoriale, elle était la préférée des Indiens pour peindre les tissus et les vêtements sacrés. Sa couleur est d'un bel ocre bistre.

DESCRIPTION

La Busserole est un petit arbuste rampant dont la tige varie de 50 centimètres à 2 mètres. Rameuse et rougeâtre, celle-ci porte des feuilles alternes, courtement pétiolées, ovales, entières, épaisses, luisantes, d'un beau vert foncé dessus, plus pâle dessous, persistantes, très proches en apparence de celles du Buis. Les fleurs, blanches ou rosées, sont disposées en grappes terminales, et donnent un beau fruit rouge, charnu, contenant des graines.

CULTURE ET RÉCOLTE

La Busserole est abondamment répandue en Europe entre 600 et 2 400 mètres d'altitude, elle préfère les lieux secs, pierreux et ombragés. On la propage par ses graines, semées dès leur maturité. Au printemps, on repique les plants dans des pots ou en pleine terre. On peut également la multiplier par boutures ou marcottes. Vous pouvez récolter les feuilles toute l'année, prenez soin de choisir celles des extrémités. Séchez-les au soleil ou à l'ombre, elles ne sont pas vraiment fragiles.

USAGES

La Busserole est astringente, antiseptique et diurétique, des qualités appréciées dans les maladies des voies urinaires, cystite, incontinence et rétention d'urine, hypertrophie de la prostate, excès d'urée, infection de l'urètre.

Contenant des tanins, elle est préconisée contre les diarrhées et les règles trop abondantes.

Préparez-la en décoction pendant 3 minutes en mettant une cuillerée à soupe de feuilles par tasse ou quatre par litre. Buvez-en un litre ou plus par jour.

La coloration brun verdâtre des urines après sa prise est normale.

CALAMENT *Calamintha officinalis* (Labiées)

Calamintha vient du grec *calé*, « belle », et *minthé*, « menthe ». La plante était très réputée dans l'Antiquité.

NOMS COMMUNS : Baume sauvage, Menthe des montagnes, Pouliot de montagne, Mélisse des champs.

All. : *Kalamint*. Angl. : *Calamint*.
Esp. : *Calaminta de montana*. It. : *Calamento*.

DESCRIPTION
Le Calament est une plante vivace dont la tige souterraine donne de nombreuses ramifications de 15 à 30 centimètres. Les tiges sont molles et velues, elles portent des feuilles opposées, à pétiole moyen, légèrement dentées. Les fleurs, visibles de juillet à octobre, d'un joli rose ou pourpres, sont groupées sur un pédoncule commun par deux ou trois. Le fruit est formé de quatre akènes ovales et lisses.

CULTURE ET RÉCOLTE
Abondant en France, on multiplie le Calament par semis au printemps dans une terre légère.

Faites la récolte des sommités fleuries en juin, juillet, au plein épanouissement des fleurs. Séchez-les rapidement en les remuant de temps en temps. Conservez-les dans des récipients hermétiques à l'abri de la lumière.

USAGES
Le Calament fait partie des plantes digestives et de plaisir pour son parfum mentholé très agréable. Utilisez-le donc pour soulager l'aérophagie, activer les digestions lentes, lutter contre le hoquet, mais surtout pour soulager les migraines d'origine digestive ou nerveuse.

Préparez-le en infusion pendant 10 minutes, à raison d'une cuillerée à soupe de plante coupée par tasse.

Prenez-en une tasse après les repas, plusieurs tasses par jour en cas de migraine.

CAMOMILLE ROMAINE *Anthemis nobilis* (Composées)

Anthemis vient du grec *anthos,* qui signifie « fleur » ; *nobilis,* « noble ».

NOMS COMMUNS : Camomille odorante, Anthémis noble ou odorant, Camomèle, Camomille noble ou d'Anjou.

All. : *Romische kamille.* Angl. : *Roman chamomille.*
Esp. : *Manzanilla romana.* It. : *Camomilla romana.*

L'usage le plus insolite que l'on puisse faire d'une infusion de cette herbe est encore celui qui consiste à s'en laver les mains pour ensuite entamer une partie de cartes avec des chances certaines de gagner.

DESCRIPTION

La Camomille romaine est une plante vivace à racines assez fortes, fibreuses et chevelues. Les tiges, de 10 à 30 centimètres, sont grêles, vertes, velues, couchées, étalées, ou droites, elles portent des feuilles alternes, sessiles, divisées en folioles très courtes, lobées et pointues. Les fleurs sont groupées en capitules solitaires à l'extrémité des rameaux, elles sont visibles de juillet à septembre.

CULTURE ET RÉCOLTE

La Camomille romaine est très répandue dans les régions tempérées d'Europe, elle ne pousse pas à haute altitude. Elle aime les terrains siliceux, aussi est-ce la région de l'Anjou qui nous offre sa plus belle production. On la propage par éclat des pieds ou par marcottes, en les espaçant de 30 centimètres.

Récoltez les fleurs à peine ouvertes au début de la deuxième année, au fur et à mesure de leur maturité, séchez-les dans des endroits secs et aérés.

USAGES

La Camomille romaine fait partie, comme le Tilleul, la Menthe ou la Verveine, des plantes les plus consommées, parce que les plus connues pour leurs multiples bienfaits.

Vous pouvez l'utiliser comme tonique de l'appétit avant les repas, pour faciliter la digestion après les repas, lutter contre l'aérophagie, les flatulences. Elle est également utile pour calmer les maux de tête, les douleurs diverses, les courbatures, les maux de dents, faciliter la menstruation et soulager les douleurs des règles. Anti-inflammatoire, elle adoucit les yeux et les paupières.

On en fait une HUILE (page 352) pour soulager les douleurs rhumatismales.

Préparez la Camomille en infusion en mettant, suivant les goûts et les cas, quatre à huit fleurs par tasse. Prenez-en deux à quatre tasses par jour, après les repas de préférence.

CANNELIER *Cinamomum zeylanicum* (Lauracées)

Originaire de Ceylan, le Cannelier est l'arbre à la cannelle.

NOM COMMUN : Casse odorante.

All. : *Zimmt.* Angl. : *Cinnamom.*
Esp. : *Canela.* It. : *Canella.*

Son délicieux parfum peut faire employer la cannelle dans les pots-pourris ou autres senteurs. Pour la maison, dans les eaux de toilette ou pour le bain, prenez soin de faire un essai préalable : son essence irrite facilement la peau.

DESCRIPTION
Le Cannelier est un arbre dont la tige, droite, qui peut atteindre 8 à 10 mètres, est couverte d'une écorce grisâtre en dehors, rougeâtre en dedans. Les feuilles, alternes, ou irrégulièrement opposées, courtement pétiolées, sont entières et coriaces. Les fleurs, blanc jaunâtre et petites, forment des panicules axillaires. Le fruit, à pulpe verdâtre, est ovoïde.

CULTURE ET RÉCOLTE
La famille des Canneliers est nombreuse, le principal et le meilleur vient du Sri Lanka (Ceylan) où il croît dans des espaces considérables. On en trouve en Chine, à Cayenne, aux Seychelles, etc.

Deux récoltes sont faites dans l'année.

On coupe les rameaux de plus de 3 ans, on les fend longitudinalement pour séparer l'écorce – la cannelle – du bois, on la roule puis elle est mise à sécher au soleil.

USAGES
Aromate très employé, la cannelle est digestive, antispasmodique, tonique, excitante. Elle est rarement utilisée seule, mais, avec son délicieux parfum, n'hésitez pas à l'associer à d'autres plantes ayant les mêmes affinités.

Elle a sa place dans les boissons d'hiver pour éviter les affections fébriles ainsi que dans les préparations toniques et excitantes pour prendre plaisir aux jeux de l'amour.

CAPILLAIRE DE MONTPELLIER *Adiantum capillus-veneris*

(Polypodiacées)

Adiantum vient du grec *adiantos*, « non mouillée », l'eau glisse sur les feuilles ; *capillus-veneris*, signifie « cheveu de Vénus ».

NOM COMMUN : Cheveux de Vénus.

All. : *Capillarkraut.* Angl. : *Venus' Hair.*
Esp. : *Capilera.* It. : *Capillare.*

DESCRIPTION

Le Capillaire de Montpellier est une plante vivace à rhizome traçant muni de racines fibreuses. Les feuilles, toutes radiales et pétiolées, sont minces, en forme de triangle ou d'éventail, entières à la base, crénelées sur la hauteur, enroulées en crosse quand elles sont jeunes. La plante ne produit pas de fleurs.

CULTURE ET RÉCOLTE

Le Capillaire se trouve un peu partout, si les conditions s'y prêtent, surtout dans les endroits humides, ombragés et pierreux. Il pousse rarement au-dessus de 1 300 mètres. Comme son nom l'indique, on le trouve couramment dans la région de Montpellier.

Sa culture, très simple, consiste à couper la racine en fragments que l'on plante à l'automne ou au printemps.

Récoltez la plante de juin à septembre. Séchez-la à plat ou en bouquets dans des endroits secs et aérés.

USAGES

Il a été attribué au Capillaire des propriétés diurétiques contre les calculs, mais c'est surtout pour son efficacité contre la toux, le rhume, toutes les affections des bronches qu'on l'utilise avec succès.

Préparez-le en décoction en mettant une bonne cuillerée à soupe de plantes coupées par tasse. Prenez-en deux ou trois tasses par jour.

CAPUCINE *Tropaeolum majus* (Tropeolacées)

Tropaeolum vient du grec *tropaïon,* « trophée », la feuille ayant la forme d'un bouclier, la fleur celle d'un casque.

NOMS COMMUNS : Cresson d'Inde, du Mexique, du Pérou.

All. : *Kapuzinerkresse.* Angl. : *Large Indian Cress.* Esp. : *Capuchina mayor.* It. : *Cappucina maggiore.*

DESCRIPTION

La Capucine est une très belle plante vivace, à racine fibreuse, rampante et blanc jaunâtre. La tige, très longue, rameuse, couchée ou grimpante, porte des feuilles alternes, longuement pétiolées, arrondies, d'un beau vert foncé dessus, plus clair dessous. Les fleurs, qui apparaissent de mai à septembre, sont très grandes, irrégulières, rouge orangé, portées par de longs pédoncules cylindriques. Le calice a cinq sépales dont l'un est muni d'un long penon pointu. Le fruit se compose de deux ou trois petites coques soudées. Il a un aspect un peu fripé.

CULTURE ET RÉCOLTE

La Capucine, originaire du Pérou, du Mexique, du Venezuela, est une plante vivace dans ces pays, elle est annuelle sous nos climats.

Cultivée dans nos jardins, elle se propage par la semence, à l'abri en pépinière, en place dès le printemps. Elle aime la chaleur, une terre légère et bien fumée. Récoltez les fleurs en pleine floraison, les feuilles à la même époque, les fruits à leur maturité en septembre. Séchez-les délicatement à l'ombre.

USAGES

La Capucine est pectorale, tonique, diurétique, et, selon certains auteurs, aphrodisiaque, c'est une plante pour vivre jeune et longtemps. On l'utilise surtout pour fluidifier les sécrétions des bronches, faciliter l'expectoration et soulager la toux. Seule ou associée, en LOTION CAPILLAIRE (page 357), elle tonifie les cheveux, prévenant leur chute, et le cuir chevelu. Ajoutez quelques fleurs de Capucine à vos salades, elles les agrémenteront par leurs belles couleurs, les parfumeront, les corseront, leur donneront le goût piquant et poivré du Cresson.

Préparez les semences en décoction pendant 5 minutes, à raison d'une cuillerée à café par tasse. Une ou deux tasses du breuvage par jour suffisent.

CARDAMOME *Anomum cardamom* (Zingibéracées)

Cardamom vient du grec *kardamômon*, « cresson », sûrement à cause du parfum fort de la plante.

NOM COMMUN : Cardamome de Tanzanie.

All. : *Kardamomen.* Angl. : *Cardamom.* Esp. : *Cardamomo.* It. : *Cardamomo.*

Les Égyptiens, après avoir réduit les racines en pulpe, en fabriquaient des pastilles qui, paraît-il, donnaient bonne haleine. La tradition assure aussi que de la Cardamome mêlée à un vin chaud conduit tout droit chez les filles ! La poudre de ces graines prisée permet de voir en songe le visage de l'être aimé, nous ne vous conseillons pourtant pas d'essayer !

DESCRIPTION

Les Cardamomes sont des plantes vivaces à rhizomes souterrains longs et noueux d'où naissent des tiges pouvant atteindre 2 à 3 mètres.

Les feuilles, alternes, longuement engainantes par le pétiole, sont étroites, minces, vertes sur les deux faces.

Les fleurs sont disposées en trois ou quatre épis lâches.

Le fruit, que nous connaissons bien, est une capsule charnue s'ouvrant en trois valves et contenant de nombreuses graines.

CULTURE ET RÉCOLTE

Le petit et le moyen cardamomes, grains verts ou blancs du commerce, viennent du Sri Lanka (Ceylan) et de Tanzanie ; celui un plus rare et moins parfumé, gros et brun, vient de Madagascar.

USAGES

Digestif et tonique, un grain de Cardamome, mâché après le repas, facilite la digestion et chasse l'odeur de l'Ail. On l'ajoute à beaucoup d'autres épices, à la charcuterie, à certains pains, aux plats de poisson, dans le curry. Traditionnellement, en Orient, on ajoute quelques grains de Cardamome au café.

Préparez-la en décoction pendant 2 minutes en mettant 4 ou 5 graines par tasse. Prenez-en une tasse après le repas.

CARDÈRE SAUVAGE ***Dipsacus silvestris*** **(Dipsacacées)**

Dipsacus vient du grec *dipsaô,* « j'ai soif » ; l'eau de pluie en tombant est conservée dans les feuilles opposées au bas de la plante, formant un godet ; *silvestris,* du latin *silva,* « forêt ».

NOMS COMMUNS : Cabaret des oiseaux, Lavoir de Vénus, Cuvette de Vénus, Baignoire de Vénus, Peigne de loup, Grande Verge à pasteur.

All. : *Wilde karde.* Angl. : *Wild Teasel.*
Esp. : *Cardancha silvestre.* It. : *Cardo selvatico.*

Une autre Cardère, le Chardon à foulon, était cultivée pour les têtes que l'on utilisait pour carder – enlever les bourres superficielles des draps et des laines. Les feuilles de la base formant un godet servent de baignoire aux oiseaux.
Sans l'initiative heureuse de toute l'équipe du journal La Hulotte *(« le magazine le plus lu dans les terriers »), il n'y aurait plus de site de Cardère sauvage en France. Sa tête très particulière a pourtant servi pendant des siècles à donner aux draps royaux ce gonflant inimitable, envié dans l'Europe entière, et qu'aujourd'hui aucune machine n'est capable d'imiter.*

DESCRIPTION

La Cardère sauvage est une plante bisannuelle à racine pivotante, blanchâtre. La tige, de 1 à 1,50 mètre, est cylindrique, striée, munie d'aiguillons, un peu rameuse au sommet. Les feuilles, opposées, sont grandes, lancéolées, aiguës, dentées, elles se réunissent à la base. Les fleurs, visibles de juillet à septembre, sont rose lilas, placées à l'aisselle des bractées, qui sont raides, très aiguës, épineuses, formant par leur réunion des capitules très gros, ovoïdes et terminaux. Les fruits sont ovoïdes et allongés.

CULTURE ET RÉCOLTE

Commune dans les lieux incultes, présente dans toute l'Europe, l'Asie, l'Afrique du Nord, l'Amérique du Nord, la Cardère ne pousse pas à plus de 800 mètres d'altitude. Multipliez la plante par semis, à l'automne ou au printemps. Éclaircissez ensuite dès que les plants atteignent 5 ou 6 centimètres. Récoltez la plante au début de la floraison.

USAGES

L'eau contenue dans les « godets » est réputée comme lotion pour le visage et les yeux. Diurétique, sudorifique, c'est la propriété dépurative de la Cardère qui est intéressante, elle soulage l'eczéma, le psoriasis, l'impétigo.

Préparez-la en décoction pendant 3 minutes en mettant une cuillerée à soupe de plante coupée par tasse. Prenez-en deux ou trois tasses par jour, dont une le matin à jeun.

CAROUBIER *Ceratonia siliqua* (Légumineuses)

Ceratonia vient du grec *keratonia*, désignant la plante ; *siliqua*, à cause de la forme du fruit, allongé et plat.

NOMS COMMUNS : Carouge, Pain de saint Jean-Baptiste, Figuier d'Égypte, Fève de Pythagore.

All. : *Johannisbrod.* Angl. : *Carob-Tree.*
Esp. : *Algarrobo.* It. : *Carrubo.*

Présenté comme le chocolat, on le trouve en poudre, en plaques ; il aromatise certains aliments.

DESCRIPTION
Le Caroubier est un arbre de 8 à 10 mètres de hauteur dont le tronc est raboteux, les branches tortueuses, étalées, il ressemble au Pommier. Les feuilles, alternes, sont composées de trois ou quatre paires de folioles très ovales, épaisses, coriaces, vert luisant dessus, plus pâles dessous. Les fleurs, très petites, pourpre foncé, réunies en longues grappes, naissent sur les parties hautes des branches. Le fruit est une gousse pendante, aplatie, coriace, de 20 centimètres environ, à bord très épais marqué d'un sillon, divisée par des cloisons transversales et remplie d'une pulpe succulente dans laquelle les graines sont nichées.

CULTURE ET RÉCOLTE
Visible en Asie, le Caroubier pousse dans toute la région méditerranéenne. Préférant les sols calcaires, il se multiplie par ensemencement des graines après qu'elles ont trempé dans l'eau pendant 4 ou 5 jours pour activer leur germination. On repique les plants deux années après.

Le fruit se récolte pour l'herboristerie à pleine maturité. Séchez-le sur des claies ou un grillage fin, le principal est qu'il ait une aération permanente pour sécher correctement. La pulpe se retire de la gousse en éliminant les graines.

USAGES
Les caroubes séchées donnent de bons résultats dans les cas de troubles intestinaux des enfants et des adultes.

Préparez-les en décoction pendant 5 minutes en en mettant 20 à 30 grammes par litre d'eau. Buvez-en à volonté dans la journée.

CARRAGAHEN *Chrondrus crispus* (Gigartinacées)

Chrondrus vient du grec *chondros,* « cartilage », le thalle en ayant la consistance ;
crispus, à cause de l'aspect recroquevillé, crispé, de celui-ci.

NOMS COMMUNS :
Mousse perlée, Mousse d'Irlande, Lichen blanc, Goémon blanc.

All. : *Carrageen.* Angl. : *Carragee.*
Esp. : *Perla d'Irlanda.* It. : *Perlato d'Irlanda.*

DESCRIPTION

Le Carragahen est une algue marine. Il est d'un très beau rouge brun, mais perd sa jolie couleur et devient grisâtre en séchant. Aplati, rétréci à la base, le thalle se divise en ramifications irrégulières, lobées, sans nervures.

CULTURE ET RÉCOLTE

Cette algue rouge est très répandue sur les côtes de l'Atlantique. Récoltez le Carragahen tout l'été avec un râteau, en prenant soin de le laver plusieurs fois à l'eau de mer pour en éliminer le sable. Laissez-le sécher pendant 24 heures, recommencer cette opération trois fois.

USAGES

Très riche en mucilages, le Carragahen est intéressant pour ses propriétés émollientes. Régulateur des intestins, vous pouvez l'utiliser contre des diarrhées chroniques ou contre la constipation chronique.

Très bon expectorant, vous l'utiliserez pour soulager l'inflammation des bronches et la toux qui l'accompagne.

Le Carragahen servait autrefois de gélifiant pour les crèmes et entrait dans la composition des bonbons à la gomme.

Préparez-le en décoction pendant 5 minutes, à raison d'une cuillerée à soupe de plante par tasse.

Prenez-en deux ou trois tasses par jour.

CARVI *Carum carvi* (Ombellifères)

Carum vient du grec *karon,* nom de la plante, que le Moyen Âge appela *carvi.*

NOMS COMMUNS : Cumin des prés, Cumin des montagnes, Anis des Vosges, Faux Anis.

All. : *Kümmel.* Angl. : *Caraway.* Esp. : *Alcaravea.* It. : *Carvi.*

Si un homme veut être sûr de la fidélité de sa femme, rien de plus simple, il lui suffit de planter un pied de Carvi dans son jardin. Si, en revenant de chez un amant, sa femme passe devant la plante, celle-ci perdra instantanément ses fleurs et ses feuilles ; il ne restera plus au mari qu'à sévir... ou à se consoler ! En Hollande, on fait grignoter aux écoliers des graines de Carvi la veille des examens.

DESCRIPTION

Le Carvi est une plante bisannuelle de 40 à 60 centimètres de hauteur, à racine pivotante, charnue, épaisse. La tige, dressée, cylindrique, fortement striée, possède des rameaux longs et étalés. Les feuilles, alternes, sont assez amples, pétiolées, découpées en pinules opposées, divisées elles-mêmes en lanières étroites et lancéolées, les feuilles supérieures étant moins décomposées. Les fleurs, très petites et blanchâtres, sont visibles de mai à juillet. Elles sont disposées en ombelles lâches et étalées, composées de huit ou dix ombellules irrégulières. Le fruit, comprimé latéralement, est ovale et brun.

CULTURE ET RÉCOLTE

Originaire d'Asie, on rencontre le Carvi dans les terrains calcaires et secs. Pour sa culture, choisissez une terre meuble, semez les graines à la volée, éclaircissez si nécessaire. Récoltez les graines la deuxième année, juste avant la complète maturité. Coupez les ombelles, laissez-les sécher à l'ombre et à l'air. Battez-les au fléau pour récupérer les graines.

USAGES

Le Carvi a les mêmes propriétés que le Cumin, le Fenouil, le Coriandre, auquel on l'associe fréquemment (page 378). Carminatif par excellence, il combat l'aérophagie et les coliques gazeuses, facilite la lactation des nourrices, soulage les douleurs des règles.

Très utilisé dans l'est de la France pour la charcuterie, les choucroutes, les sauces, la pâtisserie, les fromages, surtout ceux qui sont fermentés (munster), auxquels il apporte un délicieux parfum et dont il facilite la digestion.

Préparez une décoction à raison d'une cuillerée à café par tasse. Prenez-en une tasse 15 minutes avant ou 1 heure après les repas.

CASSE-MUETTE *Cassia fistula* (Légumineuses)

NOMS COMMUNS : Casse en bâtons, Casse des boutiques.

All. : *Purgierkassie.* Angl. : *Purgine.*
Esp. : *Cassa fistula.* It. : *Cassia in canna.*

Un dosage normal constitue un laxatif doux, une prise trop élévée déclenche de violentes coliques.

DESCRIPTION

La Casse-muette est un grand arbre à tige droite, rameuse au sommet.

Les feuilles, alternes, sont composées de cinq ou six folioles opposées, grandes, ovales, un peu sinueuses sur les bords.

Les fleurs, grandes et jaunes, sont groupées en longues grappes pendantes à l'aisselle des feuilles supérieures et munies de petites bractées.

Le fruit est une gousse cylindrique longue de 30 à 40 centimètres, plus ou moins grosse, offrant intérieurement un grand nombre de cloisons transversales qui divisent le fruit en loges, chacune renfermant une graine et une pulpe noirâtre.

CULTURE ET RÉCOLTE

La Casse-muette se trouve en Égypte, dans toute l'Afrique du Nord, en Indonésie (les anciennes Indes orientales), en Amérique, elle est introuvable en Europe.

La récolte se pratique à la maturité de la gousse, que l'on laisse sécher.

USAGES

Décongestionnant les reins, la vessie, le foie, la Casse-muette est avant tout un laxatif non irritant.

Cassez la gousse, récupérez la pulpe qui se trouve entre les graines. Consommez cinq ou six pulpes, en les suçant lentement le soir, pour combattre la constipation.

CASSIS *Ribes nigrum* (Ribésiacées)

Ribes vient du danois *ribs,* « groseillier » ; et *nigrum,* « noir », à cause de la couleur de ses fruits.

NOMS COMMUNS : Groseillier noir, Cassissier, Cassier.

All. : *Aalbeere.* Angl. : *Black Currant.*
Esp. : *Casis.* It. : *Ribes nero.*

Les fruits ou les feuilles de Cassis parfument agréablement les tisanes.

DESCRIPTION
Le Cassis est un arbuste qui peut atteindre 1,50 mètre de hauteur. La tige, très rameuse, porte des feuilles odorantes, groupées entre elles, divisées en cinq lobes triangulaires, légèrement poilues dessus. Les fleurs, disposées en grappes pendantes, sont visibles en mai, juin. Rougeâtres et verdâtres, elles donnent naissance à un fruit succulent.

CULTURE ET RÉCOLTE
Originaire des pays nordiques, le Cassis n'était pas connu des Grecs ni des Romains. Il fut introduit en France vers le XVIe siècle. Il se rencontre quelquefois à l'état sauvage en Alsace et en Belgique.

Cultivez le Cassis dans des terres profondes, fraîches, légèrement argileuses ou calcaires. Plantez les boutures en automne, taillez chaque année après la récolte pour favoriser le développement de la production des fruits.

Récoltez les feuilles en mai, juin, séchez-les dans des endroits secs et aérés.

USAGES
Les feuilles de Cassis, à l'arôme si agréable, font partie des meilleurs diurétiques de l'herboristerie. Vous les utiliserez chaque fois qu'il sera nécessaire d'activer l'élimination, de résorber un œdème, la cellulite, la goutte, ou pour soulager les rhumatismes, l'arthrite, l'artériosclérose.

Le jus de Cassis, riche en vitamine C, en plus des usages déjà cités, a un effet tonique, stimulant la formation des globules rouges.

Préparez les feuilles en décoction pendant 2 minutes en en mettant une bonne poignée par litre.

Buvez-en deux à quatre tasses par jour.

CATAIRE *Nepeta cataria* (Labiées)

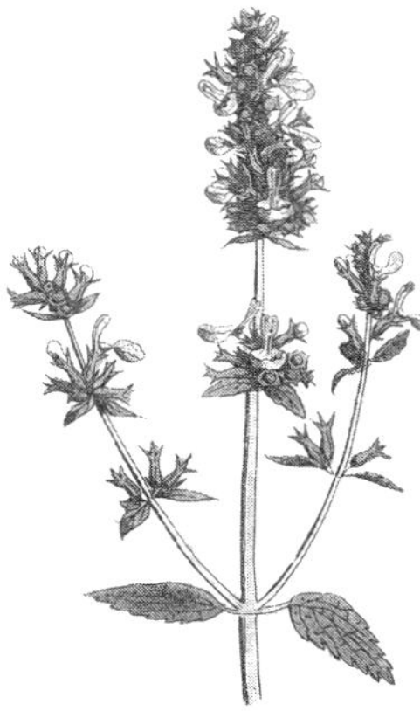

Nepeta, la plante serait originaire de Nepetum ;
cataria vient du latin *catus,* « chat », la plante qui attire les chats.

NOMS COMMUNS : Chataire, Herbe aux chats, Menthe de chats.

All. : *Katzeminze.* Angl. : *Catmint.*
Esp. : *Yerba gatera.* It. : *Cataria.*

DESCRIPTION

La Cataire est une herbe vivace, odorante, dont la tige peut atteindre 1 mètre. Dressée, rameuse, elle porte des feuilles molles, assez longuement pétiolées, en forme de cœur ou ovales, dentelées, d'un beau vert frais dessus, plus pâle dessous. Les fleurs, blanches, ponctuées de rouge, sont disposées à l'aisselle des feuilles supérieures, formant un épi dense au sommet.

CULTURE ET RÉCOLTE

Ressemblant à la Mélisse, la Cataire est une herbe vivace croissant couramment sur les bords des chemins, dans des endroits incultes, ne se trouvant pas à grande altitude. La multiplication se fait par éclat des touffes.

Récoltez les sommités fleuries en pleine floraison. Coupez les plantes entre 30 et 40 centimètres à partir de la hauteur, réunissez-les en bouquets, laissez sécher dans des endroits secs et aérés.

USAGES

La Cataire est une plante qui facilite la digestion, calme les toux rebelles, décongestionne les bronches, stimule les organes féminins, facilite et calme les règles. Fraîche, il suffit de la mâcher pour soulager les névralgies dentaires.

Préparez-la en décoction pendant 2 minutes en mettant une cuillerée à soupe de sommités coupées par tasse. Prenez-en deux ou trois tasses par jour.

PETITE CENTAURÉE *Erythraea centaurium* (Gentianacées)

Erythraea vient du grec *erythros,* « rouge », à cause de la couleur de ses fleurs ; *centaurium,* parce que ses propriétés ont été découvertes par le centaure Chiron pour soigner une plaie au pied.

NOMS COMMUNS : Gentianelle, Herbe au centaure, Herbe à la fièvre.

All. : *Tausendguldenkraut.* Angl. : *Common Centaury.*
Esp. : *Centaura menor.* It. : *Centaurea minore.*

Il suffit à une jeune femme d'en glisser quelques brins dans son soutien-gorge pour être capable d'attirer tous les hommes passant à sa portée.

DESCRIPTION

La Petite Centaurée est une jolie plante de 20 à 40 centimètres. Divisées en rameaux, dressées, les tiges supportent des feuilles ovales un peu oblongues, réunies en collerette à la base de la plante, alternes plus haut sur la tige. Les fleurs, visibles de juin à septembre, d'un beau rose vif, sont groupées en ombelles terminales. Le fruit est une capsule renfermant de minuscules graines.

CULTURE ET RÉCOLTE

La multiplication de la Petite Centaurée se réalise par semis, sous des châssis ou en pleine terre. Récoltez les sommités fleuries en pleine floraison, réunissez-les en bouquets, prenez soin de les entourer de papier d'emballage pour conserver aux fleurs leur couleur. Suspendez-les dans des endroits secs et aérés.

USAGES

Autrefois, la Petite Centaurée était utilisée contre les excès de fièvre. De nos jours, on en fait usage comme cure de printemps, pour faciliter la digestion, activer le fonctionnement du foie.

Elle est employée comme vermifuge ou léger laxatif, elle est recommandée contre la fatigue, l'eczéma, la goutte.

Préparez-la en décoction pendant 2 minutes en mettant une cuillerée à soupe de plantes coupées par tasse. Prenez-en deux ou trois tasses par jour dont une le matin à jeun.

CENTELLA ASIATICA **Hydrocotyle asiatique (Ombellifères)**

NOMS COMMUNS : Centella, Fo-ti-tieng, Écuelle d'eau.

All. : *Asiatischer Wassernabel.* Angl. : *Indian Pennywort.*
Esp. : *Centella asiatica.* It. : *Idrocotile.*

L'Hydrocotyle vulgaire, commune en Europe, n'est plus usitée, on lui préfère celle venant d'Asie.

DESCRIPTION

La Centella asiatica est une plante vivace à racines fibreuses et blanchâtres. La tige, de longueur variable, est noueuse, rampante, elle émet à chaque nœud des faisceaux de racines et des feuilles alternes longuement pétiolées, arrondies, à bord crénelé. Les fleurs, petites, pourpres, sont groupées par trois ou quatre en ombelles au sommet de courts pédoncules.

CULTURE ET RÉCOLTE

La Centella asiatica est une plante spécifique de l'Indonésie (les anciennes Indes orientales), elle se trouve dans les lieux humides, les bords des marais et des ruisseaux.

La récolte de la plante s'effectue à maturité, elle est séchée à l'ombre dans des locaux aérés.

USAGES

La Centella asiatica est utilisée avec succès contre les eczémas chroniques et rebelles et les ulcères variqueux, elle stimule tout le système cutané et active la circulation du sang.

Diurétique, elle soulage les rhumatismes, lutte contre la cellulite, fait un excellent complément associée à d'autres plantes comme tisane amincissante.

Préparez-la en décoction pendant 2 minutes suivie d'une infusion durant 10 minutes en mettant une cuillerée à soupe de plante par tasse. Prenez-en deux ou trois tasses par jour.

CERFEUIL *Anthriscus cerefolium* (Ombellifères)

Anthriscus semble dériver de *anthriscos*, nom grec d'un Cerfeuil sauvage ; *cerefolium* est le nom latin du Cerfeuil.

NOMS COMMUNS : Cerfeuil cultivé, Cerfeuil officinal, Cerfeuil des jardins.

All. : *Kerbel.* Angl. : *Chervil.*
Esp. : *Perefollo.* It. : *Cerefolio.*

Appliquez du Cerfeuil frais sur les piqûres d'insecte, l'inflammation disparaît instantanément.

DESCRIPTION

Le Cerfeuil est une plante annuelle à racine simple, fusiforme, blanc jaunâtre. La tige, de 50 à 70 centimètres, est arrondie, un peu noueuse, striée, dressée et rameuse. Elle porte des feuilles alternes, longuement pétiolées, tripennées, à folioles ovales, incisées, dentées, d'un vert très clair. Les fleurs, petites et blanches, forment des ombelles à trois ou cinq rayons. Le fruit est allongé, lisse, terminé par deux styles persistants.

CULTURE ET RÉCOLTE

Le Cerfeuil est une plante courante des jardins, supportant même l'altitude. On le propage en le semant à la volée, à l'automne ou au printemps. Évitez la fin du printemps ou l'été : comme beaucoup d'autres plantes, il monterait trop vite.

Récoltez la plante dès sa formation avant l'apparition des fleurs. Séchez-la vite dans des endroits secs et aérés.

USAGES

Le Cerfeuil est surtout utilisé frais dans l'alimentation, pour son parfum, dans le fameux BOUILLON AUX HERBES (page 334), après une purgation ou une opération. Il excite l'appétit, facilite la digestion. Appliqué frais, il soulage les piqûres d'insectes.

En dehors de son usage frais, préparez une infusion à raison d'une cuillerée à café de plante séchée par tasse. Prenez-en deux ou trois tasses par jour. Faites des compresses de cette infusion sur les paupières pour en soulager les irritations, des lotions sur le visage pour retarder le vieillissement de la peau.

CERISIER *Prunus cerasus* (Rosacées)

Prunus est le nom latin du Prunier ; *cerasus*, « cerisier », est originaire de Cérasonte, une ville d'Asie Mineure.

NOMS COMMUNS : Cerisier aigre ou austère, Griottier, Agriottier.

All. : *Lotkirche*. Angl. : *Agriot*.
Esp. : *Cerezo de todos los santos*. It. : *Amarella*.

Au Japon, où l'arbre est sacré, on assure que pour savoir combien de temps il vous reste à vivre il faut tourner autour d'un Cerisier dont les fruits sont mûrs, secouer ensuite l'arbre ; chaque cerise tombée vous donne un an de plus.

DESCRIPTION

Le Cerisier est un bel arbre pouvant atteindre 8 à 10 mètres de hauteur. La tige, droite et cylindrique, est couverte d'une écorce lisse et luisante, elle se divise en rameaux, l'ensemble formant une cime arrondie. Les feuilles, alternes, sont pétiolées, ovales, dentées, d'un très beau vert. Les fleurs, blanches, visibles en avril, mai, sont longuement pédonculées, groupées en petits bouquets. Le fruit est cette drupe à chair charnue succulente que nous connaissons tous.

CULTURE ET RÉCOLTE

Le Cerisier, originaire d'Asie Mineure, se trouve dans tous nos vergers. Venant facilement, le Cerisier n'aime pas les terres argileuses ni marécageuses. Il se propage par le semis des noyaux, ou par les drageons que l'on sépare à l'automne.

Récoltez les fruits à leur maturité pour les manger, mais pour faire un sirop, des confitures ou les conserver dans l'alcool, choisissez des fruits à peine mûrs.

Détachez les pédoncules en queues des fruits, laissez-les sécher en remuant de temps en temps dans des endroits secs et aérés.

USAGES

La queue de cerise est le diurétique le plus connu. Cette popularité confirme son efficacité : diurétique classique pour éliminer en complément des traitements ou chaque fois qu'il y a rétention d'eau, elle soulage les rhumatismes, combat la goutte.

À la saison, vous pouvez faire une cure de cerises en remplaçant vos repas par 500 grammes de fruits pendant quelques jours. C'est une bonne cure contre l'obésité et l'arthrite. Préparez les queues de cerises en décoction pendant 5 minutes, à raison d'une poignée pour un litre d'eau. Buvez la totalité de ce breuvage dans la journée.

CHARDON BÉNI *Cnicus benedictus* (Composées)

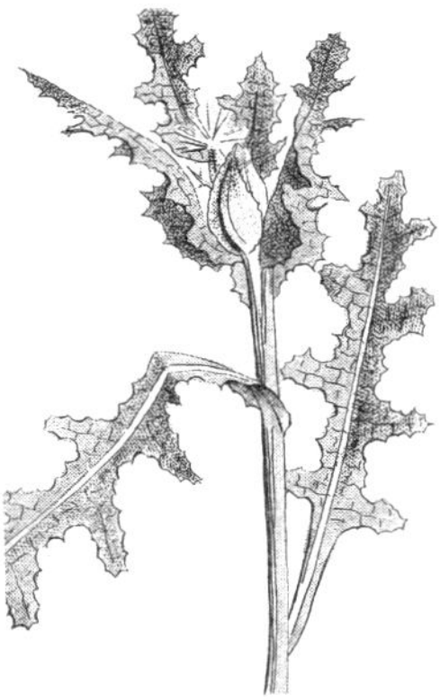

Cnicus vient du grec *knekos,* nom d'un Chardon ; *bénidictus,* « bénit », pour son étrange beauté et son efficacité.

NOMS COMMUNS : Centaurée bénite, Safran sauvage.

All. : *Benedikten Kraut.* Angl. : *Blessed Thistle.*
Esp. : *Cardo bendito.* It. : *Benedetto.*

La présence de Chardons dans un jardin est toujours le signe d'un terrain en cours d'appauvrissement. Depuis le Moyen Âge, le Chardon béni est chargé de nombreuses vertus magiques. On dit même que les macules blanches dont s'orne son feuillage ne sont que les gouttes de lait tombées du sein de Marie lorsqu'elle fuit les persécutions d'Hérode. Pour les jardiniers, arracher les Chardons un vendredi saint, c'est l'assurance de ne pas les voir repousser dans l'année.

DESCRIPTION

Le Chardon béni est une plante annuelle, à racine grêle et pivotante, de 20 à 60 centimètres. La tige, dressée, velue, a de nombreux rameaux écartés. Les feuilles sans stipules sont longues, lobées, sinueuses et épineuses. Les fleurs, visibles d'avril à juillet, sont jaunes, groupées en capitule velu, laineux, muni de feuilles et de bractées, intérieures et extérieures. Le fruit est cylindrique, muni de cottes fines, surmonté de poils soyeux.

CULTURE ET RÉCOLTE

Préférant les sols secs et sablonneux, le Chardon béni est présent dans tout le pays méditerranéen. Multipliez-le par semis au printemps dans des terres légères et fumées.

Récoltez la plante au tout début de la floraison, réunissez-la en bouquets, faites-la sécher dans des endroits secs et aérés.

USAGES

Tout en aidant la digestion, le Chardon béni stimule l'appétit, combat la fatigue, les migraines.

Pour l'estomac, il soulage l'acidité, l'aérophagie, les dilatations.

Diurétique, fébrifuge, il soulage les douleurs rhumatismales, calme le système nerveux.

Tonique du cœur, son usage régulier fait baisser la tension artérielle.

Préparez le Chardon béni en légère décoction pendant 2 minutes, à raison d'une cuillerée à soupe de plante coupée par tasse. Prenez-en deux ou trois tasses par jour.

CHARDON MARIE *Silybum marianum* (Composées)

Silybum vient du grec *silybon,* nom d'un Chardon dont les feuilles étaient consommées ; *marianum,* en souvenir de Marie qui laissa tomber du lait sur les feuilles en voulant préserver Jésus des soldats d'Hérode.

NOMS COMMUNS : Silybe de Marie, Lait de Notre-Dame, Artichaut sauvage, Chardon argenté, marbré, Épice blanche.

All. : *Mariendistel.* Angl. : *Milk Thistle.*
Esp. : *Cardo de Maria.* It. : *Cardo marino.*

Il paraît que ce Chardon cultivé le long d'un mur empêche les voleurs d'entrer ! Brûlées dans l'âtre pendant un orage, les têtes de Chardon ont la réputation de détourner la foudre de la maison.

DESCRIPTION

Le Chardon Marie est une belle plante bisannuelle, à racine pivotante forte, longue, épaisse, fibreuse. La tige, de 1 mètre et plus, est cylindrique, robuste, dressée, très souvent rameuse. Elle porte des feuilles alternes, très grandes, sans stipules, tachées de blanc le long des nervures, bordées d'épines dures et pointues. Les fleurs sont groupées en capitule arrondi, très gros, placé à l'extrémité de la tige. Le fruit est un peu comprimé et lisse.

CULTURE ET RÉCOLTE

Commun dans les régions chaudes et tempérées, le Chardon Marie ne pousse guère au-dessus de 700 mètres d'altitude. Sa culture demandant un sol fumé et frais, on le propage par semis en pleine terre au printemps.

Ramassez les feuilles pour en faire des soupes ou pour les faire sécher, au début de l'été. Pour récupérer les graines, coupez les capitules à maturité, faites-les sécher et battez-les.

USAGES

Stimulant l'appétit des personnes anxieuses et stressées, le Chardon Marie soulage les affections du foie et de la rate, calme la douleur, facilite le transit intestinal par décongestion de la vésicule.

Tout en équilibrant le plexus solaire, il active le fonctionnement de l'estomac. Il combat les hémorragies diverses, les hématuries, les troubles de la ménopause avec fibrome, le saignement des hémorroïdes, les calculs biliaires.

La semence augmente la tension artérielle, elle est la bienvenue après une opération ou chez les hypotendus.

Préparez la feuille ou la semence en décoction pendant 2 minutes, à raison d'une cuillerée à soupe par tasse. Prenez-en deux ou trois tasses par jour.

CHÉLIDOINE *Chelidonium majus* (Papavéracées)

Chelidonium signifie « hirondelle » en grec, la plante fleurit à leur venue ; *majus* voulant dire « grand » en latin.

NOMS COMMUNS : Grande Éclaire, Herbe d'hirondelles, Herbe aux verrues, à la vue, aux boucs, Félougne, Claréto.

All. : *Schollkraut.* Angl. : *Celandine.*
Esp. : *Golondrinero.* It. : *Chelidonia.*

On applique le suc frais de la tige sur les cors et les verrues pour les faire disparaître. C'est l'herbe miraculeuse des prisonniers. Le détenu qui porte sur lui à même la peau quelques tiges de Chélidoine est assuré de la réussite de l'évasion qu'il tentera. La tradition exige que l'on renouvelle les plantes tous les deux jours. En prison ce n'est pas toujours facile, heureusement. Si devant un tribunal vous portez quelques brins de cette Herbe aux hirondelles, vous avez de fortes chances d'être acquitté. On dit que la Brinvilliers essaya elle aussi de cette herbe, mais que celle-ci séchait instantanément à son contact tant elle était possédée du démon.

DESCRIPTION

La Chélidoine est une plante vivace à racine rouge brunâtre, cylindrique, fibreuse et chevelue. La tige, de 40 à 70 centimètres, est ronde, droite, fragile, articulée et noueuse, d'un vert tendre. Les feuilles, alternes, sont pétiolées, ailées, découpées en lobes arrondis, mous. Les fleurs, jaunes, visibles d'avril à octobre, forment de petits faisceaux au sommet des rameaux. Le fruit est une capsule allongée qui contient des graines.

CULTURE ET RÉCOLTE

Très commune en Europe, la Chélidoine se trouve facilement dans les lieux incultes, sur les murs et les terrains pierreux. Elle se propage par les graines dès leur maturité. Pour l'usage du suc frais, vous pouvez la récolter au moment des besoins, en revanche pour la faire sécher, prenez soin de la couper juste avant la floraison. Réunies en bouquets, suspendez les plantes dans des endroits aérés. Fraîche, la tige laisse écouler un suc laiteux, jaunâtre, très abondant.

USAGES

Diurétique, vermifuge, c'est surtout pour sa puissante action sur le foie que la Chélidoine nous intéresse. Elle augmente la sécrétion de la bile, facilite son évacuation, calme les douleurs hépatiques. Dépurative, jouant sur les affections de la peau, elle décongestionne le système lymphatique, soulage l'angine de poitrine, l'hypertension, l'asthme, l'artériosclérose.

Préparez-la en décoction pendant 2 minutes, à raison d'une cuillerée à soupe de plante toujours sèche par tasse. Prenez une tasse avant les repas. N'utilisez jamais de Chélidoine fraîche pour les tisanes. Le suc frais, utilisé sur les verrues, est dangereux à boire, il est détruit au séchage.

CHÊNE ROUVRE *Quercus robur* (Fagacées)

Quercus vient du celtique *kaer quez*, « bel arbre », « vérité ».
Le Chêne est un très bel arbre.
Il en existe deux variétés différentes :
Quercus sessiflora : Chêne sessile.
Quercus pedunculata : Chêne pédonculé.

NOMS COMMUNS DU CHÊNE SESSILE :
Chêne mâle, Chênenose, Chêne blanc, Durelin, Drillard, Drille.

All. : *Traubeneiche.* Angl. : *Chesnut Tree.*
Esp. : *Roble.* It. : *Quercia.*

NOMS COMMUNS DU CHÊNE PÉDONCULÉ :
Chêne à grappes, Chêne femelle, Gravelin, Chagne, Chêne noir.

All. : *Stieleiche.* Angl. : *Common Oak.*
Esp. : *Roble albar.* It. : *Farnia.*

Dans les campagnes, on assure encore aujourd'hui qu'un gland de Chêne rouvre posé sur le rebord de chaque fenêtre de la maison protège celle-ci de la foudre. Enfin, un fruit de cet arbre planté à l'époque de la pleine lune des moissons, s'il germe vite, annonce une grosse rentrée d'argent.

DESCRIPTION

Le Chêne sessile est un grand arbre à racine forte et pivotante. La tige, qui atteint des dimensions considérables en hauteur et en diamètre, se divise en rameaux nombreux et tortueux. Les feuilles, alternes, pétiolées, ovales, sinuées, ont des lobes inégaux et obtus. Les fleurs sont verdâtres, les mâles en chatons, les femelles solitaires, presque sessiles, ainsi que les fruits (glands).

Le Chêne pédonculé se distingue par ses fleurs et ses fruits longuement pédonculés.

Le Chêne liège a des feuilles épineuses, persistantes, mais surtout une écorce très épaisse.

Le Chêne à galles fournit la noix de galle, résultat d'une excroissance sur les feuilles causée par la piqûre d'un insecte. Cette noix est un peu plus grosse qu'une noisette, pesante et globuleuse, elle présente des irrégularités sur sa surface. Elle est vert noirâtre ou rougeâtre.

CULTURE ET RÉCOLTE

Roi des forêts, la culture du Chêne fait partie du domaine forestier.

Ramassez l'écorce au printemps avant la floraison sur les jeunes rameaux, faites-la sécher au soleil ou dans des endroits chauds et aérés. Récoltez les feuilles tout l'été en prenant soin de les remuer de temps en temps pour leur éviter de noircir.

Le Chêne vit 500 ans, quelquefois 1 000 ou 2 000 ans, il est porteur de Gui.

USAGES

Un des végétaux les plus riches en tanin, l'écorce de Chêne est tonique et astringente. Cette astringence est la bienvenue pour lutter contre les diarrhées, en lotion, compresses, ou bain de siège contre les hémorroïdes, en bain de pieds contre la transpiration excessive, en injection vaginale dans le traitement des pertes blanches, en gargarismes pour guérir les angines.

L'usage de l'écorce est préférable à celui de la feuille, moins efficace.

Les glands de Chêne torréfiés entrent dans la composition de la plupart des succédanés de café, avec l'Orge, l'Avoine et les figues.

Préparez l'écorce de Chêne en décoction pendant 10 minutes, à raison d'une cuillerée à soupe par tasse ou quatre par litre.

Prenez-en une à trois tasses par jour, ou bien faites-en l'usage souhaité, gargarisme, bain de bouche, bain de siège.

CHÈVREFEUILLE *Lonicera caprifolium* (Caprifoliacées)

Lonicera en l'honneur de Lonicer, botaniste allemand ; *caprifolium,* de *capra,* « chèvre », et *folium,* « feuille », les chèvres aiment brouter ses feuilles.

NOMS COMMUNS : Chèvrefeuille des jardins, commun, d'Italie.

All. : *Wohlriechendes.* Angl. : *Garden Honeysuckle.*
Esp. : *Madreselva común.* It. : *Madreselva.*

Autrefois les plantes spontanées d'un terrain permettaient de bien choisir l'emplacement d'une maison à construire. C'est le cas pour le Chèvrefeuille dont la présence signale un lieu où les courants telluriques sont bénéfiques. En Poitou, on assure que seules les jeunes filles ont droit de toucher au Chèvrefeuille ; si une vieille s'y ose, essayez de courir plus vite qu'elle !

DESCRIPTION

Le Chèvrefeuille est un arbrisseau à racines fibreuses et traçantes. La tige, longue de plusieurs mètres, volubile, grimpe et s'enroule autour des corps voisins, ainsi que les rameaux, qui sont allongés, cylindriques, rougeâtres et lisses. Les feuilles sont opposées, sessiles, ovales, pointues, glauques dessous. Les fleurs apparaissent de mai à juillet, elles sont très odorantes, nuancées de rouge et de jaune, elles forment des faisceaux à l'extrémité des rameaux. Le fruit est une petite baie charnue, rouge clair.

CULTURE ET RÉCOLTE

Le Chèvrefeuille se trouve communément dans les bois, les haies. Pour sa culture, préférez les sols frais, argileux et profonds.

Multipliez-le par semis, boutures, ou marcottes.

Récoltez les feuilles avant la floraison, détachez-les de la tige, faites-les sécher dans des endroits secs et aérés.

USAGES

Diurétique et sudorifique, utilisez le Chèvrefeuille pour soulager les crises de cystite, lutter contre les affections des bronches, en gargarismes pour soulager les angines.

Préparez les feuilles en décoction pendant 2 ou 3 minutes, à raison d'une cuillerée à soupe par tasse ou quatre par litre. Buvez-en deux à cinq tasses par jour.

CHICORÉE SAUVAGE *Cichorium intybus* (Composées)

Cichorium vient du nom grec de la plante, *kichorion* ; *intybus*, du grec *entubon*, « chicorée ».

NOMS COMMUNS : Chicorée commune, amère, Barbe de capucin.

All. : *Zichorienwegwarte.* Angl. : *Wild Chicory.* Esp. : *Archicoria amarga.* It. : *Cicoria.*

Si, par aventure, vous briguez un poste glorieux mais comportant de grands risques, n'hésitez pas à vous faire enduire longuement le corps avec du jus frais de Chicorée sauvage. Votre démarche aboutira à coup sûr. Pour juger du degré de courage d'un homme, il suffit de lui faire respirer un pied de Chicorée : s'il n'en éprouve aucune angoisse, c'est un courageux.

DESCRIPTION

La Chicorée sauvage est une plante vivace à racine oblongue, assez forte, pivotante et brunâtre. La tige, de 40 à 80 centimètres, est droite, herbacée, striée, elle se divise en rameaux. Les feuilles sont ovales, allongées, à lobes aigus et dentés. Les fleurs, bleu violacé clair, sont visibles de juillet à septembre, elles forment de larges capitules solitaires, dont la réunion constitue une sorte d'épi lâche et terminal.

CULTURE ET RÉCOLTE

La Chicorée pousse dans toute l'Europe, l'Asie, le nord de l'Afrique, l'Amérique. Cultivez-la dans une terre profonde, bien fumée, en semis dès la fin du mois d'avril, courant mai.

Récoltez les feuilles de juin à septembre avant que la plante monte. Arrachez les racines en octobre, lavez-les, coupez-les, faites-les sécher dans des endroits chauds et aérés.

Cultivée dans les jardins, elle a donné depuis de nombreuses variétés que nous consommons avec plaisir, Endive, Scarole, etc.

USAGES

« Amie du foie », d'après le nom que Galien lui a donné pour chanter ses louanges, la Chicorée est diurétique, cholalogue, apéritive, dépurative.

Seule ou associée à d'autres plantes, elle constitue l'une des meilleures cures de printemps, pour le bien-être ou les problèmes de peau, eczéma, acné, dartre.

Elle soulage les rhumatismes, elle est tonique et reconstituante, elle équilibre le système nerveux, redonne de la mémoire.

Elle agit sur le foie, c'est un antiseptique des intestins, elle combat la constipation de manière douce.

Fébrifuge, elle assure une meilleure combustion des sucres chez les diabétiques, qui devraient l'employer comme boisson sans que cela n'entraîne d'excès de transpiration.

Préparez les feuilles en décoction pendant 2 minutes, les racines pendant 5 minutes, à raison d'une cuillerée à soupe pour les premières, une cuillerée à café pour les secondes.

Prenez-en deux ou trois tasses par jour, dont une à jeun le matin, une autre avant le coucher.

TISANE ANTITOXIGÈNE

Éliminer, drainer, sont indispensables pour assurer à votre corps un bon fonctionnement. Prenez deux ou trois tasses par jour de cette composition, en cure de 3 semaines.

Racines de réglisse	10 g
Racines de pissenlit	30 g
Racines d'ache	50 g
Racines de fenouil	50 g
Racines de chicorée	100 g
Aubier de tilleul sauvage	100 g

Faites bouillir pendant 5 minutes une cuillerée à soupe de plantes par tasse d'eau, laissez ensuite infuser durant 10 minutes. Pour plus de facilité, préparez un litre de la composition en mettant quatre cuillerées à soupe de plantes.

CHIENDENT *Agropyrum repens* (Graminées)

Agropyrum vient du grec *agros*, « champ », et *pyros*, « froment », la plante ressemble au Blé ; *repens* signifie « rampant ». Un blé des champs aux racines rampantes.

NOMS COMMUNS : Chiendent rampant ou officinal, Blé rampant, Laitue de chien, Herbe aux deux bouts, Laitue de chien.

All. : *Gemeine Quecke.* Angl. : *Quick Grass.*
Esp. : *Grama officinal.* It. : *Gramigna.*

*Les brosses dites de Chiendent sont faites avec les fibres d'*Andropogom gryllus, *venant de Provence, d'Italie ou de Hongrie. Chiens et chats mangent les feuilles pour vomir et faciliter la digestion des poils qu'ils ont avalés. C'est la plante du désenvoûteur. Si on asperge d'une infusion de Chiendent un lieu visité par le démon, celui-ci se retire à jamais. Pourtant si un homme ou une femme porte en permanence un fragment de Chiendent, il est sûr de renouveler ses amants ou amantes autant qu'il le voudra.*

DESCRIPTION

Le Chiendent est une plante vivace à racines fasciculées, fibreuses, longues, rampantes, d'un blanc jaunâtre, munies de radicelles à chaque nœud. La tige, de 50 centimètres à 1 mètre, est dressée, cylindrique, elle porte des feuilles alternes, lancéolées, linéaires, engainantes, d'un beau vert clair. Les fleurs, verdâtres, visibles de juin à septembre, sont groupées par quatre ou cinq en petits épis dont la réunion constitue un long épi, lâche et terminal. Le fruit est allongé et ovale.

CULTURE ET RÉCOLTE

Véritable poison du jardinier, on trouve facilement le Chiendent en Europe, en Asie, en Afrique du Nord et en Amérique du Nord, il peut pousser jusqu'à 2 000 mètres d'altitude. Trop courant selon l'avis du jardinier, on le multiplie par ses rhizomes, en les plantant simplement. Récoltez ses racines tout l'été ou à l'époque des labours en automne. Lavez-les pour les débarrasser de leur terre, coupez-les ou faites-en des paquets, laissez-les sécher dans des endroits secs et aérés.

USAGES

Diurétique, émollient, le Chiendent s'utilise pour augmenter le volume des urines, dissoudre les calculs des reins, calmer les inflammations de la vessie, soulager les cystites.

Il fournit une TISANE RAFRAÎCHISSANTE, seul ou associé à d'autres plantes émollientes ou adoucissantes (page 347). Préparez le Chiendent en décoction pendant 3 minutes en mettant une cuillerée à soupe de plante par tasse ou quatre par litre. Buvez-en deux à six tasses par jour.

CHRYSANTELLUM AMERICANUM (Astéracées)

Chrysantellum vient de chrysanthe, l'Herbe aux fleurs d'or.

Originaire du Centre de l'Afrique, le Chrysantellum americanum est une plante récente en herboristerie. Pourtant les recherches récentes en font une plante d'une grande utilité, par sa richesse en flavonoïdes, qui sont hépato-protectrices et activent la microcirculation.

USAGES

Efficace sur le système digestif, le Chrysantellum americanum, tout en protégeant les cellules du foie, active sa sécrétion, facilite l'évacuation des calculs rénaux, biliaires et salivaires.

À titre préventif, il est protecteur du foie ; en faire une cure régulière après une hépatite est souhaitable.

Le Chrysantellum americanum fait baisser les taux du cholestérol et des triglycérides. Son activité sur l'artérite des membres inférieurs est remarquable puisqu'il agit sur la fragilité capillaire et la microcirculation périphérique.

Son intérêt n'est pas négligeable dans les cas d'œdèmes au niveau des jambes et des chevilles, dans les cas de jambes lourdes.

Certaines des maladies provoquées par un ralentissement de l'irrigation sanguine répondent bien à son usage.

Préparez-le en décoction pendant 3 minutes suivie d'une infusion durant 10 minutes en en mettant une cuillerée à soupe par tasse. Prenez-en deux ou trois tasses par jour avant ou juste après le repas.

Dans les traitements d'attaque, faites des cures de 3 semaines ; en cure d'entretien, 10 jours par mois suffiront.

COCHLÉARIA OFFICINAL *Cochlearia officinalis* (Crucifères)

Inconnu des anciens, son nom lui a été donné par des botanistes du XVIe siècle.

NOMS COMMUNS : Cranson, Herbe aux cuillers, Cuillère, Herbe au scorbut.

All. : *Löffelkraut.* Angl. : *Spoonwort.*
Esp. : *Coclearia.* It. : *Coclearia.*

Mâcher du Cochléaria permet de renforcer la qualité des gencives.

DESCRIPTION

Le Cochléaria est une plante bisannuelle à racine fusiforme, longue, assez mince, un peu chevelue. La tige, de 30 centimètres et plus, est rameuse, couchée ou ascendante. Elle porte des feuilles alternes, luisantes, d'un beau vert foncé. Celles du bas sont longuement pétiolées, ovales, un peu en forme de cœur. Plus haut, elles sont sessiles, allongées, irrégulièrement dentées. Les fleurs, visibles de mai à septembre, sont petites, blanches, groupées en corymbes terminaux. Le fruit est arrondi.

CULTURE ET RÉCOLTE

Le Cochléaria se rencontre surtout sur les terrains riches en sels, les bords de mer, quelquefois dans les Pyrénées et en Auvergne.

La culture du Cochléaria se pratique par semis de ses graines au printemps. Choisissez une terre souple, humide et exposée au nord.

Récoltez la plante au moment de la floraison, la deuxième année de sa plantation. Réunissez-la en bouquets, faites-les sécher dans des endroits secs et aérés.

USAGES

Facilitant la digestion, le Cochléaria était autrefois la médication idéale contre le scorbut. Il calme la toux, facilite l'expectoration, soulage l'asthme, combat certaines maladies de peau, eczéma, dermatoses diverses.

En gargarismes ou en bains de bouche, on l'utilise contre l'inflammation des gencives, le déchaussement des dents. Préparez-le en décoction pendant 2 minutes, à raison d'une cuillerée à soupe de plante coupée par tasse. Prenez-en deux ou trois tasses par jour.

Il est déconseillé aux personnes ayant des hémorroïdes, des palpitations, une congestion cérébrale.

COLOMBO *Chasmanthera palmata* (Ménispermacées)

Le Colombo a passé longtemps pour venir de l'île de Ceylan (actuel Sri Lanka), tout particulièrement des environs de la ville de Colombo. En vérité, la plante arrivait séchée de Madagascar.

NOM COMMUN : Columbo.

All. : *Kolumbowurzel.* Angl. : *Columba.*
Esp. : *Columba.* It. : *Columbo.*

Très tonique, il entre dans la composition de la plupart des vins aux plantes.

DESCRIPTION

Le Colombo est un sous-arbrisseau à racines fusiformes et rameuses. Les tiges, simples, cylindriques, sont couvertes de longs poils roux. Les feuilles, alternes, pétiolées, arrondies, sont divisées en cinq lobes arrondis. Les fleurs sont portées sur de longs pédoncules. Le fruit est rond, velu, il renferme une seule graine.

CULTURE ET RÉCOLTE

Le Colombo se trouve dans les forêts de Madagascar et sur la côte australe de l'Afrique. On trouve la racine en rondelles de 3 à 8 centimètres de diamètre, jaunâtre ou brunâtre, assez rugueuse.

USAGES

Tonique amer, le Colombo facilite la digestion, redonne tonus et énergie.

Préparez-le en décoction pendant 5 minutes en mettant une cuillerée à café de plante par tasse.

Il est fréquent de faire macérer la racine de Colombo dans du vin, seule ou avec d'autres plantes, comme tonique apéritif reconstituant.

CONDURANGO *Marsdenia condurango* (Asclépiadacées)

NOM COMMUN : Liane de condor.

All. : *Kondurangostrauch.* Angl. : *Kondurango Shiub.*
Esp. : *Lechero.* It. : *Condurango.*

On dit que le condor mange ses feuilles comme contrepoison du venin des serpents.

DESCRIPTION

Le Condurango est une plante grimpante d'Amérique du Sud que l'on trouve sur le versant ouest de la cordillère des Andes, de 1 500 à 2 000 mètres d'altitude. Il a un parfum poivré. On le trouve également en Asie.

CULTURE ET RÉCOLTE

La plupart des lots vendus en Europe viennent d'Asie.

USAGES

Le Condurango soulage les douleurs arthritiques et rhumatismales. On en fait usage contre les ulcères de l'estomac dont il facilite la cicatrisation.

Préparez-le en décoction pendant 5 minutes en mettant une cuillerée à café de plante par tasse.

Ajouté à une formule de vin ou de liqueur, il lui communique un agréable parfum.

GRANDE CONSOUDE *Symphytum officinale* (Borraginacées)

Symphytum vient du grec *symphô*, « je réunis »,
la plante en effet facilite la consolidation des fractures.

NOMS COMMUNS : Herbe à la coupure, Herbe aux charpentiers, Oreille d'âne, Langue de vache, Confée, Pecton.

All. : *Beinheil, Schwarzwurzel.*
Angl. : *Confrey.*
Esp. : *Consuelda mayor.*
It. : *Consolida maggiore.*

La Consoude est la plante qui ressoude les os brisés, les plaies. La science a confirmé cette efficacité par l'allantoïne qu'elle contient et que l'on a découverte au début du XXe siècle.
Déposée de nuit sur le rebord de la fenêtre d'une jeune fille, une feuille de Consoude indique symboliquement que l'homme qu'elle épousera n'aura pas une vie de tout repos. On ne la surnomme pas pour rien l'Herbe aux plaies et aux bosses ! Glissée dans les bagages, la Grande Consoude empêche ceux-ci d'être volés, c'est du moins ce que l'on assurait autrefois sur le Transsibérien.

DESCRIPTION
La Grande Consoude est une plante vivace à racine longue, pivotante, épaisse, noirâtre, charnue. Elle donne naissance à une tige de 50 centimètres à 1 mètre, velue, hérissée, robuste. Les feuilles, alternes, sont ovales, lancéolées, aiguës, entières, un peu ondulées sur les côtés, d'un beau vert foncé. Les fleurs, pourpre violacé ou blanches, visibles de mai à juin, sont groupées et retombantes. Le fruit est entouré par un calice persistant.

CULTURE ET RÉCOLTE
Préférant les lieux humides, la Grande Consoude est fréquente au bord des rivières, dans les sols frais et riches des prairies. Commune dans toute l'Europe, elle ne pousse pas à de grandes altitudes.

Abondante dans la nature, on peut la multiplier en semant les graines dès leur maturité. Il suffit ensuite d'éclaircir en arrachant quelques petits pieds.

Récoltez les racines au printemps dès que la plante sort ou à l'automne, après la végétation. Après l'avoir arrachée, lavez-la pour la débarrasser de la terre, coupez-la en tronçons de 1 ou 2 centimètres, faites-les sécher dans des endroits secs et aérés. Récoltez les feuilles pendant toute la durée de la végétation.

USAGES
Émolliente et béchique, la Grande Consoude calme la toux, soulage les bronchites, facilite l'expectoration.

Légèrement astringente, elle trouve son usage pour lutter contre les dysenteries, les diarrhées, les pertes blanches, les règles trop abondantes, le sang dans les urines, les hémorroïdes.

Régénérateurs des cellules, émollients et sédatifs, on applique des cataplasmes de racines en poudre contre les gerçures du sein, les ulcères variqueux, les brûlures, le psoriasis, les entorses, les rhumatismes, la goutte.

Préparez-la en décoction pendant 5 minutes, à raison d'une cuillerée à café de plante par tasse. Prenez-en deux à quatre tasses par jour.

Pour la préparation des cataplasmes, mélangez la poudre avec un peu d'eau, faites-en une pâte, que vous appliquez sur la partie à traiter.

BAUME À LA CONSOUDE

Utile pour soulager et cicatriser les brûlures, les coups de soleil, lutter contre certaines affections de la peau, dartres, eczéma, psoriasis, faciliter la cicatrisation des ulcères, soulager les douleurs et les rhumatismes.

Poudre de racines de consoude	100 g
Huile de palme	250 g

Faites fondre l'huile de palme, ajoutez la Consoude, faites cuire à feu très doux pendant 30 minutes. Laissez reposer une douzaine d'heures. Réchauffez la pâte jusqu'à sa liquéfaction, filtrez sur un linge très fin.

COQUELICOT *Papaver rhoeas* (Papavéracées)

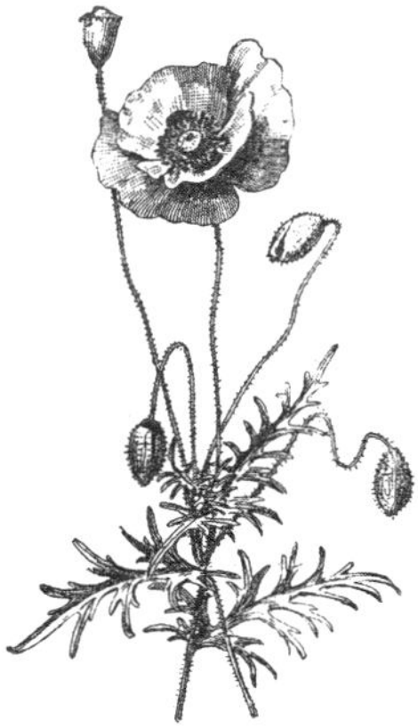

Papaver vient du celtique *papa,* « bouillie », l'habitude ancienne voulait que l'on mêlât le suc de cette plante à la bouillie des enfants pour les faire dormir ; *rhoeas* vient de *réo,* « je coule », « je tombe », à cause de la chute précoce des pétales.

NOMS COMMUNS : Pavot Coquelicot, Ponceau, Pavot des moissons, Pavot sauvage, Mahon, Chaudière d'enfer.

All. : *Klatschmohn.* Angl. : *Red Poppy.*
Esp. : *Amapola.* It. : *Papavero rosso.*

Le Coquelicot possède un glorieux passé, puisqu'il était considéré à l'époque de la Renaissance comme un remède spécifique de la pleurésie. Au XVII*e siècle il est le sudorifique par excellence, plus efficace encore que les médicaments de l'époque, à savoir : le sang de bouc ou le crottin de mule.*

DESCRIPTION

Le Coquelicot est une plante annuelle à racine pivotante, fibreuse, blanchâtre. La tige, de 50 à 70 centimètres est cylindrique, rameuse, dressée, fragile, couverte de poils rudes. Les feuilles, alternes, sont profondément divisées en segments étroits, allongés, aigus et dentés, velus, d'un vert plus ou moins foncé, parfois jaunâtres. Les fleurs, grandes, d'un beau rouge vif, solitaires à l'extrémité des rameaux, sont visibles de mai à septembre. Le fruit est une capsule ovoïde et conique qui renferme un grand nombre de petites graines brunâtres.

CULTURE ET RÉCOLTE

Originaire de la Méditerranée orientale, le Coquelicot préfère les sols calcaires, abondant surtout dans les moissons où il fait partie des mauvaises herbes.

Récoltez les pétales en prenant soin d'éliminer ceux qui sont plus clairs ou très petits. Faites-les sécher à l'ombre avec grand soin. Étalez-les en couches très minces sur un papier ou un grillage fin, dans un local sec, chaud et aéré. Au séchage, la fleur prend une couleur plus foncée, lie-de-vin.

USAGES

Béchique, adoucissant, sudorifique, le Coquelicot fait partie de la COMPOSITION DES ESPÈCES PECTORALES (page 347), formule destinée à calmer la toux, soulager les bronches des sujets les plus sensibles, puisqu'on peut l'utiliser sans inconvénient chez les personnes jeunes ou âgées.

Calmant, il procure un bon sommeil, apaise les toux nerveuses et sèches de la coqueluche.

Préparez une infusion en mettant une cuillerée à soupe de plante par tasse. Prenez-en deux ou trois tasses par jour.

CORIANDRE *Coriandrum sativum* **(Ombellifères)**

Coriandrum vient du grec *koris*, « punaise » ; *sativum*, « cultivé », la plante fraîche n'étant pas des plus agréables.

NOM COMMUN : Coriandre.

All. : *Coriander*. Angl. : *Coriander*.
Esp. : *Cilandro cultivato*. It. : *Coriandro*.

Originaire d'Europe méridionale, la Coriandre se répandit en Europe après la conquête des Romains. On la connaissait déjà en Chine et en Inde. L'espèce poussant en Inde donne des graines plus ovales, on les fait griller après les avoir pilées pour développer leur arôme.
C'est l'herbe des retours d'affection pour les sorciers d'Orient. L'huile aromatique que l'on en tire chez les Orientaux est un philtre d'amour extrêmement prisé.

DESCRIPTION

La Coriandre est une plante annuelle à racine fusiforme, fibreuse, blanchâtre, pivotante. Les tiges, de 50 centimètres à 1 mètre, sont cylindriques, légèrement striées, un peu noueuses, souvent rameuses. Les feuilles, alternes, pétiolées, sont largement divisées en filaments. Les fleurs, blanches, quelquefois légèrement rosées, sont disposées en ombelles terminales. Le fruit est rond, marqué de dix cottes longitudinales.

CULTURE ET RÉCOLTE

La Coriandre aime les sols calcaires et bien ensoleillés. La multiplication s'effectue par semis dès la maturité des fruits en août.

Récoltez en août, en coupant les ombelles le matin à la rosée. Faites-les sécher une journée au soleil, détachez-en ensuite les graines en battant légèrement. Faites-les à nouveau sécher dans un endroit sec et aéré pendant quelques jours.

USAGES

Carminative, la Coriandre facilite la digestion, lutte contre l'aérophagie, soulage les spasmes douloureux qui accompagnent souvent les flatulences.

Utilisée par les charcutiers, les liquoristes, les pâtissiers, elle fait partie de la composition de l'eau de mélisse des carmes.

Préparez-la en décoction pendant 2 minutes, à raison d'une cuillerée à café de plante par tasse. Prenez-en une tasse 1 heure après le repas.

CRESSON OFFICINAL *Nasturtium officinale* (Crucifères)

Nasturtium vient du latin *nasus*, « nez », et de *tortus*, « tordu », l'odeur piquante de la plante fait en effet froncer le nez.

NOMS COMMUNS : Cresson d'eau, Cresson des fontaines.

All. : *Kresse*. Angl. : *Water Cress*.
Esp. : *Berro de agua*. It. : *Crescione*.

Très riche en vitamines, il est le légume vert idéal.

DESCRIPTION

Le Cresson officinal est une plante vivace à racine blanche et fibreuse. Les tiges, de 30 à 40 centimètres, sont cylindriques, anguleuses, rampantes, étalées, redressées à l'extrémité des rameaux, souvent nageuses, émettant de loin en loin des racines adventives. Les feuilles, alternes, sont découpées en folioles arrondies, épaisses, les terminales sont plus grandes que les autres. Les fleurs, petites et blanches, sont disposées en grappes terminales.

CULTURE ET RÉCOLTE

Le Cresson est assez répandu en Europe, il habite surtout les eaux courantes. Il se multiplie abondamment en coupant les tiges rampantes, chaque fragment peut constituer un nouveau pied. On sème également les graines au printemps sur le bord des eaux courantes. Récoltez les feuilles et les tiges aériennes juste avant la floraison, séchez-les dans des endroits secs et aérés.

USAGES

Le Cresson séché ayant beaucoup perdu de ses propriétés, faites-en usage frais seulement. Très riches en vitamines, minéraux, il est un légume conseillé aux personnes fatiguées, lymphatiques, manquant de dynamisme, aux diabétiques à qui il fait baisser le taux de sucre.

Facilitant l'expectoration, calmant la toux, il est également utilisé contre les dermatoses, l'herpès, en cataplasmes pour soulager les œdèmes. Son jus est appliqué en frictions sur le cuir chevelu pour fortifier les cheveux, éliminer les pellicules.

Mâcher ses feuilles fortifie et raffermit les gencives. Ses vertus diurétiques le recommandent pour éliminer les calculs et décongestionner la vessie.

CUMIN *Cuminum cyminum* (Ombellifères)

Cuminum est le nom ancien désignant cette plante ; *cyminum* est une altération de *cuminum.*

NOMS COMMUNS : Faux Anis, Faux Aneth.

All. : *Kreuzkummel.* Angl. : *Cumin.* Esp. : *Comino.* It. : *Cumino.*

En Pologne, on pratique encore dans les maisons la protection du Cumin. Il suffisait de mêler des graines à du gros sel et d'épandre le mélange sur le seuil de la porte et devant chaque fenêtre pour empêcher d'entrer tous les mauvais sortilèges. Le jardinier qui veut obtenir dans son jardin des pieds de Cumin grands et vigoureux se doit au moment du semis de prononcer à haute voix les injures les plus fortes et les blasphèmes les plus orduriers. Essayez, du moins cela réjouira-t-il votre voisin !

DESCRIPTION

Le Cumin est une plante annuelle à racines grêles, fibreuses, peu ramifiées. La tige, de 50 centimètres environ, dressée, rameuse, porte des feuilles alternes, pétiolées, composées de segments ovales, découpées en lanières lancéolées étroites. Les fleurs, blanchâtres, visibles en juin, groupées en ombelles terminales, sont composées d'un petit nombre de rayons. Le fruit est allongé, strié, un peu pointu.

CULTURE ET RÉCOLTE

Originaire d'Orient, le Cumin se plaît dans les lieux secs et exposés au soleil. Multipliez-le en faisant des semis au printemps, éclaircissez en éliminant les plus petites plantes. Récoltez les graines à leur maturité en septembre, octobre. Coupez les tiges, laissez-les sécher au soleil deux ou trois jours, battez-les pour détacher les graines. Continuez à les laisser sécher dans des endroits secs et aérés.

USAGES

Digestif, carminatif, le Cumin fait partie, comme l'Anis, la Coriandre, le Fenouil, des semences « chaudes » agissant sur l'aérophagie, les coliques venteuses, les digestions lentes et difficiles en général.

Comme le Carvi, on l'ajoute à certains fromages.

Préparez-le en décoction pendant 2 minutes, en mettant une cuillerée à café de plante par tasse. Prenez-en une tasse 15 minutes avant les repas ou 1 heure après.

CURCUMA *Curcuma longa* (Amonées)

NOMS COMMUNS : Souchet, Safran des Indes, Safran bâtard, Racine de safran.

All. : *Kurkume.* Angl. : *Turmeric.*
Esp. : *Curcuma.* It. : *Curcuma.*

Dans le Pacifique, certaines ethnies attribuent au Curcuma des propriétés magiques pour chasser les mauvais esprits. Pour les Birmans, l'Univers est sorti de cette plante. En Inde, on s'en teint le corps et on saupoudre les lieux sacrés de racines de Curcuma pilées.

DESCRIPTION

Le Curcuma est une plante vivace à rhizome tubéreux, noueux, cadé, blanchâtre, émettant des racines fibreuses dessous, des feuilles lancéolées, engainantes dessus. Au centre des faisceaux de feuilles, naissent des hampes épaisses portant des épis floraux.

CULTURE ET RÉCOLTE

Originaire de l'Inde, on le trouve en Chine, au Viêt-nam, aux Antilles, en Amérique centrale. Il se multiplie à l'aide de tronçons de rhizomes munis de bourgeons. On ramasse les racines à l'entrée de l'hiver, qui sont de gros bulbes jaunes à l'intérieur. La qualité du Curcuma du Bengale est la plus estimée.

USAGES

Employé comme épice ou comme plante colorante, le Curcuma excite la digestion, stimule le foie et la vésicule biliaire. Préparez-le en décoction pendant 5 minutes en mettant une cuillerée à café de plante par tasse. Prenez-en une tasse avant les repas. Il est le composant essentiel de la poudre de curry.

POUDRE DE CURRY

Poudre de racines de curcuma	3 cuillerées à soupe
Poudre de racines de gingembre	1 cuillerée à soupe
Poudre de graines de fenugrec	1 cuillerée à soupe
Poudre de graines de cumin	1 cuillerée à soupe
Poudre de piment de Cayenne	1 cuillerée à soupe

Mélangez les poudres. Conservez le curry à l'abri de la lumière.

CYNOGLOSSE OFFICINALE *Cynoglossum officinale* (Borraginacées)

Cynoglossum a pour origine les mots grecs *kunos,* « chien », et *glotta,* « langue ». La forme des feuilles rappelle la langue du chien.

NOMS COMMUNS : Langue de chien, Herbe d'antal.

All. : *Hundzunge.* Angl. : *Dog's Tongue.*
Esp. : *Cinoglosa.* It. : *Cinoglossa.*

DESCRIPTION

La Cynoglosse est une plante bisannuelle à racine pivotante, grosse, longue et rameuse, brune en dehors, blanche dedans. La tige, de 50 à 80 centimètres est cylindrique, striée, velue, dressée, très rameuse. Elle porte des feuilles alternes, ovales, lancéolées, aiguës, entières, molles et velues, vert grisâtre. Les fleurs, visibles de mai à août, rouge lie-de-vin, sont groupées au sommet des rameaux en une courte grappe retombante. Le fruit est aplati, hérissé de poils rudes et blanchâtres.

CULTURE ET RÉCOLTE

La Cynoglosse est commune dans toute l'Europe, elle préfère les lieux secs calcaires, les haies, les friches, elle ne pousse pas sur les montagnes. Sa multiplication se fait par semis des graines à l'automne, en pleine terre, et éclaircissage au printemps.

Récoltez les racines à l'entrée de l'hiver, la deuxième année de la plantation. Arrachez-les, lavez-les en éliminant les plus petites, coupez-les et faites-les sécher dans des endroits secs et aérés.

USAGES

Béchique et adoucissante, la Cynoglosse calme les toux sèches et nerveuses.

Parfait calmant et sédatif, elle procure un bon sommeil.

Préparez-la en décoction pendant 5 minutes, à raison d'une cuillerée à soupe de racines coupées par tasse. Prenez-en une tasse le soir au coucher.

CYPRÈS *Cupressus sempervirens* (Cupressacées)

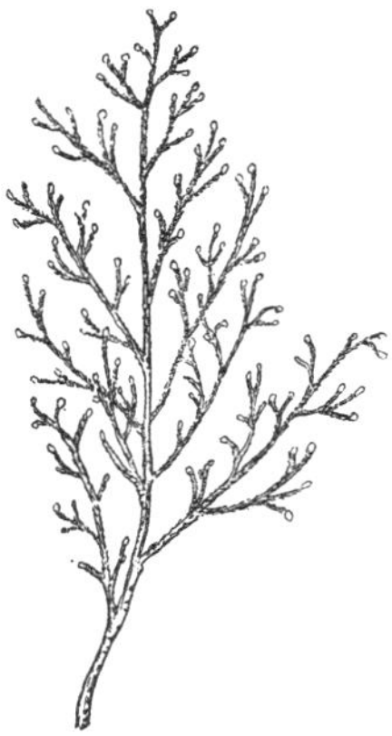

Cupressus vient de Cuparissos, le nom du jeune Grec qui fut changé en cette plante par Apollon ; *sempervirens*, la plante est toujours verte.

NOMS COMMUNS : Cyprès pyramidal, Cyprès toujours vert, Cyprès d'Italie, Cyprès femelle.

All. : *Immergrüne Cypresse.* Angl. : *Evergreen Cypress.* Esp. : *Cipres común.* It. : *Cipresso.*

Symbole de la douleur, le Cyprès est l'arbre des cimetières. C'est dans le bois de la troisième branche ne partant pas du sol d'un Cyprès bien établi que les guérisseurs iraniens taillent ce qu'ils appellent une canne de guérison, qui protège également des voleurs. En Provence, lors de la construction d'un mas, il était d'usage de planter deux Cyprès devant la maison pour pouvoir, une centaine d'années plus tard, changer la poutre maîtresse... et on en plantait deux si, par malheur, l'un d'eux n'avait pas poussé droit !

DESCRIPTION

Le Cyprès est un arbre de 15 à 20 mètres de hauteur, aux branches dressées, très rapprochées, formant une cime conique. Les rameaux sont couverts de petites feuilles opposées, qui ressemblent à une accumulation d'écailles. Les fleurs, unisexuées, sont des chatons qui donnent un fruit conique et globuleux.

CULTURE ET RÉCOLTE

Le Cyprès est d'origine asiatique, on le trouve également en Grèce et de façon très courante dans le midi de la France. Le Cyprès aime les sols légers et chauds. Semez les graines dans des pots au printemps. Repiquez les plants l'année suivante en pleine terre. Récoltez les cônes, ou noix de Cyprès, lorsqu'ils sont encore verts et charnus, faites-les sécher dans des endroits secs et aérés. Le bois et les feuilles ou les rameaux sont récoltés toute l'année.

USAGES

Vasoconstricteur, le Cyprès est la plante du système veineux par excellence. Il soulage les jambes lourdes, les varices, fait diminuer les hémorroïdes, régularise les règles trop abondantes.

Riche en tanin, on l'utilise contre la diarrhée, les incontinences d'urine, les troubles de la prostate.

Préparez-le en décoction pendant 2 minutes à raison d'une cuillerée à café de baies concassées par tasse.

Prenez-en deux ou trois tasses par jour.

DICTAME DE CRÈTE *Amaracus dictamnus* (Labiées)

Amaracus est le nom de la Marjolaine en ancien grec ; *dictamnus* est le nom d'une plante aromatique, en grec *diktamnos,* poussant particulièrement sur le mont Dicte.

NOMS COMMUNS : Faux Origan, Origan dictamne.

All. : *Diptamdosten.* Angl. : *Dittany of Crete.*
Esp. : *Dictamo cretico.* It. : *Dittamo di Creta.*

Vénus, sur le mont Ida, pansa la blessure d'Énée avec le Dictame.

DESCRIPTION

Le Dictame est une plante vivace de 30 à 40 centimètres, à tige rougeâtre. Les feuilles, rondes, presque sessiles, sont vert clair et très cotonneuses. Les fleurs, visibles en juin, juillet, sont petites et groupées en épis terminaux retombants.

CULTURE ET RÉCOLTE

Le Dictame, spécifique à la Grèce, aime les sols chauds et secs, il craint les gelées. On le multiplie par les graines, ou par boutures, au printemps.

Récoltez les feuilles tout l'été, faites-les sécher dans des endroits secs et aérés.

USAGES

Stimulant de la digestion, le Dictame favorise la venue des règles, excite, donne du tonus.

Préparez-le en décoction pendant 2 minutes en mettant une cuillerée à soupe de feuilles par tasse.

Prenez-en plusieurs tasses par jour si nécessaire.

DROSERA *Drosera rotundifolia* (Droséracées)

Drosera vient du grec *droseros*, « rosée » ; *rotundifolia* du latin *rotundus*, « rond ».

NOMS COMMUNS : Rossolis, Drosère, Rosée du soleil, Herbe à la rosée, Herbe à la goutte, Rosette, Oreille du diable, Tue-mouche.

All. : *Rundblattriger Sommentan.* Angl. : *Round leaved Sundew.* Esp. : *Rocio del sol.* It. : *Drosera.*

DESCRIPTION

Le Drosera est une plante vivace, à racines fibreuses et capillaires. La souche porte des feuilles rondes, étalées sur le sol, et groupées en rosette. Le pétiole est long, rougeâtre, velu, il se termine par un limbe arrondi, couvert en dessus et sur les bords de poils glanduleux, visqueux, rougis, dont l'extrémité ressemble à une goutte de rosée persistante. Au centre de cette rosette de feuilles s'élèvent une ou plusieurs tiges de 10 à 20 centimètres, qui portent au sommet des petites fleurs blanches réunies en grappes unilatérales. Le fruit est une capsule qui renferme de nombreuses graines allongées. Le Drosera est une plante carnivore capable de capturer les insectes avec ses feuilles gluantes et visqueuses et de les digérer.

CULTURE ET RÉCOLTE

Le Drosera habite les régions tempérées d'Europe, il préfère les marais tourbeux et les prairies humides, il peut pousser jusqu'à 2 000 mètres d'altitude.

On le propage par les bourgeons situés sur la racine souterraine.

La plante se récolte en pleine floraison l'été, elle est séchée dans des endroits secs et aérés.

USAGES

Le Drosera est avant tout une excellente médication pour guérir les bronchites, calmer les toux spasmodiques, surtout en cas de coqueluche, et contribuer à l'équilibre en luttant contre les angoisses et l'insomnie.

Préparez-le en décoction pendant 2 minutes, seul ou mélangé à d'autres plantes (RECETTE TOUX, page 443), à raison d'une cuillerée à soupe de plantes coupées par tasse. Prenez-en deux ou trois tasses par jour.

ÉGLANTIER *Rosa canina* (Rosacées)

Rosa vient du grec *rhodon*, « rose » ; *canina*, « chien ». Le rosier des chiens.

NOMS COMMUNS : Rosier des chiens, Agulancier, Rose sauvage, Rose des haies, Cynorrhodon.

All. : *Hundsrose*. Angl. : *Dog Rose*.
Esp. : *Agavanzo*. It. : *Rosa canina*.

Un vieux remède populaire contre la rage consiste à faire manger à jeun à la personne mordue une omelette contenant 60 grammes de racines d'Églantier rapées. D'où le nom Rosier des chiens. Les poils contenus dans le cynorrhodon sont utilisés comme poils à gratter.

DESCRIPTION

L'Églantier est un arbre buissonnant à tiges diffuses et rameuses munies d'aiguillons recourbés. Les feuilles, alternes, pétiolées, se composent de cinq ou sept folioles ovales, arrondies, fortement dentées en lame de scie. Les fleurs sont grandes, en principe roses, rarement blanches, groupées par cinq ou six en corymbes terminaux. Le fruit, un genre de cerise ovale et charnue – nommée cynorrhodon –, est formé par le calice persistant.

CULTURE ET RÉCOLTE

L'Églantier est commun en Europe dans les haies, les broussailles, les terres incultes, il est utilisé par le pépiniériste pour greffer les rosiers. Pour l'usage en herboristerie, l'Églantier sauvage suffit aux besoins. On le multiplie par les graines, boutures, drageons ou éclats de la souche.

La récolte des cynorrhodons se fait à l'automne ou, mieux, dès la première gelée matinale. Utilisez-les tout de suite pour les confitures, laissez-les sécher dans des endroits aérés pour l'utilisation en tisane tout au long de l'année. Concassez-les après un séchage correct. Pour faire simplement des boissons agréables, séparez l'enveloppe rouge brunâtre des autres parties.

USAGES

Astringent, le cynorrhodon concassé combat l'entérite et les diarrhées.

Pour le plaisir, l'enveloppe de cynorrhodon fait une tisane aigrelette, acidulée, agréable chaude ou froide, été comme hiver. Faites une CONSERVE avec les baies de cynorrhodons à l'automne ; agréablement acidulée, elle flattera bien des palais (page 336). Préparez-les en décoction pendant 5 minutes, à raison d'une cuillerée à café par tasse. Prenez-en deux ou trois tasses par jour.

ÉLEUTHÉROCOQUE *Eleutherococcus senticoccus* (Araliacées)

NOM COMMUN : Ginseng de Sibérie.

All. : *Taigawurzel-teufelsstrauch.* Angl. : *Eleuterococcus.*

Il constitue, comme le Ginseng de Corée, cette magie qui donne de l'énergie aux organismes les plus fatigués.

DESCRIPTION

Ressemblant à un buisson, l'Éleuthérocoque est originaire de Sibérie, où il en existe d'immenses réserves.

CULTURE ET RÉCOLTE

On récolte la racine d'Éleuthérocoque à l'automne. Lavée, coupée, elle est mise à sécher dans des endroits secs et aérées.

USAGES

Comme le Ginseng, l'Éleuthérocoque favorise l'adaptation de l'organisme aux agressions extérieures, ainsi que l'effort physique et la récupération. C'est la plante antistress par excellence, elle permet l'équilibre physique et psychique. De plus ses propriétés aphrodisiaques sont précieuses pour les jeux de l'amour.

Régénérant des cellules, c'est la plante spécifique du troisième âge et des personnes fatiguées.

Faites une décoction pendant 5 minutes en mettant une cuillerée à soupe de plante par tasse. Prenez-en deux ou trois tasses par jour.

ÉPILOBE *Epilobium parviflorum* (Onagracées)

NOMS COMMUNS : Épilobe à petites fleurs,
Herbe de saint Antoine, Osier aux petites fleurs.

All. . : *Waldroschen.* Angl. : *Willow Herb.* It. : *Epilobioa spigho.*

Maria Treben, herboriste autrichienne, en a fait une panacée pour lutter contre les troubles de la prostate.

DESCRIPTION
La variété d'Épilobe que l'on récolte est reconnaissable à ses petites fleurs de couleur rose pâle ou rougeâtre.

CULTURE ET RÉCOLTE
On trouve facilement l'Épilobe en Europe, plus particulièrement, pour la France, dans les Alpes.

USAGES
L'Épilobe contient un mucilage, d'où son usage comme émollient et astringent, à la fois dans les cas de diarrhée et d'affection des voies respiratoires. On en fait des gargarismes pour soulager les inflammations de la bouche et de la gorge. C'est surtout pour son efficacité remarquable contre l'adénome de la prostate et la prostatite que l'on en fait usage.

Préparez-le en décoction pendant 2 minutes suivie d'une infusion durant 10 minutes en en mettant une cuillerée à soupe par tasse.

Prenez-en deux ou trois tasses par jour pendant 3 semaines en cure d'attaque ; une dizaine de jours par mois en cure d'entretien.

ÉRYSIMUM *Erysimum officinale, Sisymbrium officinale* (Cruciféracées)

NOMS COMMUNS : Herbe aux chantres, Vélar, Tortelle, Julienne jaune, Moutarde des haies.

All. : *Wegesenf.* Angl. : *Hedge Mustard.*
Esp. : *Erisimo officinal.* It. : *Erba cornacchia.*

DESCRIPTION

L'Érysimum est une plante annuelle dont la tige, de 50 centimètres à 1 mètre, porte des rameaux très étalés vert blanchâtre et velus. Les feuilles, alternes, pétiolées, sont profondément divisées en lobes très inégaux. Les fleurs, visibles de mai à septembre, sont jaunes, très petites et disposées en grappes terminales très allongées. Le fruit est linéaire, un peu bosselé, surmonté d'une pointe très courte.

CULTURE ET RÉCOLTE

Commun en Europe, on le trouve sur les bords des chemins, les endroits incultes et pierreux. Multipliez-le par les graines, en semis dès leur maturité, sous serre ou en pleine terre. Repiquez ou éclaircissez les plants dès le printemps.

Récoltez les plantes durant tout l'été. Réunissez-les en bouquets, suspendez-les, faites-les sécher dans des endroits secs et aérés.

USAGES

Stimulant, tonique, l'Érysimum calme les spasmes dans les cas de calculs biliaires.

Son emploi spécifique contre l'enrouement, l'extinction des voix, les affections de la gorge et de l'arrière-gorge est bien connu des chanteurs et des gens de théâtre. Ils ont tous leur petite recette. Exemple : décoction d'Érysimum, miel et vinaigre de cidre, à faire en gargarisme.

Préparez-le en décoction pendant 2 minutes en mettant une cuillerée à soupe de plante par tasse. Plusieurs fois par jour, faites des gargarismes, que vous pouvez avaler ensuite.

ESCHSCHOLTZIA *Eschscholtzia californiaca* (Papavaracées)

Semblable à la Salsepareille, on l'appelle aussi Laurier de saint Antoine.

All. : *Eschscholtzie.* Angl. : *Eschscholtzia.*

D'origine française, c'est une nouvelle plante de l'herboristerie.

USAGES

L'Eschscholtzia possède des propriétés antispamodiques, calmantes et analgésiques.

On en fait usage pour calmer, détendre, combattre le stress, les angoisses. Son précieux avantage de soulager les douleurs la fait utiliser dans les préparations contre les migraines ou diverses algies : rhumatismes, arthrite, arthrose.

Préparez-la en décoction pendant 2 minutes suivie d'une infusion durant 10 minutes. Prenez-en une ou deux tasses le soir.

COMPOSITION ANTIMIGRAINES

Buvez-en une ou plusieurs tasses par jour en fonction de la douleur.

Plante de calament	20 g
Fleurs de lavande	20 g
Feuilles de marjolaine	20 g
Feuilles de menthe	20 g
Plante d'eschscholtzia	80 g

Mettez une cuillerée à soupe de plantes par tasse, faites bouillir pendant 2 ou 3 minutes, laissez infuser durant 10 minutes.

EUCALYPTUS *Eucalyptus globulus* (Myrtacées)

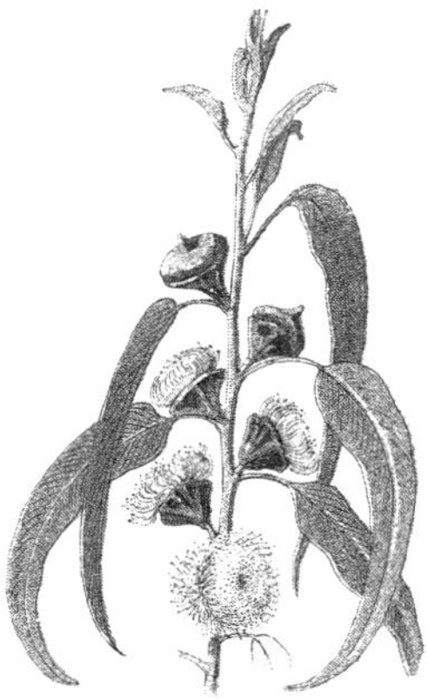

Eucalyptus a pour origine les mots grecs *eu*, « bien », et *kaluptos*, « couvert » ; *globulus*, car la fleur est globuleuse et couverte par un opercule.

NOMS COMMUNS : Arbre à la fièvre, Gommier bleu de Tasmanie.

All. : *Fieberbaum*. Angl. : *Fever Tree*. Esp. : *Eucalipto*. It. : *Eucalitto*.

Sa croissance rapide, son odeur aromatique qui éloigne les insectes, son pouvoir absorbant de l'humidité, l'ont fait introduire au XIX*e* *siècle dans la région méditerranéenne pour assainir les étendues marécageuses. Lorsque les premiers explorateurs blancs arrivèrent en vue des côtes de l'Australie, les immenses forêts d'Eucalyptus qu'ils découvrirent leur firent baptiser ce nouveau pays « le pays des brouillards bleus ».*

DESCRIPTION

L'Eucalyptus est un très bel arbre de 30 à 35 mètres, au tronc droit, lisse, grisâtre, qui porte des rameaux dressés également. Les jeunes rameaux portent des feuilles opposées, sessiles, ovales, les rameaux plus âgés des feuilles alternes, pétiolées, étroites, allongées, pointues, aux deux faces semblables. Les fleurs, visibles au printemps, naissent à l'aisselle des feuilles, le calice a la forme d'une toupie bosselée dont la partie large est couverte par un opercule qui se détache au moment de la floraison laissant apparaître de nombreuses étamines. Le fruit est la capsule anguleuse du calice, il renferme deux types de graines.

CULTURE ET RÉCOLTE

L'Eucalyptus globulus, originaire d'Australie et de Tasmanie, est bien acclimaté au sud de la France et dans les régions tempérées chaudes. Il ne supporte pas les températures au-dessous de + 4 °C.

Sa multiplication se pratique par semis des graines à l'automne, dans des godets, sous serre. Repiquez les plants au printemps.

Récoltez les feuilles durant tout l'été, en choisissant les plus allongées et étroites, portées par les branches plus âgées.

Faites-les sécher à l'ombre dans des locaux aérés.

USAGES

Les feuilles d'Eucalyptus sont toniques, astringentes, balsamiques, antiparasitaires, fébrifuges.

Utilisez l'Eucalyptus contre la fièvre, la grippe, toutes les affections des bronches, de la gorge, des sinus. Tonique, il est le bienvenu pour redonner de l'énergie, surtout en période fébrile et grippale.

Il est employé comme vermifuge et pour faire baisser le taux de sucre dans les urines.

Fumées en cigarette, les feuilles sont un bon remède contre l'asthme. Antiseptique, vous pouvez les faire brûler ou les faire bouillir pour désinfecter l'atmosphère d'une maison.

Préparez-les en décoction pendant 3 minutes en mettant deux ou trois feuilles par tasse. Prenez-en suivant le cas deux à quatre tasses par jour.

ESSENCE D'EUCALYPTUS COMPOSÉE

Un composé d'essences antiseptiques pour dégager les bronches et les sinus en inhalation, pour désinfecter l'atmosphère l'hiver en en versant quelques gouttes dans les radiateurs, les humidificateurs ou simplement dans une coupelle.

Essence d'eucalyptus	20 ml
Essence de genièvre	10 ml
Essence de cajeput	10 ml
Essence de pin	10 ml
Essence de thym	10 ml

Mélangez les essences, conservez-les dans des flacons.

EUPHRAISE *Euphrasia rostkowiana* (Scrofulariacées)

Euphrasia signifie « joie », « gaieté », l'allégresse éclate chez celui qui utilise l'Euphraise ; *rostkowiana* vient du nom d'un médecin allemand du XVIIIe siècle.

NOMS COMMUNS : Casse-lunettes, Herbe aux myopes, Luminet, Délice des yeux.

All. : *Augentrost.* Angl. : *Euphrasy.*
Esp. : *Eufrasia.* It. : *Euphrasia.*

C'est une plante parasite de diverses espèces dont elle se nourrit par l'intermédiaire de ses racines.

DESCRIPTION

L'Euphraise est une plante annuelle de 20 à 30 centimètres à tige dressée, cylindrique, rameuse à partir de la base. Les feuilles, sessiles, ovales, dentées, sont d'un vert très gai. Les fleurs, visibles d'avril à octobre, blanches, veinées de violet, sont disposées à l'aisselle des feuilles supérieures. Le fruit est une capsule ovoïde contenant de nombreuses petites graines fusiformes.

CULTURE ET RÉCOLTE

L'Euphraise se trouve facilement en Europe, elle préfère les prairies, les pelouses sèches, les bords des bois. Il s'agit d'une plante parasite dont la culture est très difficile, elle peut toutefois être multipliée par les graines dans un terrain contenant des supports.

La récolte se fait au tout début de la floraison. Réunissez les tiges en bouquets, faites-les sécher dans des endroits secs et aérés.

USAGES

Anti-inflammatoire, une décoction d'Euphraise dans de l'eau salée décongestionne les sinus, calme l'inflammation dans les cas de rhume des foins, sinusite, coryza, combat la « goutte au nez ».

C'est pour les yeux que l'Euphraise est la plus réputée, on en fait des bains ou des compresses contre les larmoiements, les conjonctivites, les orgelets, la blépharite, toutes les affections de l'œil en général.

Préparez-la en décoction pendant 3 minutes en mettant une cuillerée à soupe de plantes coupées par tasse, puis filtrez. À l'aide d'une œillère, faites des bains d'yeux plusieurs fois par jour. Pour le nez, versez une dizaine de gouttes dans chaque narine, plusieurs fois par jour.

FENOUIL *Foeniculum dulce* (Ombellifères)

Foeniculum vient de *fenum*, « foin », à cause de ses feuilles très fines et aromatiques.

NOMS COMMUNS : Fenouil doux, Fenouil commun, Fenouil des vignes, Aneth doux.

All. : *Fenchel.* Angl. : *Fennel.*
Esp. : *Hinojo.* It. : *Finocchio.*

Lorsque Romulus gagna sa guerre contre les Sabins, il fit construire près de Rome un temple qu'il voulut entourer de champs de Fenouil. Il est vrai que le Fenouil a toujours une action bénéfique ; il suffit, paraît-il, de glisser une feuille fraîche de cette herbe dans sa chaussure gauche pour être assuré de traverser un champ herbeux sans se faire piquer ni dévorer par les insectes.

DESCRIPTION

Le Fenouil est une plante bisannuelle ou vivace à racine fusiforme allongée, de la grosseur d'un doigt, ronde et blanchâtre. La tige, qui peut atteindre 2 mètres, est cylindrique, ronde, quelquefois légèrement aplatie, un peu striée, rameuse, jolie, d'un vert gai. Elle porte des feuilles alternes très grandes, à pétiole largement embrassant, découpées d'un grand nombre de segments très fins. Les fleurs, jaunes et petites, visibles de juin à septembre, sont disposées en ombelles à l'extrémité des tiges. Elles donnent des fruits oblongs, à cottes saillantes et égales.

CULTURE ET RÉCOLTE

Le Fenouil est courant dans les régions chaudes et tempérées d'Europe, il préfère les sols calcaires et secs.

On le propage par les graines que l'on sème en pleine terre dès leur maturité en octobre. Il se resème ensuite de lui-même.

Récoltez les racines en septembre dès la première année, lavez-les et coupez-les, faites-les sécher dans des endroits secs et abrités.

Coupez feuilles et tiges d'avril à juin, réunissez-les en bouquets, faites-les sécher à l'ombre. Ramassez les graines au fur et à mesure de leur maturité. Coupez les tiges, faites-les sécher au soleil, battez-les pour séparer les graines, faites-les de nouveau sécher à l'ombre.

USAGES

Carminative, la graine de Fenouil réussit bien dans les cas de digestion lente et difficile, d'aérophagie, comme antispasmodique chez les hépatiques, et pour calmer les coliques des nourrissons.

On en fait usage en bains d'yeux pour soulager la conjonctivite.

Le Fenouil entre dans la COMPOSITION DES ESPÈCES CARMINATIVES chaudes avec l'Anis, le Cumin, le Carvi (page 345), dans la POUDRE DE RÉGLISSE COMPOSÉE (page 361).

La racine agit mieux comme diurétique, en complément d'un régime amincissant contre la cellulite, ou pour combattre arthrite et rhumatismes ; elle fait partie du SIROP DES CINQ RACINES (page 365).

Préparez les semences en décoction pendant 2 minutes, à raison d'une cuillerée à café par tasse. Prenez-en une tasse 15 minutes avant les repas ou 1 heure après.

Pour les nourrissons, quatre ou cinq graines dans cinq cuillerées à soupe d'eau bouillante suffisent, laissez-les infuser pendant 10 minutes. Faites-en prendre plusieurs fois par jour si nécessaire dès le plus jeune âge.

Pour préparer les racines, faites une décoction pendant 5 minutes en en mettant une cuillerée à soupe par tasse ou quatre par litre. Buvez-en à volonté dans la journée.

Diverses variétés ont un usage agréable. Le Fenouil de Florence est tout simplement la partie renflée au ras du sol que l'on consomme crue ou cuite pour la délicatesse de son parfum.

Le Fenouil marin, que l'on trouve en abondance sur les bords de mer et particulièrement ceux de l'Atlantique, est très estimé et utilisé comme condiment, macéré dans du vinaigre.

FENUGREC *Trigonella foenum graecum* (Papilionacées)

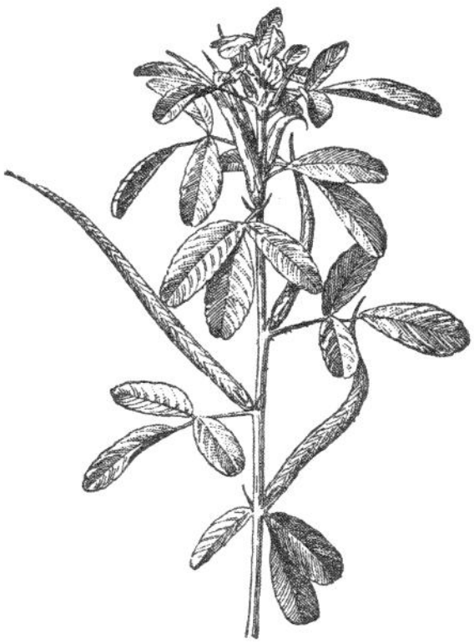

Trigonella vient du grec *trigônos*, « triangulaire », sûrement à cause de la forme de la corolle ; *foenum* venant de *fenum*, « foin », et *graecum*, « grec ».

NOMS COMMUNS : Trigonelle, Sénégrain, Foin grec.

All. : *Bockshornklee*. Angl. : *Fenugreek*.
Esp. : *Fenogreco*. It. : *Fieno-greco*.

En Orient, le Fenugrec entrait dans l'alimentation des femmes pour leur donner une beauté plantureuse.

DESCRIPTION

La Fenugrec est une plante annuelle à racine grêle très rameuse. La tige, de 20 à 50 centimètres, est striée, dressée, souvent simple, presque creuse. Elle porte des feuilles alternes à pétiole court composées de trois folioles ovales et dentées. Les fleurs, blanchâtres, visibles d'avril à juin, sont seules ou groupées par deux à l'extrémité des tiges. Le fruit est une gousse très longue qui renferme une douzaine de graines un peu comprimées, bosselées et brunâtres.

CULTURE ET RÉCOLTE

Le Fenugrec est visible dans les régions méridionales de l'Europe, il ne pousse pas à haute altitude.

Pour sa culture, choisissez une terre légère, chaude, et une bonne exposition. Faites des semis en ligne à l'automne ou au printemps, dès l'apparition des premières feuilles, éclaircissez. Récoltez les gousses à maturité, battez-les pour récolter les graines, qui doivent être grosses, jaune foncé, très odorantes.

USAGES

Les graines de Fenugrec stimulent l'appétit, luttent contre l'anémie, la fatigue, le lymphatisme, et font baisser le diabète sucré.

En bains de bouche et compresses, on l'utilise contre les aphtes et les gerçures des lèvres.

Mais l'usage le plus important est son action pour faire grossir, qui donne un aspect plantureux à la silhouette. En application externe, le Fenugrec est adoucissant et émollient ; paradoxalement, on en fait des cataplasmes pour lutter contre la cellulite, résoudre les abcès, les panaris, les furoncles. Préparez-le en décoction pendant 5 minutes, à raison d'une cuillerée à café de plante par tasse. Prenez-en deux ou trois tasses par jour.

FICAIRE *Ficaria ranunculoide* (Renonculacées)

Ficaria vient de *fic* ou *ficus*, voulant dire « figue », d'après la forme des racines ; *ranunculoide*, à cause de sa ressemblance avec la Renoncule.

NOMS COMMUNS : Petite Éclaire, Petite Chélidoine, Herbe aux hémorroïdes, Herbe au fic, Bouton d'or, Grenouillette.

All. : *Feigwarz.* Angl. : *Ficary Pole-wort.*
Esp. : *Ficaria.* It. : *Ficaria.*

Les anciens, à la campagne, avaient pour habitude d'avoir des racines fraîches de Ficaire dans leurs poches pour soulager les hémorroïdes.

DESCRIPTION

La Ficaire est une plante vivace à racines fibreuses, granuleuses, qui présentent des tubercules ovoïdes et charnus. La souche, très courte, donne naissance à plusieurs tiges, hautes de 20 centimètres environ, couchées ou montantes, groupées en touffe. Les feuilles, alternes, à pétiole élargi et engainant à la base, sont en forme de cœur, crénelées, épaisses, d'un joli vert foncé dessus, plus claires dessous. Les fleurs, étoilées, solitaires, visibles dès le mois de mars, d'un beau jaune d'or vif, sont situées à l'extrémité de la tige. Le fruit est composé de nombreux akènes obtus.

CULTURE ET RÉCOLTE

On rencontre la Ficaire dans toute l'Europe, elle préfère les lieux humides, couverts et ombragés, et pousse rarement au-delà de 1 600 mètres d'altitude.

Sa multiplication s'effectue par les graines, qui ont du mal à germer, mais plus facilement par éclat des souches.

Récoltez la plante à sa pleine maturité, réunissez-la en bouquets, faites-les sécher à l'ombre.

La racine perd ses propriétés au séchage, de plus elle est toxique, donc délicate à employer. Utilisez la plante séchée, vous en serez largement satisfait.

USAGES

La Ficaire est la plante spécifique contre les hémorroïdes.

Préparez-la en décoction pendant 2 minutes en mettant une cuillerée à soupe de plante par tasse. Prenez-en deux ou trois tasses par jour.

FOUGÈRE MÂLE *Dryopteris filix-mas* (Polypodiacées)

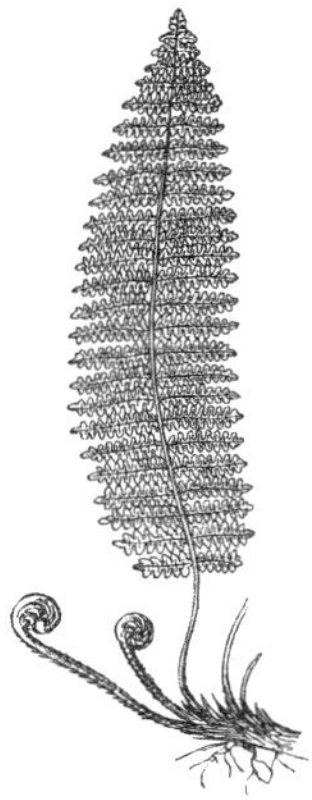

Dryopteris vient du grec *druy, druos,* « arbre » et *pteris,* « fougère » ; *filix-mas* du latin *filix,* « fougère », et *mas,* « mâle ».

NOM COMMUN : Fougère mâle.

All. : *Wurmfarn.* Angl. : *Male fern.*
Esp. : *Helecho macho.* It. : *Flece maschio.*

Si vous regardez les feuilles par en dessous au cours d'une promenade dans les bois, vous constaterez la formation de deux rangées de cœurs marron et comprimés, qui contiennent les spores, organes de la fécondité. Voici une des herbes précieuses pour les jardiniers lorsqu'ils décident d'acheter un terrain. Si celui-ci est envahi de Fougères, il ne donnera rien de bon. En revanche, s'il s'y trouve des ronces, c'est une promesse de fertilité. Une racine de Fougère placée sous l'oreiller provoque des rêves et des visions.

DESCRIPTION

La Fougère mâle est une plante herbacée à tige souterraine très vascularisée. Les feuilles, partant de la souche, forment de grandes touffes vertes de 50 centimètres à 1,50 mètre, elles sont enroulées lorsqu'elles sont jeunes. Le pétiole, robuste, est prolongé par la feuille, lancéolée et dentée. Les sporanges, alignés par rangées de deux sous les feuilles, ont la forme d'un cœur comprimé. La Fougère ne produit pas de fleurs.

CULTURE ET RÉCOLTE

Très commune dans les bois humides, les endroits couverts, la Fougère aime bien les terres argilo-siliceuses.

Les spores, placés sous les feuilles, sont les organes de la reproduction, on les met à l'automne sur une couche chaude de légère terre de bruyère, on les conserve en châssis. Au printemps, on repique en place les jeunes plants.

Récoltez les feuilles à leur plein épanouissement. Pour la racine, choisissez le mois de septembre, qui est la période où elle contient le plus d'éléments. Lavez-la, coupez-la et laissez-la sécher dans des endroits secs et aérés.

USAGES

La Fougère mâle est le meilleur des tænifuges, elle est contre-indiquée malgré tout aux hépatiques et aux cardiaques.

Préparez-la en décoction pendant 5 minutes en mettant une cuillerée à soupe de plante par tasse. Prenez-en une tasse le soir après avoir passé une journée à la diète ou n'avoir consommé que des laitages. Le lendemain, prenez une purge, une tasse de décoction de Bourdaine par exemple.

Avec les feuilles, on fait des coussins ou des matelas pour les enfants anémiés, énurétiques, ou pour les rhumatisants.

FRAISIER *Fragaria vesca* (Rosacées)

Le nom de *Fragaria* vient de *fragans*, « odorant », allusion à la chair parfumée du fruit ; le mot *vesca* est un dérivé de *vescere*, « nourrir », le fruit est comestible.

NOMS COMMUNS : Fraisier des bois, Caperon.

All. : *Erdbeere*. Angl. : *Strawberry*.
Esp. : *Fresa*. It. : *Fragola salvatica*.

Le Fraisier était connu des Grecs et des Romains, mais ses propriétés médicinales n'ont été utilisées que vers le XVIe *siècle.*
Une légende allemande touchante raconte qu'à la veille de la Saint-Jean, les mères qui ont eu le malheur de perdre des enfants en bas âge ne mangent pas de fraises, car on croit que les petits enfants montent au ciel cachés dans les fraises des bois.

DESCRIPTION

Le Fraisier des bois est une plante vivace que l'on trouve dans les bois, les haies, les buissons. La tige souterraine donne naissance à un bouquet de feuilles longuement pétiolées, divisées en trois folioles dentées, plus ou moins plissées, recouvertes à la face inférieure d'un duvet soyeux. Les fleurs, blanches, font leur apparition d'avril à juillet, suivies du fruit succulent qui flatte nos sens de gourmet.

Après la floraison, à la base de la tige qui soutient la fleur, se forme un petit bourgeon fusiforme qui s'allonge sur le sol, rampe et s'enracine pour donner une nouvelle plante l'année suivante.

CULTURE ET RÉCOLTE

Très commun en Europe, en Asie, en Afrique du Nord, en Amérique du Nord et du Sud, le Fraisier peut se trouver jusqu'à 1 600 mètres d'altitude. On le multiplie par ses graines en mai, juin, que l'on repique au printemps de l'année suivante. Plus couramment on arrache les tiges qui se sont enracinées après la floraison, on les met en pépinière durant l'hiver pour les repiquer au printemps. Recueillez les feuilles jeunes dès leur formation, préférez septembre ou octobre pour arracher les racines. Séchez-les selon les précautions d'usage.

USAGES

Riche en tanin, la racine de Fraisier est astringente, donc utile contre les diarrhées, la dysenterie et, en gargarismes, contre l'angine. Diurétique, elle soulage les rhumatismes, la goutte, l'arthrite, l'artériosclérose, la cystite, elle lutte contre les calculs. Régulateur, le Fraisier décongestionne le foie, agit sur l'hépatite. Préparez-le en décoction pendant 2 minutes pour les feuilles, durant 5 minutes pour les racines, à raison d'une cuillerée à soupe par tasse pour les premières, une cuillerée à café pour les secondes. Prenez-en deux à quatre tasses par jour.

FRAMBOISIER *Rubus idaeus* (Rosacées)

Rubus vient du latin *ruber,* « rouge », et *idaeus,* du mont Ida. Les fruits rouges du mont Ida.

NOM COMMUN : Ronce du mont Ida.

All. : *Himbeere.* Angl. : *Raspberry Bush.*
Esp. : *Frambuese.* It. : *Lampone.*

En Allemagne, il était d'usage dans les maisons où quelqu'un venait de mourir de joncher toutes les pièces de branches de Framboisier afin d'empêcher l'âme du mort de régner trop longtemps en ce lieu. On assure aussi qu'une branche de Framboisier cueillie verte supprime les douleurs de l'accouchement.

DESCRIPTION

Le Framboisier est un arbrisseau à racines ligneuses et rampantes. Les tiges peuvent atteindre 2 mètres, elles sont dressées en rameaux arqués et armées de petits aiguillons droits. Les feuilles, alternes, à pétiole faiblement épineux, sont composées de trois à sept folioles, ovales, lancéolées, irrégulièrement dentées, cotonneuses dessous. Les fleurs, blanches, visibles de mai à juillet, sont réunies en petites grappes à l'aisselle des feuilles supérieures, sur des pédoncules rameux et un peu épineux. Le fruit est la framboise bien connue, une réunion de petites drupes, rouges, charnues, succulentes.

CULTURE ET RÉCOLTE

Le Framboisier est très répandu dans les régions tempérées d'Europe, rare en Méditerranée. Poussant sur tous les sols, il préfère malgré tout les terrains siliceux.

On le multiplie par éclatement des touffes à l'automne.

Épuisant le sol, il est souhaitable de bien le fumer et de le changer de place tous les trois ou quatre ans.

Récoltez les feuilles au moment de la floraison. Faites-les sécher en couches minces dans des endroits secs et aérés.

USAGES

Diurétique et astringent, on fait usage du Framboisier en gargarismes pour les maux de gorge, à boire contre les coliques et les diarrhées, pour soulager l'arthrite et les rhumatismes. Relaxant le muscle utérin, on l'utilise pour faciliter l'accouchement.

Préparez-le en décoction pendant 2 minutes, à raison d'une cuillerée à soupe de feuilles par tasse. Prenez-en deux ou trois tasses par jour.

FRÊNE *Fraxinus excelsior* (Oléacées)

Fraxinus vient du grec *frasso*, « serrer », ou bien du latin *fragasus*, voulant dire « rude et retentissant » ; *excelsior*, « élevé », « élancé ». Le Frêne est un grand arbre rude.

NOMS COMMUNS : Fresne, Fraine, Grand Frêne, Quinquina d'Europe.

All. : *Esche.*
Angl. : *Ash.*
Esp. : *Fresno común.*
It. : *Frassino commune.*

Son bois est l'un des plus employés pour la bûche de Noël, il est le présage de la prospérité pour toute la maison. On assure aussi que le bois de Frêne protège des morsures de serpents.

DESCRIPTION

Le Frêne est un grand arbre à racine pivotante très profonde. La tige, de 20 à 25 mètres, est droite et couverte d'une écorce grisâtre, elle se divise en rameaux.

Ceux-ci portent des bourgeons noirs et des feuilles opposées, grandes, qui présentent neuf à treize folioles ovales, lancéolées, longuement dentées, en pointe à l'extrémité.

Les fleurs, verdâtres, qui naissent avant les feuilles en avril, mai, sont groupées en panicules opposées, munies de bractées, penchées après la floraison. Les fruits sont allongés, arrondis à la base, groupés en grappes pendantes.

CULTURE ET RÉCOLTE

Commun dans les régions tempérées de l'Europe, le Frêne aime les terres fraîches, argileuses et profondes.

Travail du forestier, sa propagation s'effectue par semis à l'automne et repiquage en place au printemps.

Récoltez les jeunes feuilles vers les mois de mai et juin, lorsqu'elles laissent suinter une substance gommeuse et visqueuse, choisissez l'automne pour ramasser l'écorce. Laissez-les sécher dans des endroits secs et aérés.

La manne de Frêne est un suc douceâtre s'écoulant spontanément ou par piqûre d'insecte du tronc de l'arbre. Sa production nous vient de Sicile ou du sud de l'Italie.

USAGES

Diurétiques, les feuilles de Frêne agissent sur les retentions d'eau et les œdèmes, la cystite, elles soulagent l'arthrite, la goutte, les rhumatismes.

Sudorifique, il a été fait usage du Frêne pour remplacer le Quinquina contre la fièvre.

Laxatif très doux, le Frêne convient aux intestins fragiles, ceux des colitiques par exemple.

Préparez-le en décoction pendant 3 minutes en mettant une cuillerée à soupe de feuilles coupées par tasse. Prenez-en deux ou trois tasses par jour.

La manne est un merveilleux laxatif pour les enfants, les personnes âgées et celles ayant des intestins fragiles.

Elle est d'une efficace douceur, mangez-en la valeur d'une cuillerée à café ou d'une cuillerée à soupe le soir au coucher.

COMPOSITION DE DRAINAGE

Un grand restaurateur réputé pour la finesse et la délicatesse de sa cuisine n'hésite pas à conseiller, dans son centre de remise en forme des Pyrénées, une compositon d'élimination proche de celle-ci. Buvez-en à volonté dans la journée.

Feuilles de frêne	30 g
Feuilles de cassis	30 g
Feuilles de bouleau	30 g
Stigmates de maïs	30 g
Queues de cerises	30 g

Mettez quatre cuillerées à soupe de plantes par litre, faites bouillir pendant 2 ou 3 minutes, laissez infuser durant 10 minutes.

FUMETERRE OFFICINALE *Fumaria officinalis* (Fumariacées)

Fumaria vient du latin *fumus*, « terre », « fumée de terre », la plante semble sortir de la terre comme la fumée.

NOMS COMMUNS : Fiel de terre, Fleur de terre, Soupe au vin, Pied de géline, Lait battu, Herbe à la jaunisse, Chausse rouge.

All. : *Erdrauch*. Angl. : *Fumory*.
Esp. : *Fumaria*. It. : *Fumara*.

En Bourgogne, on a l'habitude d'accrocher un bouquet de Fumeterre à la fenêtre d'une jeune fille pour indiquer que le mal qu'on dit d'elle est peut-être vrai ! En Belgique, la tradition voulait que l'on cirât ses souliers avec une décoction de Fumeterre avant d'aller demander une augmentation à son patron. Heureux temps !

DESCRIPTION

La Fumeterre est une plante annuelle à racine pivotante, blanchâtre, chevelue. Les tiges, de 30 à 80 centimètres, sont rameuses, diffuses, inclinées ou couchées, tendres, cassantes, quelquefois rougeâtres. Elles portent des feuilles alternes, pétiolées, à folioles écartées découpées en lobes étroits d'un beau vert clair. Les fleurs, petites, visibles d'avril à octobre, sont réunies en petites grappes assez denses à l'extrémité des tiges. Le fruit est une petite capsule ovoïde.

CULTURE ET RÉCOLTE

Répandue dans toute l'Europe, la Fumeterre peut pousser jusqu'à 1 700 mètres d'altitude.

La nature nous en offre une quantité suffisante pour notre consommation, on peut toutefois la multiplier en semant en pleine terre au printemps. Récoltez les plantes au moment de la floraison, arrachez-les, coupez les racines, réunissez les plantes en bouquets que vous suspendrez dans des endroits secs et aérés.

USAGES

Diurétique, tonique, dépurative, la Fumeterre doit faire partie des plantes à prendre au printemps et à l'automne. Son effet diurétique la recommande pour faciliter le drainage des reins. Sa propriété tonique est efficace durant une dizaine de jours, ensuite elle devient calmante si le traitement est prolongé. Dépurative, elle donne un joli teint, combat toutes les affections de la peau, dartres, herpès, eczéma, acné, elle entre dans le SIROP DE RHUBARBE COMPOSÉ. Elle régularise l'écoulement de la bile, soulageant ainsi les migraines digestives.

Contre le cholestérol et l'artériosclérose, des cures de 20 jours de temps en temps s'imposent. Préparez-la en décoction pendant 2 minutes, à raison d'une cuillerée à soupe de plantes coupées par tasse. Prenez-en une tasse avant les repas.

GAILLET *Galium verum* (Rubiacées)

Galium vient du grec *gala,* « lait », il coagule le lait ; *verum,* « vrai », pour ne pas le confondre avec les autres sortes de *Galium.*

NOMS COMMUNS : Caille-lait, Fleur de la Saint-Jean.

All. : *Echtes Labkraut.* Angl. : *Yellow Beds Traw.*
Esp. : *Cuaja leche amarilla.* It. : *Gaglio giallo.*

Autrefois on peignait les œufs de Pâques avec des teintures végétales, celle du Gaillet donnait un beau rouge, mais attention ! car les œufs ainsi peints au jus d'«accroche-cul» pouvaient donner naissance à un méchant sorcier. C'est du moins ce que l'on assure en Vendée où l'on dit aussi que si on en fait manger à une pucelle, si celle-ci ne l'est pas elle pissera aussitôt.

DESCRIPTION

Le Gaillet est une petite plante vivace à racines grêles, allongées, brunâtres, rampantes. Les tiges, de 40 à 80 centimètres, presque carrées, sont noueuses, articulées, dressées, rameuses, un peu velues à la base. Les feuilles, verticillées par huit, sont lancéolées, linéaires, étroites et aiguës au sommet, assez fermes. Les fleurs, visibles de mai à septembre, sont petites, jaunes, nombreuses, formant des grappes rameuses. Le fruit renferme deux graines.

CULTURE ET RÉCOLTE

Commun dans toute l'Europe, dans les haies, les bois, les près, le Gaillet est rarement et difficilement cultivable. On peut le propager par semis des graines ou division des pieds.

Récoltez la plante pendant la floraison, réunissez-la en bouquets, séchez-les à l'ombre dans des endroits aérés.

USAGES

Antispasmodique, le Gaillet a une bonne action sédative, mais son usage régulier inverse son efficacité calmante en le rendant tonique.

Astringent et diurétique, il est aussi cholalogue, il facilite l'évacuation de la bile.

Le Gaillet passait autrefois pour soulager les douleurs du cancer.

Préparez-le en décoction pendant 2 minutes en mettant une cuillerée à soupe de plantes coupées par tasse. Prenez-en deux ou trois tasses par jour.

GALÉGA OFFICINAL *Galega officinalis* (Légumineuses)

Galega vient du grec *gala,* « lait ». La plante augmente la production de lait.

NOMS COMMUNS : Rue des chèvres, Lilas d'Espagne, Faux Indigo, Sainfoin d'Espagne, Vanèze.

All. : *Geissklee.* Angl. : *Goat's Rue.*
Esp. : *Ruda cabruna.* It. : *Ruta capraria.*

Voici une presque mauvaise herbe qui donnera pourtant un air champêtre à votre jardin. On assure qu'en pommade, elle guérit les rhumatismes des pieds, et autrefois les nourrices l'appréciaient surtout pour son action sur la montée de lait.

DESCRIPTION

Le Galéga est une plante herbacée de 50 centimètres à 1 mètre de hauteur. La tige, dressée, creuse en dedans, devient très dure, rameuse, en touffe sur la hauteur. Les feuilles, alternes, sont composées de neuf à onze folioles plus longues que larges, pointues sur le sommet. Les fleurs, bleuâtres, plus rarement blanchâtres, visibles de juin à août, sont disposées en grappes allongées sur des rameaux terminaux. Les fruits sont des gousses allongées, qui renferment des graines oblongues, comprimées et brunes.

CULTURE ET RÉCOLTE

Le Galéga se trouve dans toute l'Europe, un peu dans tous les types de terrains, il ne croît pas à très grande altitude.

Préférant les sols meubles et argileux, il se multiplie par semis au printemps, ou par division des touffes.

Récoltez la plante au tout début de la floraison, réunissez-la en bouquets, laissez-les sécher dans des endroits secs et aérés.

USAGES

Depuis son origine, le Galéga augmente la production de lait chez les nourrices, cette propriété est toujours d'actualité et rend de grands services.

Il est recommandé pour combattre le diabète où il donne de bons résultats.

Préparez-le en décoction pendant 2 minutes en mettant une cuillerée à soupe de plante par tasse. Prenez-en deux ou trois tasses par jour.

GATTILIER *Vitex agnus castus* (Verbénacées)

Vitex est l'ancien nom latin d'un arbrisseau du même genre ; *agnus* vient du grec *agnos*, le nom de la plante, ce qui signifie « non à la procréation », la plante étant anaphrodisiaque ; *castus*, « chaste », « être d'une blancheur éclatante ».

NOMS COMMUNS : Agneau chaste, Petit Poivre, Poivre sauvage, Poivre de moine, Herbe au poivre, Arbre au poivre.

All. : *Keuschlamm.* Angl. : *Agnus-castus.* Esp. : *Agno casto.* It. : *Agno casto.*

Calmant les ardeurs, c'est un véritable poison des jeux de l'amour.

DESCRIPTION

Le Gattilier est un arbrisseau dont la tige se divise presque dès la base en nombreux rameaux, gris cendré, rougeâtre à l'extrémité. Les feuilles, opposées, sont longuement pétiolées, à cinq ou sept folioles ovales, très allongées, pointues, entières, vert clair dessus, cotonneuses dessous. Les fleurs, pourpre violacé, quelquefois blanches, visibles en juin, juillet, sont groupées en longs épis lâches, droits et terminaux. Le fruit est charnu comme un grain de poivre, il contient quatre graines aromatiques piquantes et poivrées.

CULTURE ET RÉCOLTE

Le Gattilier se trouve en Europe méridionale, en Asie, en Afrique du Nord, il préfère les endroits humides, il ne pousse pas sur les montagnes.

On le propage par semis des graines au printemps ou par marcottage à la même époque.

Les grains de Gattilier sont récoltés dès leur maturité ; on préfère ceux d'Italie ou de Sicile, plus parfumés que ceux des récoltes françaises.

USAGES

Calmant, antispasmodique, on l'utilise contre les troubles neuro-végétatifs avec perturbation des fonctions digestives, vertiges, spasmes, angoisses, insomnie. Anaphrodisiaque, il calme les ardeurs.

Préparez-le en décoction pendant 3 minutes, à raison d'une petite cuillerée à café de plante par tasse. Prenez-en une ou deux tasses par jour.

GÉNÉPI *Artemisia glacialis* (Composées)

Artemisia est l'ancien nom grec ou latin de diverses plantes de ce genre. Pour certains auteurs, elles seraient dédiées à Artémis, la Diane grecque, à cause de leur usage médicinal en gynécologie ; pour d'autres à Artémise, veuve du roi de Carie, qui l'utilisait en médecine, ou du nom grec *artemès,* « sain et sauf », à cause de leurs propriétés révulsives ;
glacialis, « glacial », le Génépi poussant à une altitude élevée.

NOMS COMMUNS : Génépi des Alpes, Génépi des Savoyards.

All. : *Gletscherraute.* Angl. : *Genippi.*
Esp. : *Genipi.* It. : *Genipi nero.*

DESCRIPTION

Le Génépi est une petite plante vivace de 5 à 20 centimètres à tige rampante munie de radicelles. Les feuilles sont lancéolées, fusiformes, blanchâtres, pétiolées. Les tiges florifères portent à leur sommet un corymbe de fleurs d'un beau jaune doré. Celles-ci sont visibles de juillet à août.

CULTURE ET RÉCOLTE

Le Génépi est une plante protégée, très rare, on la trouve entre 1 900 et 3 000 mètres d'altitude. Il aime les sols calcaires et siliceux.

Il se multiplie par division des tiges souterraines.

Pour sa récolte, prenez soin de couper les tiges aériennes sans déraciner la tige rampante. Séchez-le en lieu sec.

USAGES

Le Génépi est employé pour lutter contre les refroidissements, la toux, le rhume, l'encombrement des sinus.

On en fait une LIQUEUR populaire dans les régions des Alpes et des Vosges, bien utile l'hiver.

Préparez-le en légère décoction pendant 2 minutes en mettant une cuillerée à café de plantes coupées par tasse.

Prenez-en une ou trois tasses par jour.

Pour passer un bon hiver comme les Savoyards, dégustez un petit verre à liqueur de leur boisson régionale avant ou après le repas.

GENÊT À BALAIS *Cytisus scoparius* (Légumineuses)

Cytisus vient du grec *cytos,* « objet creux », allusion à sa tige ; *scoparius,* de *scopae,* « balai ». La plante est utilisée pour faire des balais.

NOMS COMMUNS : Brande, Genêt d'or, Sarothamne.

All. : *Besen Ginster.* Angl. : *Common Broom.*
Esp. : *Retama de escobas.* It. : *Ginestra dei carbonai.*

Les sorciers anglais ont un rite bien à eux pour faire lever le vent et savoir d'où il vient. Il leur suffit de monter au sommet d'une colline et d'en lancer des rameaux de Genêts aux quatre points cardinaux en invoquant les esprits de l'air. Pour faire cesser le vent, il suffit de brûler ces rameaux et de les enterrer au fond d'une vallée. En Normandie, on assure sans rire que les sorciers ne peuvent rien contre le beurre (le faire tourner sans doute) qui a été baratté avec un pilon en bois de Genêt.

DESCRIPTION

Le Genêt est un arbuste non épineux pouvant atteindre 2 mètres, avec de nombreux rameaux. Les feuilles, alternes, sont petites, ovales, plus ou moins poilues. Les fleurs, d'un beau jaune d'or, visibles d'avril à juillet, sont solitaires ou groupées par deux. Le fruit est une petite gousse noire, bordée de longs cils, qui contient plusieurs graines luisantes.

Ne le confondez pas avec les autres Genêts, qui ne sont pas inoffensifs :

Genêt des teinturiers : les fleurs sont réunies en grappes à l'extrémité des rameaux ;

Genêt d'Espagne : les feuilles sont peu nombreuses et pointues ;

Genêt purgatif : les fleurs sont réunies en grappes, les feuilles sont lancéolées.

CULTURE ET RÉCOLTE

Le Genêt est commun dans toute l'Europe, plus rare en Méditerranée. Il préfère les terrains siliceux et bien exposés, il ne pousse guère au-dessus de 600 mètres d'altitude. On le multiplie par semis à l'automne, on repique les plants au printemps en pleine terre.

Récoltez les fleurs avant leur épanouissement, faites-les sécher à l'ombre dans des endroits chauds en les brassant régulièrement pour éviter leur noircissement.

USAGES

Le Genêt est un bon diurétique, il augmente le volume des urines, il est utile contre la goutte, les rhumatismes, l'albuminurie, la pneumonie et les œdèmes.

Préparez-le en infusion en mettant une cuillerée à soupe de plante par tasse. Prenez-en deux ou trois tasses par jour. Évitez son emploi chez les personnes hypertendues ou sujettes aux palpitations.

GENÉVRIER *Juniperus communis* (Conifères)

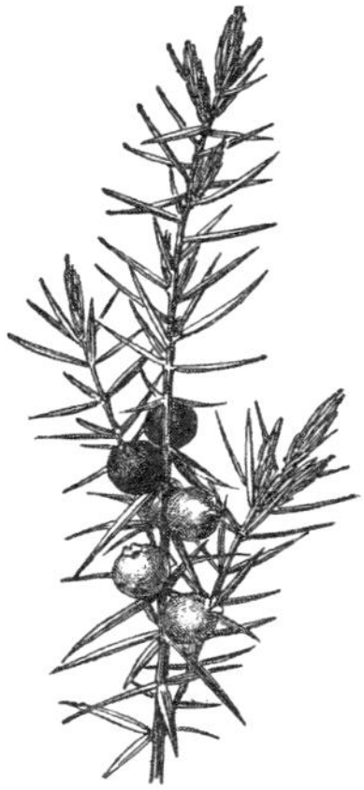

Juniperus vient du celtique *juneprus,* « âcre », à cause de la saveur du fruit.

NOMS COMMUNS : Genièvre, Pétrot, Pétron.

All. : *Wachholder.* Angl. : *Juniper.*
Esp. : *Enebro común.* It. : *Ginepro.*

Poursuivis par les soldats d'Hérode, Marie et Jésus trouvèrent heureusement refuge entre les branches de Genévrier. Depuis, cet arbuste est le symbole de l'asile ; le lièvre le sait bien qui, lorsque les chiens le serrent de près, s'y réfugie, l'odeur des baies du Genévrier déroutant alors la meute.

DESCRIPTION

Le Genévrier est un petit arbre à racine forte très rameuse, à croissance lente. La tige, ramifiée, très souvent dès la base, forme un buisson, à l'écorce brun rougeâtre et rugueuse. Les feuilles, insérées par trois ou six, sont linéaires, très étroites et rigides, elles se terminent par une pointe acérée et sont d'un beau vert foncé. Les fleurs, disposées en petits chatons groupés à l'aisselle des feuilles, apparaissent en avril. Le fruit est une sphère charnue bleu noirâtre qui renferme trois graines.

CULTURE ET RÉCOLTE

Le Genévrier est commun dans toute l'Europe, il préfère les sols calcaires. Sa multiplication se fait par semis, boutures ou marcottes au mois d'août.

L'écorce ou le bois sont récoltés à l'automne, les feuilles juste avant la floraison, les fruits à leur maturité, en principe octobre, novembre. Faites-les sécher dans des endroits secs et aérés.

USAGES

Les baies de Genévrier sont l'un des diurétiques les plus anciennement connus, elles soulagent la goutte, les rhumatismes, l'artériosclérose, la cystite, elles allègent les reins et la vessie. Sudorifiques, elles font baisser la fièvre, activent la digestion, facilitent l'expectoration dans les cas de bronchite tenace, elles sont recommandées en fumigation contre le rhume de cerveau.

Le gin est une eau-de-vie de genièvre.

Un autre type de genièvre fournit l'huile de cade.

Préparez les baies en décoction pendant 5 minutes, à raison d'une cuillerée à café par tasse. Prenez-en deux ou trois tasses par jour.

Le bois de Genévrier est utilisé comme anti-mites.

GENTIANE *Gentiana lutea* (Gentianacées)

Gentiana vient de Gentius, roi d'Illyrie, qui aurait, au IIe siècle avant Jésus-Christ, découvert ses propriétés ;
lutea, « jaune », qui est la couleur des fleurs.

NOMS COMMUNS : Grande Gentiane, Jansonna, Gentiane jaune.

All. : *Enzian*. Angl. : *Gentian*.
Esp. : *Genciana mayor*. It. : *Genziana maggiore*.

Sa racine aide beaucoup au retour d'affection. Il suffit pour cela d'en jeter dans l'eau du bain. Mais faut-il le prendre à un ou à deux ? La recette ne le dit pas.

DESCRIPTION

La Gentiane est une belle plante vivace à racine cylindrique, longue, grosse, charnue, spongieuse, rameuse, brun jaunâtre. La tige, de 1 mètre environ, est cylindrique, dressée, elle porte des feuilles opposées, grandes, entières, embrassantes. Les fleurs, visibles de juin à août, sont nombreuses, d'un beau jaune, elles sont réunies en grappes à l'aisselle des feuilles supérieures. Le fruit est une capsule ovale à quatre angles arrondis qui renferme un grand nombre de graines aplaties.

CULTURE ET RÉCOLTE

Commune dans le centre de l'Europe, la Gentiane se plaît dans les lieux montueux, les terrains calcaires, les bois, entre 800 et 2 000 mètres d'altitude.

On la multiplie par semis des graines au printemps, on éclaircit dès que la plante atteint 10 centimètres. Récoltez la racine sur des pieds âgés de deux à cinq ans, à l'automne, après la chute des feuilles. Une fois déterrée, débarrassez-la des radicelles et autres écailles s'y étant fixées, lavez-la, coupez-la en morceaux, fendez ceux qui sont trop gros. Faites-les sécher au soleil pendant quelques jours, à l'ombre et dans un endroit chaud ensuite.

USAGES

Fébrifuge, la Gentiane est avant tout l'un des meilleurs toniques amers et apéritifs, elle lutte contre la fatigue, redonne de l'énergie, augmente ainsi les défenses de l'organisme. Elle stimule le foie, la vésicule biliaire. C'est aussi un bon vermifuge. On en fait un très bon VIN (page 370).

Contre la fatigue, l'asthénie, l'anémie, le manque d'appétit, pendant la période de convalescence, c'est la plante qu'il vous faut.

Préparez-la en décoction pendant 5 minutes, à raison d'une cuillerée à café de plante par tasse. Prenez-en une tasse avant les repas.

GÉRANIUM À ROBERT *Geranium robertianum* (Géraniacées)

Geranium est un mot tiré du grec *géranos,* « grue », les feuilles ressemblent à un bec de grue ; *robertianum* est une atération de *ruppertianum,* allusion à saint Rupert, évêque de Salzbourg, qui aurait découvert les propriétés hémostatiques de la plante. Le genre *Geranium* ne doit pas être confondu avec les Géraniums des jardiniers qui sont en général des Pélargoniums.

NOMS COMMUNS : Herbe à Robert, Bec de grue, Bec de cigogne, Herbe rouge, Fourchette du diable, Géranion, Épingle de la Vierge, Aiguille de Notre-Dame, Pied de pigeon, Pied de colombe, Cerfeuil sauvage.

All. : *Sankt Ruprechts Kraut.* Angl. : *Herb Robert.* Esp. : *Hierba de san Roberto.* It. : *Herba roberta.*

Grâce aux Géraniums à Robert, les sorcières qui en plantent devant leur maison sont averties de l'arrivée d'un visiteur, les fleurs se tournant magiquement dans la direction d'où il va arriver. Malheur aux mauvais esprits qui oseraient toucher la poignée d'une porte ou le loquet d'une fenêtre frottés au préalable avec des feuilles de l'Herbe à Robert.

DESCRIPTION

Le Géranium à Robert est une plante vivace, à racine grêle et chevelue. La tige, haute de 40 à 50 centimètres, est cylindrique, articulée, rougeâtre, velue, très rameuse. Les feuilles, opposées, longuement pétiolées, sont divisées presque jusqu'à la base en segments profondément lobés, ce qui leur donne la forme d'un éventail. Les fleurs, visibles d'avril à novembre, rosé pourpre, sont portées sur des pédoncules plus grands que les feuilles. Le fruit, composé de cinq stigmates qui se détachent sous la fleur, ressemble à un lustre à cinq lampes. Le Géranium à Robert étant très proche par ses feuilles de la Ciguë, ayez l'attention de bien observer les fleurs.

CULTURE ET RÉCOLTE

Très commun en Europe, plus rare en Provence, on trouve le Géranium à Robert sur les vieux murs, le long des haies, dans les décombres. Il aime les sols frais, calcaires et sombres. On le multiplie par semis au printemps.

Récoltez les plantes durant leur floraison, coupez-les et réunissez-les en bouquets, faites-les sécher dans un endroit sec et aéré.

USAGES

Astringent et tonique, on utilise le Géranium à Robert contre la dysenterie, les hémorragies, en gargarismes pour guérir les angines, les engorgements des amygdales, en bains de bouche contre l'inflammation des gencives, en lavages pour calmer l'irritation des yeux, en cataplasmes frais ou secs pour cicatriser les plaies.

Il constitue la boisson idéale pour le diabétique, il permet de réduire le taux de sucre dans les urines. Préparez-le en décoction pendant 2 minutes en mettant une cuillerée à soupe de plantes coupées par tasse. Prenez-en deux ou trois tasses par jour.

GERMANDRÉE PETIT CHÊNE *Teucrium chamaedrys* (Labiées)

Teucrium est dérivé de Teucer, prince de Troyes, qui a découvert ses propriétés ; *chamaedrys* vient de *kamei,* « à terre », « au ras du sol », et de *drys,* « chêne ». Les feuilles ressemblent à celles du Chêne en plus petit.

NOMS COMMUNS : Petit Chêne, Chenette, Cheneau, Chasse-fièvre, Sauge amère, Thériaque d'Angleterre.

All. : *Gamander.* Angl. : *Wild Germander.*
Esp. : *Camedrio.* It. : *Cemedrio.*

DESCRIPTION

La Germandrée est une belle plante vivace à racines ligneuses, un peu fibreuses et traçantes. Les tiges, de 10 à 30 centimètres, quadrangulaires, très ramifiées, ligneuses, dressées ou couchées, portent des feuilles opposées, ovales, crénelées, épaisses, fermes, d'un beau vert foncé. Les fleurs, pourpres, visibles de mai à septembre, sont groupées à la base des feuilles supérieures, en étoile, l'ensemble forme un long épi terminal. Le fruit est entouré par un calice persistant.

CULTURE ET RÉCOLTE

La Germandrée est commune en Europe, dans les lieux montueux, pierreux. Pour sa culture, choisissez des sols légers et ensoleillés, multipliez-la par semis ou éclat des souches à l'automne. Repiquez les plants au printemps.

Récoltez les sommités à 20 centimètres à partir de la hauteur, juste avant la floraison. Réunissez-les en bouquets, entourez-les de papier, faites-les sécher en guirlandes dans des endroits secs et aérés.

USAGES

Plante tonique et apéritive, la Germandrée combat la fatigue en redonnant de l'énergie.

Précieuse pour son activité sur tous les systèmes digestifs, estomac, foie, elle combat l'aérophagie.

Elle est utile pour soulager la bronchite chronique, la goutte, les rhumatismes.

Préparez-la en décoction pendant 2 minutes, à raison d'une cuillerée à soupe de plantes coupées par tasse. Prenez-en deux ou trois tasses par jour.

GINGEMBRE *Zingiber officinale* (Zingibéracées)

La plante, originaire des anciennes Indes orientales (Indonésie), se trouvait facilement aux environs de Zingi.

NOM COMMUN : Gingembre.

All. : *Ingwer.* Angl. : *Ginger.* Esp. : *Gengibre.* It. : *Zenzero.*

L'École de Salerne le considérait bon pour toutes les maladies :
« Le Gingembre brûlant s'oppose avec raison au froid de l'estomac, des reins et des poumons, éteint la soif, ranime, excite le cerveau, en la jeunesse éveille amour jeune et nouveau. »
Il suffit, paraît-il, de se garnir le fond des poches ou de saupoudrer l'argent qu'elles contiennent d'un peu de poudre de racine de Gingembre pour que celui-ci se multiplie sans peine. C'est quand même bizarre qu'à Auteuil aucun cheval n'ait porté le nom de Gingembre.
On dit également que mâcher du Gingembre protège de la tempête qui arrive lorsqu'on voyage en mer.

DESCRIPTION

Le Gingembre est une grande plante vivace à racine tuberculeuse, irrégulière, coudée, de la grosseur d'un pouce, coriace, jaunâtre, qui produit des tiges aériennes cylindriques de 60 centimètres à 1 mètre. Celles-ci portent des feuilles alternes, lancéolées, longues, terminées à la base en une longue gaine fendue. Les fleurs, portées sur les hampes nues, longues de 20 à 30 centimètres, placées à côté de tiges feuillues, forment un épi ovale, imbriqué d'écailles et marqué au sommet d'une pointe rouge, brune ou jaunâtre. Le fruit est une capsule à trois loges.

CULTURE ET RÉCOLTE

Originaire des Indes, le Gingembre se trouve en Inde, au Sri Lanka (Ceylan), à la Jamaïque, au Mexique, au Brésil, aux Antilles. Il aime les terres fraîches et ombragées.

On le multiplie par division des racines que l'on plante dans des sillons profonds.

On récolte les rhizomes après la floraison ; arrachés, lavés, on les fait sécher à l'ombre dans des endroits secs.

USAGES

Le Gingembre est d'abord une plante qui facilite la digestion, tonifie les organismes les plus affaiblis, c'est un excellent aphrodisiaque.

Préparez-le en décoction pendant 5 minutes en mettant une petite cuillerée à café de plante par tasse. Prenez-en une tasse après les repas.

Réduit en poudre, vous pouvez l'absorber en en mettant une cuillerée à café dans du miel ou de la confiture, une fois par jour.

GINKGO *Ginkgo biloba* (Ginkgoacées)

Ginkgo est le nom oriental de l'arbre ; *biloba*, « bilobé », à cause de la forme des feuilles.

NOMS COMMUNS : Arbre aux quarante écus, Arbre du ciel, Noyer du Japon.

All. : *Echter Ginkgobaum.*
Angl. : *Maiden Hair Tree.*
Esp. : *Gingo.* It. : *Ginco.*

Le Ginkgo est parmi les premiers arbres à avoir repoussé sur les ruines d'Hiroshima.

DESCRIPTION

Le Ginkgo est un très bel arbre de la Chine et du Japon pouvant atteindre 40 mètres. Ses branches, horizontales, à rameaux étalés, forment une longue cime conique. Les feuilles, alternes, bilobées en forme d'éventail, inégalement crénelées, sont d'un beau vert clair, virant au jaune à l'automne. Les chatons, partie mâle de l'arbre, apparaissent en mai.

CULTURE ET RÉCOLTE

Le Ginkgo peut vivre plus de 2000 ans. Aimant les terrains sablonneux, il en a été fait des plantations dans les Landes pour remplacer les pins maritimes facilement inflammables.

Il se multiplie par semis, boutures ou marcottes. On récolte les feuilles durant tout l'été avant qu'elles jaunissent. On les sèche dans des endroits secs et aérés.

USAGES

Tonique veineux et artériel, le Ginkgo est utilisé pour stimuler la circulation en général, lutter contre les « lourdeurs » du sang et le manque de tonicité des artères, donc dans les cas d'artériosclérose et de mauvaise circulation cérébrale. Comme l'Aubépine et la Pervenche, il doit faire partie des plantes à usage quotidien à partir de 50 ans.

Préparez-le en décoction pendant 2 minutes en mettant une cuillerée à soupe de plantes coupées par tasse. Prenez-en deux ou trois tasses par jour.

Réduit en poudre, prenez-en une demi-cuillerée à café par jour dans du miel, de la confiture ou un yaourt.

GINSENG *Panax ginseng* (Araliacées)

Panax, car il est considéré par les Chinois comme la panacée.

NOMS COMMUNS : Gin-sen, Ninzin, Ninsi, Nindsin, Mandragore de Chine.

All. : *Ginseng.* Angl. : *Ginseng.* Esp. : *Ginseng.* It. : *Ginseng.*

Puisant dans la terre un maximum de principes actifs, il est rare que quoi que ce soit pousse sur son lieu de récolte avant huit à dix ans.

DESCRIPTION

Le Ginseng est une plante vivace à racine fusiforme, bifurquée, qui ressemble à des cuisses humaines. La tige, cylindrique, simple, lisse, de 40 à 50 centimètres porte des feuilles longuement pétiolées, divisées en cinq folioles ovales et dentées. Les fleurs, blanches, sont groupées en ombelles terminales.

CULTURE ET RÉCOLTE

Le Ginseng sauvage est très difficile à trouver dans le commerce européen. Il nous vient, en principe de Corée, des racines de 6 à 8 ans d'âge, dans des emballages estampillés, garantissant leur origine. Ces racines sont très belles, blanchâtres, de goût et d'odeur proches de ceux de la Réglisse. Les racines venant de Chine sont rouge-brun, très dures.

USAGES

Antifatigue, tonique, rajeunisseur, aphrodisiaque, le Ginseng redonne vraiment l'appétit à la vie.

Il régénère l'organisme : la fatigue disparaît, l'énergie est retrouvée, les appétits de la jeunesse sont prolongés.

Il est également utile contre le diabète.

Mangez un morceau de racine par jour, 2 grammes environ. Une racine de Ginseng de Corée de belle qualité pèse 10 grammes, il suffit de diviser celle-ci en cinq parties pour obtenir cinq doses journalières.

En poudre, prenez-en une demi-cuillerée à café par jour.

GIROFLIER *Caryophyllus aromaticus* (Myrtacées)

NOMS COMMUNS : Clous de girofle, Clous aromatiques, Gérofle.

All. : *Gewürznelken.* Angl. : *Cloues.*
Esp. : *Clavillos.* It. : *Garofano.*

Les courtisans chinois devaient mastiquer des clous de girofle avant de se présenter à l'empereur. En Indonésie, les cigarettes contiennent un fort pourcentage de clous de girofle.

DESCRIPTION
Le Giroflier est un arbre de grandeur moyenne dont la tige, de 8 à 10 mètres, se divise en rameaux, l'ensemble forme une cime pyramidale. Les feuilles, opposées, légèrement soudées à la base, sont entières, ovales, pointues, persistantes. Les fleurs, roses, sont groupées en corymbe terminal. Le fruit est une drupe sèche.

CULTURE ET RÉCOLTE
Très délicat, le Giroflier aime les terres fortes, profondes, fraîches, et les expositions à l'est. On le propage par semis des graines ou par boutures. On ne peut le cultiver en Europe que dans des serres chaudes.

Nous venant surtout de l'île de la Réunion ou de Cayenne, on en cueille les boutons avant que les fleurs soient détachées. On les fait sécher au soleil qui les fait brunir.

USAGES
Digestif, excitant, le clou de girofle est l'un des meilleurs antiseptiques. Antialgique, on en fait un usage courant pour soulager les douleurs dentaires.

C'est une épice utilisée fréquemment pour faciliter la digestion de certains aliments, éviter les flatulences, ou simplement parfumer.

Sa forte teneur en essence antiseptique permet de « clouter » une orange et de la conserver pendant des années sans qu'elle s'abîme.

On prépare rarement les clous de girofle seuls, mais associés à d'autres plantes (page 417), ils constituent une merveilleuse boisson pour éviter la grippe.

GRÉMIL *Lithospermum officinale* (Borraginacées)

Lithospermum a pour origine grecque *lithos*, « pierre » et *sperma*, « graine ». Les graines sont très dures.

NOMS COMMUNS : Herbe aux perles, Millet perlé, Graine d'amour, Larmille des champs, Blé d'amour, Thé de Fontainebleau.

All. : *Steinsmen*. Angl. : *Gromil*.
Esp. : *Miro del sol medicinal*. It. : *Migialsole*.

Une plante de la famille des Grémils est utilisée comme « pilule » par les Indiens d'Amazonie.

DESCRIPTION

Le Grémil est une plante vivace de 40 à 80 centimètres, à tige dressée, robuste, couverte de poils, rameuse à la partie supérieure. Les feuilles, alternes, sessiles, ovales, allongées, légèrement hérissées de poils, sont vertes à la face supérieure, plus pâles à la face inférieure. Les fleurs, petites, solitaires, blanches, visibles de mai à juillet, sont disposées à l'aisselle des feuilles. Le fruit, ovale, nacré et dur comme une perle, lui vaut ses jolis noms communs.

CULTURE ET RÉCOLTE

On trouve le Grémil dans toute l'Europe, de préférence sur des terrains calcaires, il ne pousse pas au-dessus de 700 mètres d'altitude.

Sa multiplication se pratique par les graines que l'on sème dès leur maturité. On repique les plants en place au printemps.

Récoltez la plante en août, septembre, coupez les sommités de 20 à 30 centimètres à partir de la hauteur, réunissez-les en bouquets, laissez-les sécher dans des endroits secs et aérés.

USAGES

Diurétique, le Grémil draine les reins, la vessie, facilite la dissolution et l'évacuation des calculs des reins. Cet effet de drainage est aussi le bienvenu en cas de calculs biliaires, d'œdèmes, de rétention d'eau, de cellulite.

Il lui a été découvert également des propriétés anti-hormonales.

Préparez-le en décoction pendant 2 minutes, à raison d'une cuillerée à soupe de plantes coupées par tasse. Prenez-en deux ou trois tasses par jour.

GRENADIER *Punica granatum* (Punicacées)

Punica vient du grec *phoinikos*, « phénicien » ; *granatum*, de *granum*, « graine ». Il s'agit d'une pomme phénicienne remplie de graines.

NOMS COMMUNS : Balaustier, Miouganier, Arosse, Granatier, Migranier.

All. : *Granatapfelbaum*. Angl. : *Pome granate*. Esp. : *Granado coltivado*. It. : *Granato*.

Un légende arabe raconte qu'un jour un père étant tombé amoureux de sa fille, celle-ci pour lui échapper se donna la mort. Elle fut transformée en Grenadier par les dieux tandis que le père l'était en épervier. C'est depuis ce temps-là, dit-on en Orient, que les éperviers tournent autour des Grenadiers sans jamais oser s'y poser.

DESCRIPTION

Le Grenadier est un arbre de 5 à 7 mètres, à tige tortueuse, qui se divise presque dès la base en nombreux rameaux opposés, épineux. Les feuilles, opposées, courtement pétiolées, lancéolées, lisses, luisantes, sont d'un très beau vert. Les fleurs, rouges, sont presque solitaires à l'extrémité des rameaux. Le fruit est une capsule globuleuse, de la grosseur d'un poing, couronnée par les sépales dentés du calice. À l'intérieur, se trouve un grand nombre de loges qui renferment chacune un amas de graines succulentes.

CULTURE ET RÉCOLTE

Cultivé en pleine terre dans les régions chaudes du globe, le Grenadier se multiplie par marcottes, drageons ou boutures au printemps ; on pratique également le semis. On récolte l'écorce des racines à l'automne, et l'écorce des fruits à maturité de ceux-ci. Elles sont séchées dans des endroits secs et aérés.

USAGES

L'écorce des racines de Grenadier permet de détruire efficacement le tænia et d'autres parasites tels que les ascaris. On fait usage de l'écorce des fruits, qui est plus douce, comme vermifuge contre les ascaris.

Comme tænifuge, mettez 60 grammes d'écorce de racines dans trois quarts de litre d'eau. Laissez macérer durant 12 heures, puis faites bouillir à feu doux pendant 10 minutes.

Buvez-en trois ou quatre prises étalées sur 1 heure. 2 heures après, prenez une purge d'huile de ricin.

Préparez l'écorce des fruits en décoction pendant 5 minutes, à raison d'une cuillerée à café par tasse. Prenez-en une tasse le soir pendant 5 jours à cheval sur la pleine lune.

GRINDÉLIA *Grindelia robusta* (Composées)

NOM COMMUN : Grindélia.

All. : *Grindelienkraut.* Angl. : *Grindelia.*

C'est l'herbe de la Californie.

DESCRIPTION

Le Grindélia est une plante pouvant atteindre 80 centimètres de hauteur. Les feuilles, oblongues, lancéolées, jaune verdâtre, dentées, portent des poils sécréteurs sur les deux faces, qui rendent la plante glutineuse.

CULTURE ET RÉCOLTE

Le Grindélia est une plante originaire de Californie, on la trouve également en Europe centrale. Elle est récoltée tout l'été, et séchée dans des endroits secs et aérés.

USAGES

Riche en résine balsamique, le Grindélia est un merveilleux expectorant, il facilite la respiration des asthmatiques et des fumeurs, calme la toux de la coqueluche et des nerveux.

Préparez-le en légère décoction pendant 2 minutes suivie d'une infusion durant 10 minutes. Prenez-en deux ou trois tasses par jour.

GUARANA ***Paullinia cupana, sorbilis*** **(Sapindacées)**

Paullinia parce que la plante est dédiée au célèbre médecin-prélat danois Simon Pauli.
Le nom Guarana vient des Guaranis, Indiens du Brésil, qui le préparent en broyant les semences sur une pierre plate et chaude. Ils y incorporent de l'eau, du cacao, du manioc, et lui donnent diverses formes.

NOM COMMUN : Guarana.

Une légende raconte qu'Onhiamuaçabe, une jolie femme des tribus Mauès, arracha un œil à son fils défunt et le planta en invoquant l'esprit des arbres. Peu de jours après, une gracieuse plante poussa, dont les fruits étaient comme les yeux de son fils.

DESCRIPTION

Le Guarana est un arbrisseau sarmenteux, grimpant, à feuilles alternes munies de vrilles. Les fleurs, verdâtres, sont disposées en grappes à l'extrémité de pédoncules axillaires. Le fruit est une capsule membraneuse à trois loges qui contiennent chacune une graine ovale.

CULTURE ET RÉCOLTE

Le Guarana est particulier aux forêts d'Amérique tropicale. En septembre, les fruits sont récoltés et séchés au soleil, puis on en retire les graines.

USAGES

Astringent, le Guarana lutte contre les diarrhées, soulage les névralgies, les migraines et combat la fièvre.

Mais c'est surtout comme aliment d'épargne que l'on en fait usage, il est tonique, dynamisant, reconstituant. Ces propriétés le recommandent en complément d'un régime amincissant, il procure un dynamisme psychologique et physique que fait perdre quelquefois un régime.

On le trouve dans le commerce sous forme de poudre et de gélules, la dose recommandée est de 1 à 4 grammes par jour ; en fonction de leur dosage, prenez deux à huit gélules par jour.

GUI BLANC *Viscum album* (Loranthacées)

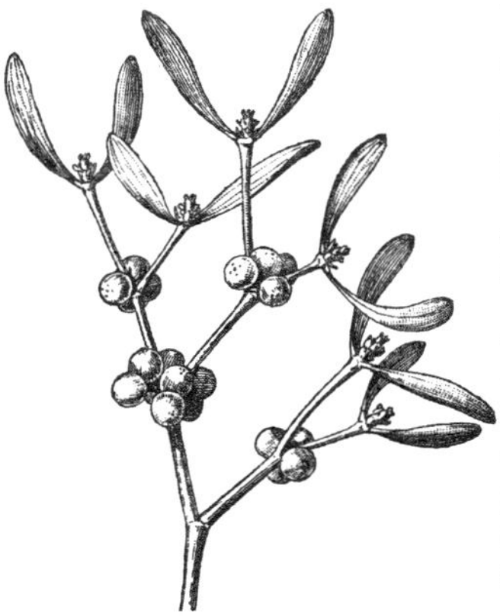

Viscum signifie « glu » en latin, on en extrait de la plante ; *album*, « blanc », à cause de la couleur des fruits.

NOMS COMMUNS : Blondeau, Bois de la sainte Croix, Bouchon, Vert de pommier, Gillon, Verquet.

All. : *Mistel.* Angl. : *Mistletoe.*
Esp. : *Muerdago.* It. : *Vischio.*

Seul le Gui de Chêne avait pour les druides une vertu magique. Une enquête a montré qu'en Europe occidentale, seuls dix-huit Chênes dans nos forêts portaient du Gui, d'où sa rareté. Un bouquet de Gui suspendu à la fenêtre d'une femme indique ou prévient que c'est un véritable pot de colle. C'est du moins ce que l'on assure dans le Rhône. À Lyon, on signalait la présence d'un bistrot à casse-croûte par un bouquet de Gui surnommé « bouchon ». Le mot est resté.

DESCRIPTION

Le Gui est un arbrisseau parasite s'implantant sur l'écorce des arbres. Sa tige s'enfonce dans le bois de la branche qui le supporte, formant une sorte de suçoir. Cette tige, de 40 à 80 centimètres, se divise dès la base en de nombreux rameaux articulés, diffus, rudes au toucher qui forment une touffe globuleuse. Les feuilles, opposées, épaisses, charnues, oblongues, vert jaunâtre, sont marquées de nervures parallèles. Les fleurs, vert jaunâtre, sont groupées à l'aisselle des feuilles, elles donnent des fruits ronds, blancs, charnus, qui renferment une ou deux graines.

CULTURE ET RÉCOLTE

Commun dans toute l'Europe, le Gui est parasite d'un grand nombre d'arbres. Contrairement à son appellation classique de Gui de Chêne, il a du mal à se fixer sur le bois de celui-ci, l'assise génératrice de sa nourriture étant très profonde. Sa propagation se fait naturellement, par les baies, qui se collent, ou les oiseaux, qui transportent les graines.

Récoltez-le en août, septembre, avant la formation des fruits. Séchez-le en couche mince dans des endroits secs et aérés.

USAGES

Les feuilles de Gui sont excellentes contre l'hypertension, qu'elles font baisser tout en fortifiant le muscle cardiaque.

Diurétique, il est utile contre l'albuminurie, la néphrite, la congestion des voies urinaires, l'artériosclérose, pour accompagner la période de ménopause.

Préparez-le en décoction pendant 2 minutes, à raison d'une cuillerée à soupe de feuilles entières par tasse. Prenez-en deux ou trois tasses par jour.

GUIMAUVE *Althaea officinalis* (Malvacées)

Althaea vient du grec *althaia*, « guérison », en constatation de ses vertus médicinales.

NOMS COMMUNS : Althée, Mauve blanche.

All. : *Eibisch*. Angl. : *Marsh Mallow*.
Esp. : *Malvavisco*. It. : *Malvavisco*.

C'est la bonne plante par excellence. Un pied de Guimauve suspendu dans la maison suffit à n'attirer que des esprits bénéfiques. On faisait de même dans les étables pour protéger le bétail.

DESCRIPTION

La Guimauve est une plante vivace à racine longue de 30 à 50 centimètres, de la grosseur d'un doigt, fusiforme, charnue, mucilagineuse, blanche, quelquefois rameuse. La tige, qui peut atteindre 1,50 mètre, est cylindrique, cotonneuse, rameuse, dressée, ferme. Les feuilles, alternes, pétiolées, en forme de cœur, composées de trois ou cinq lobes peu marqués, sont aiguës, crénelées, douces au toucher, vert blanchâtre. Les fleurs, blanchâtres ou rosées, sont situées à l'aisselle des feuilles supérieures, les plus hautes forment des grappes terminales. Le fruit est composé de nombreux carpelles.

CULTURE ET RÉCOLTE

Commune dans toute l'Europe, la Guimauve aime les champs, les bords des ruisseaux, les terrains frais et humides.

On la propage par les graines au printemps que l'on repique en avril, mai. On fait également des boutures, arrachées à l'automne. Conservez-les en silo, divisez-les en fonction des bourgeons apparents, choisissez un ou deux bourgeons par pied.

Récoltez les feuilles en juin, juillet, les fleurs au tout début de leur floraison, qui peut avoir lieu de juillet à septembre. Arrachez les racines à la fin de l'automne, avant les premières gelées, quand la plante est fanée. Lavez-les, coupez-les, faites-les sécher dans des endroits secs et aérés. Toutes les parties de la plante sont délicates, prenez-en soin dans la période de séchage.

USAGES

La Guimauve est l'une des meilleures plantes adoucissantes et émollientes de l'herboristerie.

On l'utilise comme collyre adoucissant, contre l'inflammation de la gorge, de la bouche et des gencives, pour soulager les toux et les bronchites, dont elle facilite l'expectoration, pour adoucir tout le système digestif, estomac, intestins. En cataplasmes ou en compresses, elle est recommandée sur les furoncles et autres plaies.

Toutes les parties de la plante sont utilisées, de préférence la fleur pour les bronches.

Faites une décoction pendant 5 minutes pour les racines, pendant 2 minutes pour les feuilles, une simple infusion pour les fleurs, qui sont plus fragiles. Mettez une cuillerée à café pour les racines coupées, une cuillerée à soupe pour les feuilles ou les fleurs.

La racine entière, sélectionnée pour être d'une certaine grosseur et assez droite, constitue pour les bébés un « hochet » dont le mâchonnement assouplit les gencives et soulage les douleurs provoquées par la percée des dents.

La Rose trémière, *Althaea rosea*, très belle plante des jardins, peut servir aux mêmes usages que la Guimauve. Toutefois, sa racine est moins riche en mucilages. Ses belles fleurs, rouge violacé, servent à colorer diverses boissons ou divers plats culinaires.

HAMAMÉLIS *Hamamelis virginiana* (Hamamélidacées)

NOM COMMUN : Noisetier de la sorcière.

All. : *Virginisher Zamberserauch.* Angl. : *Witch Hazel.*
Esp. : *Hamamelis.* It. : *Amanelide.*

Son bois servait aux sorciers indiens de baguette de divination. Si vous portez en permanence sur vous quelques-unes de ses feuilles fraîches, vous serez à l'abri des peines de cœur.

DESCRIPTION

L'Hamamélis est un arbrisseau de 1 mètre ou plus. Les feuilles, ovales, quelquefois aiguës au sommet, sinuées et dentées sur les bords, sont vertes, quelquefois rougeâtres.

CULTURE ET RÉCOLTE

L'Hamamélis est abondant aux États-Unis, et en particulier en Virginie comme son nom scientifique l'indique. Ses feuilles sont récoltées à leur complète formation. Elles sont séchées dans des endroits secs et aérés.

USAGES

Tonique, astringent, l'Hamamélis est la plante spécifique des tissus veineux, il soulage les hémorroïdes, les varices, les jambes lourdes, et combat la mauvaise circulation en général.

Faites bouillir pendant 2 ou 3 minutes et laissez infuser durant 10 minutes une cuillerée à soupe de feuilles coupées par tasse. Prenez-en deux ou trois tasses par jour.

HARICOT *Phaseolus vulgaris* (Légumineuses)

Phaseolus vient du grec *phaselos*, à cause de la forme intérieure de la gousse, qui rappelle une chaloupe avec des phaséoles.

NOMS COMMUNS : Faséole, Fayot, Faisole, Fasole.

All. : *Bohne*. Angl. : *Bean*.
Esp. : *Habichuela común*. It. : *Fagioto*.

Arrivé du Nouveau Monde dans les cales de Christophe Colomb, Ayacotl *en aztèque se transforme chez nous en Haricot. Il existe pourtant un légume indigène en Europe beaucoup plus vieux, que l'on appelait Faseolo de Charlemagne ou Mongette vraie, qui était déjà cultivé en Abyssinie 3 000 ans avant Jésus-Christ. D'ailleurs le vieux mot « ragoût » a longtemps été supplanté par « haricot » (haricot de mouton), son ingrédient principal.*

DESCRIPTION

Le Haricot est une plante herbacée de taille variable dont la tige s'enroule sur un support, elle est plus ou moins couverte de poils. Les feuilles, alternes, ont un pétiole long et sont divisées en trois folioles aiguës au sommet. Les fleurs, visibles de juillet à octobre, sont réunies en grappes sur des rameaux florifères. Le fruit est une gousse allongée, bosselée, qui contient plusieurs graines.

CULTURE ET RÉCOLTE

Commun en Europe, le Haricot peut se cultiver jusqu'à 1 600 mètres d'altitude. On le sème au mois d'avril dans des sols meubles, frais, sans humidité excessive.

La récolte se pratique quand la gousse est sèche. Après avoir écossé les gousses, conservez-les, faites-les sécher dans des endroits secs et aérés en petites couches. Pour faciliter leur usage ultérieur, coupez ces cosses en petits morceaux.

USAGES

En dehors du délicieux légume, un peu pesant pour la digestion, on utilise la cosse de Haricot comme diurétique, en particulier en complément des traitements pour le cœur, l'hypertension ; elle est recommandée contre la goutte et les rhumatismes.

Mais c'est contre le diabète que le Haricot est le plus utilisé, il fait baisser le taux de sucre dans les urines.

Préparez-le en décoction pendant 10 minutes en en mettant six cuillerées à soupe par litre d'eau. Buvez-en dans la journée, 4 jours par semaine.

Évitez l'emploi des poudres ou des gélules de cette plante, certains troubles digestifs ont été constatés. En revanche, il n'y a aucun inconvénient pour sa prise sous forme de tisane.

HARPAGOPHYTUM (Pédaliacées)

Harpagophytum vient du grec *harpagos*, « grappin », les fruits sont couverts de crochets.

NOMS COMMUNS : Griffe du diable, Racines de Windhoek.

Les crochets de ses fruits s'enfonçant dans les pattes des animaux, et surtout des moutons, les gênent énormément au point de les faire mourir d'inanition, d'où le nom de Griffe du diable.

DESCRIPTION

L'Harpagophytum est une plante ramifiée à racine profonde, qui peut atteindre 1 mètre, d'où partent des racines secondaires, brun rougeâtre, qui peuvent s'étendre jusqu'à 1,50 mètre autour de la plante.

Les feuilles, profondément découpées, portent à leur base une fleur solitaire, rouge-violet.

CULTURE ET RÉCOLTE

L'Harpagophytum est originaire du sud de l'Afrique, et plus particulièrement de Namibie, dont la capitale, Windhoek, lui a donné l'un de ses noms communs.

Ce sont les racines secondaires, qui se trouvent bien souvent entre 60 et 80 centimètres de profondeur, que l'on récolte. Lavées, débarrassées d'un genre de liège qui les protège, coupées en rondelles, on les met à sécher au soleil ou à l'ombre dans des endroits aérés.

USAGES

L´Harpagophytum stimule les fonctions du foie et de la vésicule biliaire, agit sur les troubles de la prostate, fait baisser les taux de cholestérol et d'acide urique, mais c'est surtout pour ses formidables propriétés d'anti-inflammatoire que l'on en fait usage avec un grand succès.

Mettez une cuillerée à soupe environ de graines dans un demi-litre d'eau, faites bouillir pendant 5 minutes, laissez infuser durant 10 minutes. Un autre mode de préparation consiste à laisser macérer les plantes dans l'eau toute la nuit, porter à ébullition le matin, puis filtrer. Prenez ce demi-litre de breuvage dans la journée en deux ou trois prises, de préférence avant les repas, en cure de 3 semaines, interrompez-la durant 8, 15 ou 20 jours, et recommencez.

HOUBLON LUPULIN *Humulus lupulus* (Cannabinacées)

Humulus vient du latin *humus,* « terre », peut-être à cause des tiges qui rampent ; *lupulus* signifie « petit loup », du nom que Pline donna à cette plante.

NOMS COMMUNS : Vigne du Nord, Salsepareille nationale, Couleuvrée septentrionale.

All. : *Hopfen.* Angl. : *Hops.* Esp. : *Hoblon.* It. : *Lupulin.*

Les femmes qui participent à sa cueillette sont réglées deux jours après, quelle que soit la période de leur cycle.
Il grimpe aux arbres toujours dans le sens des aiguilles d'une montre.
Encore une « herbe à oreiller » ! Ses fruits frais glissés sous la tête provoquent un sommeil réparateur, en revanche, il annihile tout désir sexuel. Il est donc plutôt recommandé de ne prendre le Houblon que sous forme d'un bon demi bien frais !

DESCRIPTION

Le Houblon est une plante vivace à racines fortes, rameuses, drageonnantes. Les tiges peuvent être longues de plusieurs mètres. Peu anguleuses, elles sont rudes, sarmenteuses et volubiles, couvertes de poils courts et crochus. Les feuilles, opposées, sont munies de stipules pétiolées, à trois ou cinq lobes ovales, dentés, vert foncé, rudes dessus, munies de glandes résineuses dessous. Les fleurs, verdâtres, unisexuées, sont visibles en août, les mâles disposées en grappes à l'aisselle des feuilles, les femelles réunies par paires à l'aisselle des bractées foliacées. Le fruit, entouré du calice, renferme une graine.

CULTURE ET RÉCOLTE

Commun dans toute l'Europe, le Houblon ne pousse pas à de hautes altitudes. Pour sa culture, il demande des terres fortes et bien fumées, un climat tempéré.

On le multiplie par division des racines au printemps ou à l'automne. La récolte des cônes, ou fleurs femelles, s'effectue en septembre, on les comprime légèrement. Ils doivent être séchés dans des endroits très chauds, sans dépasser 38 à 40 °C.

USAGES

Tonique, on utilise le Houblon dans les cas d'anémie, de manque d'appétit, de mauvaise assimilation. Digestif, tout en soulageant les douleurs d'estomac des ulcéreux, il ralentit la sécrétion d'acide. Dépuratif, il est utile en cure de printemps ou d'automne, et dans les maladies de peau. Calmant, il donne de bons résultats dans les cas d'anxiété, d'insomnie, de troubles en période de ménopause, sa propriété anaphrodisiaque n'est pas à négliger. On en fait des coussins en guise d'oreillers pour faciliter le sommeil.

Préparez-le en décoction pendant 2 minutes en en mettant une cuillerée à soupe par tasse. Prenez-en deux ou trois tasses par jour.

PETIT HOUX *Ruscus aculeatus* (Liliacées)

Ruscus serait une altération de *bruscus,* désignant le Petit Houx ; *aculeatus* vient de *aculeus,* « pointe », les feuilles sont très pointues et piquantes.

NOMS COMMUNS : Fragon, Buis piquant, Houx frelon, Myrte épineux.

All. : *Dornmyrte.* Angl. : *Butcher's Broom.*
Esp. : *Brusco.* It. : *Pugnitopo.*

DESCRIPTION

Le Petit Houx est un arbrisseau à souche horizontale, traçante, de la grosseur d'un doigt, qui émet des racines fibreuses, pivotantes, blanchâtres. Les tiges, de 50 centimètres à 1 mètre, sont fermes, flexibles, rameuses, elles portent des feuilles alternes, simples, petites, à l'aisselle desquelles naissent des rameaux aplatis, foliacés, pointus, piquants. Les fleurs, visibles de septembre à avril, sont solitaires au milieu de la face supérieure des rameaux. Le fruit est globuleux, rouge, il renferme une à trois graines dures et blanchâtres ; on le voit d'octobre à mai.

CULTURE ET RÉCOLTE

Commun en Europe, le Petit Houx préfère les terres calcaires, il se trouve dans les bois, les haies, il est rare au-dessus de 700 mètres d'altitude, il craint le gel.

Sa multiplication se pratique par division des pieds en février, mars.

Récoltez les rhizomes à l'automne, lavez-les, séchez-les, coupez-les pour en faciliter l'usage. Faites-les sécher au soleil pendant quelques jours, puis dans des endroits secs et aérés.

USAGES

Diurétique, le Petit Houx est le remède spécifique contre la goutte, les rhumatismes, les calculs rénaux, la jaunisse. Associé à d'autres draineurs, on en fait le SIROP DES CINQ RACINES (page 369).

Vasoconstricteur, tonifiant et calmant l'inflammation veineuse, il est la plante médicinale idéale des varices et des hémorroïdes.

Préparez-le en décoction pendant 5 minutes en mettant une cuillerée à café de rhizomes coupés par tasse. Prenez-en deux ou trois tasses par jour.

HYSOPE *Hysopus officinalis* (Labiées)

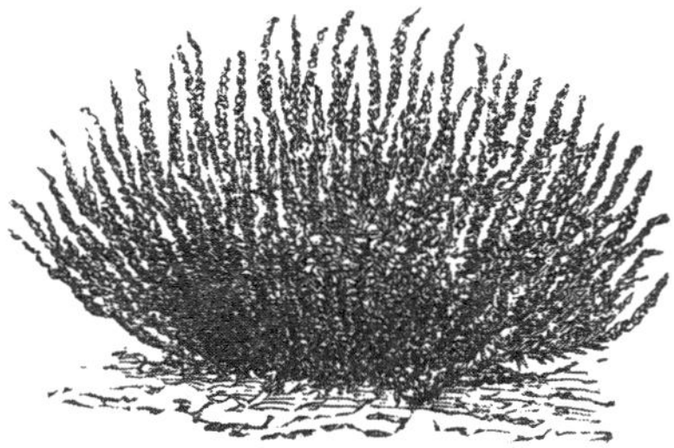

Hysopus vient du nom grec de la plante, *hysopos.*

NOM COMMUN : Hiope.

All. : *Isop.* Angl. : *Hyssop.*
Esp. : *Hisob.* It. : *Issopo.*

L'Hysope fait partie des plantes sorcières, bienveillantes, malfaisantes. Elle était la plante sacrée des Hébreux, le roi Salomon l'appréciait beaucoup. Mais était-ce vraiment elle ? Elle ne poussait ni en Palestine, ni en Grèce. Une des Herbes de la Saint-Jean, qui sert aux purifications. En poudre, elle protège la maison de toutes les influences maléfiques.

DESCRIPTION

L'Hysope est une plante vivace, à racine ligneuse, forte, rameuse et fribreuse. La tige, de 20 à 60 centimètres, dressée, se divise en rameaux peu nombreux, qui forment une petite touffe. Les feuilles, opposées, ovales, lancéolées, petites, réunies, forment une étoile autour de la tige. Les fleurs, visibles de juin à septembre, sont bleues, groupées à l'aisselle des feuilles supérieures, l'ensemble donnant un épi feuillé et fleuri terminal. Le fruit est divisé en quatre parties qui renferment chacune une graine.

CULTURE ET RÉCOLTE

Commune dans les régions tempérées d'Europe, l'Hysope aime particulièrement les coteaux arides, avoisinant souvent la Lavande, le Thym, le Romarin.

On la multiplie par semis en pleine terre en mars, avril.

La récolte se pratique en pleine floraison, les tiges sont coupées et réunies en bouquets qui sont suspendus et séchés dans des endroits secs et aérés.

À partir de la deuxième année de plantation, deux coupes par an peuvent être pratiquées, en juin et en septembre.

USAGES

Digestive, vermifuge, comme la Sauge, l'Hysope lutte contre la transpiration.

Mais c'est surtout son efficacité sur les voies respiratoires qui lui vaut son succès. Elle supprime la toux, facilite l'expectoration, la respiration des asthmatiques et des personnes oppressées. En gargarismes, elle soulage les angines.

Préparez-la en légère décoction pendant 2 minutes, à raison d'une cuillerée à soupe de plante par tasse. Prenez-en deux ou trois tasses par jour.

IMPÉRATOIRE *Peucedanum ostruthium* (Ombellifères)

Peucedanum viendrait du grec *peukedanos,* « amer » ;
ostruthium est une déformation du latin médiéval *astrantia.*

NOMS COMMUNS : Benjoin français, Ostruche, Maître des maléfices, Eau fraîche, Aneth fétide.

All. : *Meisterwurz.* Angl. : *Masterwort.*
Esp. : *Imperatoria.* It. : *Imperatoria.*

DESCRIPTION

L'Impératoire est une plante vivace à racine charnue, brun rougeâtre, rugueuse, divisée en nombreuses ramifications en forme de tubercule. La tige, de 50 centimètres à 1 mètre, est cylindrique, forte, dressée, elle porte des feuilles alternes, pétiolées, vert clair, divisées en trois ou cinq folioles larges et dentées. Les fleurs, blanches, sont disposées en ombelles ouvertes assez grandes. Le fruit est petit, entouré de deux larges ailes.

CULTURE ET RÉCOLTE

L'Impératoire est commun dans toutes les régions montagneuses, quelquefois dans les plaines. Il préfère les sols siliceux, pas trop humides. On le multiplie par semis au printemps ou par division des pieds à l'automne.

Récoltez les rhizomes au printemps ou mieux à l'automne. Lavez-les, coupez-les, faites-les sécher dans des endroits secs et aérés.

USAGES

Stimulante et tonique, la racine d'Impératoire soutient l'appétit, fortifie l'organisme.

Carminatif, l'Impératoire facilite la digestion, supprime l'aérophagie et les gaz intestinaux.

Sudorifique et pectoral, il soulage les bronches, calme la toux, combat les états fébriles, la grippe et la bronchite.

Préparez-le en décoction pendant 5 minutes en mettant une cuillerée à soupe de plante par tasse. Prenez-en deux ou trois tasses par jour.

JASMIN *Jasminum officinale* (Oléacées)

NOM COMMUN : Jasmin blanc.

All. : *Weisser Jasmin.* Angl. : *Jasmine.*
Esp. : *Gelsomino.* It. : *Gelsomino.*

Sa fleur est celle des vœux d'amour, elle favorise aussi les rentrées d'argent. Du Jasmin brûlé dans une cassolette provoque, disent les sorciers, des visions divinatoires.
C'est peut-être pour cela qu'il ne faut jamais installer un bouquet de Jasmin dans la chambre où l'on dort. Croyance très répandue.

DESCRIPTION

Le Jasmin est un arbrisseau dont la tige sarmenteuse de plusieurs mètres se divise en rameaux longs, arrondis, vert foncé. Les feuilles, opposées, comptent cinq ou sept folioles ovales, elles sont aiguës, dentées, vert très foncé dessus. Les fleurs, blanches, longuement pédonculées, réunies en petits bouquets, sont d'une odeur suave. Le fruit est une baie ovoïde.

CULTURE ET RÉCOLTE

Originaire d'Orient, le Jasmin peut se trouver jusque dans le nord de la France. On le multiplie facilement par semis des graines, rejetons, boutures, ou marcottes.

La récolte des fleurs se pratique à leur complet épanouissement, le matin ; elles sont mises à sécher dans des endroits secs et aérés.

USAGES

Le Jasmin est bien sûr utilisé pour son parfum, mais quelques-unes de ses fleurs ajoutées au thé, à une simple infusion de Tilleul ou d'une autre plante les rendent bien agréables, alors dégustez le Jasmin...

KARKADÉ *Hibiscus sabarifa*

NOMS COMMUNS : Bisap du Sénégal, Oseille de Guinée, Karkadé de l'Érythrée, Thé rose d'Abyssinie.

All. : *Hibiskus*. Angl. : *Hibiscus*.
Esp. : *Hibisco*. It. : *Karkade*.

En Afrique, les fleurs de Karkadé sont utilisées ajoutées aux salades.
Boisson commune en Égypte et au Soudan, associé au cynorrhodon, on le consomme chaud ou froid suivant les goûts.

DESCRIPTION

Le Karkadé est un arbrisseau à racine pivotante et blanchâtre. La tige, dont la taille varie de 1 à 1,50 mètre, est droite, robuste, verte ou rougeâtre, rameuse. Les feuilles, longuement pétiolées, sont ovales, d'un joli vert luisant.

Les fleurs, jaunes, mouchetées de brun-rouge, ont un long calice vert ou rouge suivant les variétés. Le fruit, charnu, est entouré par le calice.

CULTURE ET RÉCOLTE

Originaire d'Amérique centrale, on trouve fréquemment le Karkadé en Égypte, au Soudan, au Sénégal.

Sa multiplication se réalise par semis des graines ou bouturage.

Les calices sont récoltés à complète maturité des fleurs, ils sont séchés dans des endroits secs et aérés ; après séchage, ils deviennent charnus et cassants.

USAGES

Diurétique, sudorifique, rafraîchissant, le Karkadé agit sur le foie et contre l'hypertension, il facilite la digestion.

Boisson nationale en Égypte et au Soudan, sa saveur acidulée constitue une boisson des plus agréables, surtout fraîche.

Versez une cuillerée à soupe de plante par tasse d'eau bouillante, laissez infuser pendant 10 minutes.

KINKÉLIBA *Combretum micranthum* (Combrétacées)

En Afrique, *kinkéliba* est synonyme de « plante à guérir ».

NOMS COMMUNS : Combrétum, Kinkéliba.

All. : *Combretum*. Angl. : *Jungle*.

Agissant particulièrement sur la digestion, il est le guérit-tout des Africains.

DESCRIPTION

Le Kinkéliba est un arbrisseau de grandeur variable, quelquefois réuni en buisson. Les feuilles, courtement pétiolées, vert sombre, largement ovales, en pointe à l'extrémité, sont entières et coriaces. Les fleurs sont petites et blanches.

CULTURE ET RÉCOLTE

Cette plante est très utilisée dans les pays où elle pousse, Soudan, Sénégal, Guinée, Sierra Leone. Les feuilles se récoltent lorsqu'elles sont bien formées. On choisit les plus saines, en rejetant celles qui sont rouges et qui ont eu un petit coup de soleil. Séchées à l'ombre, on les conserve dans des endroits secs et aérés.

USAGES

Le Kinkéliba est à l'Afrique ce que le Boldo est à l'Amérique du Sud et le Pissenlit à l'Europe : une merveilleuse plante de drainage du foie, de la vésicule biliaire et des reins. En Afrique, c'est la médication spécifique de la fièvre biliaire.

Préparez-le en décoction pendant 2 minutes, suivie d'une infusion durant 10 minutes, en mettant une cuillerée à soupe de feuilles coupées par tasse.

KOLA *Cola acuminata* (Stermuliacées)

La noix de Kola est produite par plusieurs espèces : *Cola minda*, dite Kola demi, est composée de deux cotylédons ; *Cola verticillata* et *Cola ballayi*, dites Kola quart, sont composées de quatre à six fragments.

NOM COMMUN : Noix de Kola ou Cola.

All. : *Colasamen*. Angl. : *Cola Nuts*.
Esp. : *Kola*. It. : *Kola*.

DESCRIPTION

Le Kola se trouve sur les côtes occidentales de l'Afrique. Oblongue, plus ou moins déformée par la pression dans le fruit, la noix mesure 3 à 4 centimètres et pèse 20 à 30 grammes. Sa couleur varie du blanc jaunâtre au rouge rosé.

CULTURE ET RÉCOLTE

En Afrique, on conserve les noix de Kola pendant trois ou quatre mois avec toute leur fraîcheur. Dans un bocal ou une boîte métallique, on dispose les noix fraîches à l'abri de la lumière. Dans ces conditions, les noix continuent à mûrir, absorbant l'oxygène et rejetant le gaz carbonique. Au bout de trois mois, en quelques jours, elles « suintent », éliminant de grandes quantités d'eau, et, par diverses combinaisons, prennent cette belle couleur rouge-marron qu'on leur connaît.

USAGES

Tonique du cœur, stimulant nerveux, le Kola est le dynamisant par excellence, il agit sur les muscles, empêche la fatigue, ralentit l'essoufflement.

On peut le considérer comme aphrodisiaque et tonique des jeux de l'amour.

Faites une décoction pendant 5 minutes en mettant une cuillerée à café de plante par tasse. Prenez-en une à trois tasses par jour ; associée à d'autres plantes, elle en sera moins amère, et toutes agiront en synergie.

LAMIER BLANC *Lamium album* (Labiées)

Lamium vient du grec *lamia*, « gouffre », « monstre », en raison de la forme de ses fleurs.

NOMS COMMUNS : Ortie blanche, Ortie morte, Ortie folle, Archangélique, Ortie jaune.

All. : *Taubnessel.* Angl. : *White dead Nettle.* Esp. : *Ortica blanca.* It. : *Lamio bianco.*

DESCRIPTION

Le Lamier blanc est une plante vivace à racine fibreuse, un peu rampante, blanchâtre. La tige, de 20 à 50 centimètres, est velue, simple ou rameuse. Les feuilles, opposées, longuement pétiolées, sont ovales avec une pointe aiguë, ciselées, gaufrées, d'un joli vert tendre. Les fleurs, blanches, assez grandes, groupées à l'aisselle des feuilles supérieures, ressemblent à une gueule d'animal ouverte, elles sont visibles du printemps à l'automne. Le fruit est divisé en quatre parties.

CULTURE ET RÉCOLTE

Très commun en Europe sur tous les terrains, rare au-dessus de 1 000 mètres d'altitude, le Lamier blanc se multiplie par semis des graines au printemps, que l'on repique en juin, juillet.

Pour la récolte des fleurs, choisissez les premières ; fragiles, faites-les sécher rapidement à l'ombre. Pour les sommités fleuries, coupez les plantes tout au long de leur floraison 20 à 30 centimètres à partir de la hauteur, réunissez-les en bouquets, suspendez-les, faites-les sécher dans un endroit sec et aéré.

USAGES

On utilise le Lamier blanc avec succès contre les pertes blanches, les hémorragies pathologiques de l'utérus, les règles douloureuses.

Diurétique, il soulage la cystite et les affections de la prostate. Calmant, il facilite le sommeil, détend, repose. Astringent, il arrête les diarrhées, soulage les hémorroïdes.

Préparez les fleurs en infusion pendant 5 minutes, à raison d'une cuillerée à café par tasse. Prenez-en deux ou trois tasses par jour, surtout pour les pertes blanches. Pour la plante, faites-en une décoction légère durant 3 minutes. Prenez-en deux ou trois tasses par jour.

LAMINAIRE *Laminaria flexicaulis* (Laminariacées)

Laminaria vient du latin *lamina*, « lame », à cause de la forme du thalle ; *flexicaulis*, le stipe est très flexible.

NOMS COMMUNS :
Fouet des sorcières, Fouitrac, Varech palmé.

All. : *Blatt-Tang.*
Angl. : *Gut Weed.*

Répandus tout autour d'une maison par le chef de famille, les fragments de laminaires apportent l'harmonie dans le foyer. Il n'était jamais bon pour les pêcheurs lors de leur première sortie en mer de remonter beaucoup de Laminaires dans leurs filets, c'était mauvais signe pour toute la campagne de pêche.

DESCRIPTION

Plusieurs espèces de Laminaires existent, nous ne parlerons ici que de l'espèce couramment commercialisée. Cette espèce s'attache aux rochers par des filaments. Cylindrique, long et flexible, son thalle est de consistance cornée et élastique, de couleur vert olive, brunissant au séchage ; il se divise ensuite en plusieurs lanières et devient palmé.

CULTURE ET RÉCOLTE

Un jour, peut-être, des fermes marines feront la culture des Laminaires ; pour l'instant la nature suffit largement aux besoins.

Récoltez-les à marée basse, arrachez-les à l'aide d'un râteau, laissez-les sécher à l'air libre.

USAGES

Toutes les Laminaires ont des propriétés identiques. Toniques, fortifiantes grâce à leur apport équilibré en vitamines et en minéraux, elles sont les bienvenues en période de ménopause. Cet équilibre minéral et vitaminique permet de les utiliser pour la forme, l'équilibre, le bien-être, pour retarder le vieillissement, tonifier les artères.

L'iode qu'elles contiennent les fait utiliser avec succès pour maigrir, aussi bien en tisanes qu'en bains, dans lesquels elles dispensent également leurs propriétés toniques. Préparez-les en décoction pendant 5 minutes en en mettant une cuillerée à café par tasse. Prenez-en deux ou trois tasses par jour.

Vous pouvez les prendre en poudre, à raison d'une demi-cuillerée à café matin et soir, dans un yaourt ou un verre d'eau.

LAMPSANE *Lampsana communis* (Composées)

Lampsana vient du grec *lapadzô,* « je purge », c'est l'une des propriétés de cette plante.

NOMS COMMUNS : Herbe aux mamelles, Poule grasse, Gras de mouton, Saune blanche, Grasse Géline, Grageline.

All. : *Rainkohl.* Angl. : *Nipplewort.*
Esp. : *Hierba de los pechos.* It. : *Lampsana.*

DESCRIPTION

Le Lampsane est une plante annuelle à racines fibreuses, fasciculées, blanchâtres. La tige, de 20 à 60 centimètres, est rameuse et dressée. Les feuilles sont alternes. Celles du bas sont longuement pétiolées, profondément divisées, avec des lobes latéraux inégaux de dimension variable, le terminal grand et denté sur la partie moyenne. Dans le haut, elles sont ovales, oblongues, pointues, dentelées. La tige florifère en porte de petites, aiguës, étroites, sans pétiole. Les fleurs, jaunes, solitaires, en capitules terminaux, sont visibles de mai à septembre. Elles se ferment l'après-midi. Le fruit est comprimé et strié.

CULTURE ET RÉCOLTE

Commun dans toute l'Europe, sur les lieux incultes, le Lampsane ne dépasse pas 1 800 mètres d'altitude. Il se multiplie par semis des graines dès leur maturité.

Récoltez les feuilles au tout début de la floraison, faites-les sécher à plat dans des endroits secs et aérés.

USAGES

Les propriétés diurétiques du Lampsane permettent de faire baisser le taux d'urée dans le sang. Il agit sur le foie et la constipation, contre le diabète, il fait baisser le taux de sucre dans les urines, calme les démangeaisons courantes chez les diabétiques.

Il se prépare en décoction pendant 2 minutes en mettant une cuillerée à soupe de plantes coupées par tasse.

Prenez-en une à trois tasses par jour.

LAURIER NOBLE *Laurus nobilis* (Lauracées)

Laurus était le nom du Laurier chez les Romains ; *nobilis,* « noble ».

NOMS COMMUNS : Laurier commun, Laurier-Sauce, Laurier d'Apollon, Laurier franc, Laurier vrai.

All. : *Echter Lorbeer.* Angl. : *Laurel Tree.*
Esp. : *Laurel común.* It. : *Lauro Apollo.*

Symbole du succès, celui que l'on appelle aussi l'Arbre d'Apollon est l'ornement des victoires. Plutarque raconte que Scipion est entré dans Carthage une branche de Laurier à la main. En Espagne, on jette ses branches sur un lit de braises et des spécialistes lisent l'avenir dans les fumées qui s'en dégagent.

DESCRIPTION

Le Laurier noble est un arbre pouvant atteindre 8 à 10 mètres. La tige, cylindrique, grisâtre dans le bas, verte dans le haut, dressée, se divise en rameaux. Les feuilles, alternes, courtement pétiolées, lancéolées, aiguës, ondulées sur les bords, sont fermes, coriaces, luisantes, persistantes, d'un très beau vert foncé. Les fleurs, blanc jaunâtre, sont groupées en petites ombelles à l'aisselle des feuilles. Le fruit est rond, brun, légèrement charnu, il renferme une graine blanchâtre.

CULTURE ET RÉCOLTE

Le Laurier noble se trouve surtout dans la région méditerranéenne et sur le littoral atlantique, il est rare dans la nature, fréquent dans les jardins et ne pousse pas sur les montagnes. Il préfère les sols légers. On le propage par les graines que l'on sème en pots sous châssis à l'automne. On peut le multiplier également par boutures, marcottes ou rejetons. Récoltez les feuilles tout au long de l'année, faites-les sécher à plat dans des endroits aérés. Si l'arbre ne doit pas en souffrir, vous pouvez également en couper des rameaux.

Ne confondez pas le Laurier noble avec les autres Lauriers, cerise ou rose. Le Laurier avocatier, plus connu, fournit l'avocat (*voir* AVOCATIER).

USAGES

Tonique, le Laurier noble lutte contre la fatigue et l'asthénie, il facilite la digestion et combat les flatulences. Il est précieux dans les bronchites dont il calme la toux. Antiseptique, ajoutez-le aux aromates du même genre, notamment les clous de girofle, pour enrayer un début de grippe. Préparez-le en décoction pendant 3 minutes en mettant trois ou quatre feuilles par tasse. Prenez-en deux ou trois tasses par jour.

LAVANDE *Lavandula officinalis* (Labiées)

Lavandula vient de *lavare,* « laver ». On en fait un usage courant pour parfumer l'eau de lavage, ou le linge dans les armoires.

NOMS COMMUNS : Lavande vraie, Nard d'Italie, Garde-robe.

All. : *Echter Lavendel.* Angl. : *Lavender.*
Esp. : *Lavanda.* It. : *Lavanda.*

Si vous désirez faire des rêves prémonitoires, massez-vous le front et les tempes avec des fleurs de Lavande fraîche écrasées avant de vous endormir. On dit aussi, en Provence, que l'homme qui mange des fleurs de Lavande dans une vigne abandonnée depuis plus de vingt ans a toute chance de voir alors des fantômes.

DESCRIPTION

La Lavande est un arbrisseau à souche ligneuse, courte, rameuse. Les tiges, de 20 à 50 centimètres, rameuses dès la base, sont allongées, grêles, blanchâtres. Elles portent des feuilles opposées, lancéolées, linéaires, aiguës, persistantes, velues et blanchâtres dès le plus jeune âge. Les fleurs, visibles en juin, juillet, d'un joli bleu, sont portées par des tiges florifères, plus grandes que les touffes, en épi terminal.

La Lavande vraie, ou Lavande aspic, se distingue par des bractées linéaires un peu dépouillées, des feuilles plus larges et spatulées ; elle se trouve à une altitude inférieure.

La Lavande stichas a des feuilles grisâtres jusqu'à l'inflorescence, petites, pourpres ou noirâtres.

Les Lavandins sont des hybrides formés à partir de la Lavande vraie et de la Grande Lavande. On en retire une essence non négligeable.

CULTURE ET RÉCOLTE

D'une vigueur remarquable, la Lavande habite les lieux secs, arides, ensoleillés ; sans souci du froid, elle peut pousser jusqu'à 1 800 mètres d'altitude.

Sa multiplication s'effectue par semis des graines au printemps ou à l'automne, ou par éclat des pieds à la même saison.

Récoltez les fleurs au tout début de leur maturité en juin, juillet. Coupez les tiges florifères, faites-les sécher dans des endroits secs et aérés ; après quelques jours, battez les tiges pour en détacher les fleurs.

USAGES

La Lavande est calmante et antispasmodique, utile pour calmer les toux quinteuses de la grippe, la coqueluche, l'asthme, elle favorise le sommeil, apaise les migraines, les maux de tête, les vertiges.

Diurétique et sudorifique, elle soulage les rhumatismes.

Son essence, soleil de notre Provence, est efficace contre les poux ; mélangée à l'ALCOOL (page 343) en friction pour soulager douleurs et rhumatismes, stimuler la circulation ; dans du VINAIGRE (page 376) en friction du corps ou en rinçage des cheveux pour enlever le calcaire de l'eau.

Préparez-la en infusion à raison d'une cuillerée à café de fleurs par tasse. Prenez-en une à trois tasses par jour.

Mises dans des sachets, les fleurs parfument agréablement le linge.

HUILE DE LAVANDE

Utile pour soulager les douleurs rhumatismales, faciliter la cicatrisation des blessures, lutter contre l'eczéma, les hémorroïdes, appliquez cette huile divine des coteaux de Provence.

Fleurs de lavande	100 g
Huile d'olive	1 l

Introduisez les fleurs de Lavande dans un flacon contenant un litre d'huile d'olive, laissez le tout au soleil pendant 15 jours en agitant de temps en temps. À défaut de soleil, faites chauffer la préparation pendant 2 heures au bain-marie, laissez-la refroidir, filtrez.

LICHEN D'ISLANDE *Cetraria islandica* (Cétrariacées)

Cetraria viendrait du latin *cetra,* qui désignait un bouclier rond couvert de cuir ; *islandica,* « d'Islande ».

NOMS COMMUNS : Mousse d'Islande, Cétraire d'Islande.

All. : *Islandisches Moos.*
Angl. : *Iceland Moos.*
Esp. : *Lequen de Islandia.*
It. : *Lichene d'Islanda.*

DESCRIPTION

Le Lichen d'Islande est un thalle pulvérulent, crustacé, filamenteux, foliacé ou ramifié. Ce genre de thalle profondément découpé en lobes inégaux se roule sur lui-même, son bord foncé et muni de petites proéminences s'ouvre sur un pore qui laisse échapper des poils épineux.

CULTURE ET RÉCOLTE

Visible dans toute l'Europe du Nord, le Lichen d'Islande s'agrippe aux rochers et à l'écorce des arbres sur lesquels il forme une croûte.

On le récolte par temps pluvieux ou humide, on le débarrasse des divers débris en le lavant à grande eau. Il est mis à sécher dans des endroits chauds et aérés, où il devient plus sombre et cassant.

USAGES

Sa forte teneur en mucilages en fait un traitement efficace contre toutes les affections respiratoires, bronchite, toux.

Il agit contre les nausées de la grossesse et celles du mal de mer. Tonique, c'est un fortifiant contre l'anémie et la fatigue.

Préparez-le en décoction pendant 5 minutes en mettant une cuillerée à soupe de Lichen coupé par tasse. Prenez-en deux ou trois tasses par jour.

LICHEN PULMONAIRE *Lobaria pulmonaria* (Strictacées)

Lobaria, à cause du thalle qui est lobé ; *pulmonaria,* la plante est utilisée pour les bronches.

NOMS COMMUNS : Pulmonaire de Chêne, Herbe aux poumons, Hépatique des bois.

All. : *Echte Lungenflechte.*
Angl. : *Lungwort Lichen.*
Esp. : *Pulmonaria de roble.*
It. : *Lichene polmonario.*

DESCRIPTION

Le Lichen pulmonaire est formé de lames coriaces, irrégulières, fixées par de nombreux crampons. La face supérieure est foncée, velue, le dessous est brun, marqué de proéminences blanchâtres. Les spores, qui se trouvent dans des lobes arrondis, sont brun noirâtre.

CULTURE ET RÉCOLTE

Le Lichen pulmonaire se trouve facilement dans les bois des régions montagneuses et humides, sur des sapins, mais plus particulièrement sur les Chênes. Les spores permettent la multiplication de la plante par germination.

La récolte se fait du printemps à l'automne. Lavez-le, débarrassez-le des débris qui y adhèrent. Faites-le sécher dans des endroits secs et aérés.

USAGES

Le Lichen pulmonaire agit de façon très efficace contre toutes les affections des bronches, la toux.

Il entre dans la composition d'une boisson d'hiver, le COMPOSITION ANTI-TOUX (page 447).

Préparez-le en décoction pendant 3 minutes en en mettant une cuillerée à soupe par tasse. Prenez-en deux ou trois tasses par jour.

LIERRE GRIMPANT *Hedera helix* (Araliacées)

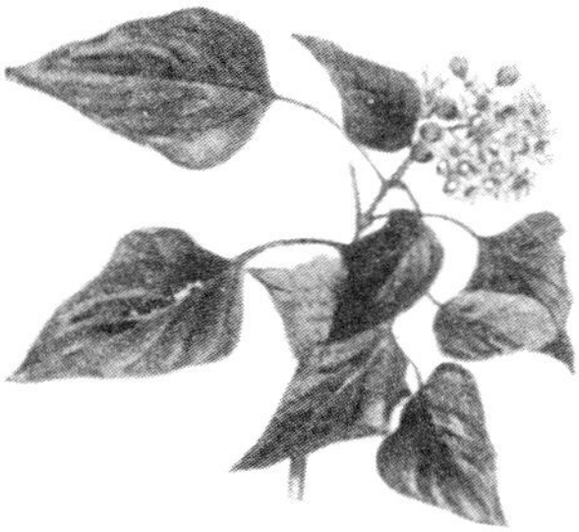

Hedera vient du latin *haerere*, « s'attacher », *helix* du grec *elein*, « s'enrouler ».

NOMS COMMUNS : Herbe à cautère, Lierre des poètes, Lierret, Hierre, Bourreau des arbres, Herbe de saint Jean, Rampe des bois, Rampe des maisons, Joli Bois.

All. : *Efeu*. Angl. : *Ivy*. Esp. : *Yedra*. It. : *Edera*.

Voulez-vous à coup sûr savoir si vos projets réussiront ou non ? Rien de plus simple, il suffit de jeter des feuilles de Lierre dans l'eau dormante d'une fontaine. Si celles-ci, au bout de neuf jours, sont toujours en surface, le succès vous attend. Au contraire, si elles sont tombées au fond avant ce délai... Dans le Nord, il n'était pas toujours très heureux de recevoir d'une jeune fille une lettre contenant une feuille de Lierre, car si celle-ci signifie que la demoiselle accepte de vous épouser, elle symbolise aussi la brièveté de la vie.

DESCRIPTION

Le Lierre grimpant est un arbrisseau à tiges sarmenteuses, grimpantes ou rampantes, de longueur et de grosseur très variables, qui émettent sur toute leur longueur une ligne presque continue de racines adventives. Les feuilles, alternes, sont pétiolées, fermes, coriaces, luisantes, divisées en trois ou cinq lobes triangulaires, d'un beau vert foncé. Les fleurs, jaune verdâtre, sont portées sur des pédoncules et réunies en ombelles arrondies qui forment une boule. Le fruit est une baie globuleuse, coriace, noire.

CULTURE ET RÉCOLTE

Commun dans toute l'Europe, le Lierre grimpant aime les endroits froids des sous-bois, des haies, des buissons, des murs, tantôt rampant, tantôt grimpant.

On le propage par semis, boutures ou rejetons enracinés. Les feuilles peuvent se récolter toute l'année, on les fait sécher dans des endroits secs et aérés.

USAGES

La victoire du Lierre grimpant est son emploi contre la cellulite, en cataplasmes frais ou secs, en tisane plusieurs fois par jour. Il détend les tissus, soulage la douleur provoquée par la cellulite, diminue l'empâtement, assouplit toutes les régions où se trouve la cellulite.

Antispasmodique, il est efficace pour calmer les toux de la coqueluche et les spasmes de la bronchite, mais on lui préfère le Lierre terrestre. Il régularise les fonctions du foie et de la vésicule biliaire. Macéré dans du vinaigre, on en fait des compresses pour éliminer les cors. Préparez-le en décoction pendant 3 minutes, à raison d'une cuillerée à soupe de feuilles coupées par tasse. Prenez-en deux ou trois tasses par jour.

LIERRE TERRESTRE *Glechoma hederacea* (Labiées)

Glechoma aurait pour origine le mot grec *glékom,* qui désignait une plante du même genre ; *hederacea* vient de *hedera,* « lierre », il ressemble au Lierre par ses tiges rampantes.

NOMS COMMUNS : Herbe de saint Jean, Couronne de terre, Terrette, Rondette, Drienne.

All. : *Gundermann.* Angl. : *Ground Ivy.*
Esp. : *Hiedra terrestre.* It. : *Edera terrestre.*

Si vous désirez connaître le visage de votre ennemi, tressez en couronne quelques rameaux et feuilles de ce Lierre terrestre que les sorciers appellent Herbe de lune. Entourez-en une chandelle jaune que vous allumerez un jeudi soir en lune descendante, et l'image de votre pire ennemi vous apparaîtra.

DESCRIPTION

Le Lierre terrestre est une plante vivace à tiges rampantes sur lesquelles se forment çà et là des radicelles. Les feuilles, opposées, longuement pétiolées, en forme de cœur, sont gaufrées, largement crénelées et poilues en dessous. Les fleurs, d'un beau vert-violet, visibles de mai à septembre, naissent à l'aisselle des feuilles supérieures.

Le fruit, divisé en quatre parties égales, est ovoïde, brun et lisse.

CULTURE ET RÉCOLTE

Commun en Europe dans les bois, les haies, les lieux humides, on propage le Lierre terrestre par les graines en pleine terre.

La récolte des sommités fleuries se pratique en pleine floraison en juin, juillet. Réunies en bouquets ou étalées en couche mince, faites-les sécher dans des endroits secs et aérés.

USAGES

Diurétique, antiseptique urinaire, digestif, le Lierre terrestre lutte contre l'acidité de l'estomac, stimule les fonctions du foie.

Avant tout, c'est pour son efficacité sur les bronches que l'on en fait usage, il calme la toux, facilite l'expectoration et la respiration des asthmatiques.

Préparez-le en décoction pendant 2 minutes en mettant une cuillerée à soupe de plante par tasse. Prenez-en deux ou trois tasses par jour.

LILAS *Syringa vulgaris* (Oléacées)

Syringa vient du grec *syrinx,* « roseau », on utilisait les jeunes tiges pour faire des flûtes.

NOM COMMUN : Lilac.

All. : *Lilak.* Angl. : *Lilac.*
Esp. : *Lila.* It. : *Lilla.*

Les cantharides, petites mouches aphrodisiaques, sont friandes de ses feuilles, c'est sur cet arbre qu'on les trouve la plupart du temps.

DESCRIPTION
Le Lilas est un arbrisseau dont la tige de 3 à 4 mètres se divise en rameaux opposés, terminés par deux bourgeons. Les feuilles, opposées, pétiolées, ovales et pointues, sont d'un très beau vert sur les deux faces. Les fleurs, blanches ou violettes, s'épanouissent d'avril à mai. Elles sont réunies en grappes terminales très fournies. Le fruit est une capsule ovoïde, coriace, pointue au sommet.

CULTURE ET RÉCOLTE
Commun en Europe, la multiplication du Lilas se réalise par semis des graines ou, mieux, par éclat des touffes à l'automne. Il préfère les sols frais et argileux, il s'accomode de toutes les expositions.

Récoltez les feuilles juste avant la floraison, faites-les sécher à plat dans des endroits secs et aérés.

USAGES
Fébrifuge léger, on utilise le Lilas surtout pour décongestionner le foie après quelques repas trop généreux.

Préparez-le en décoction pendant 2 minutes en mettant une cuillerée à soupe de feuilles coupées par tasse. Prenez-en deux ou trois tasses par jour.

On en fait une HUILE (page 356), d'un usage courant dans les pays de l'Est, pour soulager les rhumatismes.

LIN *Linum usitatissimum* (Linacées)

Linum vient de *linon*, « fil », à cause de son usage dans le textile ; *usitatissimum*, « très utilisé ».

NOMS COMMUNS : Lin usuel, Lin domestique, Lin des fileurs, Lin de Riga, Lin de Manouse.

All. : *Lein*. Angl. : *Line*. Esp. : *Lino*. It. : *Lino usuale*.

Cultivé dès les premiers âges de l'humanité pour la fabrication des vêtements, le Lin a été supplanté au XIXe siècle par le Coton. Véritable symbole de la fécondité, la semence de Lin mélangée à de la menue monnaie, jetée dans un vase, lui-même installé à l'église sur l'autel de votre saint protecteur vous assurera des rentrées d'argent régulières et abondantes. Autrefois, en campagne, pour « attendrir » une paire de chaussures de cuir neuves, il suffisait de bourrer chaque chaussure avec des graines de Lin mouillées et de les laisser gonfler et germer. On donnait alors ces graines germées à manger à l'âne (pied gauche) et au bœuf (pied droit). Une fois séchées, les chaussures ne vous faisaient plus mal et la fortune vous souriait !

DESCRIPTION

Le Lin est une plante annuelle à racine grêle, simple ou fibreuse. La tige, de 40 à 70 centimètres, est cylindrique, effilée, fragile, dressée, simple à la base, rameuse sur la hauteur. Les feuilles, alternes, sont sessiles, lancéolées, étroites, aiguës, entières, marquées dessous par trois nervures longitudinales. Les fleurs, bleu clair ou violacées, visibles en juin, juillet, sont groupées sur des pédoncules filiformes, l'ensemble formant un corymbe terminal. Le fruit est une capsule globuleuse, pointue, entourée par le calice persistant divisé en dix lobes qui renferment des graines ovales, aplaties, brunes, luisantes, les graines de lin bien connues.

CULTURE ET RÉCOLTE

Originaire du Caucase, le Lin est cultivé dans toute l'Europe ; il aime, pour sa culture, une terre légère, fraîche et bien fumée. Sa multiplication se pratique par semis des graines sous abri ou en plein champ. La récolte du Lin s'effectue à sa parfaite maturité, on l'arrache, on le fait sécher en plein air ou à l'abri, on bat les tiges pour en détacher les graines. Une soufflée d'air chaud termine le séchage et élimine les fibres ou les feuilles restantes.

USAGES

Émolliente, adoucissante des appareils digestif et urinaire, la graine de Lin est surtout employée avec efficacité et douceur comme laxatif pour tous les organismes, même et surtout pour les intestins fragiles des colitiques. Ses propriétés émollientes et conservatrices de la chaleur l'indiquent en cataplasmes, seule contre les affections des bronches des enfants et des sujets sensibles, ou associée à la farine de Moutarde pour les autres personnes.

Mettez une cuillerée à soupe de graines dans un verre d'eau chaude que vous laissez reposer une demi-heure. Prenez l'eau et les graines le soir au coucher.

LIS BLANC *Lilium candidum* (Liliacées)

Lilium était le nom des Lis chez les Romains ; *candidum* signifie « pureté du blanc ».

NOMS COMMUNS : Lis commun, Lis de saint Antoine.

All. : *Weisse Lilie.* Angl. : *White Lily.*
Esp. : *Azucena blanca.* It. : *Giglio bianco.*

Cette fleur royale n'a jamais été pourtant l'emblème de la royauté. Il est probable que c'est par erreur qu'on lui attribua cette majesté et que c'est à l'Iris des marais, plus proche de la figure symbolisée, que Clovis voua son royaume. Une tradition mythologique affirme aussi que le Lis blanc serait né du sein de Vénus mais que Junon, jalouse de sa beauté, lui ajouta ses anthères jaunes pour l'enlaidir.

DESCRIPTION

Le Lis blanc est une plante vivace, bulbeuse, à tige très courte, qui émet en dessous des racines fibreuses, blanchâtres, et porte dessus un bulbe arrondi, formé d'écailles charnues et épaisses. La tige, de 50 centimètres à 1 mètre, est cylindrique, dressée, elle porte des feuilles alternes, lanceolées, aiguës, d'un très beau vert clair. Les fleurs, très grandes, blanches, très odorantes, sont disposées en grappe terminale. Le fruit est une capsule allongée à trois angles arrondis qui contient un grand nombre de graines.

CULTURE ET RÉCOLTE

Originaire d'Orient, le Lis blanc est la plante de nos jardins. Sa multiplication se pratique par semis, mais plus facilement par division des caïeux en juillet, août, que l'on replante aussitôt.

Récoltez les pétales des fleurs à leur complet épanouissement. Faites les préparations à l'alcool ou à l'huile aussitôt, elles se conservent sans inconvénient. À défaut, faites-les sécher à l'ombre dans des endroits secs et aérés.

USAGES

On utilise le bulbe de Lis blanc cuit dans de l'eau ou du lait en cataplasmes contre les inflammations, et pour faire mûrir les abcès, les furoncles, les anthrax, etc.

Macéré dans l'eau-de-vie, on l'applique sur les blessures pour faciliter leur cicatrisation.

Macéré dans l'huile (page 356), on l'utilise pour soulager les brûlures et les coups de soleil, régénérer les tissus, en guise d'huile du soir contre les rides, ou pour atténuer les cicatrices.

LISERON DES HAIES *Convolvulus sepium* (Convolvulacées)

Convolvulus vient de *convolvere,* « s'enrouler », il s'enroule facilement sur des supports ; *sepium,* « des haies ».

NOMS COMMUNS : Grand Liseron, Grande Vrillée, Manchette de la Vierge, Manchette de Notre-Dame, Liset.

All. : *Ufel-Winde.* Angl. : *Berroird.*
Esp. : *Correguela mayor.* It. : *Vilucchio delle siepi.*

On a surnommé la racine du Liseron le Boyau du diable tant elle s'enfonce profondément. Et cette mauvaise herbe fait souvent le désespoir des jardiniers, les plus avisés pourtant en récoltent les graines qu'ils bourrent dans leur oreiller. C'est, paraît-il, un chasse-cauchemars très efficace.

DESCRIPTION

Le Liseron est une plante vivace à rhizome long, mince, blanchâtre, traçant, qui émet un grand nombre de racines fibreuses. La tige, très longue, s'enroule autour des corps voisins. Les feuilles, alternes, pétiolées, sont grandes, ovales, aiguës, en forme de cœur. Les fleurs, blanches, grandes, en forme d'entonnoir, visibles de juin à septembre, terminent des pédoncules solitaires insérés à l'aisselle des feuilles. Le fruit est une capsule arrondie renfermant des graines assez grosses.

CULTURE ET RÉCOLTE

Commun en Europe, on trouve le Liseron des haies dans les endroits humides, ombragés, ne dépassant pas 1 500 mètres d'altitude. On le multiplie par les semences au printemps ou par repiquage des drageons.

Récoltez les feuilles en juillet, faites-les sécher à l'ombre dans des endroits aérés.

USAGES

Laxatif, le Liseron des haies facilite le transit intestinal en y accentuant l'écoulement de la bile.

Préparez-le en décoction pendant 2 minutes en mettant une cuillerée à soupe de feuilles par tasse. Prenez-en une tasse le soir au coucher.

LOTIER CORNICULÉ *Lotus corniculatus* (Papilionacées)

NOMS COMMUNS : Fourcette, Pied de poule, Pantoufles du petit Jésus, Sabot de la mariée, Petit Sabot, Trèfle cornu, Cormette.

All. : *Gewöhnlicher.* Angl. : *Common Bird's Foot.*

Ulysse, en allant sur l'Île de Djerba, a rencontré des lotophages (mangeurs de Lotus). ils consommaient des fleurs de Lotus pour oublier.

DESCRIPTION

Le Lotier corniculé est une plante herbacée peu rameuse dont la taille varie de 15 à 60 centimètres. Les feuilles sont alternes, trifoliées, à stipules dressées.

Les fleurs, portées par un pédoncule axillaire, sont visibles à la belle saison, de juin à août. Le fruit est une gousse bordée de quatre ailes.

CULTURE ET RÉCOLTE

Le Lotier corniculé est très commun dans toutes les prairies d'Europe.

Sa multiplication s'effectue par semis au printemps, sa récolte dès le mois de juin. Coupez les plantes, réunissez-les en bottes, suspendez-les dans des endroits secs et aérés. Coupez-les ensuite pour en faciliter l'usage.

USAGES

Plante calmante et très douce, le Lotier corniculé est utilisé contre l'anxiété, l'insomnie, l'angoisse. Tout en calmant les excitations nerveuses, il permet à son consommateur de conserver sa lucidité, il est idéal pour les périodes d'examen, ou contre les fatigues nerveuses.

Préparez-le en décoction pendant 2 minutes en mettant une cuillerée à soupe de plantes coupées par tasse. Prenez-en une à trois tasses par jour suivant le cas, dont une le soir au coucher.

LYCOPODE EN MASSUE *Lycopodium clavatum* (Lycopodiacées)

Lycopodium vient du grec *lycos,* « loup », et *podion,* « petit pied », allusion à l'aspect de ses ramifications ;
clavatum du latin *clava,* « massue », qui est la forme des épis.

NOMS COMMUNS : Patte de loup, Soufre végétal, Herbe aux massues, Griffe de loup.

All. : *Keuleuformiger.* Angl. : *Common Club-Moss.*
Esp. : *Licopodio.* It. : *Licopodio.*

La poudre des spores était utilisée au temps des préparations magistrales dans les pharmacies. On versait un peu de poudre sur les pilules après leur avoir donné leur forme pour éviter qu'elles se collent entre elles.

DESCRIPTION

Le Lycopode est une plante vivace dont la tige rampante, qui atteint parfois plus de 1 mètre, se divise en de nombreux rameaux ascendants. Les feuilles, alternes, sessiles, linéaires, étroites, petites, recouvrent entièrement les tiges, leur donnant un aspect velu. Les feuilles, sporangifères, triangulaires, sont disposées en deux ou trois épis allongés et cylindriques sur des pédoncules terminaux.

CULTURE ET RÉCOLTE

Très répandu en Europe, plus rare au bord de la Méditerranée, le Lycopode peut pousser jusqu'à 2 500 mètres d'altitude. Sa multiplication se réalise par éclatement des pieds.

La récolte des spores a lieu à leur maturité en juillet, août. Coupez les épis, secouez-les pour récupérer la poudre.

Récoltez les plantes à la même époque, réunissez-les en bottes ou laissez-les sécher à plat dans des endroits secs et aérés.

USAGES

La poudre élaborée par les spores du Lycopode a l'avantage d'absorber les molécules grasses, on l'utilise comme shampooing sec, pour calmer l'irritation des obèses, éviter la formation d'escarres, elle remplaçait autrefois la poudre de talc contre les rougeurs des fesses des bébés.

La plante est diurétique, antirhumatismale, antidiarrhéique.

Préparez-la en légère décoction pendant 2 minutes en mettant une cuillerée à soupe de plante par tasse. Prenez-en deux ou trois tasses par jour.

MAÏS *Zea mays* (Graminacées)

Zea vient du mot grec *dzea,* qui désigne un genre de blé ; *mays* est un mot d'origine américaine.

NOMS COMMUNS : Blé de Turquie, Blé d'Espagne, Blé de l'Inde, Blé de Guinée, Barbe de maïs.

All. : *Mais.* Angl. : *Maiz.*
Esp. : *Maiz común.* It. : *Mais.*

Venu d'Amérique, le Maïs est depuis toujours l'un des symboles de la fécondité. Dans les montagnes Rocheuses, aujourd'hui encore, on brûle des épis de Maïs rouge sous le lit des femmes qui ont des difficultés pour accoucher.

DESCRIPTION

Le Maïs est une plante annuelle à racines fibreuses. La tige, de 1 à 2 mètres, est cylindrique, pleine, robuste, simple. Elle porte des feuilles alternes, engainantes, lancéolées, longues. Les fleurs mâles sont groupées en épis allongés, recourbés à leur partie supérieure, leur réunion forme une grande panicule terminale. Les fleurs femelles, groupées en gros épis cylindriques, solitaires, à l'aisselle des feuilles, donnent les graines, renfermées dans des bractées engainantes, d'où dépasse une touffe pendante : les stigmates.

CULTURE ET RÉCOLTE

Originaire d'Amérique du Sud, le Maïs est cultivé dans les régions tempérées du monde.

Sa multiplication s'opère par semis en pleine terre.

Recueillez les stigmates au tout début de la maturité du fruit, faites-les sécher au soleil.

USAGES

Diurétique, le Maïs augmente le volume des urines, il est très utile dans les cas de cystite, néphrite, albuminurie, calculs rénaux, inflammation de la vessie, douleur des voies urinaires, cellulite, tous les œdèmes et rétentions d'eau.

Préparez-le en décoction pendant 5 minutes en mettant quatre cuillerées à soupe de stigmates coupés par litre. Buvez-en à volonté dans la journée.

MARJOLAINE *Majorana hortensis* (Labiées)

Majorana, plante « majeure » pour une longue vie.

NOMS COMMUNS : Grand Origan, Marjolaine à coquille, Marjolaine d'Orient.

All. : *Majoran.* Angl. : *Marjoram.*
Esp. : *Mejorana.* It. : *Marjorama.*

DESCRIPTION

La Marjolaine est une plante vivace à racine fibreuse. La tige, de 30 à 50 centimètres, est ferme, dressée, rameuse, elle forme une touffe. Les feuilles, opposées, sont petites, ovales, cotonneuses, blanchâtres. Les fleurs, qui apparaissent en juillet, août, sont très petites, blanchâtres ou rosées, disposées en épis courts et arrondis, l'ensemble forme une panicule terminale. Le fruit est lisse et globuleux.

CULTURE ET RÉCOLTE

Inconnue à l'état spontané, la Marjolaine est cultivée dans les régions chaudes de la Méditerranée, jusqu'à 2 000 mètres d'altitude.

On la multiplie par les graines, les drageons, les boutures, ou par éclat des pieds.

Récoltez les plantes en pleine floraison, réunissez-les en bouquets, suspendez-les. Après séchage complet, détachez les feuilles.

USAGES

Antispasmodique, la Marjolaine facilite la digestion, calme les spasmes des intestins, les colites, elle détend, repose, procure un bon sommeil. Ajoutée aux plantes carminatives, Anis, Fenouil, etc., elle complète leur action.

On en fait des gargarismes pour calmer les inflammations de la bouche, on l'utilise en lavages des sinus contre le rhume des foins.

On en fait usage comme poudre sternutatoire contre le coryza.

Préparez-la en légère décoction pendant deux minutes, à raison d'une cuillerée à soupe de plante par tasse. Prenez-en deux ou trois tasses par jour.

MARRONNIER D'INDE *Aesculus hippocastanum* (Hippocastanacées)

Aesculus était chez les anciens un Chêne à glands comestibles ; *hippocastanum* vient de *hippos,* « cheval », et de *castanum,* « châtaignier ».

NOMS COMMUNS : Châtaignier de cheval, Châtaignier de mer.

All. : *Rosskastanie.* Angl. : *Horse Chesnut.*
Esp. : *Castaño de India.* It. : *Castagno d'India.*

On dit que le premier marron tombé et ramassé protège contre les rhumatismes et les maux de reins à condition de le porter en permanence dans sa poche.

DESCRIPTION

Le Marronnier d'Inde est un bel arbre robuste à racine pivotante et ramifiée. La tige, qui peut atteindre 25 mètres, est couverte d'une écorce rugueuse et grisâtre, elle se divise en nombreux rameaux opposés dont l'ensemble forme une cime pyramidale. Les feuilles, opposées, à pétiole très long, sont divisées en cinq ou sept folioles ovales pointues, dentées. Les fleurs, blanches, tachées de rose, visibles en avril, mai, sont groupées en longues et larges panicules terminales. Le fruit est une capsule charnue, coriace, épineuse, qui renferme une à quatre graines déformées, parce que comprimées, luisantes, marquées d'un hile blanchâtre.

CULTURE ET RÉCOLTE

Originaire d'Asie, le Marronnier d'Inde est très commun en Europe, il préfère les sols profonds et frais. Récoltez l'écorce au printemps sur des branches de grosseur moyenne. Faites-les sécher dans des locaux chauds. Les fruits sont récoltés à maturité à l'automne et séchés dans des locaux chauds et aérés.

USAGES

L'écorce de Marronnier d'Inde est tonique et astringente, elle est utilisée, comme celle du Chêne, contre les dysenteries, les diarrhées, en bains de siège pour soulager les hémorroïdes. On utilise plus couramment le fruit concassé comme vasoconstricteur contre les varices, les hémorroïdes, les jambes lourdes, il soulage et stimule la circulation veineuse. Cette action décongestionnante se retrouve dans le soulagement des lourdeurs de la prostate, des troubles de la ménopause, des ennuis de la couperose.

Préparez-le en décoction pendant 5 minutes en mettant une cuillerée à café de plante par tasse. Prenez-en deux ou trois tasses par jour.

MARRUBE BLANC *Marrubium vulgare* (Labiées)

Marrubium vient de l'hébreu *mar,* « amer », et *rob,* « suc ». Le suc de la plante est très amer.

NOMS COMMUNS : Bonhomme, Herbe aux crocs, Marrochemin, Herbe vierge.

All. : *Andorn.* Angl. : *Common Horehound.* Esp. : *Marrubio.* It. : *Marrubio.*

DESCRIPTION

Le Marrube blanc est une plante vivace à racines épaisses, ligneuses, blanchâtres. Les tiges, de 40 à 70 centimètres, sont fermes, blanchâtres, cotonneuses, dressées, un peu rameuses. Les feuilles, opposées, pétiolées, ovales, aiguës, crenelées, crépues, ridées, sont vert cendré et cotonneuses. Les fleurs, blanches, visibles de mai à septembre, sont groupées à l'aisselle des feuilles. Le fruit est renfermé dans le calice persistant.

CULTURE ET RÉCOLTE

Commun dans toute l'Europe, dans les lieux incultes, sur les bords des routes, la multiplication du Marrube blanc se réalise par semis en pépinière au printemps. On repique les plants en pleine terre deux mois après.

Récoltez les plantes juste au début de leur floraison. Réunissez-les en bouquets, suspendez-les dans des endroits secs et aérés.

USAGES

Fébrifuge, le Marrube blanc fait tomber tous les excès de fièvre. Tonique, amer, il facilite la digestion, l'apparition des règles dont il soulage les douleurs. Cholérétique, il stimule le foie, combat l'arythmie cardiaque, facilite le sommeil. Dans les affections des bronches, il facilite l'expectoration, calme la toux.

Préparez-le en décoction pendant 2 minutes, à raison d'une cuillerée à soupe de plante par tasse. Prenez-en deux ou trois tasses par jour.

MATÉ VERT *Ilex paraguariensis* (Aquifoliacées)

Ilex vient de l'hébreu *élon,* désignant le Chêne ; *paraguariensis,* « du Paraguay ».

NOMS COMMUNS : Thé du Paraguay, Thé des jésuites, Herbe de saint Barthélemy, Thé vierge.

All. : *Paraguay Thee.* Angl. : *Paraguay Tea.*
Esp. : *Yerba mate.* It. : *Yerba mate.*

C'est pratiquement la boisson nationale en Amérique du Sud. Dans les campagnes, il remplace le café du matin et donne, paraît-il, beaucoup de cœur à l'ouvrage.

DESCRIPTION

Le Maté vert est un arbuste ou un buisson ressemblant au Houx, de 4 à 10 mètres de hauteur, il constitue de véritables forêts en Amérique latine entre 500 et 1 000 mètres d'altitude.

CULTURE ET RÉCOLTE

Les feuilles de Maté vert sont récoltées à leur complète maturité – on choisit les plus belles. Elles nous viennent du Paraguay, de l'Uruguay, du nord de l'Argentine ou du sud du Brésil.

USAGES

Le Maté, qui a donné son nom à la plante, est un genre de calebasse dans laquelle les Indiens boivent son infusion. Pour l'absorber, ils utilisent une sorte de chalumeau en bois ou en métal, plus ou moins ouvragé, nommé *bambilla,* entouré dans le bas d'un filtre de toile ou de grillage métallique très fin.

Dans certaines régions on fait usage des feuilles grillées.

Digestives, stimulantes, diurétiques, les feuilles de Maté sont surtout une boisson d'épargne, contenant de la caféine, comme le thé ou le café. En complément d'un régime amincissant, le Maté est utile, il donne de l'énergie, permettant ainsi de mieux surveiller son alimentation.

Préparez-le en infusion en en mettant une cuillerée à café par tasse.

MATRICAIRE *Matricaria chamomilla* (Composées)

Matricaria vient de *matrix,* « femelle », « matrice », la plante facilite et soulage les douleurs des règles ;
chamomilla, du grec *chamai,* « à terre », et *melon,* « pomme », les fleurs rappellent l'odeur de pomme.

NOMS COMMUNS : Camomille allemande, Petite Camomille, Camomèle, Œil du soleil, Camomille sauvage.

All. : *Deutsche Camille.* Angl. : *German chamomille.*
Esp. : *Manzanilla salvage.* It. : *Camomilla vulgare.*

DESCRIPTION

La Matricaire est une plante annuelle de 50 centimètres environ, à tige dressée, rameuse. Les feuilles, alternes, sessiles, épaisses, charnues, sont très divisées, en lanières. Les fleurs, jaunes au centre, blanches à la circonférence, visibles de mai à octobre, très odorantes, sont groupées en capitules solitaires au sommet des rameaux. Le fruit est très petit, blanc jaunâtre, légèrement arqué.

CULTURE ET RÉCOLTE

Commune en Europe, la Matricaire peut croître jusqu'à 1 600 mètres d'altitude. Sa multiplication se pratique par semis au printemps, puis repiquage deux mois après en pleine terre.

Récoltez les fleurs au moment de la floraison, séchez les capitules à plat dans des endroits secs et aérés.

USAGES

Tonique, stimulante, apéritive, stomachique, la Matricaire redonne du tonus, de l'appétit, combat la fatigue, facilite la digestion, calme les douleurs de l'estomac.

Cholalogue, elle active les fonctions du foie. Antispasmodique, sédative, calmante, elle soulage les colites et les spasmes divers, elle relaxe bien l'organisme. Antalgique, elle soulage les migraines, les douleurs articulaires et rhumatismales et les courbatures en début de grippe.

Elle décongestionne, facilite l'apparition des règles, calme leurs douleurs.

Elle est indiquée en lavages pour désinfecter les plaies, en bains de bouche ou en lavages des sinus pour aseptiser, en rinçages des cheveux pour donner des reflets cendrés.

Préparez-la en infusion pendant 2 minutes, à raison d'une cuillerée à café de plante par tasse. Prenez-en deux ou trois tasses par jour.

MAUVE *Malva sylvestris* (Malvacées)

Malva vient du grec *malasso,* « amollir » ;
sylvestris de *silva,* « forêt ».

NOMS COMMUNS : Grande Mauve, Fausse Guimauve, Beurrat, Fouassier, Meule, Fromageon, Mauve sauvage.

All. : *Malve.* Angl. : *Wood Mallow.*
Esp. : *Malva silvestre.* It. : *Malva grande.*

Platine, au Moyen Âge, considère que « la salade de ses feuilles amollit le ventre, guérit la gravelle, et rompt la pierre ».

DESCRIPTION

La Grande Mauve est une plante bisannuelle à racine pivotante, charnue, blanchâtre. Les tiges, de 30 à 80 centimètres, sont cylindriques, rameuses, velues, dressées. Elles portent des feuilles alternes, longuement pétiolées, arrondies en cinq ou sept lobes peu profonds et crénelés. Les fleurs, rose violacé, visibles de mai à août, munies d'un long pédoncule, sont groupées par deux ou plus à l'aisselle des feuilles. Le fruit est composé de nombreuses graines groupées autour d'un axe central commun.

CULTURE ET RÉCOLTE

Commune en Europe, la Grande Mauve se rencontre dans les lieux incultes, sur les bords des chemins. Sa multiplication se réalise par semis à l'automne ou au printemps en pépinière. On repique les plants dans des terres fraîches et bien fumées.Récoltez les fleurs au fur et à mesure de leur épanouissement tout l'été, les feuilles en juin, juillet. Faites-les sécher au soleil pendant quelques jours en les recouvrant d'un papier pour éviter la décoloration, finissez ensuite le séchage dans des endroits secs et aérés.

USAGES

Émolliente et laxative, la Grande Mauve facilite les évacuations sans irriter l'intestin, d'où son usage recommandé pour les enfants, les vieillards, les intestins fragiles des colitiques.

Béchique, elle calme la toux, l'enrouement, les pharyngites, facilite l'expectoration, guérit les bronchites, soulage l'asthme. Elle entre dans la composition des fleurs pectorales.

Calmante des irritations et des inflammations, on en fait des bains de bouche contre les aphtes, des lotions contre la couperose et les piqûres d'insecte, des compresses pour soulager les yeux fatigués, des bains de siège pour apaiser les hémorroïdes irritées. Bien que toute la plante ait des propriétés identiques, il est surtout fait usage des fleurs.

Préparez les feuilles en décoction pendant 2 minutes, les fleurs en infusion pendant 5 minutes, à raison d'une cuillerée à soupe par tasse. Suivant l'usage, prenez-en deux ou trois tasses par jour.

MASQUE POUR LES YEUX

Destiné à soulager les yeux et les paupières, ce cataplasme adoucit, décongestionne, repose cette partie de votre visage, reflet profond de tout votre être.

Poudre de fleurs de mauve	50 g
Poudre de fleurs de camomille	50 g
Poudre de fleurs de roses de France	50 g

Mélangez les poudres, prélevez-en trois cuillerées à soupe, ajoutez-y la quantité d'eau chaude nécessaire pour faire une pâte. Laissez refroidir jusqu'à ce que la pâte soit tiède, étalez sur un linge fin. Détendez-vous en appliquant ce cataplasme pendant 30 minutes.

MÉLILOT DES CHAMPS *Melilotus officinalis* (Légumineuses)

Melilotus est dérivé du grec *mêli,* « miel », et *lôtos,* « lotus ». C'est l'une des meilleures plantes mellifères.

NOMS COMMUNS : Petit Trèfle jaune, Trèfle des mouches, Meigle, Pratelle, Mirlirot, Casse-lunettes, Couronne royale, Luzerne bâtarde.

All. : *Feld Steinklee.* Angl. : *Melilot.*
Esp. : *Meliloto medicinalis.* It. : *Meliloto.*

Comme l'Aspérule odorante, le Mélilot est riche en coumarine. À l'état frais ou au début de sa récolte, il dégage un parfum très agréable.

DESCRIPTION

Le Mélilot est une plante bisannuelle à racines fibreuses, fortes, blanchâtres. Les tiges, de 50 centimètres à 1 mètre, sont cylindriques, striées, dressées, elles portent des feuilles alternes longuement pétiolées, avec des stipules lancéolées à la base, composées de trois folioles oblongues et dentées. Les fleurs, jaunes, visibles de mai à septembre, sont disposées en grappes dressées à l'extrémité des tiges florifères. Le fruit est une gousse velue surmontée d'un style persistant, qui contient deux petites graines.

CULTURE ET RÉCOLTE

Commun en Europe, le Mélilot peut croître jusqu'à 2 200 mètres d'altitude, il préfère les terres sèches et pauvres. Multipliez-le en faisant tremper les graines dans de l'eau pendant une dizaine d'heures, puis semez-les dans des sols bien fumés à la fin de l'été ou au printemps. Éclaircissez ensuite. Récoltez les plantes au moment de la floraison, réunissez-les en bouquets, suspendez-les à l'ombre et dans des endroits aérés.

USAGES

Antispasmodique, le Mélilot procure un bon sommeil aux anxieux, aux soucieux, aux stressés, aux enfants et aux vieillards, il calme les douleurs et les névralgies.

Facilitant la digestion, il adoucit les inflammations des intestins chez les colitiques. Diurétique, il est antiseptique et antispasmodique des voies urinaires, il est recommandé en cas de cystite par exemple.

En collyre ou bains d'yeux il est utilisé contre les conjonctivites et autres inflammations oculaires.

Préparez-le en décoction pendant 2 minutes, à raison d'une cuillerée à soupe de plante par tasse. Prenez-en deux ou trois tasses par jour.

MÉLISSE *Melissa officinalis* (Labiées)

Melissa est le nom grec de la plante et de l'abeille, celle-ci allant la butiner très souvent.

NOMS COMMUNS : Citronnelle, Citronnade, Piment des abeilles, Thé de France.

All. : *Melisse.* Angl. : *Balm.* Esp. : *Melissa.* It. : *Melissa.*

Les apiculteurs savent que frotter une ruche avec une grosse poignée de fleurs fraîches de Mélisse attirera de nouvelles abeilles et permettra une récolte de miel beaucoup plus importante. En Alsace, il était d'usage pour les jeunes mariés de laisser tremper toute une nuit dans une bouteille de vin une tige de Mélisse ; au matin, chacun la tirait par un bout et celui qui en conservait la plus grande part était sûr de porter la culotte dans le ménage.

DESCRIPTION

La Mélisse est une plante vivace à souche longue, traçante. La tige, de 40 à 80 centimètres, est dressée, plus ou moins rameuse. Les feuilles, opposées, longuement pétiolées, ovales, crénelées, gaufrées, sont luisantes, d'un beau vert foncé dessus, plus pâles en dessous. Les fleurs, blanches, qui apparaissent de juin à septembre, sont disposées à l'aisselle des feuilles supérieures. Le fruit, entouré par un calice persistant, contient des graines luisantes brun foncé.

CULTURE ET RÉCOLTE

Commune en Europe dans les lieux frais et ombragés, la Mélisse est rare en altitude. Sa multiplication se pratique par semis en février, et repiquage deux mois après en pleine terre.

La récolte s'effectue la deuxième année après la plantation, juste avant la floraison en mai, juin. Une deuxième récolte peut éventuellement se faire en septembre. Détachez les feuilles des branches, faites-les sécher à l'ombre dans des endroits secs et aérés.

USAGES

Antispasmodique, la Mélisse procure le sommeil aux nerveux et aux agités, facilite la digestion, soulage les douleurs de l'estomac et de l'intestin, calme les nausées des femmes enceintes, repose les stressés.

Comme l'Aspérule odorante, elle décontracte la vésicule biliaire des angoissés.

On fabrique une EAU DE MÉLISSE FAMILIALE (page 327) proche de la formule des carmes.

Préparez les feuilles en décoction pendant 2 minutes en en mettant une bonne pincée par tasse. Prenez-en une tasse après les repas.

MENTHE COQ *Chrysanthemum balsamita* (Composées)

Chrysanthemum vient du grec *chrysos,* « or », et *anthémon,* « fleur », à cause des fleurs dorées de la plante ; *balsamita,* « baume ».

NOMS COMMUNS : Menthe de Notre-Dame, Grand Baume, Menthe grecque, Balsamite du Levant, Baume coq, Herbe au coq.

All. : *Marienblatt.* Angl. : *Costmary.*
Esp. : *Costo hortense.* It. : *Erba santa Maria.*

Avec son odeur pénétrante citronnée et mentholée, macéré dans l'huile, on l'utilisait comme baume pour soulager les douleurs rhumatismales.

DESCRIPTION

La Menthe coq est une plante vivace odorante à racine longue, un peu oblique, fibreuse. La tige, d'environ 1 mètre, est dressée, ferme, blanchâtre, un peu velue, légèrement visqueuse, elle se divise en rameaux, surtout au sommet. Les feuilles sont longuement pétiolées, allongées, obtuses au sommet, dentées, vert clair. Les fleurs, jaunes, visibles en juillet, août, sont disposées en petits capitules dont la réunion constitue un corymbe terminal. Le fruit est allongé.

CULTURE ET RÉCOLTE

Commune en Europe, la Menthe coq préfère les expositions chaudes. On la propage facilement par éclat des souches.

La récolte se pratique avant la floraison ; coupées, les plantes sont réunies en bouquets et suspendues dans des endroits secs et aérés.

USAGES

Antispasmodique, la Menthe coq calme les toux nerveuses, soulage les bronches. Bienfaisante contre les calculs biliaires, elle facilite la digestion, chasse les gaz des intestins. On en fait un VIN (page 375) qui a la propriété de réveiller l'esprit, de donner de la gaieté et de chasser la mélancolie.

Préparez-la en décoction pendant 1 minute, en en mettant une cuillerée à soupe par tasse. Prenez-en deux ou trois tasses par jour.

MENTHE POIVRÉE *Mentha piperita* (Labiées)

Mentha vient de Minthe, du nom grec d'une nymphe que Proserpine, jalouse, transforma en fleur ; *piperata,* « poivrée ». Le genre Menthe renferme plusieurs espèces, la plus importante est la Menthe poivrée.

NOMS COMMUNS : Menthe, Menthe poivrée.

All. : *Pfefferminze.* Angl. : *Peppermint.*
Esp. : *Yerba buena de pimienta.* It. : *Menta inglese.*

Quelques feuilles de Menthe fraîches jetées dans l'eau d'un vase font durer le bouquet plus longtemps.

DESCRIPTION

La Menthe poivrée est une plante vivace à rhizome long, rampant, traçant, chevelu. La tige, de 30 à 50 centimètres, dressée ou ascendante, se divise en rameaux opposés. Les feuilles, opposées, courtement pétiolées, ovales, lancéolées, aiguës, dentées, sont d'un très beau vert. Les fleurs, violacées, forment des épis très courts, ovoïdes, à l'extrémité des rameaux. Le fruit, divisé en quatre parties, est entouré d'un calice persistant.

CULTURE ET RÉCOLTE

La Menthe poivrée fait l'objet d'une grande culture, elle demande un sol frais, argileux, léger, riche. Sa multiplication s'opère par les drageons qui s'enracinent facilement à l'automne ou au printemps.

Deux récoltes sont possibles, une en juin, l'autre en septembre. Coupez les plantes après la rosée, réunissez-les en bouquets, suspendez-les dans des locaux chauds et aérés.

USAGES

Digestive, antispasmodique, la Menthe poivrée combat la paresse de l'estomac, les douleurs des intestins, l'aérophagie, les ballonnements, elle augmente la production de bile, soulage les douleurs du foie et des reins.

Analgésique, elle soulage les migraines, les névralgies, les sciatiques (*voir* BAUME, page 333) en applications de l'essence ou du baume spécial sur les tempes ou les parties douloureuses. Stimulante, elle active l'appétit.

Préparez-la en infusion pendant 5 minutes en en mettant une pincée par tasse. Prenez-en deux à quatre tasses par jour. Dans le commerce, l'appellation « simple de Menthe » signifie, désigne en fait la Menthe poivrée.

MENTHE POULIOT *Mentha pulegium* (Labiées)

Mentha vient de Minthe, du nom grec d'une nymphe que Proserpine, jalouse, transforma en fleur ; *pulegium*, de *pulex*, « puces », son odeur éloigne les puces.

NOMS COMMUNS : Bléchon, Pouliot, Herbe aux puces, Herbe de saint Laurent.

All. : *Poley*. Angl. : *Royal Penny*.
Esp. : *Poleo*. It. : *Puleggio*.

Autrefois les terrassiers glissaient toujours une feuille de Menthe fraîche sous leur ceinture de flanelle ; cela, paraît-il, rendait leurs efforts plus faciles.

DESCRIPTION
La Menthe pouliot est une plante herbacée à tige cylindrique et rameuse. Les feuilles, ovales, légèrement dentées, sont brièvement pétiolées.

CULTURE ET RÉCOLTE
Seule la Menthe poivrée est l'objet d'une culture intensive, mais la multiplication de la Menthe pouliot peut s'opérer par semis des graines ou bouturage.

Récoltez les plantes juste avant la floraison, faites-les sécher à l'ombre dans des endroits secs et aérés.

USAGES
Les propriétés de la Menthe pouliot sont identiques à celles de la Menthe poivrée, mais celle-ci est plus efficace sur le foie, de plus elle calme les quintes de toux, soulage les bronches, facilite l'apparition des règles.

MÉNYANTHE *Menyanthes trifoliata* (Gentianacées)

Menyanthes vient du grec *mên,* « mois », et *anthos,* « fleur », fleur du mois, pour la durée de vie de la fleur ou pour ses vertus sur le cycle menstruel.

NOMS COMMUNS : Trèfle d'eau, Trèfle aquatique, Trèfle de castor, Trèfle de la fièvre.

All. : *Bitterklee.* Angl. : *Marsh Trefoil.*
Esp. : *Trebol acuatico.* It. : *Trifoglio palustre.*

On assure qu'une tasse quotidienne de Ményanthe peut prolonger la vie.

DESCRIPTION

Le Ményanthe est une plante vivace à rhizome cylindrique, épais, rameux, qui porte des écailles et des racines fibreuses blanchâtres. Les feuilles, alternes, ont un long pétiole, elles sont engainantes et membraneuses à la base, divisées en trois folioles oblongues, entières, légèrement dentées. Haute de 20 à 40 centimètres, la hampe, qui sort du centre des feuilles, est nue, elle se termine par une grappe de fleurs, blanc rosé. Le fruit est arrondi, surmonté d'un style persistant qui renferme de nombreuses graines jaunâtres et luisantes.

CULTURE ET RÉCOLTE

Commun en Europe, le Ményanthe se trouve dans les endroits humides, les prés inondés, les fossés, il préfère les sols argilo-calcaires. On le propage par boutures. Cassez un fragment de la tige, enfoncez-la dans un endroit inondé, bord de mare, fossé. Récoltez les feuilles et les sommités fleuries au début de la floraison en avril, mai, faites-les sécher dans des endroits chauds et aérés.

USAGES

Tonique et digestif, le Ményanthe active le travail de l'estomac, tonifie l'état général. Son action digestive est la bienvenue contre le mal de mer où il donne de bons résultats.

Utile contre la fièvre, emménagogue, il provoque et facilite l'écoulement des règles et en soulage les douleurs.

Dépuratif, son usage est justifié pour tous les problèmes de peau, acné, eczéma.

En cigarette ou à la pipe, il soulage les asthmatiques.

Préparez-le en décoction pendant 2 minutes, à raison d'une cuillerée à soupe de plante par tasse. Prenez-en deux ou trois tasses par jour.

MILLE-FEUILLE *Achillea millefolium* (Composées)

Achillea vient du nom grec d'Achille, Achilleios, qui apprit par le centaure Chiron les vertus de la plante et en fit usage ; *millefolium,* la plante a de nombreuses découpures.

NOMS COMMUNS : Herbe aux charpentiers, Herbe de saint Jean, Herbe aux militaires, Herbe à la coupure, Sourcils de Vénus.

All. : *Gemeine Schafgarbe.* Angl. : *Milfoil.*
Esp. : *Milenrama.* It. : *Millefoglio.*

On dit que Joseph le Charpentier s'étant blessé, son fils Jésus alla quérir des feuilles d'Achillée Mille-feuille et pansa la blessure qui se cicatrisa rapidement.

DESCRIPTION

Le Mille-feuille est une plante vivace à racines fusiformes, petites, blanchâtres. La tige, qui peut atteindre 1 mètre de hauteur, est sillonnée dans la longueur, un peu velue, rameuse vers le haut. Les feuilles, alternes, sessiles, longues et étroites, sont divisées en segments étroits, très fins, ce qui lui a valu son nom. Les fleurs, blanches, visibles de juin à octobre, sont disposées en capitules, l'ensemble forme un corymbe terminal. Le fruit est blanc, comme coupé à son sommet, un peu comprimé.

CULTURE ET RÉCOLTE

Commun dans toute l'Europe, le Mille-feuille peut pousser jusqu'à 2 500 mètres d'altitude. Il aime les terrains secs ou sablonneux. Sa multiplication s'effectue par semis après l'été ou au printemps.

Récoltez les sommités fleuries en pleine floraison, réunissez-les en bouquets, suspendez-les dans des endroits secs et aérés.

USAGES

Stimulant de la circulation du sang, le Mille-feuille est utile contre les varices, les hémorroïdes, pendant la période de ménopause, associé à d'autres plantes contre l'obésité et la cellulite.

Diurétique, il élimine les boues et le calculs rénaux.

Emménagogue, il facilite la venue des règles et en calme les douleurs, il active la digestion, lutte contre les gaz intestinaux.

Astringent, il facilite la cicatrisation des plaies de toute nature.

Préparez-le en décoction pendant 2 minutes en mettant une cuillerée à soupe de plantes coupées par tasse. Prenez-en deux ou trois tasses par jour.

MILLE-PERTUIS *Hypericum perforatum* (Hypéricacées)

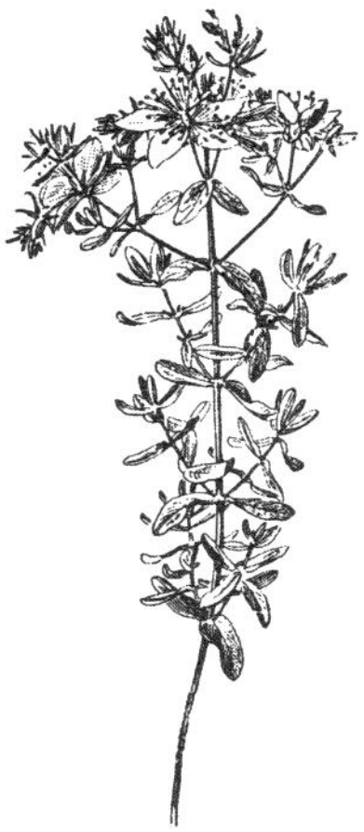

Hypericum viendrait du grec *hyperekion,* nom d'une plante identique, mais bien d'autres avis existent sur l'origine du mot ; *perforatum,* « perforé », les feuilles vues par transparence semblent perforées de petits trous, en fait il s'agit de poches sécrétrices.

NOMS COMMUNS : Herbe aux mille trous, Herbe percée, Herbe aux piqûres, Chasse-diable, Herbe de la Saint-Jean.

All. : *Johanniskraut.* Angl. : *Saint John's Wort.*
Esp. : *Yerba.* It. : *Pilatro.*

Durant tout le Moyen Âge, ce fut l'herbe capable de chasser des régiments de démons. Lors de la question, on bourrait de force la bouche des prétendues sorcières de feuilles de Mille-pertuis ; elles avouaient, paraît-il, ainsi plus facilement leurs turpitudes.

DESCRIPTION

Le Mille-pertius est une plante vivace, à racines ligneuses un peu rameuses, brun jaunâtre. Les tiges, de 20 à 80 centimètres, sont cylindriques, marquées par deux lignes saillantes, fermes, rameuses. Les feuilles, opposées, sessiles, ovales, entières, vert foncé dessus, sont criblées de petits pois transparents, qui sont des poches sécrétrices. Les fleurs, d'un beau jaune d'or, visibles de mai à septembre, sont disposées en panicules terminales très fournies. Le fruit est ovoïde, cloisonné en trois loges qui renferment un grand nombre de graines.

CULTURE ET RÉCOLTE

Commun dans toute l'Europe, on trouve le Mille-pertuis dans des endroits incultes, sur les bords des chemins, il ne pousse pas au-delà de 1 600 mètres d'altitude. Sa multiplication se pratique par semis ou par les bourgeons, qui naissent sur les tiges ou sur les racines.

Récoltez les plantes en pleine floraison, réunissez-les en bouquets, suspendez-les dans des endroits secs et aérés.

USAGES

Le Mille-pertuis est utile pour soulager les bronchites, faciliter la respiration des asthmatiques. Il facilite la circulation cérébrale et agit ainsi sur l'artériosclérose, il diminue les pertes blanches.

Son HUILE (page 356) fait merveille pour guérir les brûlures, cicatriser les plaies, régénérer les tissus superficiels, soulager les douleurs et autres inflammations.

Préparez-le en légère décoction pendant 2 minutes en mettant une cuillerée à soupe de plante par tasse. Prenez-en deux ou trois tasses par jour.

MOUSSE DE CORSE *Alsidium helminthochorton* (Rhodomélacées)

NOMS COMMUNS : Coralline de Corse, Varech vermifuge, Dentelle de Vénus.

All. : *Corsikanisches Moos.*
Angl. : *Corsican Moos.*
Esp. : *Musgo de Corsega.*
It. : *Musco di Corsica.*

Les poupées d'envoûtement étaient toujours bourrées avec de la Mousse de Corse. Si, par suite d'une déception sentimentale, vous avez perdu le sommeil, quelques feuilles de Mousse de Corse glissées dans l'oreiller vous feront à la fois oublier et dormir.

DESCRIPTION

La Mousse de Corse est un ensemble d'une vingtaine d'algues rouges que domine *Alsidium helminthochorton.* Du thalle central, rouge sombre, partent des filaments rampants, entrelacés, dressés, cylindriques, charnus, violet foncé.

CULTURE ET RÉCOLTE

Abondante en Méditerranée, on ramasse la Mousse de Corse à la main ou au râteau sur les rochers. On débarrasse les algues des coquillages et autres résidus qui s'y nichent, on les laisse sécher au soleil. Après un séchage complet, on les conserve dans des sacs en papier ou, mieux, dans des boîtes en bois, à l'abri de l'humidité.

USAGES

Vermifuge, on utilise la Mousse de Corse contre les ascaris et les oxyures, à boire en tisane, ou en lavements.

L'iode qu'elle recèle permet de l'employer avec d'autres plantes contre l'obésité.

Préparez-la en macération pendant 3 heures, à raison de cinq cuillerées à soupe de plante par litre. Donnez une tasse le soir aux enfants jusqu'à 10 ans ; deux ou trois conviennent pour les adolescents et les adultes pendant 5 jours aux périodes de pleine lune.

MÛRIER NOIR *Morus nigra* (Moracées)

Morus vient du grec *morea,* le nom de la plante ; *nigra,* « noir ».

NOM COMMUN : Mûrier.

All. : *Schwarzer Maulbeerbaum.*
Angl. : *Black Mulberry Tree.*
Esp. : *Moral negro.*
It. : *Moro nero.*

Ne confondez pas cet arbre avec son proche parent le Mûrier blanc, frugal repas du ver à soie.

DESCRIPTION

Le Mûrier noir est un arbre de 10 à 12 mètres dont la tige, irrégulière, est couverte d'une écorce grise, rude, à suc laiteux, qui se divise en de nombreux rameaux longs et étalés. Les feuilles, alternes, sont pétiolées, ovales, en forme de cœur, dentées, épaisses, velues, d'un beau vert sombre. Les fleurs, petites, verdâtres, sont visibles en avril, mai. Les mâles sont groupées en épis allongés, les femelles sont ovoïdes. Le fruit, formé par la réunion des calices charnus, ressemble aux mûres des haies produites par les ronces.

CULTURE ET RÉCOLTE

Originaire de Chine et de Perse, très rustique, le Mûrier noir se rencontre en Europe. On le multiplie par semis des graines, boutures ou marcottes.

Récoltez les feuilles au début de la floraison, étalez-les dans un endroit sec et aéré.

USAGES

Avant leur maturité, les fruits du Mûrier noir sont astringents, ils sont utilisés contre les dysenteries, les diarrhées, en gargarismes pour soulager les angines. Mûrs, rouge-noir, ils sont au contraire laxatifs.

Les feuilles sont diurétiques mais donnent surtout d'excellents résultats contre le diabète.

Préparez-le en décoction pendant 2 minutes, à raison d'une cuillerée à soupe de feuilles coupées par tasse. Prenez-en deux ou trois tasses par jour.

MYRTE COMMUN *Myrtus communis* (Myrtacées)

Myrtus vient du nom grec de la plante, *myrtos.*

NOMS COMMUNS : Myrte juif, Mirte, Nerte, Herbe du Lagui.

All. : *Myrte.* Angl. : *Myrtle.*
Esp. : *Mirto común.* It. : *Mirto.*

La légende mythologique assure que Vénus ayant un jour eu honte de sa nudité se vêtit de feuilles de Myrte ; depuis la plante est devenue le symbole de la déesse. C'est aussi le symbole de l'éternelle jeunesse, mais pour que cet arbre conserve toutes ses vertus il faut qu'il soit impérativement planté au jardin par une femme.

DESCRIPTION

Le Myrte est un arbrisseau de grandeur variable, de 2 à 5 mètres, divisé en nombreux rameaux dès la base. Les feuilles, opposées, courtement pétiolées, ovales, aiguës, entières, fermes, d'un beau vert luisant, sont parsemées de petits poils transparents. Les fleurs, blanches, odorantes, visibles de mai à juillet, sont portées par un long pédoncule dressé et solitaire à l'aisselle des feuilles. Le fruit est une baie ovoïde, noire à maturité, couronnée par le limbe du calice.

CULTURE ET RÉCOLTE

Commun en Europe méridionale, rare en altitude, le Myrte se trouve sur les terrains calcaires et siliceux. Pour le cultiver, choisissez une terre fraîche, légère, exposée au soleil, il craint le gel. Propagez-le par semis ou bouturage.

Récoltez les feuilles en été, les fruits à leur maturité. Faites-les sécher à l'ombre dans des endroits aérés.

USAGES

Le Myrte est recommandé contre les affections respiratoires, la bronchite passagère ou chronique, celle des fumeurs en particulier, contre la toux.

Stimulant la digestion, il contient des tanins qui ont leur utilité dans les cas de diarrhées, de pertes blanches et d'hémorroïdes.

Préparez-le en décoction pendant 2 minutes en mettant une cuillerée à soupe de feuilles coupées par tasse. Prenez-en deux ou trois tasses par jour.

Une eau distillée de feuilles et de baies de Myrte est utilisée pour le visage, l'EAU D'ANGE (page 342).

L'essence seule ou mélangée s'emploie en diffusion dans la maison pour chasser les microbes de l'hiver.

MYRTILLE *Vaccinium myrtillus* (Éricacées)

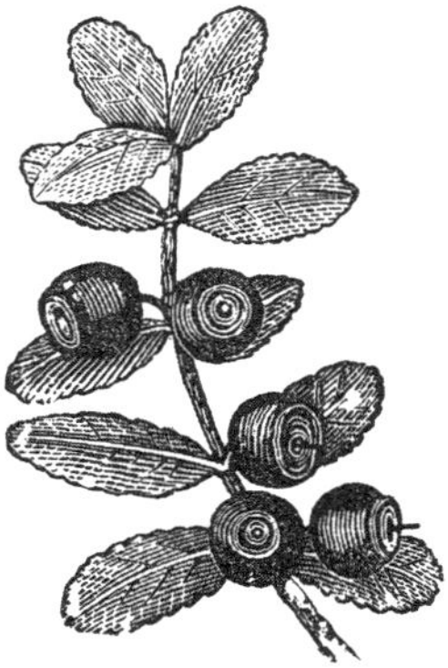

Vaccinium viendrait de *vaccinus,* « vache », cet animal la broutant volontiers ; *myrtillus* de *myrtus,* « myrte », leurs fruits se ressemblant.

NOMS COMMUNS : Airelle myrtille, Airelle, Brimbelle, Raisin des bois, Raisin de bruyère, Aires.

All. : *Heidelbeere.* Angl. : *Blueberry.*
Esp. : *Mirtillo.* It. : *Mirtillo.*

En Tchécoslovaquie, dans une certaine cascade, les jeunes filles avaient coutume de jeter des myrtilles, puis elles couraient le long de la rivière pour repêcher les baies noires, leur nombre indiquait si elles allaient se marier ou non.

DESCRIPTION

La Myrtille est un sous-arbrisseau à racines longues et traçantes. La tige, de 20 à 40 centimètres, est dressée, très rameuse, elle porte des feuilles alternes, ovales, aiguës, dentées, d'un beau vert clair. Les fleurs, blanc rosé, visibles d'avril à juin, terminent des pédoncules courts situés à l'aisselle des feuilles. Le fruit est une baie arrondie, charnue, noirâtre.

CULTURE ET RÉCOLTE

Commune dans les régions montueuses d'Europe, de 400 à 2 500 mètres d'altitude, la Myrtille aime les lieux ombragés, humides. Préférez une exposition fraîche et une terre de bruyère pour sa multiplication. Celle-ci s'obtient par semis des graines ou marcottage.

Récoltez les feuilles en juin, les fruits au fur à mesure de leur maturité. Séchez-les à plat en les retournant de temps en temps dans des endroits secs et aérés.

USAGES

Les feuilles de Myrtille sont astringentes, utiles donc dans les cas de coliques, de diarrhées, de mauvaise circulation du sang, mais c'est surtout son action contre le diabète qui lui vaut son succès. Les baies donnent de bons résultats contre la colibacillose, comme adoucissant et antiseptique de l'estomac et de l'intestin, elles stoppent les diarrhées, les dysenteries et soulagent les hémorroïdes. Agissant sur les troubles vasculaires des yeux, la Myrtille améliore nettement la vision nocturne. Préparez les feuilles en décoction pendant 2 minutes, à raison de deux cuillerées à soupe pour une grande tasse. Prenez-en deux ou trois tasses par jour.

Mettez une cuillerée à café de baies par tasse, faites une décoction pendant 5 minutes. Prenez-en, suivant le cas, une à cinq tasses par jour. On trouve de multiples présentations de baies de Myrtille dont l'usage régulier est indiqué pour la vision : jus, pulpe, fruits en pot.

NÉNUPHAR BLANC *Nymphaea alba* (Nymphéacées)

Nymphea vient du grec *nymphaia,* « divinité des eaux » ; *alba,* « blanche », à cause de ses fleurs.

NOMS COMMUNS : Lis des étangs, Nymphe des eaux, Lune d'eau, Reine des lacs.

All. : *Weisse Seerose.* Angl. : *Waterlily.*
Esp. : *Ninfea.* It. : *Nenufaro bianco.*

Les médecins de l'Antiquité disaient du Nénuphar : « Cette plante, amie de l'humide séjour, est un destructeur des plaisirs et un poison de l'amour. »

DESCRIPTION

Le Nénuphar est une plante aquatique vivace à rhizome épais, charnu, couvert de cicatrices, rampant, traçant, qui émet des radicelles. Les feuilles, longuement pétiolées, sont grandes, arrondies, échancrées en cœur à la base, celles qui flottent sont plus petites et plus coriaces. Les fleurs, jaune foncé, visibles en juillet, août, sont solitaires à l'extrémité de longs pédoncules. Le fruit est ventru, rétréci en col au sommet, il renferme une pulpe abondante dans laquelle se trouvent de nombreuses graines.

CULTURE ET RÉCOLTE

Commun en Europe dans les eaux tranquilles des mares et des étangs, rare au-dessus de 800 mètres d'altitude, on multiplie le Nénuphar blanc par semis des graines à leur maturité dans des pots ou des terrines, que l'on immerge ensuite. On procède également par division des rhizomes que l'on met dans des endroits appropriés.

Récoltez les pétales au complet épanouissement des fleurs, les racines en octobre, coupez-les, faites-les sécher au soleil quelques jours, terminez le séchage dans des endroits secs et aérés.

USAGES

Sédatif, apaisant, le Nénuphar blanc est utile contre l'insomnie, l'agitation, l'anxiété. Surtout anaphrodisiaque, il combat l'excitation sexuelle, éteint les désirs vénériens, destructeur des plaisirs et poison de l'amour.

Préparez les fleurs en infusion, à raison d'une cuillerée à soupe par tasse.

Préparez les racines coupées en décoction pendant 3 ou 4 minutes, à raison d'une cuillerée à café par tasse.

Prenez-en une ou deux tasses par jour dont une le soir.

NOISETIER *Corylus avellana* (Corylacées)

Corylus vient du grec *korus,* « casque », la noisette paraît enfermée comme une tête dans un casque ;
avellana vient de Avella, région fertile en Noisetiers.

NOMS COMMUNS : Coudrier, Avelinier.

All. : *Hasel.* Angl. : *Common Hazel.*
Esp. : *Avellano.* It. : *Avellana.*

Autrefois, on considérait que les noisettes étaient bonnes contre la toux, pour guérir l'impuissance et contre les coliques néphrétiques. Messieurs, ayez toujours à portée de la main une branchette de Noisetier. Chaque printemps, dès que vous entendrez pour la première fois le chant du crapaud, frappez à huit reprises sans reprendre haleine le lit conjugal avec la baguette. Vous serez ainsi assuré pour un an de ne pas être cocu. C'est du moins ce que l'on croit dans le Massif central.

DESCRIPTION

Le Noisetier est un arbuste à tiges flexibles, rameuses et touffues. Les feuilles, en forme de cœur, rétrécies à la pointe, ont des bords dentés. Les fleurs apparaissent avant les feuilles, les mâles en septembre, sorte de chatons allongés jaune doré, les femelles en février, bourgeons d'où sortent des styles rouges. Le fruit est le délice que nous connaissons tous.

CULTURE ET RÉCOLTE

Commun en Europe dans les plaines, le Noisetier est rare dans les endroits élevés. Sa multiplication s'obtient par bouturage.

Les feuilles se récoltent à leur pleine formation vers le mois de juin, on les sèche à l'ombre dans des endroits secs et aérés.

USAGES

Vasoconstricteur, le Noisetier est utilisé contre les varices, les hémorroïdes, les ulcères variqueux, les troubles de la ménopause, les états fibromateux, pour assurer une meilleure circulation du sang.

Préparez-le en décoction pendant 2 minutes en mettant une cuillerée à soupe de feuilles coupées par tasse. Prenez-en deux ou trois tasses par jour.

NOYER ROYAL *Juglans regia* (Juglandacées)

Juglans vient de Jovis, Jupiter, et *glans*, « gland », gland de Jupiter ; *regia*, « royal ».

NOMS COMMUNS : Calottier, Goguier, Noguier.

All. : *Nussbaum.* Angl. : *Walnut Tree.*
Esp. : *Noguera.* It. : *Noce.*

En Dauphiné, pour savoir si un mariage sera réussi ou non, il suffit de poser quelques noix fraîches sur la pierre du foyer. Si elles éclatent en se projetant vers le feu, l'avenir sera rose.

DESCRIPTION

Le Noyer est un grand arbre de 15 à 20 mètres dont l'écorce, gris cendré, se divise en rameaux à écorce blanchâtre. Les feuilles, alternes, pétiolées, composées de sept ou neuf folioles ovales, aiguës, sont grandes, coriaces, d'un beau vert sombre. Les fleurs apparaissent avant les feuilles en avril, mai. Les mâles sont groupées en chatons cylindriques brun noirâtre, pendantes à la partie supérieure des rameaux de l'année précédente ; les femelles, beaucoup plus courtes, se trouvent à l'extrémité des nouvelles branches. Le fruit, ovoïde, est renfermé dans une enveloppe charnue, une coque à l'intérieur de laquelle se trouve une graine divisée en quatre lobes très irréguliers, la délicieuse noix.

CULTURE ET RÉCOLTE

Commun en Europe, le Noyer craint toutefois le froid. Sa multiplication s'opère par semis des noix à maturité dans du sable durant tout l'hiver. Au printemps, on sème les noix à 5 centimètres de profondeur. On greffe le Noyer au bout de trois années.

Récoltez les feuilles à la moitié de leur épanouissement en mai, juin. Faites-les sécher à plat dans des endroits secs et aérés.

Ramassez l'enveloppe de la noix – le brou – à l'automne, quand elle aura noirci sur les noix et se détachera toute seule. Terminez le séchage à l'abri.

USAGES

Tonique et stimulant, le Noyer redonne de l'énergie, combat la fatigue, facilite la digestion.

Dépuratif, il est utile contre tous les problèmes de peau, acné, eczéma, inflammation et ulcération de la peau, engelures, crevasses.

Très précieux contre le diabète, où il régularise le métabolisme des sucres, il calme la soif.

Astringent, on en fait des gargarismes contre les angines, des bains de siège contre les hémorroïdes, des injections vaginales dans les cas de pertes blanches et de métrites.

On emploie les feuilles pour débarrasser les cheveux de leurs pellicules, le brou de noix pour les colorer.

Préparez en décoction pendant 2 minutes les feuilles coupées, à raison d'une cuillerée à soupe par tasse. Prenez-en deux ou trois tasses par jour.

VIN OU LIQUEUR DE NOIX

Il est tonique, apéritif et digestif. Il est très agréable à boire, mais un peu long à préparer. Prenez un verre du vin avant les repas, un petit verre de la liqueur après.

Écorces de cannelle	5 g
Clous de girofle	3 g
Écorces de quinquina	3 g
Vanille	2 gousses
Feuilles de noyer	2 fraîches ou 20 g sèches
Noix entières et fraîches	30 noix
Sucre de canne roux	500 g
Vin rouge (ou *Eau-de-vie ou rhum*)	3 l (*ou* 1,5 l)

Broyez les noix fraîches entières, qui ont été choisies de grosseur normale. Déposez-les dans un grand bocal contenant 1,5 litre d'eau-de-vie ou de rhum, ou 3 litres de vin. Ajoutez les autres plantes en coupant les gousses de vanille dans le sens de la longueur. Laissez macérer patiemment pendant 3 mois en agitant de temps en temps. Filtrez. Ajoutez les 500 grammes de sucre et laissez vieillir plusieurs mois.

OLIVIER *Olea europaea* (Oléacées)

Olea est le nom latin de l'Olivier ; *europaea,* « d'Europe ».

NOM COMMUN : Olive.

All. : *Oelbaum.* Angl. : *Olive Tree.*
Esp. : *Aceituno.* It. : *Olivo.*

Ce symbole de la paix est aussi un arbre de civilisation. Dans tous les pays méditerranéens, si l'on veut jouir de belles performances sexuelles, il faut chaque soir ranger ses habits dans des coffres en bois d'Olivier et les mêler à des rameaux fraîchement cueillis.

DESCRIPTION

L'Olivier est un arbre dont la tige, qui peut atteindre 10 à 15 mètres, couverte d'une écorce lisse, grisâtre, se divise en rameaux tortueux. Les feuilles, opposées, sont courtement pétiolées, étroites, allongées, aiguës, coriaces, lisses. Les fleurs, blanchâtres ou jaunâtres, visibles en mai, juin, forment des grappes courtes et serrées à l'aisselle des feuilles et à l'extrémité des rameaux. Le fruit est l'olive bien connue.

CULTURE ET RÉCOLTE

Commun en Méditerranée, l'Olivier ne dépasse pas 800 mètres d'altitude et craint le gel.

On le multiplie par le surjet du pied que l'on détache, par boutures, ou par semis. Récoltez les feuilles en mai, juin, faites-les sécher au soleil dans un premier temps, dans un local sec et aéré ensuite.

USAGES

Diurétique, fébrifuge, la feuille d'Olivier agit avec succès contre le diabète et l'hypertension. Cet effet est d'autant plus efficace que son action est immédiate et prolongée. L'huile d'olive est sédative, cholalogue, elle augmente la sécrétion de la bile et facilite l'évacuation des calculs.

Préparez les feuilles en décoction pendant 10 minutes en en mettant une vingtaine pour un demi-litre d'eau. Buvez cette quantité dans la journée.

Prenez une cuillerée à soupe d'huile d'olive, seule ou additionnée d'un jus de citron, le matin à jeun.

Faites une cure de 8 à 10 jours de temps en temps pour drainer le foie et la vésicule.

ORANGER AMER *Citrus vulgaris* (Rutacées)

Citrus vient du grec *kitron,* « citron », à cause de la forme du fruit.

NOMS COMMUNS : Bigaradier, Oranger sauvage.

All. : *Bitter orangen Baum.* Angl. : *Bitte Orange Tree*
Esp. : *Naranjo agrio.* It. : *Arancio amaro.*

En dépit de sa vocation virginale (la fleur d'oranger), dans tous les pays africains, seules les prostituées s'enduisent le corps d'une lotion à base d'orange. Sans doute, la nostalgie d'un pays perdu.

DESCRIPTION

L'Oranger amer est un arbre moyen à racine traçante. La tige, droite et cylindrique, se divise souvent à la base en rameaux. Les feuilles, à pétiole largement ailé, sont d'un beau vert brillant. Les fleurs, grandes, blanches, odorantes, sont disposées en petits bouquets au sommet des rameaux. Le fruit, arrondi, est notre orange à la peau chagrinée.

CULTURE ET RÉCOLTE

Originaire d'Asie orientale, la résistance de l'Oranger amer le fait utiliser comme porte-greffe de tous les Citronniers. Si vous souhaitez le reproduire par semis, adressez-vous au pépiniériste, qui répondra à votre demande.

Récoltez les fruits encore verts. Épluchez le zeste à l'aide d'un couteau, faites-le sécher à plat ou suspendu.

Boutons et fleurs de Bigaradier sont récoltés le matin après la rosée d'avril à juin sur un drap que l'on dépose autour de l'arbre avant de le secouer.

Pour les feuilles, choisissez l'automne, faites-les sécher à l'ombre dans des endroits secs, elles s'enroulent facilement.

Des fleurs, on retire par distillation l'essence de néroli et l'eau de fleurs d'Oranger ; du zeste des fruits, l'essence d'orange amère ; des tiges, des feuilles et des petits fruits non développés, l'essence de petit grain ; et du zeste de l'orange douce, l'essence d'orange.

USAGES

L'écorce d'orange amère, tonique, digestive, lutte contre la neurasthénie. On la fait macérer dans du vin quelques jours.

Boutons, fleurs, feuilles sont sédatifs et antispasmodiques. Ils sont utiles pour faciliter le sommeil, calmer les angoisses, faciliter la vie des stressés.

L'eau distillée de fleurs d'Oranger est bien utile chez les nourrissons qui dorment mal ou qui ont des coliques douloureuses.

Préparez les fleurs en infusion pendant 10 minutes en en mettant une cuillerée à café par tasse.

Les boutons se préparent également en infusion, mettez-en sept ou huit par tasse en prenant soin de les briser pour qu'ils développent leur parfum.

Pour les feuilles, faites une décoction pendant 3 minutes, à raison de quatre ou cinq feuilles par tasse.

Prenez-en, suivant votre état de nervosité, deux ou trois tasses par jour, dont une le soir.

Pris régulièrement, ne serait-ce qu'une tasse le soir au coucher, cet effet de détente profonde va jusqu'à retarder le vieillissement.

ORIGAN *Origanum vulgare* (Labiées)

Origanum vient du grec *oros*, « montagne », et *ganos*, « éclat », très bel ornement de nos montagnes.

NOMS COMMUNS : Marjolaine sauvage, Marjolaine bâtarde, Thé rouge.

All. : *Wilder Marjoran*. Angl. : *Origany*.
Esp. : *Origano común*. It. : *Origano*.

Les anciens pieds-noirs connaissent bien près d'Oran le Tombeau de la Chrétienne, sorte de pyramide qui abriterait les restes de la famille royale de Numidie. Une légende raconte que le tombeau recèle un fantastique trésor qui ne sera accessible qu'à celui qui aura d'abord chassé tous les voleurs d'Origan qui viennent faire leur récolte en ce lieu, car la plante y pousse en abondance.

DESCRIPTION

L'Origan est une plante vivace à rhizome noirâtre, rampant, muni de racines fibreuses. La tige, de 40 à 70 centimètres, dressée, rougeâtre, plus ou moins velue, est rameuse à la partie supérieure. Les feuilles, opposées, pétiolées, ovales, sont d'un beau vert foncé. Les fleurs, petites, rosées, visibles de juillet à octobre, sont groupées en corymbes à l'extrémité des rameaux. Le fruit est composé de quatre akènes ovales et lisses.

CULTURE ET RÉCOLTE

L'Origan est commun en Europe dans les endroits arides, les régions montueuses, jusqu'à 1 000 mètres d'altitude. Multipliez-le par semis ou éclat des pieds dans une terre chaude et légère.

Récoltez les sommités fleuries en pleine floraison en juillet, août. Réunissez-les en bouquets que vous suspendrez jusqu'à leur séchage complet dans des endroits secs et aérés. Prélevez délicatement les plus belles fleurs et feuilles pour la cuisine, coupez la plante pour les tisanes.

USAGES

Excellent digestif, l'Origan stimule les estomacs paresseux, lutte contre l'aérophagie, donne de l'énergie aux lymphatiques. Favorable contre toutes les affections des bronches, il calme la toux, soulage la coqueluche. Diurétique et sudorifique, il est le bienvenu contre les états fébriles, la grippe.

Contre les démangeaisons, frictionnez-vous avec le vinaigre d'Origan que vous aurez préparé en laissant macérer 50 grammes de plante pour 1 litre de vinaigre de cidre pendant 8 jours.

Préparez-le en décoction légère pendant 2 minutes en mettant une cuillerée à soupe de sommités fleuries par tasse. Prenez-en deux ou trois tasses par jour.

ORME CHAMPÊTRE *Ulmus campestris* (Ulmacées)

Ulmus en latin désigne l'Orme ; *campestris*, « des champs ».

NOMS COMMUNS : Ormeau, Orme rouge, Orme commun, Yvet, Ipreau.

All. : *Ulm.* Angl. : *Common Elm.*
Esp. : *Olmo común.* It. : *Olmo.*

Les Scandinaves, tant il est chez eux magique, l'appellent dans leur langue Elf *! Au Moyen Âge, la justice était souvent rendue sous un Orme, mais celle-ci était déjà lente, il fallait beaucoup de patience. Une expression nous en est restée : attendre sous l'Orme.*

DESCRIPTION

L'Orme est un arbre à racines fortes, nombreuses, pivotantes, traçantes, qui produisent de nombreux drageons. Haute quelquefois de 30 mètres, la tige est droite, régulière, couverte d'une écorce épaisse et rugueuse, elle se divise en rameaux qui forment une cime arrondie. Les feuilles, alternes, pétiolées, dentées, rudes, dentées, présentent la particularité d'être inégale : un côté forme un arrondi, l'autre descend jusqu'à la base du pétiole. Les fleurs, rougeâtres ou verdâtres, groupées en fascicules latéraux, apparaissent avant les feuilles en mars, avril. Le fruit est ailé.

CULTURE ET RÉCOLTE

L'Orme est commun dans les régions tempérées d'Europe, les forêts, les bords des routes, jusqu'à 1 300 mètres d'altitude.

Sa multiplication se réalise par semis dans des pots, puis repiquage dès sa formation. Récoltez la seconde écorce, ou liber, avant la floraison en découpant des fragments de 10 centimètres de longueur sur 4 ou 5 millimètres d'épaisseur. Faites-les sécher dans les locaux chauffés ; pour plus de facilité d'usage, coupez-les en morceaux avant le séchage.

USAGES

Dépurative, l'écorce d'Orme est utile aussi bien à boire qu'en compresses sur le corps, contre les gerçures, les engelures, l'eczéma, l'acné, les dartres. Elle constitue un bon dépuratif du printemps.

Diurétique, sudorifique, elle soulage les rhumatismes.

Préparez-la en décoction pendant 5 minutes, suivie d'une infusion durant 10 minutes. Prenez-en deux ou trois tasses par jour.

ORTIE *Urtica dioica* (Urticacées)

Urtica vient de *urere,* « brûler ».
Les poils de la plante piquent les maladroits.

NOMS COMMUNS : Ortie piquante, Grande Ortie, Ortie commune, Ortie vivace, Ortie rouge.

All. : *Brennessel.* Angl. : *Common Nettle.*
Esp. : *Ortica mayor.* It. : *Ortica.*

Une botte d'Orties fraîchement coupées glissée sous le lit d'un malade peut l'aider à recouvrer la santé. En Russie, au début du siècle, il était d'usage d'offrir au jeune marié un bouquet d'Orties afin qu'il s'en servît durant la nuit si l'épousée ne se montrait pas assez amoureuse.

DESCRIPTION

L'Ortie est une plante annuelle à racine fibreuse, pivotante, blanchâtre. La tige, de 50 centimètres à 1 mètre, porte de grandes feuilles opposées, stipulées, allongées, pointues, dentées. Feuilles et tiges sont couvertes de poils piquants. Les fleurs, verdâtres, unisexuées, portées par des pieds différents, visibles de juin à septembre, forment de longues grappes dressées, groupées par deux à l'aisselle des feuilles. Le fruit est ovale, comprimé et lisse.

CULTURE ET RÉCOLTE

Commune en Europe, l'Ortie peut pousser jusqu'à 2 500 mètres d'altitude. La nature nous en offre une quantité suffisante pour ne pas nous obliger à la cultiver, on le peut toutefois par semis des graines ou division des touffes.

Récoltez les feuilles tout l'été, en prenant la précaution de porter des gants, les fruits à leur maturité après l'été, les racines en automne. Faites sécher les uns et les autres correctement dans des endroits secs et aérés.

USAGES

Astringente, on utilise l'Ortie contre les règles trop abondantes, les fibromes, les entérites, en gargarismes contre les angines, en bains de bouche contre les gingivites. Dépurative par excellence, elle est recommandée contre toutes les dermatoses, l'eczéma, le psoriasis, l'acné, les dartres, les pellicules. Elle active toutes les sécrétions digestives – estomac, pancréas, foie, intestins –, diminue l'acide urique, soulage les rhumatismes et la sciatique. Elle élimine les calculs biliaires, soulage l'hépatite, elle est la bienvenue dans les troubles de la ménopause. Contre l'incontinence d'urine des enfants, on en fait des GÂTEAUX (page 355) qui agissent avec succès. Contre la fatigue et l'anémie, une prise régulière, redonne vigueur et tonus.

VINAIGRE À L'ORTIE

Frictionnez le cuir chevelu tous les jours pour lutter contre la chute des cheveux.

Feuilles d'ortie piquante	80 g
Feuilles de thym	20 g
Feuilles de romarin	20 g
Vinaigre de cidre	500 ml
Eau de Cologne à 70°	500 ml

Versez les plantes dans un récipient avec le vinaigre et l'eau de Cologne. Laissez macérer 8 jours. Filtrez.

PALIURE *Rhamnus paliurus* (Rhamnacées)

Rhamnus vient du nom grec de cet arbre, *ramnos.*

NOMS COMMUNS : Épine du Christ, Argalou, Chapeau d'évêque, Porte-chapeau.

All. : *Bocksdorn.* Angl. : *Box-thorn.* Esp. : *Lombronora.* It. : *Spina cristi.*

DESCRIPTION

Le Paliure est un arbuste épineux, buissonnant, touffu, aux tiges tortueuses, rameuses, couvertes d'une écorce grisâtre. Les feuilles, alternes, ovales, dentées en lame de scie, sont vert foncé à la face supérieure. Les fleurs, petites, jaunes, sont groupées en ombelles rameuses. Le fruit est coriace, sec, rond et comprimé, il est entouré d'un rebord membraneux ondulé et strié.

CULTURE ET RÉCOLTE

Le Paliure est commun en Europe dans les régions méditerranéennes, dans les haies, les broussailles, les lieux incultes.

Sa multiplication s'effectue par bouturage ou semis des graines.

Récoltez les fruits à l'automne dès leur complète maturité. Faites-les sécher dans des endroits secs et aérés.

USAGES

Diurétique, le Paliure permet d'éliminer l'urée et l'acide urique, il est donc utile pour soulager la goutte. Cet effet de « drainage » permet de l'utiliser contre le cholestérol et l'hypertension.

Préparez-le en décoction pendant 5 minutes en mettant une cuillerée à soupe de plante par tasse. Prenez-en deux ou trois tasses par jour.

PANICAUT *Eryngium campestre* (Ombellifères)

Eryngium vient du nom grec de la plante, *eryggion*.

NOMS COMMUNS : Chardon roulant, Chardon Roland, Chardon d'âne, Chardon à cent têtes, Barbe de chèvre.

All. : *Strandmannstreu*. Angl. : *Sea Holly*.
Esp. : *Cardo corredor*. It. : *Calcatrepola marina*.

C'est l'herbe des retours d'affection. Quand on quitte sa ville ou son village pour aller faire des affaires au loin, il est prudent de porter sur soi la tête d'un Panicaut, que l'on aura cueilli dans le jardin.

DESCRIPTION

Le Panicaut est une plante vivace à racine très longue, cylindrique, épaisse, brune. La tige, de 30 à 60 centimètres, est cylindrique, pleine, robuste, blanc verdâtre, elle se divise dès la base en rameaux étalés. Les feuilles, alternes, à nervures saillantes, sont épineuses, dentées, largement embrassantes. Les fleurs, blanches ou verdâtres, visibles de juin à septembre, sont groupées en capitules arrondis, nombreux, l'ensemble forme un corymbe arrondi. Le fruit est ovale, formé par les lobes du calice.

CULTURE ET RÉCOLTE

Commun dans toute l'Europe, les lieux arides, les bords des chemins, le Panicaut ne dépasse pas 1500 mètres d'altitude. Une espèce maritime, *Eryngium maritimum*, se trouve dans les sables des côtes françaises.

Sa multiplication se réalise par semis en terrain sec et léger.

Récoltez les racines au printemps ou à l'automne. Lavez-les, coupez-les pour en faciliter l'emploi, faites-les sécher au soleil d'abord, à l'ombre dans des locaux aérés ensuite.

USAGES

Diurétique, fondant, on utilise le Panicaut pour soulager les rhumatismes, l'arthrite, éliminer les boues et les calculs rénaux, la cellulite, l'albumine, l'urée, régulariser le débit des urines.

Préparez-le en décoction pendant 5 minutes en en mettant une cuillerée à soupe par tasse. Prenez-en deux ou trois tasses par jour.

PÂQUERETTE *Bellis perennis* (Composées)

Bellis vient de *bellus*, « joli » ; *perennis*, « plusieurs années ». Une jolie fleur vivant plusieurs années.

NOMS COMMUNS : Petite Marguerite, Fleur de Pâques, Margriette.

All. : *Massliebchen*. Angl. : *Daisy*. Esp. : *Maya*. It. : *Margheritina*.

DESCRIPTION

La Pâquerette est une petite plante vivace à racine courte et rameuse, munie de nombreuses radicelles. Les feuilles, longues, ovales, crénelées, épaisses, sont étalées en rosette à la base, les fleurs, blanc rosé, visibles pendant une grande partie de l'année, sont portées par des tiges cylindriques qui partent du milieu de la rosette des feuilles. Le fruit est ovale, comprimé, un peu velu.

CULTURE ET RÉCOLTE

Commune en Europe, dans les près, les bois, les talus, la Pâquerette peut pousser jusqu'à 2 200 mètres d'altitude. Sa multiplication s'effectue par semis ou par division des touffes.

Récoltez la plante au moment de la floraison, lavez-la (cette petite plante est souvent recouverte de terre). Séchez-la au soleil d'abord, puis dans des endroits secs et aérés.

USAGES

Calmante et antistress, la Pâquerette détend les hypertendus, soulage les maux de tête. Elle est utilisée contre les maladies des voies respiratoires, les bronchites, la toux.

On la boit et on en fait des compresses pour résorber les hématomes des coups et des chutes, soulager le torticolis, les brûlures, les furoncles et les engorgements divers.

Pour l'usage externe, préférez les macérations faites dans du VIN BLANC (page 375) ou de l'HUILE (page 356).

Pour la boire, faites une infusion pendant 10 minutes en en mettant une cuillerée à café par tasse. Prenez-en une à trois tasses par jour.

PARIÉTAIRE *Parietaria officinalis* (Urticacées)

Parietaria vient de *paries*, « murailles », endroit où elle pousse fréquemment.

NOMS COMMUNS : Casse-pierre, Perce-muraille, Épinard des murailles, Herbe de Notre-Dame, Espargoule, Herbe aux verres, Herbe aux nonnes, Morelle de muraille, Vitriol.

All. : *Glaskraut.* Angl. : *Parietary.*
Esp. : *Parietaria.* It. : *Parietaria.*

DESCRIPTION

La Pariétaire est une plante bisannuelle à racines grêles, fibreuses et rougeâtres. Les tiges, de 40 à 60 centimètres, étalées ou dressées, charnues, cassantes, velues, sont nombreuses. Les fleurs, verdâtres, visibles de mai à juillet, sont disposées en glomérules à l'aisselle des feuilles. La fleur centrale est femelle, les fleurs périphériques sont mâles ou hermaphrodites. Le fruit est oblong, comprimé, lisse, luisant.

CULTURE ET RÉCOLTE

Commune en Europe au pied des murs, dans les décombres, la Pariétaire dépasse rarement 1 000 mètres d'altitude.

Sa multiplication se réalise par semis ou division des touffes.

Recueillez les plantes de juin à octobre, réunissez-les en bouquets, suspendez-les dans des endroits secs et aérés.

USAGES

Excellente diurétique, on emploie la Pariétaire, comme l'un de ses noms communs – Casse-pierre – l'indique, contre les calculs rénaux. Adoucissante, émolliente, elle soulage les voies urinaires, combat la cystite, la néphrite et toutes les rétentions d'eau en général.

Préparez-la en décoction pendant 3 minutes en mettant une cuillerée à soupe de plantes coupées par tasse. Prenez-en deux ou trois tasses par jour.

PASSERAGE *Lepidium latifolium* (Crucifères)

Lepidium vient du grec *lépis,* « écaille », à cause de la forme du fruit ; *latifolium,* « feuille large ».

NOMS COMMUNS : Chasserage, Herbe au poivre, Moutarde des Anglais.

All. : *Pfefferkraut.* Angl. : *Passerage.* Esp. : *Lepidio.* It. : *Lepidio.*

DESCRIPTION

La Passerage est une plante vivace à racine fusiforme, rameuse et blanchâtre. La tige, de 60 centimètres à 1,50 mètre, est cylindrique, dressée, rameuse, elle porte des feuilles alternes, grandes, épaisses, ovales, dentées. Les fleurs, blanches, petites, groupées en grappes denses, dont l'ensemble constitue une panicule terminale, font leur apparition en juillet, août. Le fruit est ovoïde, comprimé, velu.

CULTURE ET RÉCOLTE

Commune en Europe, dans les endroits frais, ombragés, humides, la Passerage pousse rarement sur les montagnes.

Sa multiplication s'effectue par semis au printemps.

Récoltez les sommités au début de leur floraison, réunissez-les en bouquets, faites-les sécher dans des endroits secs et aérés.

USAGES

Dépurative, on utilise la Passerage pour toutes les maladies de peau, mais ses propriétés diurétiques sont des plus intéressantes, contre la cystite, et surtout pour décongestionner la prostate. On l'emploie aussi contre les rhumatismes.

Préparez-la en décoction pendant 3 minutes en mettant une cuillerée à soupe de plantes coupées par tasse ou quatre par litre. Prenez-en deux à quatre tasses par jour.

PASSIFLORE *Passiflora incarnata* (Passifloracées)

Passiflora vient de *passio* et de *flor,* « fleur de la passion ».

NOMS COMMUNS : Fleur de la passion, Grenadille.

All. : *Passionsblume.* Angl. : *Passion Flower.*
Esp. : *Pasionaria.* It. : *Passiflora.*

Conservée dans la maison, cette fleur y apporte la paix et la tranquillité. Elle attire l'amitié et la notoriété à celui qui la porte sur soi.

DESCRIPTION

La Passiflore est une plante vivace dont les tiges sarmenteuses peuvent atteindre 9 mètres, elle grimpe grâce à des vrilles. Les feuilles, pétiolées, sont divisées en lobes finement dentés. Les fleurs, visibles en mai, juin, sont grandes, solitaires, régulières, blanches, ornées à l'intérieur d'une couronne de filaments rouges. Le fruit, rouge orangé, est ovoïde, gros comme une pomme, il contient une pulpe jaune et des graines noires.

CULTURE ET RÉCOLTE

Originaire d'Amérique, la Passiflore s'est acclimatée en Europe, surtout dans la région méditerranéenne.

Sa multiplication s'effectue par semis des graines ou éclat des touffes.

Récoltez la plante au moment de la floraison, faites-la sécher dans des endroits secs et aérés.

Une autre qualité venant de l'Inde est moins active.

USAGES

Antispasmodique, la Passiflore est la plus connue et la plus utilisée des plantes contre l'insomnie. En effet, elle procure un bon sommeil réparateur aux anxieux, aux soucieux, et dans les cas de troubles nerveux en période de ménopause.

Préparez-la en décoction pendant 2 minutes, à raison d'une cuillerée à soupe de plantes coupées par tasse. Prenez-en une ou deux tasses le soir au coucher.

PATIENCE *Rumex patientia* (Polygonacées)

Rumex veut dire « pique », les feuilles du bas sont très pointues ; *patienta,* elle agit lentement.

NOMS COMMUNS : Patience des jardins, Oseille patience, Chou de Paris, Parelle, Épinard immortel.

All. : *Bitterwurz.* Angl. : *Herb Patience.*
Esp. : *Hierba de la paciencia.* It. : *Pazienza.*

Une infusion fortement concentrée de graines de Grande Patience – que l'on appelle aussi Oseille des bœufs – répandue dans une boutique que l'on vient d'ouvrir apportera à coup sûr la prospérité.

DESCRIPTION

La Patience est une plante vivace, à racine pivotante, longue, épaisse, fibreuse, brunâtre. La tige, de 1 à 1,50 mètre, est cylindrique, cannelée, robuste, rameuse au sommet. Les feuilles, alternes, sont ovales, lancéolées, aiguës, d'un beau vert clair. Les fleurs, verdâtres, visibles de mai à septembre, forment de grandes grappes terminales. Le fruit, brunâtre, est entouré par un calice persistant.

CULTURE ET RÉCOLTE

Commune en Europe, la Patience se trouve dans les bois, les prés, les lieux humides. Sa multiplication s'effectue par semis en février, mars, ou par éclat des pieds à l'automne.

Récoltez les racines à l'automne, en choisissant les plus belles et les plus régulières. Lavez-les pour les débarrasser de la terre, coupez-les en petits morceaux, faites-les sécher au soleil pendant quelques jours, à l'ombre dans des endroits chauds ensuite.

USAGES

La racine de Patience fait partie des plantes spécifiques pour les problèmes de peau, qui agissent sur le foie, les intestins, et activent ainsi l'élimination des toxines. Utilisez-la contre l'acné, l'eczéma, le psoriasis, chaque fois qu'il y a surcharge de l'organisme, et nécessité d'éclaircir le teint.

Laxative, elle est utile contre une constipation légère.

Tonique, fortifiante, elle combat l'anémie et la fatigue, en redonnant le fer qu'elle a puisé dans les sols où elle pousse.

Préparez-la en décoction pendant 5 minutes en mettant une cuillerée à café de racines coupées par tasse. Prenez-en une tasse à jeun, une autre avant le repas du soir.

PÊCHER *Prunus persica* (Rosacées)

Prunus est le nom latin du Prunier ; *persica* « de Perse ».

NOM COMMUN : Pêcher.

All. : *Pfirsichbaum.* Angl. : *Peachtree.*
Esp. : *Alberchigo.* It. : *Persico.*

S'endormir sous un Pêcher guérit des fièvres, assurait-on autrefois dans les campagnes. En Chine, où l'arbre joue un grand rôle, le Pêcher sert également à chasser les mauvais esprits. Il n'est pas rare, aujourd'hui encore, de rencontrer des petits Chinois portant autour du cou un noyau de pêche retenu par une ficelle.

DESCRIPTION

Le Pêcher est un arbre de grandeur moyenne dont la tige, couverte d'une écorce brune et lisse, se divise en rameaux allongés, dressés, vert clair. Les feuilles sont alternes, pétiolées, lancéolées, étroites, aiguës, dentées en lame de scie, d'un vert glauque. Les fleurs, visibles au printemps, sont rose pâle, rapprochées au sommet des rameaux. Le fruit est la pêche bien connue.

CULTURE ET RÉCOLTE

Originaire de Perse, le Pêcher se multiplie par bouture ou semis de ses graines.

Récoltez les fleurs au moment de leur épanouissement, les feuilles juste avant l'apparition des fruits. Faites-les sécher délicatement sur un papier dans un endroit sec et aéré.

USAGES

Fleurs et feuilles du Pêcher sont légèrement laxatives, elles conviennent aux personnes aux intestins délicats, aux enfants et aux personnes âgées.

Calmant, le Pêcher facilite le sommeil des enfants, calme la toux nerveuse, la coqueluche.

Il est également vermifuge et diurétique.

Préparez les fleurs en infusion pendant 5 minutes en en mettant une cuillerée à café par tasse. Prenez-en une ou deux tasses par jour.

PENSÉE SAUVAGE *Viola tricolor* (Violacées)

Viola vient du grec *ion*, une appellation, d'après la légende, en souvenir de Io, amante de Zeus. Après que celle-ci fut changée en génisse, la terre se couvrit de Violettes pour la nourrir ; *tricolor*, les fleurs sont composées de plusieurs couleurs.

NOMS COMMUNS : Violette tricolore, Violette sauvage, Pensée des champs, Herbe de la Trinité.

All. : *Stieffmutterchen*. Angl. : *Wild Pansy*.
Esp. : *Pensamiento*. It. : *Viola del pensiero*.

Porter sur soi en permanence des fleurs ou des feuilles de Pensée sauvage attire l'amour. Autrefois, les femmes de marin versaient quelques pincées de sable prélevées sur la grève dans le massif des Pensées sauvages. Si celles-ci relevaient la tête, c'était que le marin au loin pensait à elles.

DESCRIPTION

La Pensée sauvage est une plante annuelle à racine fusiforme, fibreuse, chevelue. La tige, de 10 à 30 centimètres, est rameuse dès la base. Les feuilles, alternes, sont pétiolées, dentées, profondément divisées en trois ou cinq lobes très étroits. Les fleurs, petites, visibles de juin à octobre, jaunes tachées de violet, sont situées à l'extrémité d'un long pédoncule à l'aisselle des feuilles. Le fruit, globuleux, s'ouvre en trois parties remplies de graines.

La Pensée sauvage est le modèle réduit de la Pensée des jardins.

CULTURE ET RÉCOLTE

Commune en Europe, dans les champs, les endroits incultes, la Pensée sauvage ne dépasse pas 1 900 mètres d'altitude. Sa multiplication se pratique par semis au printemps, puis repiquage à l'automne, les fleurs apparaissent l'année suivante.

Récoltez les plantes sans les racines ou les fleurs uniquement. Faites-les sécher dehors en prenant soin de les recouvrir d'un papier pour éviter la décoloration. La fleur étant très chère, on fait plutôt usage de la plante.

USAGES

La Pensée sauvage est l'une de nos meilleures plantes dépuratives, contre l'eczéma, le psoriasis, l'impétigo, les dartres, l'herpès, l'acné, toutes les maladies de peau. De plus, elle soulage les douleurs rhumatismales.

Préparez les fleurs en infusion pendant 10 minutes, les plantes en décoction durant 3 minutes en mettant une cuillerée à café de fleurs ou une cuillerée à soupe de plantes coupées par tasse. Prenez-en une tasse à jeun, une ou deux autres avant les repas. Vous pouvez utiliser cette solution également en lotion, ou, mieux, en préparation avec d'autres plantes (page 380). On en fait également un SIROP (page 368).

PERSICAIRE ÂCRE *Polygonum hydropiper* (Polygonacées)

Polygonum vient du grec *polus,* « beaucoup », et *gonu,* « genou », la plante a des tiges noueuses ; *hydropiper* vient de *hydro,* « eau », et *piper,* « poivre », elle pousse dans les lieux humides.

NOMS COMMUNS : Poivre d'eau, Renouée âcre, Piment aquatique, Curage, Pique-langue, Herbe de saint Innocent.

All. : *Pfefferknoterich.* Angl. : *Persicaria.* Esp. : *Pimenta de agua.* It. : *Pepe d'acqua.*

DESCRIPTION

La Persicaire âcre est une plante annuelle à racines grêles, fibreuses, chevelues. La tige, de 50 centimètres à 1 mètre, est droite, cylindrique, noueuse, rameuse. Les feuilles, alternes, engainantes à la base, sont lancéolées, aiguës, ondulantes d'un beau vert brillant. Les fleurs, visibles d'avril à octobre, assez grandes, rosées, quelquefois courbées et blanc verdâtre, sont groupées en épis terminaux cylindriques à la base des feuilles. Le fruit est ovale ou aplati.

CULTURE ET RÉCOLTE

Très commune en Europe, la Persicaire âcre aime les endroits humides, les fossés, les marais, elle est invisible sur les montagnes.

Sa multiplication se réalise par semis au printemps.

Récoltez les plantes pendant la floraison, réunissez-les en bouquets, faites-les sécher dans des endroits secs et aérés.

USAGES

Précieux diurétique, la Persicaire âcre élimine les calculs rénaux, dissipe les rétentions d'eau des chevilles et des jambes.

Hémostatique, on en fait usage contre le saignement des hémorroïdes, de l'ulcère de l'estomac, des troubles de la ménopause, des fibromes, des varices.

Préparez-la en décoction pendant 2 minutes en mettant une cuillerée à soupe de plantes coupées par tasse. Prenez-en deux ou trois tasses par jour.

PERSIL *Petroselinum hortense* (Ombellifères)

Petroselinum vient de *pétros,* « pierre » et de *selinon,* « persil ». La plante sauvage se trouve souvent dans des endroits pierreux.

NOMS COMMUNS : Persil cultivé, Persil des jardins, Persil odorant.

All. : *Petersilie.* Angl. : *Parsley.*
Esp. : *Pergil cultivado.* It. : *Petroselino.*

DESCRIPTION

Le Persil est une plante annuelle à racine conique assez forte, ramifiée et blanchâtre. La tige, de 30 à 60 centimètres, est cylindrique, striée, rameuse au sommet. Les feuilles, alternes, sont divisées, suivant la variété, en segments amples ou enroulés. Les fleurs, petites, jaunâtres, visibles en septembre, sont groupées en ombelles terminales. Le fruit est petit et globuleux.

CULTURE ET RÉCOLTE

Le Persil préfère les sols meubles et frais. Sa multiplication se pratique par semis de mars à septembre. Récoltez les feuilles à partir d'avril, les semences dès leur maturité en septembre, les racines en septembre de la deuxième année. Lavez et coupez les racines, faites-les sécher dans des endroits secs et aérés.

USAGES

Toute la plante est diurétique et stimulante. Le Persil est utile chaque fois qu'il faut activer le processus d'élimination, en cas d'œdème ou de calcul du rein et d'œdème cardiaque. Sa racine est associée à d'autres, l'ensemble agissant en synergie (page 350). La plante facilite l'apparition des règles, les régularise, en soulage les douleurs.

Utile contre l'hypertension, il est tonique, excitant, il combat l'aérophagie et les gaz intestinaux. Résolutif, on l'applique frais sur les piqûres d'insecte, les engorgements laiteux, les contusions, les hémorroïdes, les ulcères variqueux. Pour soulager les douleurs dentaires, faites une boule avec des feuilles fraîches et un peu de sel, introduisez-la dans l'oreille du côté de la dent malade.

Préparez les racines, les feuilles et les semences en décoction, à raison d'une cuillerée à soupe par tasse, pendant 5 minutes pour les racines, 2 minutes pour les feuilles et les semences. Prenez deux ou trois tasses par jour.

PETITE PERVENCHE *Vinca minor* (Apocynacées)

Vinca vient de *vincere,* « vaincre », la plante conserve ses feuilles durant l'hiver ; *minor,* « petit », à petites fleurs.

NOMS COMMUNS : Violette de serpent, Violette des sorciers, Pervenche mineure, Pucelage, Bergère.

All. : *Kleines Immergrun.* Angl. : *Periwinkle.*
Esp. : *Pervinca.* It. : *Pervinca minore.*

Une plante bien précieuse pour les archéologues, celle-ci est en effet souvent la dernière trace laissée par les hommes dans un site aujourd'hui retourné à l'état de nature. Depuis toujours les Pervenches ont poussé à proximité de la maison des hommes.

DESCRIPTION

La Petite Pervenche est une plante vivace à rhizome rampant, blanchâtre. Les tiges sont de deux sortes : les unes stériles, sarmenteuses, longues de 40 à 80 centimètres, étalées ou grimpantes ; les autres florifères, dressées, de 30 à 40 centimètres. Les feuilles, opposées, sont pétiolées, ovales, luisantes, d'un vert foncé persistant. Les fleurs, bleues, visibles de février à juin, sont portées sur des pédoncules solitaires à l'aisselle des feuilles. Le fruit est composé de deux follicules cylindriques qui renferment un grand nombre de graines.

CULTURE ET RÉCOLTE

Commune dans les régions chaudes et tempérées de l'Europe, les haies, les bois, les bords des ruisseaux, la Petite Pervenche ne pousse pas au-dessus de 1 200 mètres d'altitude. Sa multiplication s'effectue au printemps par division des touffes, ou semis des graines. Récoltez les feuilles avant la floraison, faites-les sécher à plat dans des endroits secs et aérés.

USAGES

Tonique, on emploie la Petite Pervenche comme apéritif et fortifiant.

Antilaiteuse, elle tarit le lait des nourrices, seule ou associée à d'autres plantes (page 429). On en fait usage pour lutter efficacement contre le diabète, dont elle calme également la soif.

Utile contre l'hypertension, elle facilite la circulation cérébrale, soulage les vertiges, permet d'avoir une bonne mémoire.

On en fait des gargarismes contre les angines, on applique les feuilles fraîches sur les plaies pour coaguler le sang.

Préparez-la en décoction pendant 2 minutes en mettant une cuillerée à soupe de feuilles coupées par tasse. Prenez-en deux ou trois tasses par jour.

PEUPLIER NOIR *Populus nigra* (Salicacées)

Populus signifie « peuple », il était souvent planté sur les places publiques ; *nigra*, « noir », à cause de ses feuilles sombres.

NOMS COMMUNS : Peuplier commun, Peuplier franc, Liardier, Liard.

All. : *Schwarzpappel*. Angl. : *Black Poplar*.
Esp. : *Chopo*. It. : *Albero*.

Il passe depuis longtemps dans nos campagnes pour l'arbre de l'Oracle. Les jeunes filles, le soir, en enveloppaient quelques branches avec leur bas noués d'un ruban rouge. Le tout devait être conservé sous l'oreiller durant toute la nuit, pour qu'elles connussent leur avenir amoureux.

DESCRIPTION

Le Peuplier est un grand arbre à racine traçante, haut de 20 à 25 mètres. La tige, droite, couverte d'une écorce grisâtre, se divise en rameaux étalés dont l'écorce est jaunâtre. Ceux-ci portent des bourgeons ovoïdes, allongés, aigus, enduits d'une matière visqueuse, résineuse, odorante. Les feuilles sont alternes, longuement pétiolées, triangulaires, aiguës, crénelées, luisantes. Les fleurs, qui apparaissent avant les feuilles au printemps, sont groupées en chatons à l'aisselle des futures feuilles, les mâles à étamines rouges, les femelles verdâtres. Le fruit est ovoïde, conique, il renferme de nombreuses graines.

CULTURE ET RÉCOLTE

Le Peuplier est commun en Europe, dans les terres humides, dans les plaines, il aime les sols calcaires et peut pousser jusqu'à 1 800 mètres d'altitude.

Sa multiplication est l'affaire du pépiniériste ou du forestier.

On récolte les bourgeons à la fin de l'hiver en mars. On les étale sur des claies, ou un grillage fin, en les remuant de temps en temps, dans des locaux secs et aérés. Les feuilles se ramassent à la belle saison, juillet, l'écorce à l'entrée de l'hiver. Faites-les sécher à l'ombre.

USAGES

Les bourgeons sont diurétiques, ils facilitent l'élimination de l'acide urique, soulagent les douleurs des rhumatismes, de l'arthrite, de la goutte, ralentissent le processus du rhumatisme déformant. On en fait un VIN (page 375). Comme expectorant et antiseptique, il est le bienvenu pour calmer la toux et soulager les bronches. Pour guérir les hémorroïdes, on l'utilise en bains de siège.

Préparez-le en décoction pendant 3 minutes en mettant une cuillerée à café de plante par tasse. Prenez-en deux ou trois tasses par jour.

PIED DE CHAT *Antennaria dioica* (Composées)

Antennaria vient de *antenna,* « antenne », les soies florales sont épaisses à leur extrémité, comme les antennes des papillons ; *dioica,* parce que la plante est dioïque.

NOMS COMMUNS : Gnaphale, Patte de chat, Herbe blanche, Œil de chien, Immortelle dioïque.

All. : *Gemeines Katzenpfotchen.* Angl. : *Cat's Foot.* Esp. : *Pie de gato.* It. : *Piede di gatto.*

DESCRIPTION

Le Pied de chat est une plante vivace dont la souche émet des surjets traçants. Les tiges, hautes de 10 à 30 centimètres, sont dressées, blanchâtres, laineuses. Les feuilles, disposées en rosette au bas de la tige, sont cotonneuses et blanchâtres en dessous, les autres, sur la tige, sont très petites et lancéolées.

Les fleurs, bisexuées, visibles de mai à juillet, blanches ou rosées, sont groupées en capitules dont la réunion forme une ombelle. Le fruit est cylindrique, lisse, surmonté d'une aigrette soyeuse.

CULTURE ET RÉCOLTE

Commun en Europe, le Pied de chat préfère les terrains siliceux, très secs. Il est abondant entre 500 et 2 500 mètres d'altitude.

On multiplie la plante par division des pieds.

Les fleurs sont récoltées dès l'épanouissement ; très délicates, elles sont séchées dans des endroits secs et aérés.

USAGES

Le Pied de chat facilite la digestion en activant les sécrétions de l'estomac, du pancréas, du foie, d'où son intérêt contre toutes les hépatites et contre le diabète.

Émollient et béchique, il entre dans la COMPOSITION DES ESPÈCES PECTORALES (page 351) et du THÉ SUISSE (page 352). Il soulage la toux et les bronches, des plus petites aux plus grandes.

Préparez-le en infusion pendant 10 minutes, à raison d'une cuillerée à soupe de fleurs par tasse. Ayez soin de filtrer et de séparer les aigrettes.

Prenez-en deux à quatre tasses par jour.

PILOSELLE *Hieracium pilosella* (Composées)

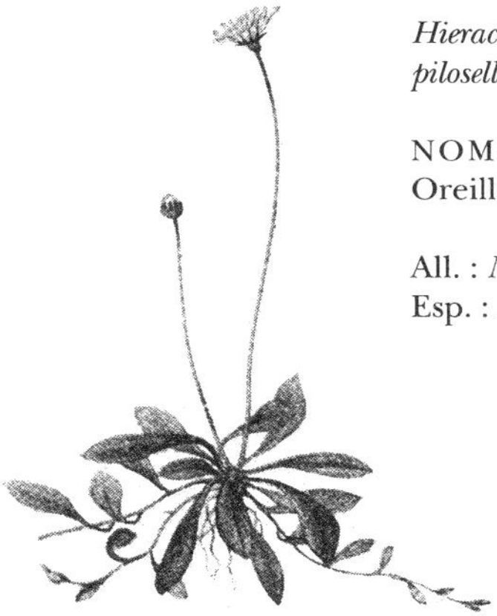

Hieracium vient du grec *hierakion*, nom donné à plusieurs plantes ; *pilosella*, « poilu », la plante est couverte de poils.

NOMS COMMUNS : Épervière, Oreille de souris, Oreille de rat, Véluette, Herbe à l'épervier.

All. : *Mausohrein.* Angl. : *Mouse-ear.* Esp. : *Pelosilla.* It. : *Pelosella.*

DESCRIPTION

La Piloselle est une plante de 30 centimètres de hauteur, dont les tiges florifères, dressées, partent au milieu d'une collerette de feuilles. Celles-ci sont ovales, allongées, couvertes de poils, légèrement incurvées. Les fleurs, visibles de mai à septembre, jaune clair, sont portées par une tige cylindrique et velue sans feuilles. Le fruit est ovale.

CULTURE ET RÉCOLTE

Commune en Europe, la Piloselle préfère les lieux secs, elle peut pousser jusqu'à 2 700 mètres d'altitude. Sa multiplication s'effectue par semis des graines ou division des touffes.

On récolte la plante au moment de la floraison, on l'étale dans des endroits secs et aérés.

USAGES

La Piloselle est une plante diurétique précieuse, elle augmente le volume des urines, elle est utile dans toutes les rétentions d'eau ainsi que pour l'élimination de l'urée, en complément d'un traitement cardiaque, contre l'albuminurie, la rétention d'eau des membres inférieurs.

Elle a une action efficace sur le foie, auquel elle permet de jouer son rôle antitoxique et anti-infectieux, en cas de début de grippe, de lourdeur digestive, de surcharge.

Préparez-la en décoction pendant 2 minutes en mettant une cuillerée à soupe de plante par tasse. Prenez-en une à quatre tasses par jour.

PIMPRENELLE *Poterium sanguisorba* (Rosacées)

Poterium vient du grec *potérion*, nom du Marrube ; *sanguisorba* vient de *sangui*, « sang », et de *sorbere*, « absorber », la plante arrête l'hémorragie.

NOMS COMMUNS : Petite Pimprenelle, Petite Sanguisorbe.

All. : *Pimpernell.* Angl. : *Pimpernel.*
Esp. : *Pimpinela menor.* It. : *Pimpinella.*

DESCRIPTION

La Pimprenelle est une plante vivace à souche presque ligneuse. Les tiges, qui peuvent atteindre 80 centimètres, sont dressées, anguleuses, rameuses au sommet. Les feuilles, alternes, sont divisées en dix à vingt-cinq folioles ovales, fortement dentées. Les fleurs, visibles de juin à août, petites, verdâtres, teintées de pourpre sont groupées en épis terminaux. Les fruits sont enfermés dans un calice persistant.

CULTURE ET RÉCOLTE

Commune en Europe, la Pimprenelle est abondante dans les prairies humides, les bords des fossés, elle ne dépasse pas 600 mètres d'altitude.

Sa multiplication se réalise par semis des graines au printemps ou éclat des pieds à l'automne.

La récolte des plantes s'effectue durant toute la végétation, réunissez-les en bouquets que vous suspendez dans des locaux secs et aérés jusqu'au séchage complet.

USAGES

Astringente, la Pimprenelle est utilisée contre les diarrhées, les hémorragies, les hémorroïdes. C'est un précieux complément à la médication des troubles de la ménopause et des fibromes.

Préparez-la en décoction pendant 3 minutes en mettant une cuillerée à soupe de plantes coupées par tasse. Prenez-en deux ou trois tasses par jour.

PIN SYLVESTRE *Pinus sylvestris* (Abiétacées)

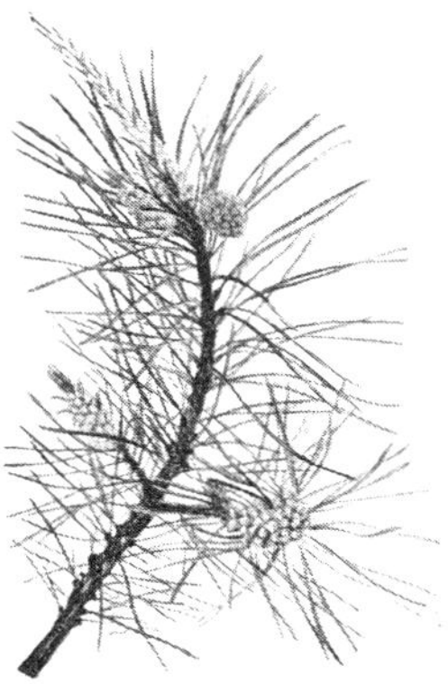

Pinus vient du grec *pinos,* qui désignait ce genre d'arbre ; *sylvestris,* « des forêts ».

NOMS COMMUNS : Pin sauvage, Pin d'Écosse, Pin du Nord, Pin de Hagueneau, Pin de Genève, Pin de Riga, Pin de Russie, Sapin rouge du Nord.

All. : *Gemeine Kiefer.* Angl. : *Common Pine.*
Esp. : *Pino sylvestre.* It. : *Pino commune.*

En Vendée, une jolie coutume veut que l'on puisse découvrir sur les graines des pommes de Pin sylvestre les empreintes digitales de la Vierge Marie. La graine prend alors une valeur de porte-bonheur.

DESCRIPTION

Le Pin sylvestre est un grand arbre à racine forte et pivotante. La tige, de 30 mètres et plus, est droite, cylindrique, régulière, couverte d'une écorce qui se détache par plaques et se divise en rameaux étalés. Les feuilles, persistantes, ressemblent à des aiguilles ; longues de 5 centimètres, elles sont groupées par deux à cinq dans une membrane écailleuse. Les fleurs, visibles au printemps, sont groupées en chatons. Les mâles sont réunies à la base des pousses de l'année, les femelles au sommet de ces mêmes pousses. À l'automne de l'année suivante, elles donneront les pignes. Les graines, ovoïdes, sont prolongées au sommet par une aile très fine.

CULTURE ET RÉCOLTE

Le Pin sylvestre se rencontre dans les forêts siliceuses des montagnes entre 800 et 2 200 mètres d'altitude.

Sa multiplication s'effectue par semis des graines, que l'on éclaircit au fil des années.

La récolte des bourgeons se fait de février à avril, avant l'éclosion. Les feuilles sont récoltées sur les jeunes branches. On les fait sécher en couches minces dans des locaux tempérés et aérés.

USAGES

Balsamiques, les bourgeons de Pin calment la toux, soulagent les bronches, facilitent la respiration. N'oubliez pas d'en faire usage en période de grippe.

Antiseptiques, bourgeons et feuilles calment les inflammations des reins, de la vessie, ils sont utiles pour soulager la prostate, la cystite.

Préparez-les en décoction en en mettant une cuillerée à café par tasse. Prenez-en une à quatre tasses par jour.

Plusieurs espèces poussent en Europe, seul le Pin sylvestre est médicinal.

PINUS CEMBRA : commun dans les Alpes et en Italie, il croît entre 1 400 et 2 500 mètres.

PIN DES MONTAGNES : commun dans les Pyrénées entre 1 200 et 3 000 mètres.

PIN D'ALEP : il forme des forêts dans les régions méditerranéennes, il est haut de 10 à 15 mètres, sa cime est arrondie.

PIN PINIER, ou **PIN PARASOL** : sa cime est très étalée, il est commun en Méditerranée, mais peut supporter des températures plus froides. C'est le fournisseur des pignons, régal de notre cuisine.

PIN DE CORSE : pin des forêts corses entre 800 et 1 800 mètres, il est introduit en Provence.

PIN MARITIME : c'est le pin des forêts des Landes, mais que l'on trouve aussi en Méditerranée, dans le Périgord et l'Ardèche.

Au XVIIIe siècle, on amplifia la culture du Pin maritime dans les Landes pour fixer les dunes.

Il y est destiné au gemmage, qui consiste à pratiquer, de mars à octobre, une entaille sur le tronc de l'arbre à hauteur d'homme, nommée « carre », à l'aide d'une hache recourbée, nommée « hapchot ». La résine qui s'en écoule est guidée par une tôle en zinc pour être recueillie dans des pots vernissés fixés à la base de l'entaille.

La gemme, ou térébenthine, ainsi recueillie est purifiée par simple filtration, ou par fusion et décantation. Le résidu constitue la poix noire, qui, avec les troncs et les racines du Pin, donne le goudron végétal.

La térébenthine donne, par distillation, l'essence de térébenthine et la colophane, résine jaune, solide et transparente utilisée autrefois comme hémostatique. De nos jours, la colophane sert à frotter les crins de l'archer pour qu'ils mordent sur les cordes des instruments.

L'essence est obtenue par la distillation à la vapeur de feuilles et de jeunes branches des différents Pins.

PISSENLIT *Taraxacum officinale* (Composées)

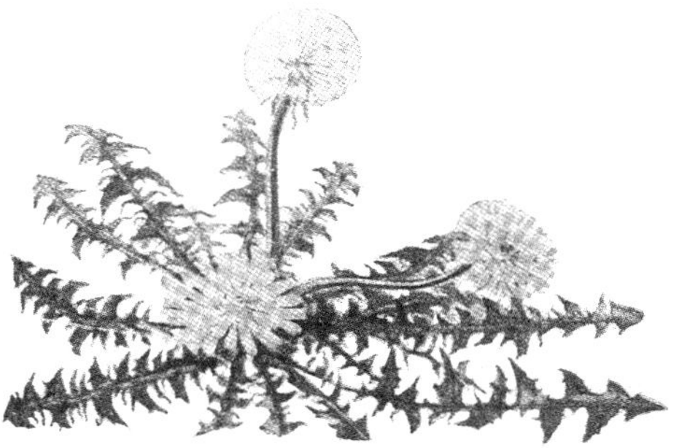

Taraxacum viendrait de l'arabe *tharakh-chakon*, désignant un type de Chicorée.

NOMS COMMUNS : Dent de lion, Florin d'or, Salade de taupe, Couronne de moine, Cochet, Laitue de chien.

All. : *Löwenzahn.*
Angl. : *Dandelion.*
Esp. : *Diente de leon.*
It. : *Dente di leone.*

Qui n'a jamais soufflé sur une tête de Pissenlit pour savoir dans combien d'années il se mariera ? On peut se servir de la même manière de la tête en soufflant trois fois pour connaître l'heure, car, dit-on, le nombre de graines restant indique l'heure qu'il est.

DESCRIPTION
Le Pissenlit est une plante vivace, à souche épaisse, à racine longue, fusiforme, de la grosseur d'un doigt, brune, rougeâtre. Les feuilles, disposées en rosette, à la base de la plante, sont profondément divisées avec des lobes plus ou moins aigus et dentés, d'un beau vert. Les fleurs, jaunes, visibles de mai à novembre, sont groupées en larges capitules terminaux à l'extrémité des pédoncules. L'ensemble des fruits forme une boule légère duveteuse dont les aigrettes s'envolent au premier vent.

CULTURE ET RÉCOLTE
Commun en Europe, le Pissenlit se trouve sur tous les terrains, il peut pousser jusqu'à 3 000 mètres d'altitude. Sa multiplication se réalise par semis des graines. La récolte des feuilles et des fleurs se pratique au tout début de la floraison. La racine est arrachée au début du printemps ou à l'automne, lavée, coupée, puis séchée dans des locaux chauds et aérés.

USAGES
Les feuilles sont toniques et stimulent le foie. La racine est utile contre tous les malaises hépatiques, elle augmente la sécrétion de la bile et en facilite l'évacuation, jouant ainsi un rôle de léger laxatif : le foie, décongestionné, joue mieux son rôle antitoxique, la peau est éclaircie, les dermatoses diverses, acné, psoriasis, eczéma, disparaissent, le métabolisme est activé, la cellulite est combattue, le cholestérol éliminé. Avec d'autres plantes, il entre dans la COMPOSITION CURE DE PRINTEMPS (page 407). Préparez-le en décoction pendant 2 minutes pour les feuilles, 5 minutes pour les racines en en mettant une cuillerée à soupe pour les feuilles, une cuillerée à café pour les racines. Prenez-en une tasse avant les repas.

PLANTAIN *Plantago major* (Plantaginacées)

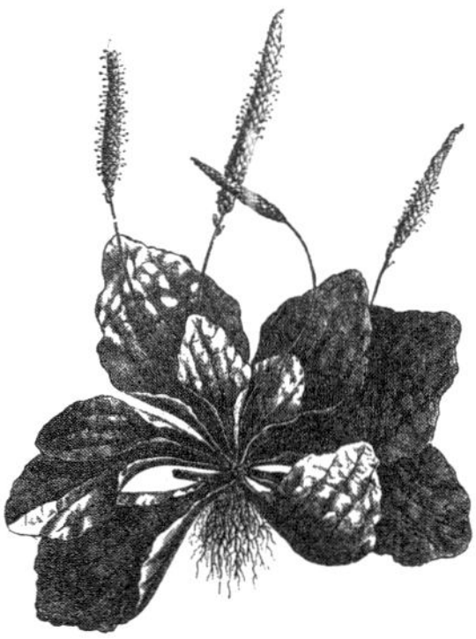

Plantago vient de *planta*, « plante des pieds » et *ago*, « ressemblance », allusion à la forme de certaines feuilles.

NOMS COMMUNS : Grand Plantain, Plantain des oiseaux, Plantain commun, Plantain à grandes feuilles.

All. : *Breitwegerich*. Angl. : *Large Plantain*.
Esp. : *Planten mayor*. It. : *Piantaggine maggiore*.

Partout en Europe, on est persuadé que cette herbe protège des morsures de serpent. Il suffit pour cela, avant de traverser des guérets ou des endroits infestés de vipères, de fixer à son pantalon des tiges de Plantain frais. Au siècle dernier, dans les diligences anglaises, un petit pot servait à recevoir une touffe de Plantain, réputée pour assurer la sécurité des voyageurs.

DESCRIPTION

Le Plantain est une plante vivace à racines fibreuses, blanchâtres. Les feuilles, toutes radiales, sont ovales et groupées en rosette. Les fleurs sont groupées en épis cylindriques dressés dont la longueur varie de 10 à 60 centimètres. Le fruit est une capsule ovale.

CULTURE ET RÉCOLTE

Le Grand Plantain sauvage suffit à l'herboristerie, mais on peut le multiplier par semis des graines au printemps dans un sol léger.

On récolte les feuilles du printemps à l'automne, elles sont séchées dans des endroits secs et aérés.

La variété *Plantago psyllium* dont on utilise les graines est cultivée dans les régions méditerranéennes. Celles-ci sont récoltées dès leur maturité à l'automne.

USAGES

Astringent, le Plantain est utilisé contre les diarrhées, les dysenteries, en gargarismes contre les angines, la gingivite, en bain d'yeux pour lutter contre la conjonctivite, en lotion ou en crème contre l'acné rosacée et les dartres. Quelques tasses par jour atténuent la toux des fumeurs tout en aidant à oublier la cigarette des bronchites chroniques.

Tonique général, il combat la faiblesse et la fatigue, même pour les enfants dont il active la croissance.

On en fait des lotions ou des compresses sur les ulcères variqueux, les piqûres d'insecte.

Les graines de Psyllium noir sont un excellent laxatif par leur douceur et leur efficacité, elles facilitent en douceur le transit. Elles conviennent aux intestins les plus fragiles, ceux des colitiques par exemple.

Préparez les feuilles de Plantain en décoction pendant 2 minutes, en en mettant une cuillerée à soupe par tasse. Pour les bains d'yeux, prenez soin de bien filtrer les plantes.

Laissez tremper pendant 15 minutes une cuillerée à café de graines de Psyllium pour une tasse d'eau bouillante. Absorbez l'eau et les graines le soir au coucher.

MASQUE AU PLANTAIN

Destiné à désincruster la peau en profondeur, faites un masque une fois par semaine.

Poudre de feuilles de plantain	20 g
Poudre d'écorces de chêne	20 g
Poudre de feuilles de thym	20 g
Poudre de roses du Maroc	20 g
Poudre de racines de guimauve	20 g
Poudre de rassoul	20 g
Poudre d'argile blanche	20 g

Prenez deux cuillerées à soupe de ce mélange de poudres. Ajoutez cinq gouttes d'essences de Sauge, Thym et Verveine. Mêlez le tout à la quantité d'eau nécessaire pour faire une pâte. Appliquez-la sur le visage, laissez agir pendant 15 minutes, rincez à l'eau froide.

POLYGALA SÉNÉGA *Polygala senega* (Polygalacées)

Polygala est dérivé des mots, *polus,* « beaucoup », et *gala,* « lait ».
Administré aux animaux, il favorise la lactation.

NOMS COMMUNS : Laitier, Herbe au lait.

All. : *Bitteramselkraut.* Angl. : *Milkwort.*
Esp. : *Poligala.* It. : *Poligala.*

DESCRIPTION

Le Polygala sénéga est une plante vivace à rhizome traçant, ligneux, grêle, jaunâtre, muni de radicelles. Les tiges, de 30 centimètres environ, sont simples, dressées ou ascendantes. Les feuilles de la tige sont alternes, étroites, vert foncé, lancéolées, celles de la base forment une rosette du centre de laquelle partent les tiges. Les fleurs, bleues, visibles de mai à septembre, sont disposées en grappes terminales. Le fruit, comprimé, s'ouvre par deux valves portant chacune une graine.

CULTURE ET RÉCOLTE

Commun en Europe, le Polygala sénéga se développe sur toutes sortes de terrains, il peut pousser jusqu'à 2 600 mètres d'altitude. Sa multiplication se réalise par semis des graines ou division des touffes.

La racine se récolte à l'automne ; lavée, coupée, on la fait sécher au soleil puis dans des endroits secs et aérés.

USAGES

Tonique, diurétique, le Polygala sénéga soulage les rhumatismes, facilite la digestion. C'est surtout à ses bienfaits sur les bronches, la toux, l'asthme, les catarrhes tenaces qu'il doit son succès.

Préparez-le en décoction pendant 2 minutes en mettant une cuillerée à café de racines coupées par tasse. Prenez-en deux ou trois tasses par jour.

POLYPODE *Polypodium vulgare* (Polypodiacées)

Polypodium vient du grec *polus,* « nombreux », et *podion,* « petit pied » ;
le rhizome est muni de nombreuses radicelles.

NOMS COMMUNS : Polypode de chêne,
Réglisse des bois, Fougère réglisse,
Fougère douce.

All. : *Echtes Engelsuss.* Angl. : *Common Polypody.*
Esp. : *Polipodio común.* It. : *Felce dolce.*

DESCRIPTION

Le Polypode est une plante vivace à rhizome long, épais, charnu, traçant, couvert d'écailles, brun noirâtre, qui donnent naissance à des racines dessous et à des feuilles dessus. Celles-ci ressemblent beaucoup à celles de la Fougère : longues de 20 à 50 centimètres, longuement pétiolées, leur limbe est divisé en lobes alternes, rapprochés, lancéolés, à peine dentés. Les organes reproducteurs, les spores, sont renfermés dans des sporanges qui naissent à la face inférieure des frondes.

CULTURE ET RÉCOLTE

Commun dans les régions tempérées de l'Europe, on trouve le Polypode dans les bois, au pied des murs ombragés, il peut pousser jusqu'à 2 000 mètres d'altitude.

La plante se multiplie par fragmentation des racines à l'automne ou au printemps.

La récolte des rhizomes se pratique de juillet à septembre. Lavés, coupés, ils sont mis à sécher dans des locaux chauds et aérés.

USAGES

Le Polypode agit avec efficacité et douceur pour faciliter et augmenter l'évacuation de la bile, agissant ainsi sur tous les troubles du foie et comme laxatif doux qui convient aux enfants et aux personnes âgées.

Expectorant, on l'utilise également contre la toux et la bronchite chronique.

Préparez-le en décoction pendant 5 minutes, à raison d'une cuillerée à café de plante par tasse. Prenez-en une tasse avant les repas ou le soir au coucher.

POTENTILLE ANSÉRINE *Potentilla anserina* (Rosacées)

Potentilla vient de *potens*, « puissant », son action est énergique ; *anserina*, vient de *anser*, « oie », herbe aux oies, les feuilles ressemblent aux pattes d'oie.

NOMS COMMUNS : Argentine, Ansérine, Patte d'oie, Bec d'oie, Potentille aux oies, Herbe à cochon.

All. : *Gansefingerkraut*. Angl. : *Silver Weed*.
Esp. : *Argentina*. It. : *Argentina*.

Fondée sur le chiffre 5, cette plante est pour les Américains l'herbe à cinq doigts : amour, argent, pouvoir, santé, sagesse. Il arrive parfois de trouver des Potentilles à sept doigts ; elles constituent des talismans irremplaçables.

DESCRIPTION

La Potentille ansérine est une plante vivace à tige rampante, épaisse, munie de racines grêles, chevelues, brunâtres. De la tige partent des feuilles pourvues de quinze à vingt-cinq folioles dentées, vertes à la face supérieure, claires en dessous. Les fleurs, grandes, d'un beau jaune, visibles de juin à septembre, sont solitaires à l'extrémité de pédoncules plus ou moins longs. Le fruit est ovoïde.

CULTURE ET RÉCOLTE

Commune en Europe, la Potentille ansérine se trouve sur les bords des fossés, dans des endroits humides, elle peut atteindre 1 700 mètres d'altitude.

Sa multiplication s'effectue par semis des graines au printemps ou par division des touffes.

La récolte des feuilles se pratique en juin, juillet. Réunies en bouquets, on les fait sécher en guirlandes dans des endroits secs et aérés.

USAGES

Riche en tanin, la Potentille ansérine lutte contre la diarrhée, les hémorroïdes, les pertes blanches, les règles trop abondantes, l'incontinence d'urine ; elle est recommandée en gargarismes pour guérir les angines, en bains de bouche pour calmer les inflammations.

Antispasmodique, elle soulage les douleurs provoquées par les règles.

Préparez-la en décoction pendant 2 minutes en mettant une cuillerée à soupe de plante par tasse. Prenez-en deux ou trois tasses par jour.

La Potentille rampante a les mêmes propriétés que la Potentille ansérine.

POTENTILLE TORMENTILLE *Potentilla tormentilla* (Rosacées)

Potentilla vient de *potens,* « puissant », son action est énergique ; *tormentilla* vient de *tormen,* « colique », la plante guérit la colique.

NOMS COMMUNS : Tormentille, Potentille officinale, Herbe au diable, Herbe de sainte Catherine.

All. : *Tormentill Wurzel.* Angl. : *Tormentill.*
Esp. : *Tormentilla.* It. : *Tormentilla.*

Des bouquets de cette plante dans la maison apportent de nombreux bienfaits.

DESCRIPTION

La Potentille tormentille est une plante vivace à rhizome épais, court, rugueux, brunâtre, rampant, garni de petites racines. Les tiges, de 20 à 40 centimètres, sont nombreuses, diffuses, couchées ou ascendantes, rameuses. Les feuilles, alternes, sessiles, divisées en trois ou cinq folioles dentées, sont vertes sur les deux faces. Les fleurs, jaunes, petites, pédonculées, groupées en cimes terminales, s'épanouissent de mai à juillet. Le fruit comprend de nombreux akènes insérés.

CULTURE ET RÉCOLTE

Commune en Europe, plus rare en Méditerranée, la Potentille tormentille peut pousser jusqu'à 1 500 mètres d'altitude. Elle préfère les terrains silicieux.

On la multiplie par drageons.

La récolte des rhizomes s'effectue au printemps, on les débarrasse des tiges et des radicelles, on les lave, on les coupe, on les fait sécher au soleil ou dans des endroits chauds et aérés.

USAGES

La racine de Potentille tormentille est incontestablement l'une des meilleures plantes astringentes, elle a une action rapide et efficace contre les dysenteries, les diarrhées, les entérocolites chroniques ou passagères, les hémorroïdes, les pertes blanches, l'incontinence d'urine. Elle est recommandée en bains de bouche contre les inflammations des gencives, de la cavité buccale et de la gorge. Tonique et excitante, elle redonne de l'énergie (*voir* VIN, page 375).

Préparez-la en décoction pendant 5 minutes en mettant une cuillerée à café de plante par tasse. Prenez-en une à trois tasses par jour.

PRÊLE DES CHAMPS *Equisetum arvense* (Équisétacées)

Equisetum vient de *equus*, « cheval », et de *seta*, « soie », la plante ressemble à une queue de cheval ; *arvense*, « des champs ».

NOMS COMMUNS : Queue de cheval, Queue de renard, Queue de rat, Petite Prêle.

All. : *Ackerschachtelhalm.* Angl. : *Field Horse Tail.* Esp. : *Coda de caballo.* It. : *Cauda cavallina.*

La tradition bourguignonne qui veut que l'on dépose la nuit sur la fenêtre d'une jeune fille un bouquet de Prêles, qui signifie qu'il est grand temps qu'elle apprenne à s'en servir et qu'elle cesse de jouer les princesses, est aussi vieille que la nuit des temps. Les cendres de Prêles sont en effet si riches en silice qu'elles servaient jadis aux potiers d'étain pour polir leurs pots sans les rayer.

DESCRIPTION

La Prêle des champs est une plante vivace à rhizome traçant d'où partent des radicelles. Les tiges sont de deux sortes : les unes, stériles, de 50 centimètres à 1 mètre, sont très robustes, dressées, striées, creuses, articulées, elles portent à chaque nœud une gaine membraneuse dentée, au-dessous de laquelle partent des rameaux stables ou dressés ; les autres, fertiles, plus petites, apparaissent avant les précédentes au début du printemps, elles sont brun-roux, plus épaisses, elles possèdent une gaine plus large, plus longue, et se terminent par un épi oblong qui porte des sporanges.

CULTURE ET RÉCOLTE

Commune en Europe dans les lieux humides, la Prêle peut atteindre 2 500 mètres d'altitude. Sa multiplication se réalise par division des touffes à l'automne ou au printemps. Les tiges vertes et stériles se récoltent de mai à octobre, on les fait sécher au soleil ou dans des locaux secs et aérés.

USAGES

La Prêle est avant tout reminéralisante par sa richesse en silice. Cette propriété est bénéfique pour tout l'état général, mais également pour le bon fonctionnement des os, des dents, des cheveux, des ongles, pour assurer un meilleur équilibre chez les nerveux. Hémostatique, elle est efficace contre les saignements excessifs en période de ménopause, les saignements du nez, les hémorroïdes.

Diurétique, elle soulage la cystite, la goutte, l'arthrose, elle combat l'albuminurie, le diabète, l'artériosclérose et l'hypertension. Des lotions sont appliquées avec succès sur les ulcères variqueux, et en bains de bouche contre les aphtes.

Préparez-la en décoction pendant 3 minutes, en mettant une cuillerée à soupe de plante par tasse. Prenez-en deux ou trois tasses par jour. Vous pouvez également l'utiliser en poudre en en prenant une demi- à une cuillerée à café le matin.

PRIMEVÈRE OFFICINALE *Primula officinalis* (Primulacées)

Primula vient de *prima,* ce sont les premières fleurs du printemps.

NOMS COMMUNS : Coucou, Herbe à la paralysie, Primevère jaune, Printanière, Primerolle, Fleur de printemps, Herbe de Saint Paul, Clef de saint Pierre.

All. : *Primel.* Angl. : *Cowslip.*
Esp. : *Primavera de los campos.* It. : *Primavera.*

Fleur symbole du printemps, la Primevère a longtemps accompagné les libertinages sous l'Ancien Régime, marquises et filles de mauvaise vie en portaient au corsage pour se rendre à leurs rendez-vous. Attention toutefois à ne pas apporter de ces fleurs à la maison quand les oies couvent ! Ce serait gâcher tous les œufs, c'est du moins ce que l'on assure dans le Poitou.

DESCRIPTION

La Primevère est une plante vivace à rhizome rameux, épais, qui émet des racines fibreuses. Les feuilles, radiales, ovales, ondulées, crénelées, dentelées, sont disposées en rosette. Les fleurs, jaunes, visibles de mars à mai, sont groupées en ombelles simples au sommet de pédoncules de 10 à 30 centimètres. Le fruit est ovoïde.

CULTURE ET RÉCOLTE

Commune en Europe, la Primevère se trouve dans les lieux herbeux, les prairies, elle peut pousser jusqu'à 2 000 mètres d'altitude.

Pour sa culture, elle préfère les sols frais, légers, riches en humus. On la multiplie par division des pieds après la floraison.

La récolte des fleurs s'effectue au début de la floraison, celle des racines après la floraison. Les fleurs, délicates, sont séchées dans des locaux chauds et aérés, les racines, non moins fragiles, sont lavées, coupées et séchées dans des locaux chauds.

USAGES

Racines et fleurs soulagent les bronches, facilitent l'expectoration, augmentent la salivation. Diurétiques, légèrement laxatives, les fleurs sont calmantes, relaxantes, somnifères, antistress.

Bien que leur application externe soulage les douleurs rhumatismales, elles peuvent aussi provoquer des allergies.

Préparez les racines en décoction pendant 5 minutes, les fleurs en infusion, en en mettant une cuillerée à soupe par tasse. Prenez-en deux ou trois tasses par jour.

PRUNELLIER *Prunus spinosa* (Rosacées)

Prunus est le nom latin du Prunier.

NOMS COMMUNS : Prunier sauvage, Prunier épineux, Épine noire.

All. : *Schlehendorn.* Angl. : *Black Thorn.* Esp. : *Endrino.* It. : *Prugnolo.*

On trouve souvent l'Aubépine auprès des Prunelliers. On distingue ceux-ci par le limbe entier, ovale, à bord dentelé. Si vous désirez tenir le diable à distance, il vous suffira d'accrocher des branches de Prunellier aux quatre angles de la maison ainsi qu'au-dessus de la porte d'entrée. Il paraît que le diable a horreur de cet arbre, c'est du moins un sorcier qui nous l'a dit.

DESCRIPTION

Le Prunellier est un arbrisseau épineux, buissonnant, épais. La tige, de 2 mètres environ, se divise en rameaux diffus dont les adultes sont terminés en pointe acérée et couverts d'une écorce brun noirâtre. Les feuilles, alternes, sont courtement pétiolées, dentées, vert foncé. Les fleurs, blanches, apparaissent avant les feuilles, en mai, elles sont nombreuses. Le fruit est rond, charnu, noir bleuâtre.

CULTURE ET RÉCOLTE

Le Prunellier est commun dans toute l'Europe, dans les haies, les buissons, aux lisières des bois. Sa multiplication se réalise par semis des graines, ou plantation des boutures.

La récolte des fleurs a lieu avant leur complet épanouissement, on les fait sécher dans des endroits secs et aérés.

USAGES

Les fleurs de Prunellier sont calmantes, diurétiques, laxatives, dépuratives. Tous ces principes permettent de l'utiliser pour faciliter l'élimination des sérosités, des œdèmes, de la cellulite.

Préparez-le en infusion pendant 10 minutes en mettant une cuillerée à café de plante par tasse. Prenez-en une à trois tasses par jour.

PULMONAIRE OFFICINALE *Pulmonaria officinalis* (Borraginacées)

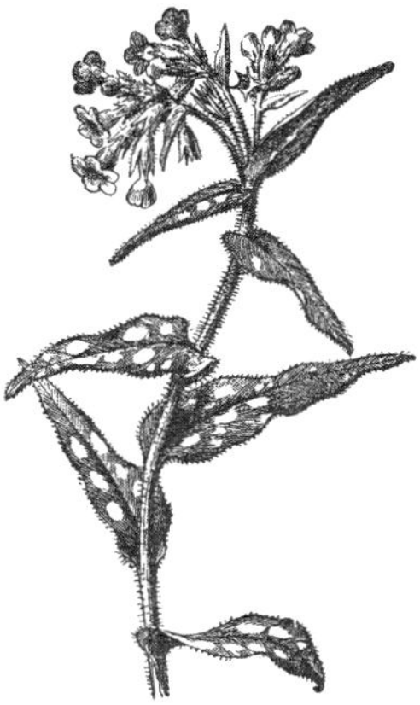

Pulmonaria vient de *pulmo,* « poumon », les feuilles tachées rappellent la coupe d'un poumon.

NOMS COMMUNS : Grande pulmonaire, Herbe aux poumons, Herbe au cœur, Coucou bleu, Sauge de Jérusalem, Herbe au lait de Notre-Dame.

All. : *Lungenkraut.* Angl. : *Lungwort.*
Esp. : *Pulmonaria.* It. : *Polmonaria.*

DESCRIPTION

La Pulmonaire officinale est une plante vivace à souche épaisse, ou plutôt à tige souterraine, qui émet de nombreuses radicelles. Les tiges, de 15 à 30 centimètres, sont épaisses, dressées ou ascendantes, couvertes de poils rudes. Les feuilles, alternes, ovales, lancéolées, sont couvertes de taches blanches, d'où son nom de Pulmonaire. Les fleurs, grandes, rouges puis bleu violacé, groupées en grappes terminales, sont visibles d'avril à juillet. Le fruit, composé de quatre akènes, est entouré par un calice persistant.

CULTURE ET RÉCOLTE

La Pulmonaire officinale est commune en Europe, dans les bois et les autres endroits humides.

Sa multiplication s'opère par semis des graines ou division des pieds.

La récolte des feuilles se pratique à leur complète maturité en juillet, août ; très fragiles, on les sèche rapidement dans des endroits secs et aérés.

USAGES

Émolliente, adoucissante, expectorante, on utilise la Pulmonaire officinale contre les affections des bronches, pour soulager la toux.

On en fait des lotions ou des compresses pour faire disparaître les engelures ou les dartres.

Préparez-la en décoction légère pendant 2 minutes, à raison d'une cuillerée à soupe de plante par tasse. Prenez-en deux ou trois tasses par jour.

QUINQUINA ROUGE *Cinchona succirubra* (Rubiacées)

Le mot *quinquina* vient de *kina-kina*, appellation utilisée par les Péruviens et signifiant « écorce des écorces ».

NOMS COMMUNS : Écorce du Pérou, Kina.

All. : *Rote China*. Angl. : *Red bark*.
Esp. : *Cascarilla colorado*. It. : *China*.

On l'appela « poudre de la comtesse », « des jésuites », « poudre cardinale », « de Lugo », pour ses qualités de guérison sur les grands de ce monde au XVIIe siecle. Décrié par les médecins de l'époque, c'est grâce à La Fontaine et à son célèbre poème du Quinquina que celui-ci acquit sa place dans l'arsenal thérapeutique. C'est le Quinquina qui est à l'origine de l'homéopathie : Hahnemann constata que, pris à petite dose, il provoquait les maladies qu'il guérissait.

DESCRIPTION

Le Quinquina rouge est un grand arbre à rameaux et à feuilles opposées, ovales, aiguës. Les fleurs, blanches, petites, sont portées sur des pédoncules groupés, qui forment une panicule à l'extrémité des jeunes rameaux.

Le fruit est une capsule surmontée d'un calice persistant et durci.

CULTURE ET RÉCOLTE

Le Quinquina rouge est bien distinct des nombreuses espèces existantes.

On le trouve en Europe dans les serres, mais c'est au Pérou qu'il croît abondamment.

USAGES

Antiseptique, antiputride, antifébrile, le Quinquina rouge a eu bien des heures de gloire depuis son apparition en Europe au XVIIe siècle. Au début du XXe siècle, on en brassait encore 28 000 tonnes par an.

C'est surtout pour sa réelle efficacité tonique qu'il est utilisé, en tisane, mais plus agréablement en macération dans du vin, seul ou associé à d'autres plantes (page 374).

Préparez-le en décoction pendant 5 minutes en en mettant une petite cuillerée à café par tasse. Prenez-en une tasse avant les repas.

RAIFORT *Cochlearia armorica* (Crucifères)

Cochlearia vient du latin *cochlear,* « cuiller », à cause de la forme des feuilles ; *armorica,* la plante se trouve surtout en Bretagne.

NOMS COMMUNS : Cranson rustique, Armorica rustique, Moutarde des capucins, Cran de Bretagne, Radis de cheval, Mérédik, Moutardelle, Herbe aux cuillers.

All. : *Meerettig.* Angl. : *Horseradish.*
Esp. : *Rabano rusticano.* It. : *Rafano rusticano.*

DESCRIPTION

Le Raifort est une plante vivace à souche robuste, d'où partent des racines épaisses, charnues, ramifiées. Les tiges, dressées, qui dépassent 1 mètre, sont creuses, sillonnées, rameuses sur la hauteur.

Les feuilles à la base sont grandes, ovales, longuement pétiolées ; sur la partie moyenne elles sont profondément divisées ; sur la hauteur lancéolées et crénelées.

Les fleurs, blanches, petites, visibles en mai, juin, sont disposées en grappes terminales. Le fruit, rond, renferme des graines stériles.

CULTURE ET RÉCOLTE

D'origine slave, le Raifort est commun en Europe, il aime les endroits frais et ombragés. Sa multiplication se réalise par fragment des racines à l'automne ou au printemps.

Les racines se récoltent sur des pieds d'au moins trois ans d'âge. Elles sont lavées, coupées et mises à sécher dans des endroits secs et aérés.

USAGES

Antiscorbutique, le Raifort est une excellente plante tonique, fortifiante, qui réveille les énergies.

Digestif, c'est un très bon tonique de l'estomac dont il active les sécrétions.

Diurétique, il soulage la goutte, les rhumatismes, l'arthrite, il facilite l'expectoration, soulage les bronches, calme la toux, facilite la respiration des asthmatiques.

Préparez-le en décoction pendant 5 minutes, en mettant une cuillerée à café de racines coupées par tasse. Prenez-en deux ou trois tasses par jour.

RATANHIA *Krameria triandra* (Polygalées)

NOM COMMUN : Ratanhia.

All. : *Rathaniawurzel.* Angl. : *Rathany Root.*
Esp. : *Ratania.* It. : *Ratania.*

Le Ratanhia était la plante préférée des Incas, qui en faisaient usage pour cicatriser les plaies.

DESCRIPTION

Le Ratanhia est un arbuste à racine cylindrique, brun rougeâtre, rameuse, rampante. La tige, dressée, se divise en nombreux rameaux diffus, velus, blanchâtres. Les feuilles, alternes, ovales et oblongues, sont aiguës, dures, coriaces. Les fleurs, visibles de mai à septembre, sont portées par de courts pédoncules solitaires à l'aisselle des feuilles supérieures. Le fruit, globuleux, renferme deux graines.

CULTURE ET RÉCOLTE

Le Ratanhia se trouve en Amérique centrale, au Pérou, aux Antilles.

La racine commercialisée en Europe nous vient du Pérou. Cylindrique, de grandeur et de grosseur variables, elle est recouverte d'une écorce brune, fibreuse.

USAGES

Riche en tanin, le Ratanhia est très astringent, il lutte avec succès contre les dysenteries, les diarrhées. On en fait des compresses ou des lotions que l'on applique sur les ulcères, les hémorragies, les engelures, les brûlures, pour cicatriser les plaies.

Préparez-le en décoction pendant 5 minutes, à raison d'une cuillerée à café de plante par tasse. Prenez-en une à trois tasses par jour.

RÉGLISSE *Glycyrrhiza glabra* (Légumineuses)

Glycyrrhiza vient du grec *glycys,* « doux », et de *rhidza,* « racine ». La racine est douce, parfumée, agréable.

NOMS COMMUNS : Bois doux, Bois sucré, Réglisse.

All. : *Süssholz.* Angl. : *Liquorice.*
Esp. : *Regaliza.* It. : *Liquirizia.*

Non seulement son bois est très recherché pour fabriquer les baguettes magiques, mais en plus la Réglisse, si on en porte quelques fragments de racine sur soi, est capable d'attirer l'amour... conjugal exclusivement.

DESCRIPTION

La Réglisse est une plante vivace à rhizome très long, rameux, cylindrique, brunâtre, rampant. La tige, de 1 mètre et plus, est cylindrique, simple, dressée. Les feuilles, alternes, à pétioles renflés, sont divisées en folioles ovales, entières, un peu visqueuses. Les fleurs, violettes, disposées en grappes sur un long pédoncule à la base des feuilles, sont visibles de juin à juillet. Le fruit est une gousse ovale, comprimée, qui renferme des graines.

CULTURE ET RÉCOLTE

Commune, la Réglisse se plaît dans des sols meubles, avec une exposition chaude.

On la multiplie par bouture des racines en février, mars.

La récolte des racines se pratique sur des pieds de trois ans d'âge à l'automne. Lavées, coupées en morceaux de 20 centimètres environ, ou plus menus pour les tisanes, elles sont séchées dans des endroits secs et aérés.

USAGES

La Réglisse est utilisée avec succès pour l'estomac, dont elle calme les douleurs, elle le tonifie et guérit les ulcères.

L'action sédative de la Réglisse est utile pour adoucir l'effet laxatif trop puissant et irritant de certaines plantes (*voir* POUDRE LAXATIVE, page 365).

Sa douceur permet de soulager la toux, d'éclaircir la voix, d'adoucir la gorge, de désaltérer, de calmer les inflammations de la bouche, d'en faire des bains d'yeux contre la conjonctivite.

À usage modéré, la Réglisse ne présente aucun inconvénient ; à doses importantes et régulières, elle provoque de l'hypertension.

On la prépare en décoction pendant 3 minutes en en mettant une cuillerée à café par tasse. Prenez-en une à trois tasses par jour avant ou après les repas.

RENOUÉE DES OISEAUX *Polygonum aviculare* (Polygonacées)

Polygonum vient du grec *polus,* « beaucoup », et *gonu,* « genou », les tiges sont noueuses ; *aviculare,* du fait que ses graines sont appréciées par les oiseaux.

NOMS COMMUNS : Aviculaire, Trainasse, Herbe à cochon, Achée, Centinode, Crépinette, Herbe aux panaris, Herbe de saint Innocent, Tirasse, Tire-goret.

All. : *Vogelknöterich.* Angl. : *Blood Wort.*
Esp. : *Sanguinaria major.* It. : *Centinodia.*

Dans les campagnes du Tarn autrefois, pour soulager les rhumatismes il suffisait de lier autour du membre atteint une tige de Renouée et, du même pas, aller uriner sur une touffe d'Estragon. L'Herbe aux cent nœuds est aussi capable de nous amener au paradis, puisque les bergers égrenaient la Renouée à la manière d'un chapelet.

DESCRIPTION

La Renouée des oiseaux est une plante annuelle à racines rameuses, munies de radicelles. Les tiges, qui peuvent atteindre 60 centimètres, sont nombreuses, dressées ou rampantes, noueuses. Les feuilles, alternes, ovales, allongées, ont un court pétiole qui engaine la tige. Les fleurs, blanches, rosées ou rougeâtres, groupées à l'aisselle des feuilles, sont visibles de juin à octobre. Le fruit, brun et terne, ne renferme qu'une graine.

CULTURE ET RÉCOLTE

Très commune en Europe, on multiplie la Renouée des oiseaux par semis des graines, mais elle se trouve très facilement dans la nature.

La récolte s'effectue au moment de la floraison de juin à octobre.

Coupées et réunies en bouquets, on fait sécher les plantes en les suspendant dans des endroits secs et aérés.

USAGES

Astringente, la Renouée des oiseaux est utile contre les diarrhées, les règles trop abondantes, les fibromes, les pertes blanches, les hémorroïdes.

Diurétique, elle soulage la goutte, les rhumatismes, élimine les calculs rénaux, combat les œdèmes. Elle constitue une bonne boisson pour les diabétiques.

Préparez-la en décoction pendant 2 minutes en mettant une cuillerée à soupe de plantes coupées par tasse. Prenez-en deux ou trois tasses par jour.

RHUBARBE DE CHINE *Rheum palmatum* (Polygonacées)

Rheum vient de *rheime*, « mature » ; *palmatum*, la plante aux feuilles palmées.

NOMS COMMUNS : Rhubarbe palmée, Rhubarbe de Moscovie.

All. : *Rhubarber*. Angl. : *Rhubarb*.
Esp. : *Ruibarbo*. It. : *Rabarbaro*.

Il suffisait, paraît-il, de porter en collier un morceau de racine de Rhubarbe pour se guérir des douleurs d'estomac. Nous préférons quand même cette seconde tradition américaine selon laquelle servir à l'être aimé une tarte à la Rhubarbe constitue un gage avoué de fidélité.

DESCRIPTION

La Rhubarbe de Chine est une plante vivace à racine fusiforme, de la grosseur d'un bras, jaune brunâtre, rameuse, pivotante. La tige, qui peut atteindre 3 mètres, est cylindrique, dressée, rameuse au sommet. Les feuilles, alternes, très grandes, à pétiole très long, lisses, rougeâtres, divisées en sept lobes larges, aigus, dentés, sont parsemées de poils rudes.

Les fleurs, petites, jaunâtres, très nombreuses, forment une grande panicule terminale. Le fruit est entouré par un calice persistant.

CULTURE ET RÉCOLTE

Originaire de Chine, d'où elle nous arrive après avoir été récoltée à l'entrée de l'hiver, la Rhubarbe se présente en fragments arrondis, cylindriques, d'une couleur jaune fade.

USAGES

Tonique, apéritive, laxative, la Rhubarbe de Chine combat la constipation en décongestionnant la vésicule biliaire. Son emploi ne doit pas être régulier parce qu'au bout d'un certain temps, son effet est contraire, elle constipe.

Parce qu'elle contient de l'acide oxalique, on évite son usage chez les goutteux, les personnes sensibles des reins, celles sujettes aux acidités de l'estomac, ainsi que chez les femmes qui allaitent.

Préparez-la en décoction pendant 5 minutes à raison d'une cuillerée à café de plante par tasse. Prenez-en une tasse le soir.

ROMARIN *Rosmarinus officinalis* (Labiées)

Rosmarinus vient de *ros,* « rosée », et *marinus,* « marin », la plante se trouve facilement sur les littoraux.

NOMS COMMUNS : Rosemarine, Encensier, Herbe aux couronnes, Romarin des troubadours.

All. : *Rosmarin.* Angl. : *Rosemary.*
Esp. : *Romero.* It. : *Rosmarino.*

Une herbe de santé par excellence, capable également de provoquer l'affection. Jadis, en Sicile, on en confectionnait des poupées à l'image des personnes malades pour hâter leur guérison.

DESCRIPTION

Le Romarin est un arbrisseau dont la tige, qui peut atteindre 2 mètres, est couverte d'une écorce grisâtre. Elle se divise en nombreux rameaux opposés, tortueux. Les feuilles opposées, étroites, lancéolées, linéaires, à bords roulés en dessous, sont vert foncé et luisantes à la face supérieure. Les fleurs, bleu violacé, visibles de janvier à mai, sont groupées à l'extrémité des rameaux, à la base des feuilles. Le fruit, ovoïde, est entouré par un calice persistant.

CULTURE ET RÉCOLTE

Le Romarin se trouve dans toutes les contrées méridionales de l'Europe, de préférence dans les lieux secs et arides, exposés au soleil. Sa multiplication se réalise par semis des graines, boutures, ou division des pieds, à l'automne ou au printemps.

Plusieurs récoltes peuvent se faire, dès le printemps, en mai, juillet et septembre. On suspend les tiges réunies en bouquets, dont on détache les feuilles après un séchage complet.

USAGES

Le Romarin est un très bon stimulant dans les cas de surmenage, de stress, de digestions lentes et difficiles, de fermentations intestinales. Il est le bienvenu dans toutes les affections du foie, dont il régularise et stimule l'activité. Très bon diurétique, il favorise l'apparition des règles et en soulage les douleurs. En applications externes, associé avec le Thym, on le fait macérer dans du vinaigre pour éviter d'avoir des poux. Il entre dans la composition de divers BAUMES (page 336) qui soulagent les douleurs d'origine rhumatismales.

Préparez-le en décoction pendant 2 minutes, à raison d'une cuillerée à soupe de feuilles par tasse. Prenez-en une à quatre tasses par jour.

RONCE *Rubus fructicosus* (Rosacées)

Elle porte des fruits rouges.

NOMS COMMUNS : Aronce, Mûrier sauvage, Mûrier des haies, Catimûron, Mûron.

All. : *Broombeerstrauch.* Angl. : *Black Berry.* Esp. : *Zargamora.* It. : *Rogo.*

Une jolie légende italienne explique pourquoi ces épines sont si redoutables. Jadis les Ronces tenaient auberge, mais elles firent crédit à tant de voyageurs qu'elles durent fermer boutique. C'est depuis ce temps-là que, postées sur les chemins, elles accrochent tous ceux qui passent pour les faire payer comptant.

DESCRIPTION

La Ronce est un sous-arbrisseau dont les tiges, qui peuvent atteindre 4 mètres, sont couchées, rougeâtres, munies de nombreux aiguillons. Les feuilles, alternes, pétiolées, composées de trois à sept folioles, sont grandes, ovales, dentées, d'un beau vert dessus, cotonneuses dessous. Les fleurs, visibles de mai à août, assez grandes, blanches ou rosées, sont disposées à l'extrémité des rameaux. Le fruit, ovoïde, se compose de petites drupes formant une masse charnue.

CULTURE ET RÉCOLTE

Commune en Europe, la Ronce est le « poison » de tous les jardiniers. Si on y tient vraiment, on peut toujours la multiplier par les drageons.

On récolte les jeunes feuilles ou les boutons dès leur formation, on les fait sécher dans des endroits secs et aérés.

USAGES

Astringentes, on utilise les feuilles de Ronce contre les diarrhées, les pertes blanches, les hémorroïdes, les règles trop abondantes, la goutte, les rhumatismes, l'anémie, les calculs urinaires, le diabète, mais plus couramment et avec efficacité en gargarismes contre les angines, en bains de bouche pour soulager les aphtes, les stomatites et autres inflammations de la cavité buccale en général.

Préparez-la en décoction pendant 2 minutes, en mettant une cuillerée à soupe de feuilles coupées par tasse. Prenez-en une à trois tasses par jour, ou effectuez plusieurs gargarismes ou bains de bouche dans la journée.

ROQUETTE *Eruca sativa* (Crucifères)

Eruca vient de *urere,* « brûler », les graines sont piquantes.

NOMS COMMUNS : Chou roquette, Chou à fleurs veineuses, Cresson de fontaine, Salade de vingt-quatre heures, Ruce.

All. : *Rauke.* Angl. : *Gardet Rocket.*
Esp. : *Raqueta.* It. : *Ruca.*

DESCRIPTION

La Roquette est une plante annuelle dont la tige, de 40 à 80 centimètres, est cylindrique, velue, rameuse, dressée. Les feuilles, alternes, pétiolées, sont divisées en lobes inégaux plus ou moins velus. Les fleurs, blanchâtres, veinées de brun ou de violet, réunies en grappes terminales, s'épanouissent d'avril à juin. Le fruit est presque cylindrique, un peu comprimé.

CULTURE ET RÉCOLTE

La Roquette se trouve dans les régions centrales et méridionales d'Europe, rare à de grandes altitudes. Sa multiplication s'opère par semis des graines au printemps. La récolte s'effectue à la maturité des feuilles et des fleurs en mai, juin. Réunies en bouquets, on les fait sécher en guirlandes dans des locaux secs et aérés.

USAGES

La Roquette stimule la digestion et l'appétit, elle est également diurétique.

Avant tout excitante aux jeux de l'amour, la Roquette est un bon aphrodisiaque.

Préparez-la en décoction pendant 2 minutes en mettant une cuillerée à soupe de plantes coupées par tasse. Prenez-en deux ou trois tasses par jour.

ROSIER DE FRANCE *Rosa gallica* (Rosacées)

Rosa vient de *rhodon,* qui est le nom grec de la Rose ; *gallica,* « de la Gaule », « de France ».

NOMS COMMUNS : Rose de Provins, Rose rouge, Rose de Champagne, Cacquart.

All. : *Gallische Rose.* Angl. : *French Rose.*
Esp. : *Rosal castellano.* It. : *Rosa serpeggiante.*

Recette pour capturer une sirène : si nous en croyons un vieux marin scandinave, il suffit de planter un Rosier sur le rivage. Dès que celui-ci est couvert de fleurs, les sirènes, attirée par le parfum, arrivent en nombre... et s'endorment. À vous alors de jouer !

DESCRIPTION

Le Rosier de France est un arbrisseau à souche longue et traçante. Les tiges, qui peuvent atteindre 2 mètres, sont dressées, étalées, cylindriques, rameuses, munies de nombreux aiguillons. Les feuilles, alternes, munies de stipules, pétiolées, à cinq folioles ovales, sont aiguës, dentées, vert foncé dessus. Les fleurs sont les roses bien connues, petites, d'un très beau rouge, qui s'épanouissent en été.

CULTURE ET RÉCOLTE

Originaire d'Orient, le Rosier fut introduit en France à l'époque des croisades dans la région de Provins. Très rarement spontané, on le cultive dans les jardins par plantation des boutures au printemps.

La récolte des boutons s'effectue dès leur apparition au printemps. On les détache délicatement du calice, on les fait sécher dans des endroits secs et aérés.

USAGES

Astringentes et antiseptiques, c'est avec ces roses rouges que l'on prépare le MIEL ROSAT (page 363) pour des gargarismes contre les angines et les autres inflammations de la bouche. Elles sont utiles en bains d'yeux ou en compresses contre les diverses inflammations oculaires. Leurs propriétés antiseptiques sont souveraines contre les staphylocoques, les colibacilles et les diverses infections microbiennes des bronches, de la peau, des voies urinaires, particulièrement en cas de cystite (*voir* SIROP DÉPURATIF, page 370). Préparez-les en infusion pendant 10 minutes en en mettant une cuillerée à café par tasse. Prenez-en deux ou trois tasses par jour. Adoptez la même dose pour les bains d'yeux ou les gargarismes.

La Rose centifollia, ou Rose du Maroc, sert à faire l'eau de rose, elle est également calmante et laxative. La rose de Damas est surtout utilisée, comme toutes les roses, pour faire de jolis pots-pourris fleuris.

SABLINE *Spergularia rubra* (Caryophyllacées)

Spergularia vient de *spagere,* « disperser », la plante a de nombreuses graines ; *rubra,* le rouge est la couleur des fleurs.

NOMS COMMUNS : Arénaria, Sabline rouge, Spergule rouge.

All. : *Rote Schuppenniere.* Angl. : *Red Sandwort.* Esp. : *Arenaria.* It. : *Arenaria rossa.*

DESCRIPTION

La Sabline est une plante dont la racine est fibreuse et longue, et dont les tiges, pouvant atteindre jusqu'à 25 centimètres, sont dressées ou étalées. Les feuilles, opposées, linéaires, petites, sont munies de stipules lancéolées. Les fleurs, rouges, visibles de mai à septembre, sont disposées solitaires à l'extrémité des tiges. Le fruit est une capsule qui contient de nombreuses graines noires.

CULTURE ET RÉCOLTE

La Sabline est fréquente en Europe méridionale, surtout dans les terres sablonneuses. Sa multiplication se réalise par semis des graines à l'automne ou au printemps.

La récolte des plantes s'effectue à la floraison en mai, juin ; réunies en bouquets, on les suspend jusqu'à séchage complet dans des endroits secs et aérés.

USAGES

La Sabline est la plante spécifique des voies urinaires, elle favorise l'expulsion des boues et des calculs rénaux. De plus, elle joue un rôle antiputride, elle calme les inflammations des voies digestives et des voies urinaires.

Préparez-la en décoction pendant 3 minutes, à raison de quatre cuillerées à soupe par litre. Buvez-en un litre dans la journée.

SAFRAN *Crocus sativus* (Iridacées)

Crocus vient du grec *kroké,* « fil », allusion aux stigmates allongés ; *sativus,* « cultivé ».

NOMS COMMUNS : Safran cultivé, Safran officinal, Safran d'automne, Safran du Gâtinais.

All. : *Safran.* Angl. : *True Saffron.*
Esp. : *Azafran.* It. : *Zaffreno.*

Au Moyen Âge, le Safran du Gâtinais jouissait d'une réputation universelle et seules les têtes couronnées pouvaient le recevoir en cadeau. N'allez donc pas croire que ce petit Crocus est exotique, malgré son parfum ! Aujourd'hui, du côté de Pithiviers, on cultive de nouveau le Safran. Un musée vient même d'y être créé et vous y apprendrez entre autres qu'il ne faut pas moins de cent vingt mille fleurs pour obtenir un kilogramme de safran.

DESCRIPTION

Le Safran est une plante vivace à bulbe arrondi, charnu, blanc à l'intérieur, qui émet en dessous un faisceau de racines fibreuses. Les feuilles sont linéaires, étroites, creusées en gouttière, dressées, vert foncé dessus, blanchâtres dessous. Les fleurs, grandes, violettes, veinées de rouge, naissent par une ou trois de septembre à octobre, elles sont munies de longs stigmates.

CULTURE ET RÉCOLTE

Le Safran aime les situations bien exposées, dans des terres bien fumées et sablonneuses. Le bulbe est planté durant l'été pour être changé de place tous les deux ou trois ans.

La récolte des stigmates a lieu à l'épanouissement des fleurs. Ramassés délicatement, ils sont séchés dans un four, ou, mieux, étalés sur un tamis que l'on suspend sur un lit de braises de sarments de Vigne.

USAGES

Stimulant, excitant, le Safran redonne de l'énergie, combat la fatigue, joue bien son rôle aphrodisiaque. Il calme les douleurs des règles tout en favorisant l'apparition de celles-ci ; il est conseillé dans tous les cas d'insuffisance ovarienne.

Pour soulager les gencives des bébés, on en fait un sirop qui s'utilise en massage. Il entre également dans l'ALCOOL DE GARRUS (page 326), l'élixir du suédois. Véritable soleil dans la cuisine, il parfume et colore agréablement bien des plats.

Il se prépare en infusion pendant 5 minutes de cinq ou six stigmates par tasse. Prenez-en une à trois tasses par jour.

SALICAIRE *Lythrum salicaria* (Lythracées)

Lythrum vient du grec *luthron,* « sang », les fleurs sont rouge-pourpre ; *salicaria,* de *salix,* les feuilles ressemblent à celles du Saule.

NOMS COMMUNS : Salicaire à épis, Salicaire officinale, Lythre salicaire, Herbe aux coliques, Lysimaque rouge.

All. : *Blutkraut.* Angl. : *Grass Polly.*
Esp. : *Salicaria.* It. : *Riparella salicaria.*

Non contente de tenir à distance les démons si on en parsème les alentours de la maison, la Salicaire est également l'herbe de la réconciliation. Il suffit d'en offrir un brin à une personne avec qui on était fâché pour retrouver un ami.

DESCRIPTION

La Salicaire est une plante vivace à racine très grosse, brunâtre, munie de radicelles. La tige, qui peut atteindre 1 mètre, est dressée, rougeâtre, rameuse au sommet. Les feuilles, opposées, lancéolées, cordées à la base, sans stipule, sont d'un beau vert dessus, plus pâles dessous. Les fleurs, d'un beau rouge-pourpre, visibles de juin à septembre, sont groupées en petits glomérules, l'ensemble forme un grand épi terminal. Le fruit est une capsule ovoïde et oblongue qui renferme de nombreuses graines.

CULTURE ET RÉCOLTE

La Salicaire est commune dans les régions tempérées de l'Europe, dans des endroits humides et marécageux. Sa multiplication s'opère par semis des graines à l'automne ou au printemps. La récolte des sommités fleuries a lieu en été, période de floraison de la plante. Coupées et réunies en bottes, on les suspend jusqu'à séchage complet dans des endroits secs et aérés.

USAGES

Riche en tanin, la Salicaire est tonique et astringente. Elle est recommandée contre les diarrhées, les dysenteries diverses, les inflammations de l'estomac, les pertes blanches, les règles trop abondantes, les fibromes, le saignement des hémorroïdes et l'ulcère variqueux.

On la prépare en décoction pendant 3 minutes en mettant une cuillerée à soupe de plantes coupées par tasse. Prenez-en une à quatre tasses par jour suivant l'importance des malaises.

SALSEPAREILLE *Smilax aspera* (Liliacées)

Smilax vient de *smile,* « grattoir », à cause de la forme des feuilles ; *aspera,* « rude », feuilles et tiges sont remplies d'épines.

NOMS COMMUNS : Liseron épineux, Liset piquant, Smilax rude, Gramont de montagne.

All. : *Italienische.* Angl. : *Prickly-Ivy.*
Esp. : *Zarzaparilla del pais.* It. : *Salsapariglia.*

Une meilleure qualité, appelée Salsepareille rouge, nous vient du Mexique. Elle est la terreur des jardiniers, qui ne savent comment s'en débarrasser, et le bonheur des Schtroumpfs. On a découvert aussi que la Salsepareille était capable d'attirer l'argent ! Sa racine, finement hachée et mêlée à de la cannelle, aurait ce pouvoir.

DESCRIPTION

La Salsepareille est un arbuste à rhizome tubéreux, fauve, muni de très nombreuses radicelles longues et dures. La tige, sarmenteuse, est grimpante, articulée, rameuse, garnie d'aiguillons. Les feuilles, alternes, pétiolées, coriaces, ont la forme d'un cœur aigu, elles sont munies à leur base de deux vrilles roulées en spirale. Les fleurs mâles et femelles sont blanches ; visibles en été, elles sont réunies en petites ombelles longuement pédonculées. Le fruit est une baie qui renferme des graines.

CULTURE ET RÉCOLTE

Commune en Europe méridionale, la Salsepareille s'accroche aux buissons, aux haies et aux autres plantes de son voisinage. Sa multiplication s'effectue par semis des graines au printemps. Les racines se récoltent à l'automne ; lavées, coupées, elles sont séchées dans des endroits secs et aérés.

USAGES

La Salsepareille fait partie des plantes dépuratives par excellence, elle est recommandée dans toutes les maladies de peau : acné, eczéma, psoriasis, herpès, impétigo, dartres, syphilis. Seule ou associée, elle constitue une bonne cure de printemps. Son pouvoir d'élimination est utile dans les cas de goutte, de rhumatismes et d'urémie.

Elle se prépare en décoction pendant 5 minutes en mettant une cuillerée à café de racines coupées par tasse. Prenez-en une tasse le matin à jeun, une autre le soir.

SANICLE *Sanicula europaea* (Ombellifères)

Sanicula vient de *sanare,* « guérir ».
On lui attribuait un fort pouvoir de guérison.

NOMS COMMUNS : Herbe de saint Laurent, Herbe aux vaches, Herbe aux charpentiers.

All. : *Heilnecke.* Angl. : *Sanicle.*
Esp. : *Sanicola de Europa.* It. : *Sanicola.*

DESCRIPTION

La Sanicle est une plante vivace à racine assez grosse, noueuse, brune, munie de nombreuses radicelles. Les tiges, qui peuvent atteindre 60 centimètres, sont cylindriques, striées, dressées, elles portent une ou deux feuilles. Celles-ci sont radiales et disposées en rosette, longuement pétiolées, divisées en trois ou cinq lobes incisés et dentés, d'un beau vert lisse et luisantes. Les fleurs, petites, blanches, disposées en ombelles à l'extrémité des tiges, apparaissent de juin à septembre. Le fruit est globuleux, couvert de longues épines crochues.

CULTURE ET RÉCOLTE

La Sanicle est commune dans les régions centrales de l'Europe, elle préfère les bois humides, les endroits montueux, elle ne pousse pas au-dessus de 1 500 mètres d'altitude.

Sa multiplication s'effectue par éclat des pieds à l'automne ou au printemps.

La récolte des plantes a lieu durant l'été. On les fait sécher à plat ou en bouquets dans des locaux secs et aérés.

USAGES

La Sanicle était considérée autrefois comme la panacée. On ne lui reconnaît aujourd'hui que des propriétés astringentes et vulnéraires, bien utiles pour lutter contre les diarrhées, les dysenteries, les règles trop abondantes et les pertes blanches. En application sur les plaies, une solution concentrée de Sanicle facilite leur cicatrisation.

On la prépare en décoction pendant 2 minutes, à raison d'une cuillerée à soupe de plantes coupées par tasse. Prenez-en une à trois tasses par jour.

SANTAL CITRIN *Santalum album* (Santalacées)

On distingue beaucoup d'espèces de Santal, les principales étant le Santal citrin, d'usage courant, et le Santal rouge, moins parfumé, qui fournissait la résine connue sous le nom de sang-dragon.

NOM COMMUN : Santal citrin.

All. : *Santelholz.* Angl. : *Saunders.*
Esp. : *Sandalo.* It. : *Sandalo.*

DESCRIPTION

Le Santal est un arbre à feuilles alternes, à pétiole long, munies à la base de deux stipules, qui portent huit à dix folioles ovales, aiguës, d'un très beau vert. Les fleurs, blanc jaunâtre, sont réunies en longues grappes rameuses à l'aisselle des feuilles supérieures. Le fruit est une gousse très comprimée.

CULTURE RECOLTE :

Uniquement cultivé dans des serres chaudes en Europe, le Santal citrin est originaire des anciennes Indes orientales.

USAGES

Il est d'usage d'employer le bois parfumé de Santal citrin pour les pots-pourris d'espèces odorantes en les brûlant pour parfumer la maison ou les armoires (page 350).

Le Santal citrin est un très bon antiseptique urinaire, il agit avec succès contre les cystites et autres affections, dont il soulage les douleurs.

Préparez-le en décoction pendant 5 minutes en en mettant une cuillerée à café par tasse.

Prenez-en deux ou trois tasses par jour.

On en retire une essence que l'on utilise dans beaucoup d'eaux de toilette pour son parfum pénétrant.

SANTOLINE *Santolina chamaecyparissus* (Composées)

Santolina pourrait venir de *santos,* « saint », la plante ayant de merveilleuses vertus ou *xanthos,* « jaune », en raison de la couleur de ses fleurs ;
chamaecyparissus est l'ancien nom de la plante.

NOMS COMMUNS : Petit Cyprès, Cyprès nain, Faux Cyprès, Aurone femelle, Garde-robe.

All. : *Cypressenkraut.* Angl. : *Lavander-cotton.*
Esp. : *Abrotano hembra.* It. : *Santolina.*

DESCRIPTION

La Santoline est un sous-arbrisseau à racines ligneuses et épaisses. Les tiges, de 20 à 50 centimètres, sont épaisses, droites, rameuses, buissonnantes. Les feuilles, alternes, pétiolées, linéaires, très étroites, sont dentées, épaisses, charnues. Les fleurs, jaunes, visibles en juillet, août, sont groupées en capitules globuleux à l'extrémité des tiges. Le fruit est oblong.

CULTURE ET RÉCOLTE

Commune en Europe méridionale, la Santoline préfère les terrains calcaires jusqu'à 1 000 mètres d'altitude. Sa multiplication se fait par division des touffes ou par bouturage des rameaux. On la récolte au moment de la floraison en été, 15 à 20 centimètres à partir de la hauteur pour avoir un maximum de fleurs. On les fait sécher à plat dans des endroits secs et aérés.

USAGES

Emménagogue, la Santoline favorise et soulage les règles. Tonique et stimulante, on la considère aphrodisiaque. C'est surtout en tant que vermifuge que l'on en fait usage.

La Santoline se prépare en décoction pendant 2 minutes en mettant une cuillerée à soupe de plante par tasse.

Comme vermifuge, prenez-en une tasse matin et soir pendant 5 jours en période de pleine lune.

Dans les autres cas, son emploi varie de une à trois tasses par jour.

SAPONAIRE *Saponaria officinalis* (Caryophyllacées)

Saponaria vient de *sapo,* « savon ». La plante sert de lavant.

NOMS COMMUNS : Savonnière, Herbe à savon, Herbe à foulon, Savon de fossé.

All. : *Seifenkraut.* Angl. : *Soapwort.*
Esp. : *Hierba japonera.* It. : *Saponaria.*

DESCRIPTION

La Saponaire est une plante vivace à rhizome long, noueux, rougeâtre, rameux. Les tiges, de 30 à 60 centimètres, sont cylindriques, articulées, noueuses, dressées, rameuses. Les feuilles sont opposées, ovales, lancéolées, entières. Les fleurs, grandes, rose lilas, visibles de juin à octobre, sont groupées en cymes ; l'ensemble constitue un arrondi de fleurs. Le fruit est cylindrique et allongé.

CULTURE ET RÉCOLTE

Commune en Europe, on trouve la Saponaire dans les endroits humides jusqu'à 1 500 mètres d'altitude. Sa multiplication se réalise par semis des graines au printemps, dans un sol léger. Au printemps suivant, on repique les plants. On peut également la planter par division des pieds.

Les feuilles se récoltent juste avant la floraison ; réunies en bouquets, on les fait sécher dans des endroits secs et aérés. Les racines sont arrachées à l'automne, elles sont lavées, coupées et mises à sécher.

USAGES

La Saponaire augmente et facilite la sécrétion de la bile, elle décongestionne le foie. Antitoxique, elle combat les intolérances médicamenteuses, les allergies. Dépurative, on la recommande contre les maladies de peau : eczéma, psoriasis, urticaires, acné, syphilis. Diurétique, sudorifique, elle convient contre les rhumatismes, la goutte, les rétentions d'eau des cuisses et des chevilles, l'hypertension artérielle, la grippe et les angines. Seule ou associée (page 407), c'est une bonne cure de printemps. On l'utilise comme lavant des vêtements ou des cheveux.

Elle se prépare en décoction pendant 2 minutes pour les feuilles, 5 minutes pour les racines, en en mettant une cuillerée à soupe par tasse. Prenez-en une tasse à jeun, une autre avant le repas du soir.

SARRIETTE *Satureia hortensis* (Labiées)

Satureia viendrait de *satyrus,* « satyre », la plante étant aphrodisiaque ; *hortensis,* « des jardins ».

NOMS COMMUNS : Sarriette des jardins, Sadrée, Savorée, Herbe de saint Julien, Pebre d'ai.

All. : *Bohnenkraut.*
Angl. : *Savory.*
Esp. : *Ajedrea.*
It. : *Savoreggia.*

De toutes les herbes cultivées dans les monastères et les couvents, la Sarriette était la seule exclue. On lui prêtait en effet de telles vertus dynamisantes qu'autrement on aurait entendu les soutanes sonner comme des cloches de bronze.

DESCRIPTION

La Sarriette est une plante annuelle à racine un peu chevelue. Les tiges, de 20 à 40 centimètres, sont vert rougeâtre, rameuses, diffuses. Les feuilles, opposées, courtement pétiolées, petites, étroites, sont de couleur vert terne. Les fleurs, ponctuées de rouge, quelquefois blanches, petites, groupées par deux ou trois à la base des feuilles, apparaissent de juillet à octobre. Le fruit est arrondi, entouré par un calice.

CULTURE ET RÉCOLTE

Commune en Europe méridionale, la Sarriette préfère les lieux arides, pierreux et découverts. Elle se multiplie par semis des graines au printemps.

On récolte les plantes à la belle saison en pleine floraison. Réunies en bouquets, que l'on suspend dans des endroits secs et aérés jusqu'à séchage complet, on en détache ensuite les feuilles par simple battage.

USAGES

Antiputride, la Sarriette facilite la digestion des féculents et des viandes faisandés des repas un peu lourds, en empêchant les fermentations intestinales. Elle doit être la boisson quotidienne des colitiques.

Aphrodisiaque, elle redonne la joie aux jeux de l'amour.

Elle se prépare en légère décoction pendant 2 minutes en mettant une cuillerée à soupe de feuilles par tasse. Prenez-en deux ou trois tasses par jour.

SAUGE *Salvia officinalis* (Labiées)

Salvia vient de *salvare*, « guérir », la plante est une panacée.

NOMS COMMUNS : Sauge de Grèce, Grande Sauge, Herbe sacrée, Thé de France, Thé de Grèce, Thé d'Europe.

All. : *Salbei*. Angl. : *Sage*.
Esp. : *Salvia*. It. : *Salvia*.

Le dicton « qui a de la Sauge dans son jardin n'a pas besoin du médecin » est éloquent.
L'herbe de toutes les vertus est connue depuis la nuit des temps. On dit que Louis XIV s'en faisait servir quotidiennement une infusion, et, après tout, il a quand même régné plus de soixante-dix ans. Pourtant, on en glissait toujours dans le bûcher des sorciers, sans doute pour les purifier. Et, en Bourgogne, un bouquet de Sauge à la fenêtre d'une fille annonce le malheur.

DESCRIPTION

La Sauge est un sous-arbrisseau à racine ligneuse, brunâtre, fibreuse. La tige, de 20 à 30 centimètres, est très rameuse. Les feuilles, opposées, pétiolées, ovales, rugueuses, blanchâtres, persistent l'hiver grâce au revêtement de poils laineux qui les protège. Les fleurs, bleu-rose lilas, visibles de mai à août, sont grandes, groupées à la base des feuilles supérieures ; l'ensemble forme de grands épis.

CULTURE ET RÉCOLTE

Commune en Europe, plus spécialement dans les régions méridionales, la Sauge aime les terres chaudes, légères, rocailleuses. Malgré ses poils laineux, elle craint les gelées. Sa multiplication s'effectue par semis au début du printemps et repiquage deux mois plus tard, puis replantation définitive à l'automne. On peut également en faire des boutures ou diviser les touffes.

La récolte des feuilles se fait au printemps et à l'automne, plusieurs coupes peuvent être réalisées.

USAGES

Digestive, la Sauge tonifie l'estomac. Antisudorale, elle diminue la transpiration. Stimulante, elle redonne de l'énergie, tout en équilibrant le système nerveux. Elle favorise, régularise, calme les douleurs des règles, elle est idéale pour les troubles de la ménopause.

Fébrifuge, on l'utilise contre les affections de voies respiratoires : bronchite, asthme. En vin chaud, elle est recommandée aux diabétiques. On en fait des bains de bouche contre les aphtes, pour tonifier les gencives. En lotions, on l'emploie pour favoriser la pousse des cheveux et lutter contre les engelures.

Préparez-la en légère décoction pendant 2 minutes, en mettant une cuillerée à soupe de plante par tasse. Prenez-en plusieurs tasses par jour si nécessaire.

SAULE BLANC *Salix alba* (Salicacées)

Salix est le nom de l'Osier, *alba,* le feuillage est blanc.

NOMS COMMUNS : Osier blanc, Saule argenté, Saudre, Aubier, Vuisier.

All. : *Silberweide.* Angl. : *Willow.*
Esp. : *Sauce bianco.* It. : *Salcio bianco.*

Nos ancêtres les Gaulois n'hésitaient pas à aller planter devant la maison d'un amant remplacé un Saule aux branches duquel ils suspendaient quelques oignons. Fine allusion. Cet arbre fut aussi longtemps une borne vivante pour les champs, car plus on le coupe plus il repousse.
La jeune fille qui veut voir en songe le visage de son futur amant doit glisser un fragment d'écorce de Saule sous son oreiller avant de s'endormir.

DESCRIPTION

Le Saule blanc est un arbre qui peut atteindre 10 à 12 mètres. Il est droit, recouvert d'une écorce ridée, gris cendré. La tige se divise en rameaux alternes, dressés, lisses, brun rougeâtre. Les feuilles, alternes, pétiolées, lancéolées, aiguës, finement dentées, sont soyeuses à la face inférieure, qui est veloutée. Les fleurs, jaune verdâtre, visibles avant les feuilles en avril, unisexuées, sont groupées en chatons cylindriques à l'aisselle des bractées. Le fruit est une capsule ovoïde qui renferme de nombreuses graines.

CULTURE ET RÉCOLTE

Le Saule blanc est commun dans diverses régions de l'Europe, il préfère les sols humides, les bords des rivières. Une autre variété, le Saule de Babylone, ou Saule pleureur, est bien connue dans les jardins. La récolte des écorces se fait sur des branches de trois à quatre ans, avant l'apparition des feuilles. Les chatons sont ramassés dès leur apparition en avril. Ils sont mis à sécher dans des endroits secs et aérés. Les feuilles le sont à la belle saison.

USAGES

Cet « arbre contre la douleur » a permis de découvrir l'aspirine, il n'est donc pas étonnant que l'on utilise son écorce contre la fièvre, les débuts de grippe, pour soulager les rhumatismes, l'arthrite et l'arthrose. On l'administre également contre le psoriasis et diverses affections de la peau, les rougeurs, les irritations et les diarrhées. On utilise plutôt les chatons comme antispasmodiques et antistress pour calmer l'angoisse et favoriser le sommeil. Anaphrodisiaque, il est recommandé aux personnes ayant un tempérament excessif.

Préparez-le en décoction pendant 5 minutes pour les écorces, 2 minutes pour les chatons, en en mettant une cuillerée à soupe par tasse. Prenez-en deux ou trois tasses par jour dont une le soir au coucher.

SAVONNIER *Sapindus saponaria* (Sapindacées)

NOMS COMMUNS : Arbre au savon, Bois de Panama.

Il redonne de l'éclat aux couleurs noires. De plus, il constitue un lavant naturel pour les cheveux.

All. : *Panamaholzbaum*. Angl. : *Soap barb Tree*.

DESCRIPTION

Le Savonnier est un arbre de grandeur moyenne dont la tige rameuse est couverte dès la base d'une écorce rugueuse et grisâtre. Les feuilles, alternes, divisées en folioles, sont d'un beau vert dessus. Les fleurs sont disposées en panicules terminales. Le fruit est charnu et globuleux.

CULTURE ET RÉCOLTE

Le Savonnier est commun en Amérique centrale ainsi qu'aux Antilles. En Europe, plus connu sous le nom de Bois de Panama, il arrive sous forme d'écorces de 20 centimètres de longueur sur 8 à 10 centimètres de largeur, ou finement coupées. Il fait facilement éternuer. D'autres espèces se trouvent de par le monde, dont *Sapindus rubiginosus*, commercialisée sous le nom de Noix de sapindus.

USAGES

Le Bois de Panama comme la Noix de sapindus servent de lavant pour nettoyer les linges délicats, comme la soie, pour raviver la couleur des tissus noirs. On les utilise en shampooings pour tous les types de cheveux, mais plus particulièrement les cuirs chevelus gras.

Pour le linge, faites une décoction concentrée, 100 grammes pour 1 litre, faites bouillir pendant 10 minutes, filtrez, versez sur le linge en ajoutant de l'eau. Laissez agir une douzaine d'heures, rincez. Vous pouvez utiliser cette décoction en brossage, pour nettoyer les vêtements.

En shampooings, seul ou associé, mettez quatre cuillerées à soupe de Bois de Panama ou de Noix de sapindus pour un litre d'eau, faites bouillir à feux doux pendant 15 minutes, laissez refroidir 2 heures. Filtrez. Utilisez la solution en frictionnant cheveux et cuir chevelu, rincez ensuite. Faites attention ! le Bois de Panama et la Noix de sapindus piquent les yeux.

SAXIFRAGE *Saxifraga granulata* (Saxifragacées)

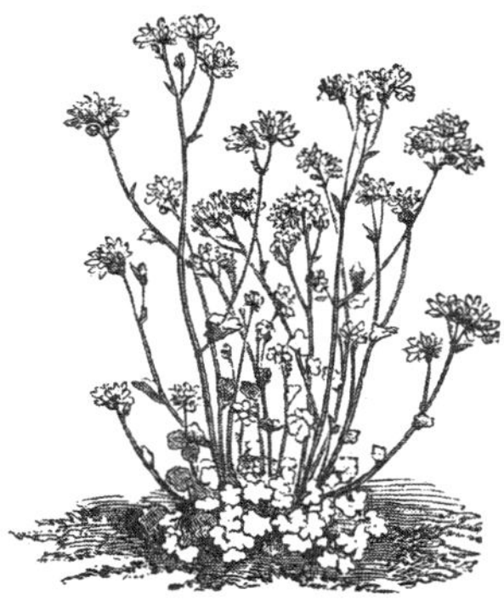

Saxifraga vient de *saxa frangere,* « casser les pierres » ; *granulata,* la base de la racine est munie de petites bulbilles.

NOMS COMMUNS : Casse-pierre, Perce-pierre, Herbe à la gravelle, Mignonette, Saxifrage à bulbilles, Sanicle des montagnes.

All. : *Körnesteinbrech.* Angl. : *Meadow Saxifrage.* Esp. : *Saxifraga blanca.* It. : *Sassifragia granulata.*

DESCRIPTION

La Saxifrage est une plante vivace à racine formée de nombreuses radicelles entremêlées de bulbilles. La tige, de 20 à 40 centimètres, est dressée, simple, visqueuse. Les feuilles, groupées en rosette à la base, sont longuement pétiolées, arrondies, légèrement en forme de cœur, bordées de grandes dentelures. Les fleurs, assez grandes et blanches, sont disposées en corymbe terminal. Le fruit est une capsule qui renferme de nombreuses petites graines.

CULTURE ET RÉCOLTE

Très répandue en Europe, la Saxifrage préfère les terrains siliceux, elle est rare au-dessus de 800 mètres d'altitude. Elle se multiplie par semis des graines ou division des touffes.

Les feuilles se récoltent à la belle saison, de juillet à septembre, les racines à l'automne, on les fait sécher dans des endroits secs et aérés.

USAGES

Diurétiques, les feuilles et les racines de Saxifrage ont la réputation de dissoudre les calculs des reins.

Préparez-les en décoction pendant 2 minutes pour les feuilles, 5 minutes pour les racines. Prenez-en deux ou trois tasses par jour.

SCABIEUSE *Scabiosa succisa* (Dipsacacées)

Scabiosa veut dire « galeux », la plante est utilisée contre les maladies de peau ; *succisa,* « tronquée », la racine semble coupée au pied.

NOMS COMMUNS : Mors du diable, Herbe de saint Joseph, Scabieuse des bois, Tête de loup.

All. : *Gemeiner.* Angl. : *Devil's bit Scabious.*
Esp. : *Escabiosa mordiba.* It. : *Scabbiosa.*

On nous a assuré que si une femme va p..... sur une touffe de Scabieuse, elle connaîtra une passion violente avec un riche veuf, mais tout cela finira mal. C'est pour cela que nous n'avons pas essayé.

DESCRIPTION

La Scabieuse est une plante vivace à rhizome court, oblique, un peu épais, simple, fibreux, blanchâtre. La tige, de 40 à 70 centimètres, est cylindrique, dressée, rameuse, couverte de poils. Les feuilles, opposées, ovales, lancéolées, légèrement dentées, font penser à des ailes. Les fleurs, rose lilas, visibles de juillet à octobre, sont groupées en capitules terminaux. Le fruit est ovoïde, entouré par un calice persistant, surmonté d'une aigrette.

CULTURE ET RÉCOLTE

Commune en Europe, aimant les lieux humides, la Scabieuse peut se trouver jusqu'à 2 000 mètres d'altitude. On la multiplie par semis des graines au printemps. La récolte des feuilles ou des fleurs seules se fait de juin à septembre. Elles sont séchées à plat dans des endroits secs et aérés.

USAGES

Sudorifique et dépurative, la Scabieuse est utilisée contre les maladies de peau : acné, eczéma, psoriasis, dartres, prurit, démangeaisons diverses et... la gale, comme son nom l'indique.

Utile contre les affections des bronches, la trachéite et autres toux persistantes, elle facilite la salivation.

Elle se prépare en décoction pendant 2 minutes, en mettant une cuillerée à soupe de feuilles par tasse. Prenez-en une tasse à jeun et une le soir.

SCEAU DE SALOMON *Polygonatum officinale* (Liliacées)

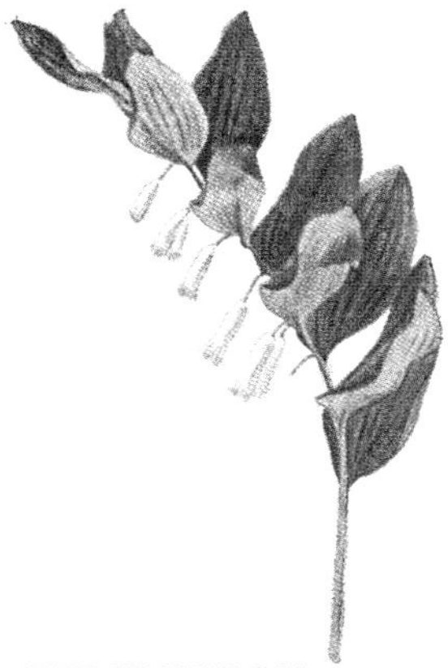

Polygonatum vient du grec *polus,* « beaucoup », et *gonu,* « genou » ; le rhizome est couvert de nœuds.

NOMS COMMUNS : Grenouillet, Faux Muguet, Herbe aux panaris.

All. : *Gemeine Weisswurg.* Angl. : *Salomon's Seal.* Esp. : *Sello de Salomon.* It. : *Sigillo di Salomone.*

Certains assurent que c'est parce que l'on fit macérer le corps de Saint Louis, mort de la peste devant Tunis, dans un bain d'herbes composé entre autres de Sceau de Salomon que, revenu en France, il ne put y avoir de trafic de reliques. Seuls les os qui avaient été touchés par le Sceau de Salomon rayonnaient d'une lueur douce qui en assurait l'authenticité.

DESCRIPTION

Le Sceau de Salomon est une plante vivace à rhizome anguleux, brunâtre, marqué par les tiges qui s'en élèvent chaque année, au-dessous duquel partent de nombreuses radicelles. La tige, nue à la partie inférieure, est droite, anguleuse. Les feuilles, alternes, disposées sur un seul côté de la tige, sont ovales, larges, aiguës, d'un très beau vert. Les fleurs, pendantes, visibles d'avril à juin, ressemblent à celles du Muguet un peu plus allongées. Le fruit est une baie arrondie, noir bleuâtre, qui contient des graines jaunes. Ce fruit est dangereux, soyez prudents !

CULTURE ET RÉCOLTE

Commun en Europe, dans les bois humides, le Sceau de Salomon se multiplie par semis des graines dès leur maturité, ou division du rhizome en prenant soin de planter la partie terminale bourgeonnante au printemps.

La récolte du rhizome se fait à l'automne ; il est lavé, coupé, séché dans des endroits chauds et aérés.

USAGES

Le Sceau de Salomon est un très bon diurétique qui soulage la goutte, les rhumatismes, l'arthrite, et qui facilite l'élimination des calculs rénaux.

Astringent, on en fait usage contre les hémorroïdes, les diarrhées, les pertes blanches. De plus, on l'utilise contre le diabète. Il en est fait des applications contre les contusions, pour faire mûrir les anthrax et les abcès.

Le Sceau de Salomon se prépare en décoction pendant 5 minutes en mettant une cuillerée à café de plante par tasse. Prenez-en une à trois tasses par jour.

SCOLOPENDRE *Scolopendrium vulgare* (Polypodiacées)

Scolopendrium vient du grec *scolopendra,* « mille-pattes » ; à cause de ses sores qui lui ressemblent.

NOMS COMMUNS : Langue de cerf, Langue de bœuf, Herbe à la rate, Herbe hépatique.

All. : *Hirschzunge.* Angl. : *Hart's Tongue.*
Esp. : *Escolopendra.* It. : *Scolopendria.*

DESCRIPTION

La Scolopendre est une plante vivace à rhizome grêle, irrégulier, rameux, rougeâtre. Les feuilles, ou plutôt frondes, sont longues, pétiolées, entières, cordiformes à la base, d'un très beau vert, elles sont disposées en touffes. Sous les feuilles, se trouvent des sores, genre de tiges poilues, qui apparaissent de juin à septembre. Comme chez la Fougère – à laquelle elle ressemble par sa forme, si ce n'est qu'elle a les feuilles entières –, les sporanges situés sous les feuilles sont les organes reproducteurs de la plante. Elle ne fait pas de fleurs.

CULTURE ET RÉCOLTE

Commune en Europe dans les endroits humides, la Scolopendre ne pousse pas en altitude. Sa multiplication s'opère par division du rhizome, à l'automne ou au printemps.

Les feuilles se récoltent à la fin de l'été ; réunies en bouquets, on les suspend jusqu'à séchage complet.

USAGES

Expectorante, la Scolopendre soulage les bronches, calme la toux, facilite la respiration des asthmatiques. Diurétique, elle s'utilise contre les calculs rénaux, pour soulager les rhumatismes, l'arthrite.

Mais c'est surtout pour décongestionner le foie et la rate que l'on en fait usage avec succès.

Préparez-la en décoction pendant 2 minutes en mettant une cuillerée à soupe de feuilles coupées par tasse. Prenez-en deux ou trois tasses par jour.

SÉNÉ *Cassia angustifolia* (Légumineuses)

L'arbre aux feuilles étroites et allongées.

NOMS COMMUNS : Séné de l'Inde, Séné de Tinnevelly.

All. : *Sennesblätter.* Angl. : *Senna.*
Esp. : *Senna.* It. : *Senna.*

Sachez doser les feuilles de Séné. L'idéal est d'en ajouter 10 à 15 % à des plantes plus douces.
L'arbre sur lequel pousse le Séné est si beau qu'aux Antilles, on l'a surnommé l'« Arbre doré ». Sa graine entre dans la composition de nombreux philtres d'amour tous plus efficaces les uns que les autres.

DESCRIPTION

Le Séné est un arbrisseau de 1 mètre environ à tige dressée, cylindrique, rameuse, blanchâtre. Les feuilles, alternes, stipulées, ailées, sont divisées en folioles opposées, lancéolées, entières, petites, vert glauque. Les fleurs, jaunes, sont groupées en épis axillaires. Le fruit, appelé follicule, est une gousse plate munie de graines, qui devient sombre en séchant.

CULTURE ET RÉCOLTE

Cassia angustifolia est cultivée en Inde, d'autres espèces viennent d'Égypte, du Soudan, de Syrie, du Sénégal. On fait usage des folioles ou des follicules. La qualité *angustifolia* est celle qui est commercialisée couramment.

USAGES

Feuilles et follicules de Séné sont des purgatifs puissants, que l'on doit employer à bon escient. Ils sont à éviter chez les personnes ayant des intestins fragiles, en cas de colite par exemple, et chez la femme enceinte.

Associé à d'autres plantes plus douces, le Séné est un laxatif efficace qui lutte contre la constipation par contraction des intestins.

Préparez-le en décoction pendant 1 minute en en mettant une cuillerée à café par tasse. Prenez-en une tasse.

Préférez malgré tout la composition, plus douce et aussi efficace.

SÉNEÇON *Senecio vulgaris* (Composées)

Senecio vient de *senex,* « vieillard », les aigrettes blanches rappellent la chevelure des personnes âgées.

NOMS COMMUNS : Séneçon des oiseaux, Petit Séneçon, Herbe aux charpentiers, Toute Venue, Herbe aux citrons, Herbe à la chardonnerette.

All. : *Kreuzkraut.* Angl. : *Groundsel.*
Esp. : *Hierba cana.* It. : *Erba calderina.*

Il paraît que si vous glissez une araignée entortillée dans un brin de Séneçon dans la poche d'un ami, celui-ci gagnera à coup sûr à la loterie.

DESCRIPTION

Le Séneçon est une plante annuelle à racine pivotante courte qui émet de nombreuses radicelles blanchâtres. La tige, de 20 à 40 centimètres, un peu fistuleuse, arrondie, striée, dressée, est très rameuse. Les feuilles, alternes, épaisses, sont irrégulièrement découpées en lobes anguleux. Les fleurs, jaunes, visibles pratiquement toute l'année, sont groupées en capitules très nombreux au sommet des rameaux. Le fruit est un akène brun surmonté de poils, l'ensemble donne une touffe blanche.

CULTURE ET RÉCOLTE

Commun en Europe, le Séneçon est une mauvaise herbe pour le jardinier, il peut pousser jusqu'à 2 000 mètres d'altitude. Sa multiplication se réalise par semis des graines au printemps.

La récolte des plantes s'effectue avant l'ouverture complète des fleurs. Réunissez-les en bouquets, suspendez-les ou étalez-les à plat dans des endroits secs et aérés.

USAGES

Le Séneçon a toutes les qualités d'une plante emménagogue : il favorise l'apparition des règles, les régularise, calme les inconvénients qui les accompagnent, spasmes, douleurs pelviennes et lombaires.

Il a également des propriétés vermifuges non négligeables.

On le prépare en légère décoction pendant 2 minutes, en mettant une cuillerée à soupe de plantes coupées par tasse. Prenez-en une à trois tasses par jour.

SERPOLET *Thymus serpyllum* (Labiées)

Thymus vient de *thymos*, « je parfume », à cause de l'odeur agréable que la plante dégage ;
serpyllum, de *serpo*, « ramper », les tiges sont rampantes.

NOMS COMMUNS : Serpoule, Thym sauvage, Pillolet, Thym serpolet.

All. : *Quendel.* Angl. : *Serpollet.*
Esp. : *Serpol.* It. : *Serpillo.*

DESCRIPTION

Le Serpolet est un sous-arbrisseau à racines ligneuses et rameuses. Les tiges, cylindriques, rameuses, grisâtres, sont généralement couchées. Les feuilles, alternes, ovales, sont petites mais plus grandes que celles du Thym. Les fleurs, roses, blanches ou pourpres, visibles de juin à octobre, sont groupées en épis courts sur des tiges florifères munies de quelques feuilles. Le fruit est ovoïde, arrondi.

CULTURE ET RÉCOLTE

Commun en Europe, surtout dans les régions méridionales, le Serpolet aime les terrains secs et pierreux, il peut pousser jusqu'à 2 000 mètres d'altitude. Sa multiplication s'effectue par division des touffes au printemps ou à l'automne.

La récolte peut se pratiquer deux fois par an, en juin et septembre. Réunies en bouquet, les plantes sont mises à sécher à l'ombre ou au soleil, on procède ensuite à un léger battage pour en détacher les feuilles, ou bien on les coupe.

USAGES

Tonique, stimulant, antispasmodique, le Serpolet est utile pour faciliter la digestion en calmant les spasmes.

Il a une action tout en douceur sur la constipation, et peut être donné aux personnes les plus sensibles et aux jeunes enfants.

Diurétique, il fluidifie les sécrétions des bronches, facilite la respiration des asthmatiques, calme la toux de la coqueluche.

On en fait une huile que l'on utilise en massage pour soulager les douleurs rhumatismales.

Préparez-le en décoction légère pendant 2 minutes, à raison d'une cuillerée à soupe de plante par tasse.

SIMARUBA *Simaruba amaruba* (Simaroubacées)

La plante qui ne se fane pas.

NOM COMMUN : Simaruba.

All. : *Ruhrbaumrinde.*
Esp. : *Simaruba.* It. : *Simaruba.*

Au début du XVIIIe siècle, il fut une boisson nationale pour lutter contre une épidémie de dysenterie.

DESCRIPTION

Le Simaruba est un grand arbre de 20 à 25 mètres qui ressemble au Frêne. Les feuilles, alternes, sont divisées en dix à seize folioles alternes, arrondies, obtuses, entières. Les fleurs, petites, blanchâtres, sont groupées en grandes panicules rameuses longuement pétiolées. Le fruit est composé de cinq coques ovoïdes et noirâtres.

CULTURE ET RÉCOLTE

Le Simaruba nous vient de Guyane, du Brésil ou des Antilles. C'est l'écorce de la racine que l'on récolte, à la fin de la végétation. Lavée, coupée, elle est séchée au soleil d'abord, puis à l'ombre dans des endroits aérés.

USAGES

Tonique, le Simaruba facilite la digestion et lutte contre la fièvre. C'est surtout son efficacité contre la dysenterie qui lui vaut son succès, qu'il soit employé seul ou associé à d'autres plantes.

Préparez-le en décoction pendant 5 minutes en en mettant une cuillerée à soupe par tasse.

Prenez-en, selon les cas, une à quatre tasses par jour.

SORBIER *Sorbus aucuparia* (Rosacées)

Sorbus est le nom latin désignant cet arbre.

NOMS COMMUNS : Sorbier sauvage, Sorbier des grives.

All. : *Speierling.* Angl. : *Corme.*
Esp. : *Serbal.* It. : *Sorbo domestico.*

Un arbre vraiment utile puisque, planté près de la maison, il en éloigne la foudre, et, dans un cimetière, il empêche les morts de sortir la nuit. De même, si vous vous taillez un bâton dans son bois, vous pourrez voyager sans crainte d'être agressé. C'est du moins ce que l'on croit en Angleterre.

DESCRIPTION

Le Sorbier est un arbre à racines pivotantes munies de nombreuses ramifications latérales traçantes. Il peut atteindre 10 à 12 mètres. Sa tige est droite et couverte d'une écorce brunâtre. Les feuilles, alternes, sont divisées en folioles oblongues et dentées. Les fleurs, blanches, visibles de mai à juin, sont groupées en corymbes. Le fruit est globuleux et charnu, en forme de petite pomme.

Il existe plusieurs espèces, dont le Sorbier domestique et le Sorbier de Laponie.

CULTURE ET RÉCOLTE

Commun en Europe méridionale, le Sorbier se trouve rarement au-dessus de 700 mètres d'altitude. Sa multiplication se réalise par le semis des graines dès le printemps sous serre ou en pleine terre.

On sèche les fruits dès leur maturité dans des endroits secs et aérés.

USAGES

Diurétique, antiscorbutique, le Sorbier est surtout utilisé comme astringent dans les cas de diarrhées et de dysenterie. On l'associe souvent au coing.

Préparez-le en décoction pendant 3 minutes, à raison d'une cuillerée à café de plante par tasse. Prenez-en une à trois tasses par jour.

SOUCI *Calendula officinalis* (Composées)

La fleur aux nuits du soleil.

NOMS COMMUNS : Souci officinal, Fleur de tous les mois,

Fleur de calendule.
All. : *Ringelblume*. Angl. : *Marigold*.
Esp. : *Maravilla des jardins*. It. : *Calendula ortense*.

Tressées en guirlandes, les fleurs de Souci empêchent le mal d'entrer dans les maisons, et il paraît que le simple fait de fixer du regard une fleur de Souci ouverte fortifie la vue... Après, vous n'avez plus qu'à la glisser dans votre poche pour vous rendre au tribunal. Là aussi, elle vous portera bonheur. La légende que nous préférons entendre pourtant est celle qui affirme qu'une jeune fille vierge marchant pieds nus sur une touffe de Soucis est alors capable de comprendre pendant quelques heures le langage des oiseaux.

DESCRIPTION
Le Souci est une plante à racine fusiforme, blanchâtre, chevelue. La tige, de 30 à 50 centimètres, est dressée, forte, cylindrique, velue, rameuse. Les feuilles, alternes, obtuses, entières, épaisses, sont vert jaunâtre. Les fleurs, jaune orangé, visibles de mai à septembre, sont groupées en larges capitules solitaires terminaux. Le fruit, très courbé, porte des épines sur la face extérieure.

CULTURE ET RÉCOLTE
Originaire du Midi, le Souci est multiplié par semis des graines à l'automne ou au tout début du printemps, on repique les plants au mois d'avril.

La récolte des fleurs s'effectue à leur complet épanouissement, on les fait sécher dans des endroits secs et aérés. Prenez soin de les mettre à l'abri de la lumière, celle-ci les décolore rapidement.

USAGES
Le Souci fait partie de ces plantes qui possèdent de grandes et nombreuses qualités. Emménagogue, il favorise l'apparition des règles, et en soulage les douleurs, il combat l'état dépressif et la fatigue qui accompagnent cette période.

Il lutte contre l'hypertension de façon durable.

Sudorifique, dépuratif, il a un pouvoir d'élimination des toxines intéressant, ce qui le fait utiliser dans les cas de congestion du foie, contre diverses dermatoses et toutes les affections fébriles.

On en fait un onguent, utilisé en applications, contre toutes les irritations de la peau : eczéma, dermatoses diverses.

On le prépare en infusion pendant 10 minutes, à raison d'une cuillerée à soupe de plante par tasse. Prenez-en une à trois tasses par jour.

SUREAU NOIR *Sambucus nigra* (Caprifoliacées)

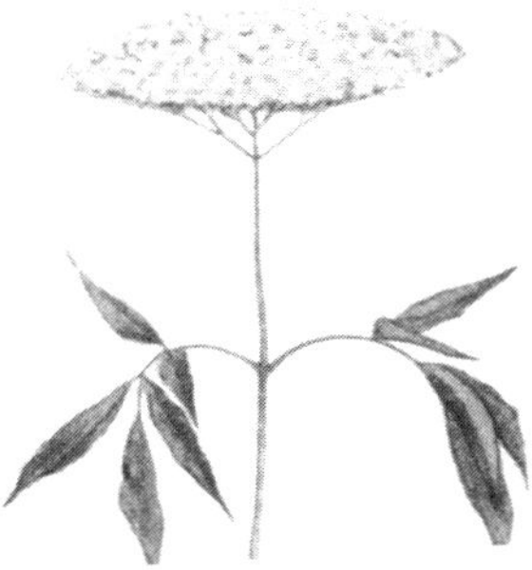

Sambucus vient du mot grec *sambuké,* qui désignait une harpe triangulaire.

NOMS COMMUNS : Sus, Suseau, Sussier, Seuillon, Saou, Sambuc, Hautbois, Arbre de Judas.

All. : *Holunder.* Angl. : *Common Elder.*
Esp. : *Sanxo.* It. : *Sambuco.*

Planté dans un jardin, il est l'un des protecteurs de la maison contre les esprits et contre la foudre ; une branche de son bois portée sur soi protège des agressions. On dit même qu'il élimine les verrues. Mais attention quand vous le brûlez ! Cela pourrez réveiller de mauvais esprits. La tradition affirme que Judas s'est pendu à un Sureau noir et c'est depuis ce temps-là que ses baies sont devenues immangeables.

DESCRIPTION

Le Sureau est un petit arbre dont la tige de 4 à 5 mètres se divise en rameaux opposés. Les feuilles, opposées, se divisent en cinq ou sept folioles ovales, dentées. Les fleurs, blanc jaunâtre, visibles en juin, sont disposées en corymbes plats au sommet des rameaux. Les fruits, mûrs en septembre, sont de petites baies noires, luisantes, qui renferment trois graines.

Un arbre proche, le Sureau yèble, se différencie par une feuille à sept ou onze folioles, plus étroites.

CULTURE ET RÉCOLTE

Le Sureau est commun dans des sols frais et ombragés. Sa multiplication se réalise par semis des graines, puis repiquage.

La seconde écorce est récoltée à l'automne, après la chute des feuilles, sur les jeunes rameaux ; les feuilles le sont durant l'été, les fleurs à leur parfait développement en juin et les fruits en septembre. Ce sont les fleurs et les écorces que l'on utilise couramment, ou le jus des fruits.

USAGES

Les écorces et les baies sont surtout employées comme diurétique contre les œdèmes, pour drainer les reins, soulager les rhumatismes, et comme laxatif. Les fleurs et les écorces sont sudorifiques et diurétiques, on en fait usage chaque fois que l'élimination de toxines par la transpiration est nécessaire : début de grippe, fièvre, affection des bronches. Anti-inflammatoires, on utilise les fleurs pour soulager les abcès, les engelures, en compresses ou en bains d'yeux.

On prépare les écorces en décoction pendant 5 minutes, les fleurs en infusion, en en mettant une cuillerée à soupe par tasse. Prenez-en une à quatre tasses par jour.

TANAISIE *Tanacetum vulgare* (Composées)

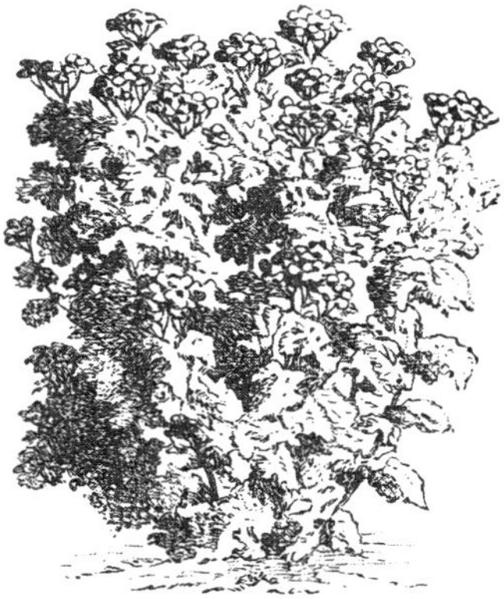

Tanacetum vient du grec *tanaos*, « long », et *akeomai*, « guérir », la fleur guérit et fait vivre longtemps.

NOMS COMMUNS : Herbe amère, Herbe de saint Marc, Athanase, Tanacée, Herbe aux vers, Sent bon, Barbotine.

All. : *Rainfarn*. Angl. : *Tansy*.
Esp. : *Tanaceto*. It. : *Tanaceto*.

La plante bénie des jardiniers. En infusion, elle constitue en effet un excellent insecticide biologique (300 grammes de feuilles, de tiges et de fleurs en décoction pour 10 litres d'eau). Autrefois on comptait sur son parfum pour chasser les mites dans les armoires et les puces dans la niche du chien.

DESCRIPTION

La Tanaisie est une plante vivace à rhizome ligneux, long et rameux. Les tiges, de 50 centimètres à 1 mètre, fortement striées, sont fermes et dressées. Les feuilles, alternes, sont divisées en segments oblongs, incisés, dentés, d'un très beau vert. Les fleurs, jaunes, visibles de juillet à septembre, sont groupées en capitule, l'ensemble constitue un corymbe terminal compact. Le fruit est un akène surmonté d'un rebord denté.

CULTURE ET RÉCOLTE

Commune en Europe, dans les champs, les lieux incultes, la Tanaisie ne pousse pas au-dessus de 1 400 mètres d'altitude.

Sa multiplication s'effectue par semis au printemps, ou par division des touffes au printemps ou à l'automne, dans une terre légère bien exposée.

Les fleurs se récoltent en pleine floraison. Coupez les plantes, réunissez-les en bouquets, suspendez-les dans des endroits secs et aérés ; après séchage, séparez les fleurs des plantes.

USAGES

Tonique, apéritive, digestive, la Tanaisie favorise l'apparition des règles et en soulage les douleurs.

Fébrifuge, elle soulage la goutte et les rhumatismes, à boire ou en frictions.

C'est surtout comme vermifuge que l'on en fait usage avec succès. Macérée dans du VINAIGRE (page 376), elle fournit une solution qui est employée contre les poux.

Elle se prépare en infusion pendant 10 minutes en en mettant une cuillerée à soupe par tasse. Comme vermifuge, prenez-en une tasse le soir pendant 5 jours en période de pleine lune.

THUYA *Thuya occidentalis* (Cupressacées)

Thuya vient du grec *thyo*, « je sacrifie », on brûlait autrefois les rameaux dans les lieux saints.

NOMS COMMUNS : Thuya du Canada, Thuya de Virginie, Arbre de paradis, Arbre de vie, Cèdre blanc.

All. : *Lebensbaum*. Angl. : *Arbor vitae*.
Esp. : *Arbol de la vida*. It. : *Arbero della vitta*.

DESCRIPTION

Le Thuya est un arbre qui peut atteindre 8 à 10 mètres et dont la tige se divise en rameaux étalés. Les feuilles, très petites, imbriquées, serrées sur la tige, sont vert jaunâtre. Les fleurs, qui apparaissent en mai, sont groupées en petits chatons terminaux. Le fruit est un cône ovoïde, élargi au sommet.

CULTURE ET RÉCOLTE

Originaire d'Amérique du Nord, le Thuya aime les endroits frais et ombragés. Sa multiplication se fait par semis des graines ou bouturage.

La récolte des feuilles ou des rameaux a lieu durant toute la belle saison. On les laisse sécher à l'ombre dans des locaux secs et aérés.

USAGES

Le Thuya est un diurétique qui tonifie les voies urinaires, d'où son usage avec succès contre l'hypertrophie de la prostate, la cystite, l'incontinence d'urine, les affections lymphatiques, les inflammations urinaires.

Tout en étant sudorifique et expectorant, le Thuya soulage la goutte, les rhumatismes, il donne des résultats contre le psoriasis et les hémorroïdes.

Le Thuya est spécifique contre les papillomes et les verrues en applications de son essence pure ou mélangée à l'alcool.

Préparez-le en décoction pendant 3 minutes en en mettant une cuillerée à soupe par tasse. Prenez-en deux ou trois tasses par jour.

THYM *Thymus vulgaris* (Labiées)

Thymus veut dire « parfumer », à cause de l'odeur agréable que la plante dégage.

NOMS COMMUNS : Farigoule, Barigoule, Frigoule, Pote.

All. : *Thymian.* Angl. : *Garden Thyme.*
Esp. : *Tomillo comun.* It. : *Timo.*

DESCRIPTION

Le Thym est un sous-arbrisseau à racines ligneuses, rameuses, tortueuses. Les tiges, de 10 à 30 centimètres, sont ligneuses à la base, herbacées au sommet, très diffuses. Les feuilles, opposées, sessiles, très petites, ovales, lancéolées, ont un bord rouge en dessous. Les fleurs, roses, visibles de juin à octobre, sont réunies en glomérules ; l'ensemble constitue des grappes terminales feuillées. Le fruit se compose de quatre akènes ovoïdes arrondis.

CULTURE ET RÉCOLTE

Le Thym est très répandu dans toute l'Europe méridionale, il préfère les terrains secs, rocailleux, exposés au soleil, il peut pousser jusqu'à 1 500 à 2 000 mètres d'altitude. Sa multiplication s'effectue par semis au printemps, avec un repiquage deux mois après, ou par division des touffes.

Deux récoltes peuvent être entreprises, une en juin, l'autre en septembre. Les tiges sont réunies en bouquets, qui sont suspendus dans des locaux secs et aérés. Après séchage complet, on procède au battage pour détacher les feuilles.

USAGES

Antiseptique général, le Thym est le bienvenu pour traiter les bronchites, la toux, les angines, les états fébriles, la grippe, pour soutenir le système digestif, dont il augmente l'activité, tout en évitant la somnolence après les repas, pour chasser la mauvaise haleine et empêcher les fermentations.

Tonique, il combat l'anémie, augmente la force physique, intellectuelle et morale. C'est un véritable aphrodisiaque.

Diurétique, il soulage les rhumatismes, la goutte, l'arthrite.

Vermifuge, on l'utilise sans danger chez les enfants.

On en fait des cataplasmes, seul ou associé à d'autres plantes, pour combattre la chute des cheveux et activer leur repousse.

Macéré dans l'huile, on l'utilise en massage pour soulager les douleurs, nettoyer et aseptiser les plaies.

On en fait des bains de bouche pour tonifier les gencives, seul ou associé ; il est utilisé comme dentifrice.

Macéré dans du vinaigre, on en confectionne une lotion contre l'acné.

On le prépare en décoction pendant 2 minutes en en mettant une cuillerée à soupe par tasse. Prenez-en une à trois tasses par jour.

Une autre variété de Thym, plus légère, plus citronnée, constitue une boisson très agréable, on l'appelle Thym citronnelle, Thym doux, Thym muscat.

TILLEUL

Deux variétés sont officinales :
***Tilia cordata* et *Tilia platyphyllos* (Tiliacées)**

Tilia cordata
Tilia signifie « ailé », allusion à la forme des bractées ;
cordata, les feuilles ont la forme d'un cœur.

NOMS COMMUNS : Tilleul sauvage, Tilleul des bois, Tilleul d'hiver, Tilleul à petites feuilles, Tilleul mâle, Tillet.

All. : *Winterlinde.* Angl. : *Small-leaved Lime.*
Esp. : *Tilo.* It. : *Tiglio d'inverno.*

Tilia platyphyllos
Platyphyllos vient de *platos,* « large », et de *phyllon,* « feuille » ;
ses feuilles sont plus grandes que celles de *Tilia cordata.*

NOMS COMMUNS : Tilleul à larges feuilles, Tilleul à grandes fleurs, Tilleul de Hollande, Tilleul femelle.

All. : *Sommerlinde.* Angl. : *Broad-leaved Lime.*
Esp. : *Tilo.* It. : *Tiglio d'estate.*

DESCRIPTION

Le Tilleul est un grand arbre à racine traçante. La tige, ou plutôt le tronc, de 15 à 20 mètres, cylindrique, droit, régulier, est recouvert d'une écorce grisâtre, rugueuse, épaisse, lisse au sommet, qui se divise en branches rougeâtres. Les feuilles, alternes, pétiolées, arrondies, sont en forme de cœur pour *Tilia cordata,* plus grandes, moins découpées pour *Tilia platyphyllos.* Les fleurs, jaune blanchâtre, sont groupées en corymbe dont le pédoncule est soudé avec une bractée membraneuse, ovale, allongée : c'est la « fleur » de Tilleul que nous connaissons bien. Le fruit est globuleux.

CULTURE ET RÉCOLTE

Commun en Europe, le Tilleul est l'arbre des routes, des places, des parcs, des écoles, il peut vivre plusieurs siècles et se trouve quelquefois jusqu'à 1 600 mètres d'altitude.

Le meilleur Tilleul, pour la qualité et l'abondance de ses fleurs, vient de la Drôme. Pour les mêmes raisons et pour le savoir-faire de ceux qui le récoltent, le meilleur aubier – partie périphérique du bois dont les fibres ne sont pas encore formées – vient des Pyrénées et du Roussillon.

Sa multiplication s'opère par semis des graines ou, plus rapidement, par boutures.

La récolte des fleurs s'effectue avant leur complet épanouissement. L'aubier est récolté juste avant l'hiver.

USAGES

La fleur de Tilleul est la panacée des fatigues nerveuses, elle calme, détend, repose, facilite le sommeil sans risque d'accoutumance.

Favorisant la transpiration, c'est la plante idéale en cas de refroidissement, qui calme douleurs, migraines et courbatures diverses.

Digestif, son emploi régulier est utile contre l'artériosclérose.

Les bains de Tilleul calment les enfants les plus nerveux ; l'eau de beauté de Tilleul est utilisée comme adoucissant pour le visage, elle élimine les impuretés, les dartres, détend les traits, elle est recommandée en compresses sur les brûlures et les ulcères.

L'aubier de Tilleul joue un rôle antispasmodique comme la fleur, mais il est également efficace contre l'hypertension. C'est son effet de drainage qui est intéressant. Il a l'avantage d'activer les processus d'élimination des toxines, des calculs et des boues des reins et de la vésicule.

L'aubier de Tilleul est la plante dont chacun devrait faire une cure pendant 3 semaines aux variations de saisons, pour éviter l'accumulation de toxines surchargeant l'organisme et les multiples inconvénients qui en découlent.

Préparez les fleurs de Tilleul en infusion pendant 5 minutes en mettant trois à cinq bractées par tasse. Prenez-en une ou plusieurs tasses par jour.

L'aubier de Tilleul se prépare en décoction prolongée de 15 minutes, à raison de cinq cuillerées à soupe d'aubier coupé ou cinq baguettes de 15 à 20 centimètres. Buvez dans la journée la totalité du breuvage obtenu après ébullition.

Suivant les cas, faites une cure de 10 jours par mois ou de 20 jours de temps en temps.

TROÈNE *Ligustrum vulgare* (Oleacées)

Ligustrum vient du grec *ligos*, « tige flexible ».

NOMS COMMUNS : Tronille, Trougne, Raisin des chiens, Frézillon, Bois noir.

All. : *Raiweide*. Angl. : *Privet*.
Esp. : *Aligustre*. It. : *Ligustro*.

DESCRIPTION

Le Troène est un arbrisseau dont la tige, de 3 à 4 mètres, se divise dès la base en rameaux flexibles couverts d'une écorce grisâtre. Les feuilles, opposées, légèrement pétiolées, oblongues et lancéolées, sont fermes, luisantes, d'un très beau vert. Les fleurs, blanches, visibles en mai, portées sur des pédoncules, sont groupées en corymbes à l'extrémité des rameaux. Le fruit, globuleux, noir, contient plusieurs graines.

CULTURE ET RÉCOLTE

Commun en Europe, le Troène se trouve en lisière des bois, dans les buissons. On en fait des haies que le jardinier ébranche à son gré. Sa multiplication s'effectue par semis des graines et repiquage ensuite, ou par boutures.

Les feuilles se récoltent durant tout l'été, évitez malgré tout de le faire au bord des routes en raison de la pollution. Faites sécher les feuilles dans des endroits secs et aérés.

USAGES

Astringent, le Troène est utilisé contre les diarrhées et les règles trop abondantes.

En gargarismes, il est utile pour soulager les angines ; en bains de bouche, contre les aphtes et les autres inflammations buccales ; en applications, compresses ou frictions, pour soulager les douleurs rhumatismales et lutter contre la cellulite.

On le prépare en décoction pendant 3 minutes en mettant une cuillerée à soupe de feuilles par tasse. Prenez-en une à trois tasses par jour.

TUSSILAGE *Tussilago farfara* (Composées)

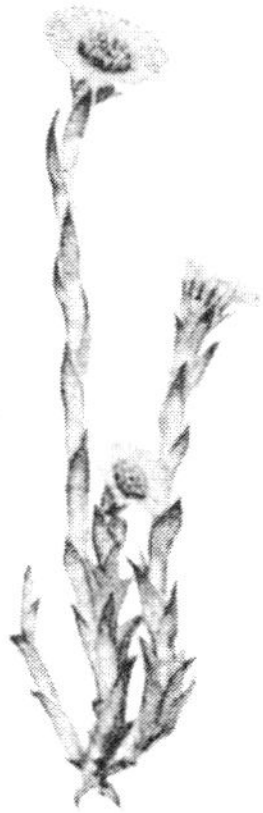

Tussilago vient du latin *tussis,* « toux », et de *ago,* « chasser », le Tussilage chasse la toux.

NOMS COMMUNS : Pas d'âne, Pied de cheval, Herbe aux pattes, Taconnet, Herbe de saint Quirin.

All. : *Huflattich.* Angl. : *Coltsfoot.*
Esp. : *Tussilago común.* It. : *Farfaro.*

DESCRIPTION

Le Tussilage est une plante vivace à rhizome rampant, charnu, rameux. Les feuilles, longuement pétiolées, arrondies, en forme de cœur, dentées, blanchâtres dessous, vert clair dessus, groupées en partant du rhizome, n'apparaissent qu'après la floraison. Les fleurs, visibles de février à avril, groupées en capitules solitaires à l'extrémité des tiges florifères, sont recouvertes d'écailles rougeâtres et cotonneuses. Les fruits sont des akènes oblongs surmontés d'une aigrette blanche comme chez le Séneçon.

CULTURE ET RÉCOLTE

Commun en Europe, le Tussilage aime les terrains argileux, frais, humides, il peut pousser jusqu'à 2400 mètres d'altitude. Sa multiplication s'opère par division des touffes ou séparation des rhizomes à l'automne.

La récolte des fleurs s'effectue à leur épanouissement, les feuilles à leur complète formation. Elles sont séchées à plat dans des endroits secs et aérés.

USAGES

Expectorantes, les feuilles et les fleurs de préférence calment la toux, soulagent les bronches, facilitent la respiration des asthmatiques, éclaircissent la voix. Toniques, elles redonnent de l'énergie.

En compresses ou en lotions, elles adoucissent la peau ; on fait des cigarettes avec les feuilles pour soulager l'asthme. De qualité exceptionnelle pour les bronches, elles entrent dans la composition des fleurs pectorales et des espèces vulnéraires.

Les fleurs se préparent en infusion pendant 10 minutes, les feuilles en décoction légère de 2 minutes, en en mettant une cuillerée à soupe par tasse. Prenez-en deux ou trois tasses par jour.

ULMAIRE *Spiraea ulmaria* (Rosacées)

Spiraea vient du grec *speireia,* allusion aux fruits en forme de spirale ; *ulmaria* de *ulmus,* « ormeau », à cause de la ressemblance de leurs feuilles.

NOMS COMMUNS : Reine des prés, Belle des prés, Vignette, Herbe aux abeilles, Barbe de chèvre, Pied de bouc, Ornière.

All. : *Echtes mädessüs.* Angl. : *Meadow sweet.*
Esp. : *Reina de los prados.* It. : *Regina de prati.*

DESCRIPTION

L'Ulmaire est une plante vivace à racine fibreuse et touffue. Les tiges, de 1 mètre et plus, sont anguleuses, dressées, peu rameuses. Les feuilles, alternes, pétiolées, grandes, sont divisées en folioles inégales, vertes dessus, blanchâtres et duveteuses en dessous. Les fleurs, blanches, visibles de mai à septembre, très nombreuses, sont groupées en corymbes terminaux rameux. Le fruit, en forme de spirale, renferme des graines brunâtres.

CULTURE ET RÉCOLTE

Commune en Europe, sauf sur le littoral méditerranéen, cette élégante plante aime les endroits humides, allant jusqu'à 1 500 mètres d'altitude. Sa multiplication se pratique par semis des graines au printemps. La récolte des feuilles s'effectue avant la floraison, celle des fleurs à leur complet épanouissement. Les unes et les autres sont séchées dans des endroits secs et aérés.

USAGES

Diurétique, sudorifique, tonique, la Reine des prés fait partie des plantes d'élimination des surcharges dans l'organisme : goutte, rhumatismes. Elle calme la douleur et combat l'artériosclérose. Très efficace contre la cellulite et les surcharges adipeuses, seule ou, mieux, associée à d'autres plantes, c'est la plante amincissante par excellence. Son effet diurétique est aussi le bienvenu contre les calculs rénaux et on l'utilise en complément d'autres herbes contre l'hypertension.

Les fleurs et les feuilles se préparent en infusion pendant 10 minutes en en versant une cuillerée à soupe par tasse d'eau que vous aurez fait bouillir, puis que vous aurez laissée refroidir quelques instant pour qu'elle ne dépasse par 90 °C, car certains principes actifs de la plante sont détruits au-delà de cette température. Prenez-en deux à quatre tasses par jour.

VALÉRIANE *Valeriana officinalis* (Valérianacées)

Valeriana signifie « bien se porter », la plante détend, le moral est bon.

NOMS COMMUNS : Herbe aux chats, Herbe aux coupures, Herbe à la femme battue, Guérit-tout, Herbe de Notre-Dame, Herbe de saint Georges.

All. : *Baldrian.* Angl. : *Valerian.*
Esp. : *Valeriana mayor.* It. : *Valeriana silvestre.*

DESCRIPTION

La Valériane est une plante vivace à souche verticale brun fauve, aux racines épaisses. La tige, qui peut atteindre 1 mètre, est cylindrique, striée, dressée, un peu rameuse au sommet. Les feuilles, opposées, sont profondément divisées en sept à vingt et une folioles oblongues, pointues, largement ciselées. Les fleurs, petites, blanc rosé, visibles de mai à août, sont groupées en corymbes à l'extrémité de la tige. Le fruit est ovale, surmonté d'une aigrette plumeuse.

CULTURE ET RÉCOLTE

Très commune en Europe, la Valériane préfère les sols frais et humides, elle ne pousse pas au-dessus de 1 000 mètres d'altitude. Sa multiplication se réalise par semis des graines au printemps, ou par division des touffes à l'automne.

La récolte s'effectue à l'automne, les racines sont lavées, coupées, mises à sécher dans des locaux chauds. Le séchage, qui est assez long, développe une odeur forte et particulière. Pour éviter d'« embaumer » votre maison, conservez-les après séchage dans des récipients hermétiques.

USAGES

Plante calmante bien connue, la Valériane facilite le sommeil, détend, repose : c'est un bon antistress. On l'utilisera chaque fois qu'il sera nécessaire de détendre l'organisme. Elle a un effet bénéfique sur le psychisme et permet de lutter contre la dépression. Elle est anaphrodisiaque. Certains auteurs ont constaté son efficacité contre l'urémie et le diabète.

On la prépare en décoction pendant 3 ou 4 minutes en mettant une cuillerée à café de plante par tasse. Si cela est nécessaire, prenez-en plusieurs tasses par jour, dont une le soir au coucher.

VARECH VÉSICULEUX *Fucus vesiculosus* (Fucacées)

Fucus vient du grec *phucos,* le nom d'une algue.

NOMS COMMUNS : Goémon, Laitue marine, Algue marine, Chêne marin, Algue brune.

All. : *Blasentang.* Angl. : *Bladder Wrack.* Esp. : *Fuco.* It. : *Quercia marina.*

DESCRIPTION

Le Varech vésiculeux est une algue verte fraîche, brune en séchant, au thalle aplati, foliacé, linéaire, qui porte de petites vésicules remplies d'air, incluses dans la partie membraneuse qui sert de flotteur. Certaines branches ont à leur extrémité des genres de poches qui sont les organes reproducteurs. Le thalle est attaché aux rochers par sa base munie de crampons.

CULTURE ET RÉCOLTE

Suffisamment abondant, le Varech vésiculeux n'est pas cultivé. On le trouve en Atlantique, sur la Manche, dans les endroits rocheux. On récolte les algues pendant la période d'été, en les détachant des rochers. Celles qui sont rejetées par la mer seront quand même conservées pour les jardins. On les suspend ou on les étale au soleil jusqu'à séchage complet. Elles deviennent brunes et cassantes.

USAGES

Gorgé d'éléments minéraux de la mer, le Varech vésiculeux est fortifiant, stimulant, équilibrant, c'est l'herbe marine de la forme, la raison de l'immense succès des centres de thalassothérapie.

Agissant contre le goitre par sa richesse en iode, il est un peu laxatif, donne un résultat sur le psoriasis, mais c'est surtout pour son efficacité contre l'obésité que l'on en fait usage, aussi bien à boire, pris en comprimés ou en gélules, qu'en cataplasmes (page 338) ou en bains. Ces cataplasmes ou bains soulagent également les rhumatismes. Seul, le Varech n'est pas des plus agréables, associez-le à d'autres plantes qui complètent son efficacité (page 429).

On le prépare en décoction pendant 2 minutes en mettant une cuillerée à café de thalle coupé par tasse. Prenez-en deux ou trois tasses par jour.

VERGE D'OR *Solidago virga aurea* (Composées)

Solidago vient de *solidum agere*, « consolider » ;
virga aurea de *virga*, « verge », et de *aurea*, « dorée »,
pour la disposition des fleurs et leur couleur.

NOMS COMMUNS : Solidage, Verge dorée, Herbe aux juifs.

All. : *Gemeine Goldrute*. Angl. : *Golden Rod*.
Esp. : *Consuelda sarracenica*. It. : *Verga d'oro*.

DESCRIPTION

La Verge d'or est une plante vivace à rhizome traçant et fibreux. La tige, qui peut atteindre 1 mètre, est dure, raide, simple, dressée, vert clair. Les feuilles, alternes, d'un très beau vert, sont ovales, aiguës, allongées, un peu rudes. Les fleurs, d'un très beau jaune, apparaissent de juillet à octobre, elles sont groupées en capitules rapprochés entre eux, qui constituent une panicule terminale. Le fruit est cylindrique, surmonté d'une aigrette blanche et courte.

CULTURE ET RÉCOLTE

Commune en Europe, la Verge d'or aime les terrains sableux, frais, et peut pousser jusqu'à 2 500 mètres d'altitude. Sa multiplication se réalise par semis des graines ou division des touffes à l'automne ou au printemps.

On récolte les plantes, la moitié de la partie supérieure, juste au début de la floraison, avant l'épanouissement des fleurs. On les réunit en bouquets que l'on suspend jusqu'à séchage complet dans des locaux secs et aérés.

USAGES

Diurétique, la Verge d'or est aussi antiputride, antiseptique, elle est utile contre les colibacilles, les affections de la prostate, l'albuminurie, les calculs, toutes les affections et congestions urinaires.

Drainant légèrement le foie, activant les processus d'élimination, on l'emploie contre la cellulite et pour son efficacité comme anti-allergique.

Astringente, la Verge d'or agit sur les diarrhées et l'entérite.

On la prépare en légère décoction pendant 2 minutes en mettant une cuillerée à soupe de plantes coupées par tasse. Prenez-en deux ou trois tasses par jour.

VERGERETTE DU CANADA *Erigeron canadensis* (Composées)

Erigeron est le nom grec du Séneçon, venant de *er*, « printemps », et *geron*, « vieillard », allusion aux poils blancs sur les sujets jeunes, dès que la fleur est fanée.

NOMS COMMUNS : Conyze du Canada, Érigère du Canada, Fausse Camomille, Herbe aux Français, Vergerolle, Queue de renard.

All. : *Kanadisches Berufskraut.* Angl. : *Canadian Fleabane.* Esp. : *Saeppolo.* It. : *Saepollo.*

DESCRIPTION

La Vergerette du Canada est une plante herbacée à racine pivotante et fibreuse qui peut atteindre 1 mètre. La tige, dressée, velue, porte des feuilles alternes, lancéolées, étroites, velues, plus grandes en bas, qui ressemblent à une pyramide élancée. Les fleurs, petites, sont groupées sur la hauteur, l'ensemble formant avec les feuilles une panicule terminale. Le fruit est une graine sans albumen.

CULTURE ET RÉCOLTE

Originaire du Canada, la Vergerette s'est acclimatée en Europe. On la multiplie par semis des graines au printemps.

La récolte des plantes se pratique au début de la floraison ; réunies en bouquets, on les suspend et on les fait sécher dans des endroits secs et aérés.

USAGES

Astringente, la Vergerette du Canada est utilisée contre les diarrhées, les pertes blanches, les règles trop abondantes, les fibromes, la toux des bronchiteux.

Diurétique, elle est employée avec succès contre la cystite ; anti-inflammatoire, elle soulage goutte, rhumatismes et arthrite. En alternance avec l'Harpagophytum, elle constitue un traitement très efficace.

Préparez-la en décoction pendant 2 minutes en en mettant une cuillerée à soupe par tasse. Prenez-en deux ou trois tasses par jour.

Faites un traitement de 3 semaines en alternant avec Harpagophytum.

VÉRONIQUE *Veronica officinalis* (Scrofulariacées)

Veronica doit son nom à sainte Véronique qui essuya le visage du Christ avec son voile.

NOMS COMMUNS : Véronique mâle, Thé d'Europe, Thé des ladres, Manna.

All. : *Ehrenpreis.* Angl. : *Speedwell.*
Esp. : *Veronica medicinal.* It. : *Veronica medicinale.*

DESCRIPTION

La Véronique est une plante vivace à racine rameuse et velue. Les tiges, de 15 à 30 centimètres, sont cylindriques, raides, rameuses, velues, couchées, elles se redressent au sommet. Les feuilles, opposées, légèrement pétiolées, ovales, sont un peu aiguës et dentées. Les fleurs, bleu pâle ou blanc rosé, munies de bractées, sont disposées en grappes axillaires peu compactes. Le fruit est une capsule glanduleuse, triangulaire.

CULTURE ET RÉCOLTE

Commune en Europe, sur les coteaux boisés, dans le prés, plus rare en région méditerranéenne, la Véronique ne dépasse pas 1 000 mètres d'altitude. Sa multiplication se réalise par semis des graines ou par boutures.

On récolte les plantes au moment de la floraison ; réunies en bouquets, on les suspend dans des locaux aérés jusqu'à séchage complet.

USAGES

Tonique, fortifiante, la Véronique stimule les fonctions digestives, l'estomac, le foie, calme les migraines, joue le rôle d'antitoxigène. Expectorante, elle agit sur les bronches, calme la toux, facilite la respiration des asthmatiques.

Comme la Pensée sauvage, elle est indiquée contre certaines dermatoses : eczéma, prurit, dartres, psoriasis.

On la prépare en légère décoction pendant 2 minutes, en mettant une cuillerée à soupe de plante par tasse. Prenez-en deux ou trois tasses par jour.

VERVEINE ODORANTE *Lippia citriodora* (Verbénacées)

Lippia vient de Lippi, un botaniste du XVIIe siècle, qui lui laissa son nom ; *citriodorata*, « à odeur de citron ».

NOMS COMMUNS : Verveine citronnelle, Citronnelle, Verveine à trois feuilles, Thé arabe, Herbe Louise.

All. : *Citronenkraut.* Angl. : *Lemon Verbena.*
Esp. : *Luisa.* It. : *Luigia.*

DESCRIPTION

La Verveine odorante est un arbrisseau qui peut atteindre 2 mètres. La tige est anguleuse, cannelée et ramifiée. Les feuilles sont opposées, lancéolées, à pétiole très court. Les fleurs, rose violacé, visibles en juillet, août, sont petites, nombreuses, groupées en épis terminaux. Le fruit, petit, renferme deux graines.

CULTURE ET RÉCOLTE

Originaire du Chili, cultivée dans le Midi et en Afrique du Nord, la Verveine odorante aime les sols frais, consistants, perméables, exposés au sud. Sa multiplication se réalise par éclat des pieds à l'automne, ou par marcottage au printemps.

Les feuilles se récoltent à la belle saison, on les sèche à l'ombre dans des endroits secs et aérés.

USAGES

Digestive, antispasmodique, la Verveine odorante est surtout utilisée pour son parfum très agréable ; elle donne une boisson de douceur et de plaisir après le repas.

Faites-en une infusion de 10 minutes en mettant quatre ou cinq feuilles par tasse.

VERVEINE OFFICINALE *Verbena officinalis* (Verbenacées)

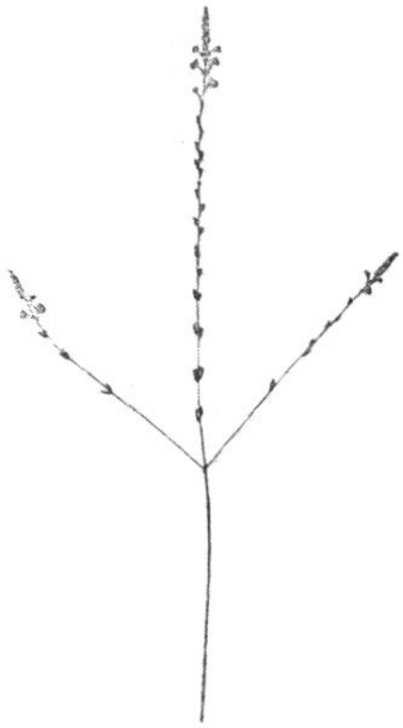

Verbena vient de *herba,* « herbe ».

NOMS COMMUNS : Herbe sacrée, Herbe aux sorciers, Herbe de tous les maux, Herbe aux enchantements, Verveine commune.

All. : *Eisenkraut.* Angl. : *Common Vervain.*
Esp. : *Verbena medicinal.* It. : *Verbena commune.*

DESCRIPTION

La Verveine officinale est une plante vivace à racine fusiforme, jaunâtre, chevelue. La tige, de 30 à 60 centimètres, est raide, dressée, rameuse. Les feuilles, opposées, ovales, oblongues, sont profondément découpées en lobes dentés. Les fleurs, violet pâle, visibles de juin à octobre, sont groupées en épi lâche terminal. Le fruit se compose de quatre akènes qui se séparent à maturité.

CULTURE ET RÉCOLTE

Commune en Europe, ne dépassant pas 1 500 mètres d'altitude, la Verveine officinale se multiplie par semis des graines à l'automne ou au printemps ou par boutures.

La récolte des plantes s'effectue juste avant la floraison. On les réunit en bouquets, que l'on suspend dans des endroits secs et aérés.

USAGES

Inodore, à ne pas confondre avec la Verveine odorante, la Verveine officinale est digestive, elle stimule l'estomac, combat les vertiges et les migraines.

Elle est surtout recommandée pour son importante action contre les rhumatismes, les douleurs, les suites de coups et de chocs, les ecchymoses et les foulures, qu'elle soulage.

On la prépare en décoction pendant 2 minutes en mettant une cuillerée à soupe de plantes coupées par tasse. Prenez-en deux ou trois tasses par jour.

VIGNE ROUGE *Vitis vinifera* (Vitacées)

Vitis vient de *viere,* « lier », en raison des vrilles qui se forment sur la tige ; *vinifera,* car elle donne du vin.

NOMS COMMUNS : Vigne vinifère, Vigne sauvage, Lambrusque.

All. : *Weinrebe.* Angl. : *Vine.*
Esp. : *Lambrusco.* It. : *Vite coltivata.*

DESCRIPTION

La Vigne rouge que nous connaissons bien est un arbrisseau sarmenteux, de grandeur variable. La tige, tortueuse, couverte d'une écorce grisâtre, fibreuse, se divise en rameaux alternes, noueux, flexibles, à écorce lisse, munis de vrilles par lesquelles ils s'accrochent aux corps voisins. Les feuilles, alternes, longuement pétiolées, échancrées à la base, palmées, à cinq lobes aigus et dentés, sont vert foncé dessus, blanchâtres en dessous. Les fleurs, très petites, visibles de mai à juin, sont groupées en grappes, elles donnent ensuite un fruit rouge, blanc ou rosé, suivant le cépage, qui renferme quatre graines.

CULTURE ET RÉCOLTE

La Vigne rouge pousse spontanément dans les régions méditerranéennes. Un ouvrage complet serait nécessaire pour en décrire sa culture et sa récolte. On la multiplie surtout par boutures. Bien que la récolte des feuilles puisse se faire de mai à septembre, on choisira le mois de juin pour les ramasser. On les fait sécher à l'ombre dans des endroits secs et aérés. On choisit les moins tachées, d'un beau rouge après séchage.

USAGES

Astringentes, les feuilles de Vigne rouge sont utilisées contre les diarrhées, les hémorroïdes, les saignements de nez, les varices, les lourdeurs des jambes, pour tonifier tout le système veineux. Elles constituent, seules ou associées, le remède spécifique des troubles de la cellulite et de la ménopause. Elles sont également fortifiantes, et on les utilise en compresses pour soulager les migraines.

La sève, qui s'écoule des rameaux au printemps, appelée « fleurs de la Vigne », s'utilise en collyre contre la conjonctivite et l'inflammation des paupières, en applications sur la peau contre l'eczéma et l'acné.

La cure de raisins, qui consiste à ne manger que des raisins pendant 15 jours, permet un drainage complet, facilite le transit, lutte contre la constipation, l'entérite, la gastrite, les engorgements du foie et de la rate, la goutte, les rhumatismes, l'artériosclérose et l'obésité.

Les feuilles de Vigne rouge se préparent en décoction pendant 2 minutes en mettant une cuillerée à soupe de feuilles coupées par tasse. Prenez-en deux ou trois tasses par jour.

VIOLETTE *Viola odorata* (Violacées)

Viola vient du grec *ion*, une appellation, d'après la légende, en souvenir de Io, amante de Zeus. Après que celle-ci fut changée en génisse, la terre se couvrit de Violettes pour la nourrir ; *odorata*, toute la plante dégage un parfum très doux.

NOMS COMMUNS : Violette de mars, Violette des haies, Fleur de mars, Viole de carême.

All. : *Veilchen*. Angl. : *Viole*.
Esp. : *Violeta de dor*. It. : *Viola*.

DESCRIPTION

La Violette odorante est une plante vivace à rhizome rampant, noueux, rameux, blanchâtre, muni de nombreuses radicelles fibreuses et chevelues. Les feuilles, longuement pétiolées, légèrement crénelées, ont la forme d'un cœur. Les fleurs, violettes ou bleu pourpré, visibles de février à mai, très odorantes, sont solitaires à l'extrémité des pédoncules. Le fruit est une capsule.

CULTURE ET RÉCOLTE

La Violette odorante est présente dans presque toutes les parties du monde, elle pousse jusqu'à 1 000 mètres d'altitude. Sa multiplication s'effectue par semis ou division des pieds au printemps. Les feuilles et les fleurs se récoltent à leur complet épanouissement, elles sont séchées délicatement sur des papiers à l'ombre dans des locaux secs et aérés. Les racines sont arrachées à l'automne.

USAGES

Les racines de Violette, vomitives et expectorantes, sont utiles pour soulager les rhumatismes et combattre les maladies de peau.

Les feuilles, diurétiques et légèrement laxatives, sont employées en compresses ou bains d'yeux contre les irritations oculaires et palpébrales.

Les fleurs, sudorifiques et légèrement laxatives, combattent les indigestions, elles sont indiquées chaque fois qu'il y a un malaise des voies respiratoires : toux, bronchite, irritation de la gorge, encombrement respiratoire.

Les racines et les feuilles se préparent en décoction pendant 5 minutes pour les premières, 2 minutes pour les secondes, à raison d'une cuillerée à café par tasse. Les fleurs, fragiles, ne supportent que l'infusion pendant 5 minutes. Mettez-en une cuillerée à café par tasse. Prenez-en une à trois tasses par jour.

VIPÉRINE *Echium vulgare* (Borraginacées)

Echium vient du grec *echis,* « vipère », le fruit a la forme d'une tête de vipère.

NOMS COMMUNS : Herbe aux vipères, Langue d'oie, Buglosse sauvage.

All. : *Matterkopf.* Angl. : *Viper's Herb.*
Esp. : *Viborera común.* It. : *Buglossa salvatica.*

DESCRIPTION

La Vipérine est une plante annuelle à racine fusiforme, simple, très longue, pivotante et brunâtre. La tige, qui peut atteindre 70 centimètres, est cylindrique, ferme, simple, dressée, hérissée de poils longs presque piquants. Les feuilles, alternes, étroites, lancéolées, vert foncé, sont couvertes, comme la tige, de poils rudes. Les fleurs, bleu violacé, visibles de mai à août, sont disposées en grappes simples ; l'ensemble constitue avec les feuilles unies une grande panicule terminale. Le fruit est arrondi, rugueux, situé dans un calice persistant.

CULTURE ET RÉCOLTE

Très commune en Europe, la Vipérine peut pousser jusqu'à 1 800 mètres d'altitude. Sa multiplication s'effectue par semis des graines à l'automne ou au printemps.

La récolte des sommités fleuries a lieu au moment de la floraison. On les réunit en bouquets que l'on suspend jusqu'à séchage complet à l'ombre dans des locaux secs et aérés.

USAGES

Diurétique, adoucissante, la Vipérine est utile pour soulager les inflammations des voies respiratoires.

On la prépare en décoction pendant 2 minutes en mettant une cuillerée à soupe de plantes coupées par tasse. Prenez-en deux ou trois tasses par jour.

VULNÉRAIRE DES ALPES *Anthyllis vulneraria* (Légumineuses)

Anthyllis vient du grec *anthos,* « fleur », et de *ioulos,* « poilu », le calice de la fleur est velu ; *vulneraria,* de *vulnus,* « blessure », on applique la plante sur les plaies pour les soulager.

NOMS COMMUNS : Anthyllide vulnéraire, Trèfle jaune des sables, Triolet.

All. : *Wundklee.* Angl. : *Lady's Fingers.*
Esp. : *Vulneraria.* It. : *Vulneraria.*

DESCRIPTION

La Vulnéraire des Alpes est une plante annuelle ou bisannuelle ou vivace à racine pivotante et fibreuse. Les tiges, dressées ou couchées, couvertes de poils, peuvent atteindre 80 centimètres. Les feuilles, alternes, sans stipule, sont composées de trois à neuf folioles inégales ; celles de la base, entières, sont disposées en rosette. Les fleurs, de couleurs variées, jaune à jaune orangé, visibles de mai à septembre, sont groupées en capitules à la base desquels se trouvent des petites feuilles disposées en rosette. Le fruit est une gousse ovale contenue dans un calice persistant.

CULTURE ET RÉCOLTE

Commune en Europe, la Vulnéraire des Alpes préfère les terrains calcaires et peut pousser jusqu'à 3 000 mètres d'altitude. Ne craignant pas la sécheresse, on la multiplie par semis des graines au printemps.

La récolte des sommités s'effectue à la belle saison en pleine floraison. On les réunit en bouquets que l'on suspend dans des endroits secs et aérés jusqu'au séchage.

USAGES

On ne peut pas avoir nom plus évocateur : la plante est vulnéraire. On l'applique en compresses sur les plaies, les traces de coups et les contusions diverses pour éviter ou dissiper les hématomes.

On la prépare en légère décoction pendant 2 minutes en mettant une cuillerée à soupe de plantes coupées par tasse. Prenez-en une ou plusieurs tasses dans la journée, tout en appliquant des compresses sur les lésions à traiter.

ZÉDOAIRE *Curcuma zedoaria* (Zingibéracées)

NOM COMMUN : Herbe à l'estomac.

All. : *Zittwerwurzel.* Angl. : *Zedoary.*
Esp. : *Zedoaria.* It. : *Zedoaria.*

DESCRIPTION
La Zédoaire est une plante vivace à rhizome charnu et blanchâtre de 30 à 60 centimètres. Les feuilles sont dressées, lancéolées, alternes, vertes dessus, pourpres en dessous. Les fleurs, qui paraissent avant les feuilles, sont très grandes, blanc mêlé de violet, réunies par quatre ou six. Le fruit est une capsule globuleuse.

CULTURE ET RÉCOLTE
Demandant une serre chaude, on ne trouve la Zédoaire que dans les jardins botaniques. Pour son usage en herboristerie, elle nous vient de l'Inde ou de la Chine.

Les rhizomes sont récoltés à l'entrée de l'hiver ou au printemps ; lavés, coupés, ils sont séchés dans des endroits secs et aérés.

USAGES
La Zédoaire entre dans la composition d'un grand nombre de préparations anciennes : alcool de Floraventi, élixir du Suédois, etc.

Digestive, vermifuge, sudorifique, la Zédoaire est aussi un très bon tonique, régénérant tout l'organisme.

Préparez-la en décoction pendant 5 minutes en en mettant une cuillerée à café par tasse.

Prenez-en deux ou trois tasses par jour.

Recettes

Vertus des plantes

Le langage de l'herboriste attribue des propriétés particulières aux plantes, certaines possèdent plusieurs actions.

ABSORBANTES

Dans l'estomac, elles s'opposent à la formation de gaz, luttent contre l'aérophagie et les ballonnements, ralentissent le transit intestinal, ce sont les plantes astringentes et carminatives.

ACIDULÉES

Leur saveur douce, fraîche, aigrelette, permet de calmer la soif.

Alkékenge, cynorrhodon, karkadé, thym citron.

ADOUCISSANTES

(*voir* **ÉMOLLIENTES**)

AMAIGRISSANTES

Elles font maigrir, mais il est nécessaire de les associer à des plantes diurétiques, cholalogues et favorisant la circulation du sang. On les boit à volonté dans la journée.

Racines de fenouil, laminaires, lierre grimpant, mille-feuille, mousse de Corse, pissenlit, queues de cerises, ulmaire, varech vésiculeux.

AMÈRES OU APÉRITIVES

Elles stimulent l'appétit, tout en facilitant la digestion. Il faut les prendre avant le repas, la plupart d'entre elles se font macérer dans du vin.

Camomille, chardon béni, chicorée, gentiane, germandrée, matricaire.

ANALGÉSIQUES

Elles soulagent les douleurs.

Camomille, harpagophytum, lavande, matricaire, saule.

ANTHELMINTHIQUES

(*voir* **VERMIFUGES**)

ANTI-APHRODISIAQUES

Elles calment les ardeurs sexuelles.

Gattilier, nénuphar, saule blanc.

ANTILAITEUSES

Elles réduisent ou éliminent la sécrétion du lait.

Persil, pervenche.

ANTISEPTIQUES

Elles aident l'organisme à lutter contre les affections, en usage interne ou externe. Il s'agit souvent des plantes aromatiques.

Ail des ours, basilic, busserole, clous de girofle, laurier noble, bourgeons de pin, roquette, thym.

ANTISPASMODIQUES

Elles calment les spasmes et les troubles d'origine nerveuse.

Agripaume, aneth, angélique, anis vert, armoise, aspérule odorante, aubépine, aunée, basilic, calament, camomille, chardon Marie, gaillet, gatillier, houblon, lavande, lotier, marjolaine, matricaire, mélilot, mélisse, menthe coq, mille-feuille, oranger, origan, pâquerette, passiflore, primevère, romarin, sauge, saule, serpolet, tilleul, valériane.

ANTISTRESS

Elles décontractent l'organisme, reposent, détendent, chassent l'angoisse. Il s'agit des plantes antispasmodiques, calmantes, contre l'insomnie, et reminéralisantes.

Angélique, aspérule odorante, aubépine, basilic, calament, gatillier, houblon, lamier blanc, lavande, lotier, marjolaine, mélilot, mélisse, oranger, passiflore, tilleul, valériane.

ANTISUDORIFIQUES

Il s'agit de plantes diminuant la transpiration exagérée.

Écorces de chêne, hysope, sauge.

APÉRITIVES

(*voir* **AMÈRES**)

APHRODISIAQUES

Elles ont une action tonique sur l'appétit sexuel.

Berce, cannelle, capucine, céleri, gingembre, ginseng, roquette, safran, sarriette, vanille, yohimbé.

AROMATIQUES

Toniques, stimulantes, digestives, il s'agit de plantes au parfum pénétrant, riche en huile essentielle.

Absinthe, angélique, anis vert, armoise, badiane, basilic, camomille, carvi, céleri, cerfeuil, citronnelle, coriandre, cumin, estragon, fenouil, genévrier, hysope, laurier-sauce, lavande, marjolaine, mélisse, menthe, origan, persil, romarin, sarriette, sauge, serpolet, thym, verveine.

ASCARICIDES

(*voir* **VERMIFUGES**)

ASTRINGENTES

Elles resserrent les tissus, tendant à diminuer la sécrétion des muqueuses. On les utilise dans les cas de diarrhées, angines, mauvaise circulation du sang, hémorroïdes, elles sont riches en tanins.

Aigremoine, alchémille, arbousier, aulne, benoîte, bistorte, bourse-à-pasteur, busserole, chardon Marie, chêne, cynorrhodon, cyprès, eucalyptus, fraisier, framboisier, gaillet, géranium à Robert, hamamélis, lamier blanc, marron d'Inde, mille-feuille, myrte, myrtille, petit houx, plantain, potentille ansérine, potentille tormentille, ratanhia, renouée, ronce, roquette, salicaire, sanicle, sceau de Salomon, simaruba, sorbier, vigne rouge.

BALSAMIQUES

Elles stimulent les voies respiratoires et digestives, elles sont en principe également aromatiques.

Basilic, camomille, eucalyptus, genévrier, hysope, lavande, myrte, pin, sauge, serpolet, thym.

BÉCHIQUES

Ces plantes calment la toux, facilitent la respiration.

Bouillon blanc, bourrache, capillaire, carragahen, coquelicot, drosera, eucalyptus, genévrier, guimauve, hysope, lavande, lichen d'Islande, lichen pulmonaire, lierre terrestre, marrube blanc, mauve, myrte, pied-de-chat, pin, primevère, pulmonaire de chêne, sauge, serpolet, tussilage, véronique.

CALMANTES

Elles diminuent l'irritabilité, procurent le sommeil, détendent, reposent. Elles sont également béchiques, sédatives, antispasmodiques, céphaliques, antistress.

Aubépine, aspérule odorante, coquelicot, cynoglosse, gatillier, houblon, lamier blanc, lavande, lotier, nénuphar, oranger, paquerette, passiflore, pêcher, primevère, prunellier, tilleul, valériane.

CARMINATIVES

Ces plantes ont l'avantage de favoriser l'expulsion des gaz intestinaux et de calmer l'aérophagie. Elles sont aussi absorbantes.

Acore, aneth, anis vert, badiane, basilic, benoîte, calament, camomille romaine, carvi, coriandre, cumin, fenouil, germandrée, impératoire, laurier noble, marjolaine, mélisse, menthe poivrée, origan, persil, sarriette, véronique.

CÉPHALIQUES

Ce sont des plantes qui soulagent les maux de tête d'origine nerveuse.

Calament, camomille romaine, lavande, matricaire, pâquerette, tilleul, véronique, verveine officinale.

CHOLALOGUES

Elles facilitent l'évacuation de la bile, agissant ainsi sur le foie, le tube digestif, le transit intestinal.

Ache, artichaut, boldo, bourdaine, buis, chicorée, curcuma, gaillet, gentiane, lierre grimpant, lilas, liseron, matricaire, pissenlit, polypode, rhubarbe.

CHOLÉRÉTIQUES

Elles augmentent les sécrétions biliaires et sont souvent cholalogues.

Ache, aigremoine, arnica, artichaut, aspérule odorante, aunée, bardane, ballotte, boldo, bourdaine, buis, centaurée, chardon Marie, chélidoine, chicorée, curcuma, fenouil, fumeterre, gaillet, gentiane, germandrée, lampsane, lierre grimpant, lilas, marrube blanc, mélisse, menthe poivrée, ortie, patience, petit houx, pissenlit, polypode, romarin, saponaire, scolopendre, souci, véronique.

CORDIALES

(*voir* **AROMATIQUES** *et* **STIMULANTES**)

DÉPURATIVES

Ces plantes débarrassent l'organisme des toxines en surcharge qui s'éliminent par la peau, les reins, les intestins.

Bardane, bourrache, bugrane, cardère, centaurée, chélidoine, chicorée, chiendent, cochléaria, cresson, fumeterre, houblon, lampsane, noyer, orme, ortie, passerage, patience, pensée sauvage, pissenlit, salsepareille, scabieuse, souci.

DIAPHORÉTIQUES

(*voir* **SUDORIFIQUES**)

DIGESTIVES

Ces plantes facilitent les sécrétions digestives, soulagent l'estomac.

Acore, aunée, badiane, basilic, berce, calament, cataire, centaurée, cerfeuil, chardon bénit, coriandre, cumin, curcuma, dictame, fenouil, germandrée, gingembre, houblon, hysope, laurier, lierre terrestre, mélilot, mélisse, menthe, ményanthe, noyer, oranger amer, origan, pied-de-chat, raifort, romarin, sarriette, sauge, serpolet, sureau.

DIURÉTIQUES

Elles favorisent l'émission des urines, fonction très vaste.

– Diurétiques augmentant le volume des urines.

Acore, arbousier, bardane, berce, bleuet, bouleau, bourrache, bruyère, capillaire, cardère, cassis, queues de cerises, chélidoine, chicorée, cochléaria, fraisier, framboisier, fumeterre, gaillet, genêt, genévrier, grémil, gui, haricot, lavande, maïs, mille-feuille, olivier, origan, panicaut, persil, piloselle, polygala, primevère, raifort, renouée, romarin, roquette, saponaire, saule, saxifrage, sceau de Salomon, scolopendre, sorbier, sureau.

– Diurétiques éliminant les chlorures dans le cas d'œdèmes.

Ache, arbousier, berce, bouleau, bruyère, bugrane, cassis, queues de cerises, fraisier, framboisier, genévrier, grémil, gui, haricot, persicaire acre, persil, petit-houx, prunellier.

– Diurétiques éliminant l'urée et l'acide urique :

Alkékenge, artichaut, bouleau, bruyère, bugrane, busserole, cassis, chicorée, chiendent, genevrier, gremil, lampsane, mille-feuille, paliure, panicaut, pariétaire, persicaire âcre, persil, petit houx, peuplier, piloselle, sabline.

– Diurétiques facilitant la diurèse, jouant un rôle antiseptique des reins et des voies urinaires, et décongestionnant la prostate.

Alkékenge, bruyère, busserole, chèvrefeuille, épilobe, lamier blanc, lierre terrestre, passerage, gui, sabline.

EMMÉNAGOGUES

Elles provoquent, facilitent, soulagent l'écoulement des règles.

Absinthe, armoise, camomille, cataire, dictame, matricaire, menthe coq, menthe poivrée, ményanthe, mille-feuille, pulmonaire officinale, santoline, séneçon, souci.

ÉMOLLIENTES

Elles relâchent les tissus, calment l'inflammation ; on les utilise à sous forme de boisson ou de cataplasmes.

Bouillon blanc, camomille, coing, consoude, guimauve, lin, mauve, psyllium, son.

EXPECTORANTES

Favorisent l'évacuation des glaires par expectoration.

Bouillon blanc, bruyère, buis, capucine, cochléaria, coquelicot, cresson, drosera, genévrier, guimauve, hysope, laurier, lierre terrestre, marrube blanc, mauve, myrte, peuplier, pulmonaire, scolopendre.

FÉBRIFUGES

Elles combattent les excès de fièvre, elles sont aussi sudorifiques.

Buis, centaurée, chardon béni, eucalyptus, gentiane, lilas, marrube blanc, olivier, sauge.

FORTIFIANTES

Elles redonnent de la force à l'organisme, elles sont aussi amères, astringentes, toniques.

Absinthe, armoise, berce, camomille, chardon béni, chêne, chicorée, gentiane, germandrée, gingembre, ginseng, matricaire, noyer, ortie, potentille toirmentille

GALACTOGÈNES

Elles activent la sécrétion de lait chez les nourrices.

Aneth, anis vert, carvi, cumin, fenouil, galéga.

HÉMOSTATIQUES

Elles sont aussi astringentes, arrêtant les hémorragies.

Bistorte, bourse à pasteur, gui, lamier blanc.

HÉPATIQUES

Elles activent toutes les fonctions du foie.

Ache, arnica, artichaut, bourdaine, buis, casse, centaurée, chardon Marie, chélidoine, chicorée, fenouil, fumeterre, gaillet, germandrée, lierre terrestre, lilas, liseron, marrube blanc, matricaire, menthe poivrée, ortie, pissenlit, polygala, romarin, saponaire.

HYPERTENSIVES

Elles font monter la tension, elles sont toniques et fortifiantes.

Semences d'orties.

HYPOGLYCÉMIANTES

Elles font baisser le taux de sucre dans le sang.

Aigremoine, alchémille, artichaut, avocatier, eucalyptus, fenugrec, galéga, géranium à Robert, haricot, mûrier noir, myrtille, noyer, olivier, ortie, pervenche, renouée, ronce, sauge.

HYPOTENSIVES

Elles font baisser les tensions les plus élevées.

Ail des ours, arbousier, aubépine, bourse-à-pasteur, chardon béni, chélidoine, fumeterre, gui, olivier, orthosiphon, paliure, persil, pervenche, souci.

LAXATIVES

Elles facilitent le transit intestinal sans l'irriter.

Boldo, bourdaine, casse muette, chicorée, chiendent, guimauve, lin, liseron, mauve, pêcher, pissenlit, polypode, prunellier, psyllium, réglisse, rhubarbe, séné, sureau.

PECTORALES

Elles sont béchiques, expectorantes, et soulagent en tout cas les maladies de la poitrine.

Coquelicot, drosera, genévrier, guimauve, hysope, impératoire, mauve, menthe coq, myrte, pêcher, peuplier, pied-de-chat, pin, thym, tussilage, violette.

PURGATIVES

Ce sont les plantes laxatives fortes, évacuant le contenu des intestins.

Bourdaine, casse muette.

RAFRAÎCHISSANTES

Elles sont acidulées, diurétiques, adoucissantes, très légèrement laxatives, et calment la soif.

Chicorée, chiendent, queues de cerises, réglisse.

REMINÉRALISANTES

Tout en reminéralisant, elles équilibrent l'état général.

Germandrée, prêle.

RÉVULSIVES

Elles sont destinées à décongestionner un organe interne. Rubéfiantes, vésicantes, elles provoquent une rougeur, voire une irritation plus ou moins importante de la peau.

Ail, piments, poivre, moutarde.

SOMNIFÈRES

(*voir* **CALMANTES**)

STERNUTATOIRES

Les plantes sont réduites en poudre et prisées, provoquant l'éternuement ; elles facilitent la sécrétion des sinus.

Basilic, marjolaine.

STIMULANTES

Excitantes, elles augmentent la vitalité de l'organisme.

Absinthe, armoise, berce, camomille, cerfeuil, chardon béni, chêne, dictame, érysimum, eucalyptus, fenugrec, fumeterre, gentiane, géranium, germandrée, gingembre, houblon, impératoire, laurier, lichen d'Islande, marron d'Inde, matricaire, menthe, ményanthe, noyer, ortie, patience, pervenche, pissenlit, polygala, potentille tormentille, raifort, rhubarbe, safran, salicaire, santoline, serpolet.

STOMACHIQUES

(*voir* **DIGESTIVES**)

SUDORIFIQUES

Elles provoquent et favorisent l'évacuation de la sueur.

Absinthe, buis, cardère, chevrefeuille, impératoire, lavande, origan, saponaire, scabieuse, souci, sureau noir.

TÆNIFUGES

Elles éliminent le tænia en particulier.

Graines de courge, fougère mâle, grenadier.

TONIQUES

(*voir* **STIMULANTES**)

VASOCONSTRICTRICES

Elles tonifient le tissus veineux pour permettre une meilleure circulation.

Cyprès, marron, noisetier, petit houx.

VERMIFUGES

Elles facilitent l'évacuation des vers de l'intestin.

Absinthe marine, ballote, centaurée, eucalyptus, grenadier, hysope, mousse de Corse, santoline, séneçon, tanaisie.

VULNÉRAIRES

Elles provoquent une réaction tonifiante sur la peau.

Recettes d'hier, remèdes d'aujourd'hui

Le règne végétal a fourni depuis des siècles d'innombrables recettes ; modifiées, adaptées aux disponibilités actuelles, elles sont les remèdes d'aujourd'hui.

ALCOOLATS – ALCOOLATURES

On leur donnait autrefois les noms d'« esprits », de « gouttes », « baumes », « quintes », « essences », « élixirs », qu'ils ont partagés, longtemps, avec les teintures.

On les obtient par macération et distillation d'une ou de plusieurs plantes fraîches ou sèches dans l'alcool. Ce procédé permet d'entraîner dans l'alcool, les huiles volatiles de la plante.

Les alcoolatures sont obtenues avec des plantes fraîches uniquement.

À l'aide d'un alambic, on prépare ainsi les alcoolats d'*absinthe,* de *basilic,* de *menthe,* de *romarin,* etc., ainsi que quelques compositions plus connues.

ALCOOLAT DE GARRUS

Inventé par Garrus, célèbre charlatan du Pont-Neuf, quelque peu modifié, il constitue une liqueur de table des plus agréables pour faciliter la digestion après un bon repas.

Aloès sucin	1 g
Stigmates de safran	1 g
Larmes de myrrhe	0,5 g
Cannelle de Ceylan	4 g
Clous de girofle	1 g
Vanille	1 gousse
Noix de muscade	3 g
Alcool à 80°	1 l
Eau distillée de fleurs d'oranger	500 ml
Sucre	1 kg

Placez les plantes dans l'alcool, laissez en macération 4 jours. Filtrez, ajoutez l'eau de fleurs d'oranger et le sucre, agitez jusqu'à dissolution.

ALCOOL AROMATIQUE DE SYLVIUS

Prendre une cuillerée à soupe dans un verre d'eau après les repas, pour faciliter la digestion, lutter contre les nausées, l'aérophagie, les coliques venteuses ; de plus il constitue une boisson de plaisir.

Feuilles de basilic	25 g
Feuilles de marjolaine	25 g
Feuilles de romarin	25 g
Semences d'angélique	8 g
Anis vert	8 g
Feuilles de livèche	8 g
Noix de muscade	6 g
Écorces de cannelle	6 g
Racines d'angélique	6 g
Racines de galanga	6 g
Racines de gingembre	6 g
Clous de girofle	3 g
Écorce d'orange amère	3 g
Eau-de-vie de fruit ou rhum	1,5 l

Laissez macérer les plantes dans l'eau-de-vie ou le rhum pendant 15 jours en agitant de temps en temps. Filtrez. Ajoutez 200 g de sucre si vous voulez adoucir la préparation.

ALCOOLAT DE MÉLISSE COMPOSÉ

Formule simplifiée de l'eau de mélisse des carmes de la rue de Vaugirard à Paris. Mise en vente dès 1611, elle est considérée comme une panacée. Elle remet en forme les déprimés, les stressés, les fatigués, facilite les digestions les plus troublées.

Sommités fleuries de mélisse fraîche	900 g
Zeste de citron	150 g
Écorces de cannelle de Ceylan	80 g
Clous de girofle	80 g
Noix de muscade	80 g
Semences de coriandre	40 g
Racines d'angélique	40 g
Alcool à 80°	3 l

Faites macérer les plantes dans l'alcool pendant 4 jours, distillez au bain-marie. Une simple macération peut être faite en mettant 200 g de *mélisse* sèche et en utilisant de l'eau-de-vie ou du rhum à la place de l'alcool.

ALCOOLAT DE TÉRÉBENTHINE COMPOSÉ

Plus connu sous l'appellation de « baume de Fioraventi » en l'honneur de son créateur, un médecin italien du XVIe siècle ; utilisé autrefois contre les coliques néphrétiques à raison d'une cinquantaine de gouttes plusieurs fois par jour ; aujourd'hui, on l'utilise surtout en friction pour soulager les douleurs rhumatismales.

Térébenthine	500 g
Résine élémi	100 g
Styrax liquide	100 g
Galbanum	100 g
Larmes de myrrhe	100 g
Baies de laurier	100 g

Aloès	50 g
Racines de galanga	50 g
Racines de de zédoaire	50 g
Racines de gingembre	50 g
Cannelle de Ceylan	50 g
Clous de girofle	50 g
Noix de muscade	50 g
Feuilles de dictame de Crête	50 g
Alcool à 80°	3 l

Réduisez les plantes en poudre, ajoutez-les à l'alcool, laissez macérer pendant 4 jours. Ajoutez les résines, l'aloès, le styrax, laissez encore macérer 2 jours et distillez.

ALCOOL VULNÉRAIRE

Nommé « eau d'arquebusade » ou « esprit traumatique », à l'intérieur ou à l'extérieur, c'est un excitant, un stimulant, utile contre les coups, les chutes, les contusions.

Feuilles fraîches d'absinthe	10 g
Feuilles fraîches d'angélique	10 g
Feuilles fraîches de basilic	10 g
Feuilles fraîches de calament	10 g
Feuilles fraîches de fenouil	10 g
Feuilles fraîches d'hysope	10 g
Feuilles fraîches de lavande	10 g
Feuilles fraîches de marjolaine	10 g
Feuilles fraîches de mélisse	10 g
Feuilles fraîches de menthe poivrée	10 g
Feuilles fraîches de mille-pertuis	10 g
Feuilles fraîches d'origan	10 g
Feuilles fraîches de romarin	10 g
Feuilles fraîches de sarriette	10 g
Feuilles fraîches de sauge	10 g
Feuilles fraîches de serpolet	10 g
Feuilles fraîches de thym	10 g
Alcool à 60°	450 g

Au cas où vous ne trouveriez pas de plantes fraîches, 3 g de plantes séchées remplacent 10 g de fraîches.

Laissez macérer les plantes dans l'alcool pendant 6 jours, distillez ensuite.

La distillation est le vrai mode de préparation ancien, mais une simple macération dans l'eau-de-vie ou du rhum permet de faire une excellente préparation.

BAINS

Très banales dans notre société de confort, les eaux minérales que nous buvons de nos jours étaient utilisées autrefois uniquement en bains et considérées comme sacrées. Le succès des centres thermaux, de diverses sources ou de la mer n'est plus à faire tellement ils apportent de bien-être.

Les bains de pieds et de mains ont l'avantage de stimuler la circulation du sang vers les extrémités, le détournant ainsi d'autres régions où il provoque des troubles (congestion cérébrale, rhume, bronchite, jambes lourdes, retard des règles). Le bain de siège froid quelques secondes provoque une réaction tonique de la circulation vers les organes d'élimination, revitalisant ainsi l'état général et les organes génitaux.

BAIN AMINCISSANT

Il active les échanges, augmente l'élimination, la transpiration, et a une action bénéfique sur la circulation du sang. On le prend assez chaud pendant 15 minutes environ, tous les 2 jours et le soir de préférence.

Algues marines, varech ou laminaire	200 g
Sel marin	200 g
Essence de citron	20 gouttes
Essence de cyprès	20 gouttes
Bois de genévrier	20 gouttes

Versez les essences sur le sel marin et les algues.

Introduire le tout dans un sachet de mousseline ou un linge fin. Déposez ce sachet dans le fond de la baignoire avec un peu d'eau très chaude. Laissez infuser pendant 15 minutes et faites couler le bain. Utilisez également ce sachet pour masser les parties du corps les plus enveloppées ou cellulitiques.

BAIN CIRCULATION

En bains de pieds, de mains, ou complets, ces plantes activent la circulation du sang, agissant en synergie pour le bien-être de votre corps.

Feuilles de vigne rouge	70 g
Feuilles de romarin	30 g
Feuilles de sauge	20 g

Mettez les plantes dans un sachet de mousseline, une gaze ou un linge fin. Déposez le sachet dans le fond de la baignoire avec un peu d'eau très chaude pendant 15 minutes, faites couler le bain ensuite.

BAIN DOUCEUR

Un bain très doux pour les peaux sensibles, délicates, fragiles, facilement irritables.

Fleurs de foin	100 g
Son de froment	100 g
Graines de lin	50 g
Fleurs de souci	30 g

Réunissez les plantes dans un sachet de mousseline ou un linge fin. Déposez le sachet dans le bain.

BAIN POUR BÉBÉ

Pour calmer bébé, le détendre, lui procurer un bon sommeil. À faire, selon le cas, dans la journée ou le soir.

Fleurs de foin	50 g
Fleurs de lavande	50 g
Fleurs de tilleul	50 g

BAINS HUILEUX

Ils adoucissent l'eau par les huiles hydrosolubles qui les composent, permettant une bonne dispersion des huiles essentielles dans l'eau du bain ; la finesse de leur composition les fait utiliser en massage.

HYDROSOLUBLE AU CITRON

Stimulant énergique de la circulation du sang, il décongestionne et soulage les jambes lourdes, les chevilles enflées.

Dans l'eau du bain ou en massage, en insistant sur les avant-bras, les jambes, les pieds.

L'idéal : faites le massage avant de vous glisser dans le bain.

Essence de citron	50 gouttes
Essence de cyprès	50 gouttes
Essence de romarin	50 gouttes
Huile de sésame	3 cuillerées à soupe

Mélangez les essences à l'huile de sésame, versez dans l'eau du bain.

HYDROSOLUBLE À LA LAVANDE ET À LA MARJOLAINE

Pour calmer, détendre, reposer. En bain chaud et prolongé, versez deux ou trois cuillerées à soupe de la préparation dans une baignoire normale. En massage, sur tout le corps ou plus particulièrement sur le plexus, la colonne vertébrale.

L'idéal : faites un bon massage avant de vous glisser dans le bain.

Essence de fleurs d'oranger	50 gouttes
Essence de marjolaine	50 gouttes
Essence de lavande	50 gouttes
Huile de sésame	3 cuillerées à soupe

Mélangez les essences à l'huile, versez le tout dans le bain chaud.

HYDROSOLUBLE AU ROMARIN ET À LA SARRIETTE

Stimulant, revigorant, un bain de réveil qui soulage les douleurs rhumatismales, articulaires ou musculaires.

C'est le bain de confort des personnes actives ou sportives.

En massage sur tout le corps en insistant sur les parties douloureuses.

L'idéal : faites un bon massage avant de vous glisser dans le bain.

Baies de genévrier	50 gouttes
Essence de sarriette	50 gouttes
Essence de romarin	50 gouttes
Essence de citron	30 gouttes
Huile de sésame	3 cuillerées à soupe

Mélangez les essences à l'huile, versez dans le bain.

BAINS DE VAPEUR

Le plus commun des bains de vapeur est le sauna, mais on en fait localement sur le visage pour éliminer en profondeur grâce à la la transpiration.

Ils sont faits avec diverses plantes en fonction des besoins.

BAIN DE VAPEUR TONIQUE

Pour toutes les peaux, il décongestionne et assainit la peau en profondeur.

Feuilles de basilic	20 g
Fleurs de bruyère	20 g
Feuilles de cerfeuil	20 g
Fleurs de mauve	20 g
Feuilles de menthe	20 g
Pétales de roses	20 g
Feuilles de thym	20 g
Feuilles de verveine	20 g

Mettez deux cuillerées à soupe dans un récipient d'eau bouillante, avancez votre visage sur les vapeurs qui montent.

BAUMES

À l'origine, le nom de « baume » était donné à des compositions d'onguent aux vertus souveraines, ou à des substances naturelles odorantes, baume du Pérou, baume du tolu.

Avant leur industrialisation, de nombreuses formules de baumes étaient fabriquées et utilisées dans l'arrière-pharmacie. La plupart du temps, ils portaient le nom de leur créateur : Lecouture, Nerval, Opodedoch, Hofmann, ou des noms de fantaisie, Père tranquille, etc. Pour beaucoup d'entre eux, leur réalisation de nos jours est difficile, la plupart des ingrédients étant difficiles à trouver ou très délicats à manipuler, ambre, blanc de baleine, sang dragon, stramoine, jusquiame, opium, etc.

BAUME ANTIMIGRAINES ET DE DÉTENTE

Utilisez ce baume pour soulager les migraines, sur le plexus pour calmer, détendre, chasser les angoisses.

Essence de marjolaine	100 gouttes
Essence de camomille	40 gouttes
Essence de fleurs d'oranger	40 gouttes
Essence de menthe	40 gouttes
Camphre	10 g
Cire d'abeille	100 g

Faites fondre la cire au bain-marie, ajoutez les essences. Retirez du feu et agitez jusqu'à refroidissement. Faites dissoudre la cire d'abeille au bain- marie, ajoutez les essences, retirez du feu, agitez jusqu'à refroidissement.

BAUME ANTIBRONCHITEUX

Utilisez en massage de la poitrine pour soulager les affections des bronches : grippes, toux.

Pour dégager les sinus, faites un léger massage sur les ailes du nez le soir au coucher.

Essence d'eucalyptus	100 gouttes
Essence de camomille	40 gouttes
Essence de genièvre	40 gouttes
Essence de lavande	40 gouttes
Essence de niaouli	40 gouttes
Essence de cajeput	20 gouttes
Essence de menthe	20 gouttes
Graisse de palme	100 g

Faites fondre très doucement la graisse de palme au bain-marie, ajoutez les essences. Agitez jusqu'à refroidissement.

BAUME À LA CENTELLA ASIATICA

Utile pour stimuler la circulation du sang, raffermir la peau, éliminer la cellulite et faciliter l'amincissement.

Faites des massages légers, mais réguliers.

Feuilles de centella asiatica	15 g
Feuilles de lierre grimpant	15 g
Algues marines, varech vésiculeux	15 g
Baies de genévrier	10 g
Fleurs de lavande	5 g
Noix de cyprès concassées	5 g
Sommités d'origan	5 g
Essence de camomille	50 gouttes
Essence de cyprès	50 gouttes
Cire d'abeille	30 g
Eau-de-vie ou rhum	350 ml
Graisse de palme	300 g

Réduisez les plantes en poudre, que vous mélangez à l'alcool. Laissez en contact une dizaine de jours, en agitant de temps en temps. Filtrez.

Faites fondre la graisse de palme et la cire d'abeille au bain-marie, ajoutez la solution de plantes et les essences. Mélangez hors du feu jusqu'à refroidissement.

BAUME ANTI-ECZÉMA

Faites une application de ce baume contre l'eczéma, le psoriasis, les dartres, plusieurs fois par jour si c'est nécessaire.

Écorces de bouleau	5 g
Feuilles de bouleau	5 g
Fleurs de lavande	5 g
Feuilles de noyer	5 g
Écorces d'orme	5 g
Racines de patience	5 g
Cire d'abeille	30 g
Huile d'amande douce	200 ml
Eau distillée	100 ml

Réduisez les plantes en poudre, ajoutez l'eau, faites bouillir à feu doux 5 minutes, laissez reposer 1 heure. Filtrez.

Faites dissoudre la cire dans l'huile au bain-marie, ajoutez la solution de plantes, continuez la cuisson jusqu'à évaporation de l'eau. Vous constaterez que cette eau sera évaporée quand le liquide sera limpide.

BAUME ANTI-ENGELURES

En application régulière ce baume soulage et fait disparaître les engelures, il peut être un excellent baume protecteur pour les lèvres.

Feuilles de noyer	20 g
Fruits de marronnier d'Inde	20 g
Écorces d'orme	10 g
Eau distillée	100 ml
Senteur d'opoponax	20 gouttes
Graisse de palme	200 g
Cire d'abeille	20 g

Réduisez les plantes en poudre, versez-les dans l'eau froide, portez 3 minutes à ébullition. Filtrez.

Ajoutez cette solution à la graisse de palme dans laquelle la cire a été fondue. Faites cuire à feu doux jusqu'à évaporation de l'eau.

BAUME ANTI-HÉMORROÏDES

Pour soulager les hémorroïdes, mais également les varices, faites une application plusieurs fois par jour.

Feuilles de noyer	10 g
Fruits de marronnier d'Inde	10 g
Sommités de mille-feuille	10 g
Racines de bistorte	10 g
Racines de petit houx	10 g
Essence de camomille	20 gouttes
Essence de lavande	20 gouttes
Essence de myrte	20 gouttes
Eau-de-vie ou rhum	150 ml
Huile de coco	250 ml
Cire d'abeille	20 g

Réduisez les plantes en poudre, que vous laissez macérer dans l'eau-de-vie ou le rhum pendant 8 jours. Filtrez.

Faites fondre l'huile de coco, la cire d'abeille, ajoutez la solution obtenue ainsi que les essences, faites cuire au bain-marie 30 minutes.

BAUME SOUVERAIN

Pour tonifier les muscles des sportifs, soulager les douleurs rhumastimales, redonner de l'énergie aux membres fatigués.

Essence de camomille	40 gouttes
Essence d'eucalyptus	40 gouttes
Essence de genièvre	40 gouttes
Essence de laurier	40 gouttes
Essence de lavande	40 gouttes
Essence de romarin	40 gouttes
Essence de sarriette	40 gouttes
Essence de térébenthine	40 gouttes
Essence de thym	40 gouttes
Graisse de palme	200 g

Faites fondre très doucement la graisse de palme au bain-marie, ajoutez les essences. Videz le tout dans un récipient, agitez jusqu'à refroidissement.

BAUME DU COMMANDEUR

Il porte plusieurs noms : « baume du chevalier », « baume de saint Victor », « baume catholique », « baume vulnéraire », « baume anglais », « baume persique », « élixir traumatique », « teinture balsamique ». Très populaire, on l'employait comme tonique, cordial, en friction pour soulager les rhumatismes, en compresse ou simple application pour cicatriser les plaies et les ulcères variqueux.

Racines d'angélique	10 g
Sommités de mille-pertuis	20 g
Alcool à 80°	720 ml

Faites macérer les plantes dans l'alcool pendant 8 jours en agitant de temps en temps, filtrez et ajoutez :

Baume de tolu	60 g
Larmes de benjoin du Siam	60 g
Larmes de myrrhe	10 g
Encens d'oliban	10 g
Résine d'aloès	10 g

Faites macérer pendant 8 jours, filtrez.

BIÈRES

Elles sont le résultat de l'action dissolvante des principes actifs sur les plantes.

Un grand nombre de compositions étaient faites autrefois par simple macération de bière avec les plantes ou de plantes ajoutées pendant la fermentation de celle-ci.

La bière a un fort pouvoir diurétique et active la lactation des nourrices.

BIÈRE AU GINGEMBRE

Tonique, aphrodisiaque, elle redonne de la vigueur aux organismes les plus abattus.

Racines de gingembre	30 g
Semences de céleri	10 g
Feuilles de berce	10 g
Feuilles de roquette	10 g
Bière légère	1 l

Faites macérer les plantes dans la bière pendant 5 jours, filtrez. Prenez plusieurs verres par jour.

BOUILLONS AUX HERBES

Les bouillons faisaient partie de l'arsenal médical d'autrefois avec des principes bien établis : durée de cuisson de 2 heures à température légèrement inférieure à 100 °C, ajout des aromates à la fin. Nous vous livrons celui-ci, que l'on appelait « tisane d'oseille composée », pour rafraîchir et soulager les organes de la digestion.

Herbe fraîche d'oseille	40 g
Herbe fraîche de laitue	20 g
Herbe fraîche de cerfeuil	10 g
Herbe fraîche de poireau	10 g
Eau	1,5 l

Faites cuire pendant 2 heures, ajoutez une pincée de sel et un peu de beurre frais.

CAPSULES

Masses sphériques ovales, elles sont remplies de substances huileuses, de macération ou d'autres extraits de plantes, dont elles facilitent l'absorption. *Macérat huileux de carotte,* par exemple, *extrait de petit houx, de gui,* etc., le commerce en offre un vaste choix.

CATAPLASMES

Composés de poudres, de farines délayées dans l'eau, de décoction, d'infusion, de macération, dans de l'eau, du vin ou du lait, ils sont appliqués sur quelques parties du corps. On nommait autrefois épicapes les cataplasmes pour les poignets et suppédanes ceux destinés à la plante des pieds. On les applique chauds ou tièdes, rarement froids.

Les sinapismes avec la *farine de lin* ou de *moutarde,* les cataplasmes d'argile en sont les plus connus.

CATAPLASME ANTICÉLLULITE

Un cataplasme pour contribuer à l'élimination des plaques de cellulite.

Poudre de varech vésiculeux	100 g
Poudre de fenugrec	50 g
Poudre de lierre grimpant	50 g
Poudre de vigne rouge	50 g

Mélangez les poudres dans une casserole, recouvrez d'eau, faites cuire doucement quelques minutes. Étalez la pâte sur un linge fin, appliquez le cataplasme sur la partie à traiter.

CÉRATS

Les cérats sont des compositions de consistance plus ou moins molle, dont les principaux éléments sont les cires, auxquelles on ajoute des huiles, des essences, des extraits. On les applique sur la peau, comme les crèmes.

CÉRAT À LA ROSE

On l'appelle également « cérat *cold cream* » ; il est destiné à adoucir et assouplir la peau. On l'applique sur le visage ou le corps.

Huile d'amande douce	100 ml
Eau de roses	30 ml
Cire blanche	20 g
Teinture de benjoin	2 g
Essence de roses	5 gouttes

Faite fondre la cire dans l'huile au bain-marie. Retirez du feu, ajoutez l'eau et l'essence de rose, la teinture de benjoin en agitant jusqu'à refroidissement.

CÉRAT AU MILLE-PERTUIS

Utilisé pour soulager les brûlures, les coups de soleil, faciliter la cicatrisation des plaies.

Huile de mille-pertuis	100 ml
Cire blanche	50 g
Essence de géranium	30 gouttes
Essence de lavande	30 gouttes

Faites fondre la cire dans l'huile au bain-marie. Retirez du feu, ajoutez les essences en agitant jusqu'à refroidissement.

CIGARETTES

(*voir* **TABAC**)

COMPRIMÉS

Ils sont obtenus par compression de poudre de plantes séchées, avec du sucre, du lactose, de l'amidon, de la gomme pour en faciliter leur tenue. Enrobés de sucre, on les nomme « dragées ».

Ils constituent une présentation peu encombrante, bien dosée et de bonne conservation. Comme les gélules, ils facilitent la prise de plantes dans la journée, en voyage, ou en complément de la prise de tisanes et autres médications.

CONSERVES

Électuaires, saccharolés mous, condits, confits, confitures, purées, il s'agit de plantes ou de fruits frais séchés, en poudre ou en décoction concentrée.

CONSERVE DE ROSES ROUGES

Utile pour soulager les diarrhées, en gargarisme contre les maux de gorge, ou pour parfumer certains plats orientaux.

Boutons de roses rouges	50 g
Eau distillée	50 g
Sucre de canne cristallisé	70 g
Glycérine	10 g

Réduisez les boutons de roses rouges en poudre, ajoutez l'eau, laissez en contact 2 heures. Ajoutez le sucre et la glycérine, agitez.

CONSERVE DE CYNORRHODON

On la consomme pour sa richesse en vitamine C et contre les selles trop liquides, les coliques, les diarrhées.

Pulpe de cynorrhodon	200 g
Sucre de canne cristallisé	300 g

Récoltez les *cynorrhodons* après les premières gelées du matin. Pressez-les pour en récolter la pulpe, mêlez au sucre, faites cuire au bain-marie quelques minutes. Préparez de la même façon la conserve de *pruneaux*.

CONFIT D'ANGÉLIQUE

Jetez les tiges d'angélique fraîches dans l'eau bouillante jusqu'à leur attendrissement. Pelez les tiges, recouvrez-les d'un sirop pendant 24 heures. Filtrez ce sirop, faites-le cuire à feu doux, reversez-le sur les tiges en renouvelant l'opération plusieurs fois. Saupoudrez-les de sucre, faites cuire à feu doux une bonne heure, thermostat 2 à 3.

CRÈMES

Pommades molles, de beauté, de santé, de confort, elles servent à transporter des extraits des essences ou des huiles végétales sur la peau.

CRÈME À L'ALCHÉMILLE

Appliquez cette crème une ou deux fois par jour pour soulager les démangeaisons diverses et plus particulièrement le prurit vulvaire ou anal.

Plante d'alchémille	10 g
Eau-de-vie ou rhum	20 g
Eau distillée de roses	20 g
Graisse de palme	80 g

Laissez macérer pendant 8 jours l'alchémille dans l'eau-de-vie ou le rhum. Filtrez. Faites fondre la graisse de palme, ajoutez la solution d'alchémille et l'eau distillée de roses. Agitez jusqu'à refroidissement.

EAUX DISTILLÉES

Elles sont également nommées « hydrolats » ; les plantes sont mises à macérer dans l'eau un certain temps et distillées ensuite. L'eau est chargée par cette distillation des principes volatils de la plante. On trouve couramment certaines d'entre elles.

EAU DISTILLÉE DE BLEUET : soulage, adoucit et tonifie la fonction de l'œil, des paupières.

EAU DISTILLÉE DE CAMOMILLE : pour les yeux, mais aussi tonique très doux pour le visage.

EAU DISTILLÉE D'HAMAMÉLIS : tonique de l'œil, mais aussi du visage ; décongestionne, lutte contre la couperose.

EAU DISTILLÉE D'ORANGER : en lotion, adoucit le visage, mais aussi calme, détend, repose, combat les coliques de bébé.

EAU DISTILLÉE DE MYRTE OU EAU D'ANGE : en lotion pour adoucir les peaux les plus sensibles.

EAU DISTILLÉE DE ROSES : la plus courante, elle tonifie la peau tout en dispersant ses effluves.

EAUX DE COLOGNE

On les appelle « teintures » ou « alcoolat de citron composé », « eaux de bouquet ». Une multitude de compositions peuvent être réalisées, en fonction de la personnalité de chacun.

Essence de bergamote	10 g
Essence de citron	10 g
Essence de zeste d'orange	10 g
Essence de romarin	2 g
Essence de fleurs d'oranger	2 g
Alcool à 80°	1 l

Mélangez les essences à l'alcool, filtrez.

EAU DE FRAÎCHEUR

Une eau de friction des plus raffraîchissantes.

Feuilles de verveine	30 g
Feuilles de romarin	20 g
Essence de bergamote	10 g
Essence de cédrat	10 g
Essence de citron	10 g
Essence de fleurs d'oranger	5 g
Essence de lavande	5 g
Essence de cannelle de Ceylan	2 g
Alcool à 80°	1 l

Mélangez dans un grand récipient les plantes, les essences, l'alcool ; laissez macérer pendant 10 jours ; filtrez.

EAU DE LAVANDE

Une eau de toilette, d'hygiène, de friction antidouleur ; en tout cas, la senteur suave des coteaux de Provence.

Huile essentielle de lavande	20 g
Huile essentielle de bergamote	15 g
Huile essentielle de romarin	3 g
Senteur d'ambre	1 g
Senteur de musc	1 g
Senteur de roses	1 g
Huile essentielle de clous de girofle	0,5 g
Miel d'acacia	30 g
Eau distillée de roses	100 ml
Alcool à 90°	500 ml

Mélangez le tout, laissez en contact une quinzaine de jours, filtrez.

EAU DE LA REINE DE HONGRIE

Elle avait, paraît-il, guéri la reine de Hongrie de toutes ses infirmités, lui redonnant sa beauté juvénile, à tel point qu'elle fut demandée en mariage à l'âge de 80 ans. La véritable formule n'a pas été retenue, si ce n'est qu'elle était composée principalement de *romarin*.

Feuilles de romarin	30 g
Fleurs de lavande	30 g
Feuilles de menthe	10 g
Citron	1 zeste
Écorces de cannelle	1 bâton entier
Vanille	2 gousses
Alcool à 80°	1 l

Versez les plantes dans l'alcool, laissez macérer 10 jours en agitant de temps en temps, filtrez.

EAU DE PRINTEMPS

Les effluves du lilas et du chèvrefeuille, la douceur de l'iris et de la jacinthe, un brin d'épices, le sourire du printemps.

Feuilles de basilic	20 g
Feuilles d'estragon	20 g
Senteur de chèvrefeuille	20 g
Senteur de jacinthe	20 g
Senteur de lilas	20 g
Senteur d'iris	15 g
Senteur d'orange	10 g
Alcool à 80°	1 l

Faites macérer les plantes et les essences dans l'alcool pendant 15 jours. Filtrez.

EAU D'ORIENT

Les senteurs de l'Orient et leur charme mystérieux.

Benjoin du Siam	20 g
Bois de santal citrin	20 g
Larmes de myrrhe	20 g
Senteur d'ambre	20 g
Senteur de musc	20 g
Écorces de cannelle	10 g
Senteur de jasmin	10 g
Senteur d'opoponax	10 g
Semences de cardamome	5 g
Alcool à 80°	1 l

Mélangez les plantes et les senteurs, l'alcool, laissez macérer pendant 15 jours, filtrez.

ÉLECTUAIRES

Composé de poudre dans un sirop, dans du miel, ou dans une résine liquide, ils constituaient pour les anciens le summum de l'art dans la présentation des plantes plus ou moins désagréables à absorber. Ils sont oubliés de nos jours à part l'électuaire thériacal.

ÉLECTUAIRE THÉRIACAL OU THÉRIAQUE DE VENISE

Remise au goût du jour par Maria Treben, herboriste autrichienne, pour la composition de l'élixir du Suédois, la thériaque de Venise était préparée autrefois en grande pompe dans cette même belle ville qui en eut le monopole durant de nombreuses années.

En voici la formule précise. Un astérisque signale les plantes ne se trouvant plus dans le commerce, ou toxiques. La composition simplifiée, sans celles-ci, constitue une bonne formule de thériaque.

Racines d'acore	30 g
Racines de gingembre	60 g
Racines d'iris	60 g
Racines de quintefeuilles	30 g
Racines de rhapontic	30 g
Racines de valériane	30 g
**Racines de meum*	20 g
Racines de gentiane	20 g
Racines d'aristoloche	10 g
**Racines de cabaret*	10 g
Bois d'aloès	10 g
**Schœnanthe*	30 g
Écorces de cannelle	100 g
Écorces de citron	60 g
**Scille sèche*	60 g
Sommités de scordium	60 g
Sommités de marrube	30 g
Sommités de calament	30 g
**Sommités de chamoepitys*	20 g
Sommités de pouliot	30 g
Dictame de Crète	30 g
Feuilles de laurier	30 g
Petite centaurée	10 g
Sommités de mille-pertuis	20 g
**Stœchas arabe*	30 g
Roses rouges	60 g
Stigmates de safran	40 g
**Semences d'ammi*	20 g
Semences d'anis vert	20 g
Semences de fenouil	20 g
**Semences de daucus de Crète*	20 g
**Semences de seseli*	20 g
Semences de persil	20 g
Semences de cardamome	80 g
Poivre noir	60 g
Poivre long	120 g
**Semences d'ers*	200 g
**Semences de navet*	60 g
Agaric blanc	60 g
**Castoréum*	10 g
**Opium de Smyrne*	120 g
Suc de réglisse	60 g
**Suc de cachou*	40 g
Gomme arabique	20 g
Mie de pain desséchée	60 g
**Galbanum*	30 g
Larmes de myrrhe	10 g
Larmes d'oliban	30 g
Larmes de benjoin	20 g
**Opoponax*	10 g
**Bitume de Judée*	10 g
**Terre sigillée*	20 g
**Sulfate de fer*	20 g
Térébenthine	50 g
Miel blanc	3,5 l
Vin de grenache	250 ml

Pour obtenir la thériaque de Venise, faites une poudre très fine avec les plantes et les résines, excepté la térébenthine, le miel et le vin.

ÉLIXIRS

Pierre philosophale des Arabes, il s'agit de macérations de plantes dans un liquide alcoolisé d'au moins 20°; par leur composition, on peut les considérer comme des teintures composées. Voici quelques formules fort sympathiques.

ÉLIXIR APHRODISIAQUE

Une cuillerée à café dans un verre d'eau renforce les jeux de l'amour.

Racines de ginseng	20 g
Racines de gingembre	20 g
Noix de kola	20 g
Écorces de cannelle	10 g
Stigmates de safran	1 g
Vanille Bourbon	1 gousse
Eau-de-vie à 42° ou rhum	1 l

Faites macérer les plantes 15 jours avant de consommer. Filtrez. Récupérez les grosses racines de ginseng que vous pourrez consommer à dose modérée.

ÉLIXIR AROMATIQUE

Agréable à boire. Une cuillerée à café dans un verre d'eau, sucrée ou non, après le repas pour faciliter la digestion, tonifier le corps et l'esprit.

Écorces de citron frais	40 g
Racines d'acore	30 g
Racines de galanga	30 g
Écorces de cannelle	30 g
Feuilles de menthe poivrée	30 g
Racines de gingembre	7 g
Semences de cardamome	7 g
Eau-de-vie à 42° ou rhum	1,5 l

Dans un grand récipient, faites macérer les plantes dans l'eau-de-vie ou le rhum pendant 10 jours, filtrez.

ÉLIXIR DENTIFRICE

Une cuillerée à café dans un verre d'eau utilisé en rinçage de la bouche. Il assainit, tonifie les gencives, raffraîchit l'haleine.

Fruits de badiane	10 g
Feuilles de menthe poivrée	10 g
Racines d'acore	10 g
Larmes de benjoin	10 g
Écorces de cannelle	5 g
Clous de girofle	5 g
Eau-de-vie à 42° ou rhum	500 ml

Laissez macérer les plantes 15 jours, filtrez.

ÉLIXIR DE LA GRANDE-CHARTREUSE

Sa véritable préparation nécessite une distillation ; voici une formule plus facile à préparer.

Prenez une cuillerée à café dans un verre d'eau après le repas, pour faciliter votre digestion ou de temps en temps pour flatter votre estomac.

Essence de menthe	10 g
Essence d'angélique	5 g
Essence de clous de girofle	1 g
Essence d'hysope	1 g
Essence de mélisse	1 g
Essence de noix de muscade	1 g
Eau-de-vie à 42° ou rhum	1 l
Sucre de canne	200 g

Faites macérer les plantes dans l'eau-de-vie ou le rhum pendant 15 jours. Filtrez. Ajoutez le sucre.

ÉLIXIR DU PALAIS-ROYAL

On peut l'appeler « de longue vie », « de bonne santé », « de bonheur », c'est un élixir agissant sur tout l'état général. Antitoxigène et draineur des surcharges dans l'organisme, il permet aux organes de mieux jouer leur rôle, respiration, circulation, digestion, et particulièrement le foie avec tous les avantages que comporte son bon fonctionnement. Prenez une ou deux cuillerées à soupe dans un verre d'eau avant les repas.

Plante d'aigremoine	0,5 g
Semences de cardamome	0,5 g
Clous de girofle	0,5 g
Racines de curcuma	0,5 g
Stigmates de safran	0,5 g
Racines d'angélique	1 g
Écorces de bourdaine	1 g
Fleurs de camomille romaine	1 g
Écorces de cannelle	1 g
Chrysantellum americanum	1 g
Feuilles de gui	1 g
Feuilles de pervenche	1 g
Racines d'acore	2 g
Racines de chicorée	2 g
Racines d'éleuthérocoque	2 g
Semences de fenouil	2 g
Écorces de lapacho	2 g
Feuilles de sauge	2 g
Feuilles de thym	2 g
Aloès succin	3 g
Baies de genévrier	3 g
Racines de gentiane	3 g
Racines de gingembre	3 g
Racines de petit houx	3 g
Feuilles de romarin	3 g
Racines de zédoaire	3 g
Feuilles d'artichaut	4 g
Racines de berbéris	4 g
Racines d'échinacéa	4 g
Feuilles de ginkgo biloba	4 g
Feuilles d'ortie piquante	4 g
Racines de pissenlit	4 g
Feuilles de séné	4 g
Thériaque de Venise	10 g
Eau-de-vie à 42° ou rhum	1 l

Dans un grand récipient faites macérer les plantes dans l'eau-de-vie ou le rhum pendant 15 jours. Filtrez. Conservez le liquide dans un flacon bouché.

ESPÈCES

Les espèces, ou thés composés, sont des mélanges de plantes à parties égales.

ESPÈCE APÉRITIVE

Comme tonique, reconstituant, dynamisant, un verre à bordeaux avant le repas.

Coques de cacao	5 g
Sommités de centaurée	5 g
Racines de gentiane	5 g
Noix de kola	5 g
Écorces d'orange amère	5 g
Vin rouge	750 ml

Laissez macérer les plantes pendant 8 jours. Filtrez.

ESPÈCE AROMATIQUE

Pour faire une boisson digestive et très agréable après le repas.

Feuilles de basilic	20 g
Feuilles d'hysope	20 g
Feuilles de romarin	20 g
Feuilles de sauge	20 g
Feuilles de serpolet	20 g
Feuilles de thym	20 g
Sommités d'origan	20 g

Selon votre goût, vous pouvez y ajouter de la *menthe*, de la *citronnelle*, de la *réglisse*, de la *cannelle*. Préparez-la en infusion pendant 10 minutes en mettant une cuillerée à soupe par tasse.

ESPÈCE CARMINATIVE

Un composé de semences dites chaudes, pour faciliter la digestion, calmer aérophagie et flatulence. Prenez une tasse 1 heure après les repas.

Semences d'angélique	30 g
Semences d'anis vert	30 g
Semences de carvi	30 g
Semences de coriandre	30 g
Semences de cumin	30 g
Semences de fenouil	30 g

Préparez-la en mettant une cuillerée à soupe par tasse, faites bouillir 3 minutes, laissez infuser 10 minutes.

ESPÈCE DIGESTIVE

Pour faciliter la digestion après le repas, c'est aussi une boisson de plaisir.

Semences d'anis vert	20 g
Feuilles de mélisse	20 g
Feuilles de menthe poivrée	20 g
Feuilles de menthe aquatique	20 g
Boutons d'oranger	20 g
Feuilles d'oranger	20 g
Fleurs de tilleul	20 g
Feuilles de verveine	20 g

Versez une cuillerée à soupe de plantes pour une tasse d'eau bouillante, laissez infuser 10 minutes.

ESPÈCE DIURÉTIQUE OU THÉ DES CINQ RACINES

Pour ses vertus diurétiques, on la boit à volonté.

Racines d'ache	50 g
Racines d'asperge	50 g
Racines de fenouil	50 g
Racines de persil	50 g
Racines de petit houx	50 g

Faites une décoction pendant 5 minutes en mettant quatre cuillerées à soupe de plantes par litre.

ESPÈCES ODORANTES

Nommées « pots pourris », il en existe actuellement une multitude plus ou moins réussie. Plusieurs ouvrages leur sont consacrés ; trouver bois, écorces et fleurs n'est pas toujours facile. Voici deux compositions simples, l'une épicée, l'autre fleurie.

POT-POURRI ÉPICÉ

Écorces de cannelle, feuilles de cassis, écorces de cèdre, clous de girofle, feuilles de laurier, macis, noix de muscade, fèves de tonka, bois de santal, racines de vétiver.

POT-POURRI FLEURI

Racines d'acore, écorces de cannelle, racines d'iris, fleurs de lavande, feuilles de menthe, fleurs de roses, bois de santal, feuilles de verveine. Ajoutez de la *poudre d'iris* pour fixer les parfums ainsi que quelques gouttes d'*essences de chèvrefeuille, de roses et de lavande.*

ESPÈCE PECTORALE

On l'appelle « tisane des quatre fleurs », en fait elle est composé de sept espèces. Adoucissante pour les bronches, elle calme la toux, facilite l'expectoration, convient aux petits comme aux grands.

Deux ou trois tasses par jour pour adulte, demi-dose pour les enfants.

Fleurs de bouillon blanc	10 g
Fleurs de coquelicot	10 g
Fleurs de guimauve	10 g
Fleurs de mauve	10 g
Fleurs de pied-de-chat	10 g
Fleurs de tussilage	10 g
Fleurs de violette	10 g

Préparez-la en infusion pendant 10 minutes, en mettant une cuillerée à soupe de plantes par tasse.

ESPÈCE RAFRAÎCHISSANTE

Comme son nom l'indique, pour rafraîchir, drainer, éliminer ; à boire à volonté dans la journée.

Baies de genévrier	20 g
Rhizome de chiendent	20 g
Racines de consoude	20 g
Plante de douce-amère	20 g
Feuilles de fraisier	20 g
Feuilles de guimauve	20 g
Racines de patience	20 g
Racines de réglisse	20 g

Préparez-la en décoction pendant 5 minutes, suivie d'une infusion durant 10 minutes, en mettant une cuillerée à soupe de plantes par tasse ou quatre par litre.

ESPÈCE STOMACHIQUE

Pour faciliter la digestion, et permettre à l'estomac de faire son travail en toute plénitude.

Racines d'angélique	20 g
Semences d'anis vert	20 g
Baies de genévrier	20 g
Semences de coriandre	20 g
Feuilles de mélisse	20 g
Feuilles de menthe	20 g
Feuilles d'oranger	20 g
Feuilles de sauge	20 g
Feuilles de serpolet	20 g
Fleurs de tilleul	20 g

Préparez-la en infusion pendant 10 minutes, en mettant une cuillerée à soupe de plantes par tasse.

ESPÈCE VULNÉRAIRE OU THÉ SUISSE

Utilisée contre les chutes et autres commotions, elle soulage les migraines, les douleurs articulaires ou rhumatismales. Prenez-en deux ou trois tasses par jour.

Sommités d'absinthe	20 g
Plante de calament	20 g
Feuilles d'hysope	20 g
Sommités d'origan	20 g
Plante de scolopendre	20 g
Plante de véronique	20 g

Préparez-la en légère décoction pendant 2 minutes, suivie d'une infusion durant 10 minutes, en mettant une cuillerée à soupe de plantes par tasse.

ESSENCES

Elles sont nommées « huiles essentielles », « ethérées » ou « distillées », « huiles volatiles », « esprits recteurs », « oléats ». Tous ces noms, dont le plus utilisé est « essence », désignent les principes aromatiques retirés des végétaux par distillation ou expression. Elles se distinguent des huiles grasses par leur évaporation à la chaleur.

Elles sont liquides, plus ou moins épaisses, certaines solides, comme le camphre, quelquefois colorées. Elles se mélangent parfaitement à l'alcool, l'éther, l'huile, mais pas à l'eau.

Les végétaux en contiennent une quantité très variable : 100 kg de bouleau en donnent 20 kg, 100 kg de roses 40 g.

Le nombre de gouttes au gramme est de 40 en moyenne.

ESSENCE DE CAJEPUT LAVANDÉ

Association d'essences balsamiques et antiseptiques des voies respiratoires, elle est utile dans les cas de rhume, de bronchite et de sinusite.

Pour aseptiser la maison, versez-en quelques gouttes dans les saturateurs ou dans une coupelle que vous déposerez sur un radiateur.

En inhalation, versez une dizaine de gouttes dans un récipient d'eau bouillante, avancez votre visage sur les vapeurs montantes.

En inhalation naturelle, appliquez cette essence sur les ailes du nez le soir au coucher. Sans en être gêné, vous allez respirer ces effluves antiseptiques toute la nuit.

Pour soulager les bronches, faites un massage très doux sur la poitrine. Pour les enfants, massez en caressant la poitrine avec dix gouttes d'essence pour une cuillerée à soupe d'huile d'amande douce.

Essence de thym	3 ml
Essence d'eucalyptus	5 ml
Essence de serpolet	5 ml
Essence de lavande	7 ml
Essence de pin	10 ml
Essence de cajeput	30 ml

Mélangez les essences, conservez-les dans des flacons bouchés, à l'abri de la lumière.

SENTEUR D'ÉPICES

Un parfum pénétrant de la route des Indes, pour parfumer la maison.

Essence de noix de muscade	1 ml
Essence de clous de girofle	2 ml

Essence de vétiver	2 ml
Essence de cannelle	5 ml
Senteur d'opoponax	10 ml
Senteur de vanille	15 ml
Senteur d'ambre	10 ml
Essence de santal	20 ml

Mélangez les essences et les senteurs, conservez-les dans des flacons bouchés, à l'abri de la lumière.

SENTEUR DES JARDINS

Des herbes des champs, des haies, des bois, des arbustes en fleurs.

Essence de géranium	3 g
Essence de bergamote	5 g
Essence de cédrat	5 g
Senteur de magnolia	5 g
Senteur de gardénia	5 g
Senteur de chèvrefeuille	10 g
Senteur de roses	10 g
Senteur de jasmin	15 g

Mélangez les senteurs et les essences. Conservez-les dans des flacons bouchés, à l'abri de la lumière.

EXTRAITS

Les extraits sont préparés par évaporation, jusqu'à une consistance déterminée, d'une macération de plantes dans un solvant qui peut être de l'eau, de l'alcool ou le l'éther. Ils peuvent être mous, fermes ou secs.

Les extraits fluides sont préparés de manière que le poids du liquide obtenu corresponde exactement au poids de la plante. Ils entrent souvent dans la composition des spécialités médicinales et des produits cosmétiques.

GÂTEAUX

Biscuits, massepains, macarons, ils étaient destinés à faire absorber d'une façon agréable des plantes ou des extraits de plantes.

GÂTEAUX À L'ORTIE

Mangez un ou deux gâteaux le soir pour combattre l'énurésie.

Semences d'ortie pilée	32 g
Farine de seigle	120 g

Mélangez et ajoutez un peu d'eau et de miel de façon à faire une pâte. Divisez cette pâte en plusieurs parts, faites cuire au four.

GÉLULES

Masses allongées et rondes faites de gélatine, les gélules sont remplies de plantes finement pulvérisées. Leur dosage varie de 0,2 g à 0,5 g en fonction de leur grosseur et de la densité de la poudre. Comme pour les comprimés, certaines plantes sont fort utiles dans cette présentation : *prêle, harpagophytum, ginseng*. D'autres ne doivent vraiment servir que de dépannage : *tilleul, verveine, hibiscus, queues de cerises*.

GRANULÉS

Ils sont le résultat d'un mélange de poudre ou d'extrait de plante avec du sucre. Ressemblant à des grains vermiculaires, ils sont agréables à consommer pour les enfants. Ils constituent éventuellement la première phase de préparation du comprimé.

HUILES

Elles sont le principe gras des végétaux, servant souvent de véhicule pour des substances actives, telles que les essences ou les autres extraits. On utilise leur pouvoir de solvant pour en faire des macérations avec des plantes.

HUILE DE CAMOMILLE

Excellent anti-inflammatoire, l'huile de camomille s'utilise en massage pour soulager les douleurs d'origines diverses, rhumatisme, sciatique etc., et comme huile de beauté pour les peaux sensibles.

Fleurs de camomille romaine	100 g
Huile de sésame	1 l

Faites chauffer (on dit aussi « digérer ») au bain-marie pendant 3 heures en agitant de temps en temps. Filtrez.

HUILE DE CAMOMILLE CAMPHRÉE

Comme l'huile de camomille, elle soulage les douleurs et a un pouvoir légèrement chauffant sur le muscle.

Camphre naturel	100 g
Huile de camomille	900 ml

Ajoutez le camphre à l'huile de camomille. À température ambiante ou légèrement chauffée, agitez jusqu'à dissolution du camphre.

De la même façon se préparent les huiles suivantes, avec le même dosage de plante et d'huile.

HUILE DE CALENDULA : préparation antirides, mais surtout régulatrice de la fonction cutanée, contre les dartres, les eczémas secs.

HUILE DE CONCOMBRE : soulage les gerçures, les engelures, les hémorroïdes.

HUILE DE FENUGREC : en massage contre la cellulite.

HUILE DE LILAS : en massage pour soulager les douleurs rhumatismales.

HUILE DE LIS : facilite la cicatrisation des plaies et des brûlures. On utilise les pétales ou le bulbe.

HUILE DE MILLE-PERTUIS : soulage les brûlures, les coups de soleil, facilite la cicatrisation des plaies.

HUILE DE PAQUERETTES : pour soulager les douleurs rhumatismales, mais aussi redonner à la peau toute sa jeunesse.

INTRAITS

Ils sont également appelés « extraits de plantes fraîches ». La plante est soumise dès sa cueillette à l'action des vapeurs d'eau ou d'alcool, puis desséchée dans un courant d'air tiède. Les principes actifs de la plante fraîche n'ont pas eu le temps de subir certaines transformations sous l'influence des ferments.

LAVEMENTS

La décoction de plante est introduite par le rectum à l'aide d'une poire appropriée. Le lavement est peu utilisé de nos jours ; certains phytothérapeutes pratiquent l'irrigation colonique, qui consiste, à l'aide d'un appareil spécial, à faire un lavage total des intestins accompagné d'un massage du ventre ; très utile chez les colitiques ou comme hygiène pour une bonne santé.

LAVEMENT LAXATIF

Ce lavement est très doux, puisque composé de plantes émollientes et adoucissantes. Il peut être très utile chez les personnes constipées ayant une forte irritation intestinale.

Utilisez cette solution en une fois. Il est souhaitable de se reposer une heure ou deux après le lavement.

Fleurs de camomille	5 g
Feuilles de guimauve	5 g
Graines de lin	20 g
Eau	500 ml

Faites bouillir les plantes 2 minutes, filtrez, laissez refroidir avant usage.

Pour obtenir un lavement laxatif plus fort, remplacez les graines de lin par 10 g de *feuilles de séné.*

LAVEMENT VERMIFUGE

Très utile pour éliminer les oxyures tenaces. À faire de préférence en période de pleine lune.

Mousse de Corse	5 g
Fleurs de tanaisie	5 g
Absinthe marine	10 g
Eau	500 ml

Faites bouillir les plantes 5 minutes et infusez 10 minutes. Filtrez. Utilisez la solution refroidie.

LIQUEURS

Ce mot très vague désigne, uniquement dans la pharmacopée française, les liquides délicats à l'emploi. À savoir ceux fabriqués avec des plantes toxiques, les autres étant appelés « solutés » ou « alcoolats ». Pour notre part, nous leur donnons ce nom générique de « liqueur » qui désigne la boisson plus ou moins alcoolisée que l'on prend après le repas et dont les liquoristes ont conservé, à notre plus grande joie, les formules d'origine, faites uniquement avec des plantes.

ANISETTE – FENOUILLETTE

Une liqueur au parfum anisé à prendre après le repas pour faciliter la digestion et éliminer les coliques venteuses ou, dans un grand verre d'eau, pour rafraîchir.

Semences de fenouil	20 g
Semences d'anis vert	15 g
Racines d'angélique	10 g
Semences de coriandre	5 g
Écorces de cannelle	1 g
Macis	0,5 g
Sucre de canne	500 g
Eau-de-vie 42° ou rhum	1 l

Laissez macérer les plantes dans l'eau-de-vie ou le rhum pendant 1 mois. Filtrez, pressez les plantes et ajoutez le sucre.

LIQUEUR DE CASSIS

Diurétique, antirhumatismale, le plaisir est allié à l'efficacité.

Fruits frais de cassis	1 kg
Feuilles de cassis	50 g
Baies de genévrier	30 g
Écorces de cannelle	3 g
Clous de girofle	2 g
Vanille	1 gousse
Sucre	600 g
Eau-de-vie ou rhum	1 l

Garnir le fond d'un bocal avec les feuilles de cassis, les autres plantes et les fruits de cassis. Versez l'eau-de-vie dessus et laissez en contact durant 3 mois dans un bocal fermé.

Passez ensuite sur un linge fin, écrasez les graines en jettant les feuilles, laissez de nouveau macérer pendant 1 mois. Filtrez et ajoutez le sucre.

Préparez de la même façon les liqueurs de fraises, framboises, mûres, sureau, cerises, etc.

LIQUEUR DE CHARTREUSE

Tonique, digestive, une recette bien connue et fort agréable.

Fruits d'anis étoilé	3 g
Semences d'angélique	2 g
Semences de carvi	1 g
Semences d'ambrette	0,5 g
Semences de persil	0,5 g
Stigmates de safran	0,3 g
Eau-de-vie à 42° au rhum	1 l

Faites macérer les plantes dans l'alcool, dans l'eau-de-vie ou le rhum pendant 40 jours. Filtrez, ajoutez un litre de sirop.

LIQUEUR DE GÉNÉPI

Faites macérer quarante *brins de génépi* pendant 40 jours dans un litre d'eau-de-vie à 42° ou de rhum, filtrez ensuite.

Ajoutez du sirop que vous aurez préparé en chauffant jusqu'à dissolution 400 g de sucre pour 250 ml d'eau.

LIQUEUR D'IZARA

Racines d'iris de Florence en poudre	25 g
Semences de coriandre	15 g
Semences d'anis vert	12 g
Sucre de canne	800 g
Alcool à 90°	1 l

Faites macérer les plantes dans l'alcool pendant 40 jours. Filtrez, ajoutez 800 g de sucre.

LOTIONS

Les lotions sont destinées à être appliquées sur diverses parties du corps. Ce sont des infusions, des décoctions, des macérations de plantes ou de diverses compositions d'essences. Si elles sont faites à l'eau, ajoutez une pincée de sel pour mieux les conserver.

LOTION ANTIMOUSTIQUES

Pour éloigner les moustiques, mais aussi pour soulager l'irritation de leurs piqûres, appliquez cette lotion sur tout le corps ou simplement sur les parties découvertes.

Essence de citronnelle	20 g
Essence de géranium	10 g
Huile de ricin	20 g
Vinaigre de cidre	50 ml
Eau de toilette de lavande	100 ml

Mélangez les essences avec les autres liquides. Agitez le flacon avant d'en faire usage.

LOTION CAPILLAIRE

Utilisée en friction, elle tonifie, facilite la circulation au niveau du cuir chevelu et lutte contre la chute des cheveux.

Feuilles de bouleau	10 g
Feuilles de thym	10 g
Plante de prêle	20 g
Feuilles d'ortie	20 g
Semences de capucine	50 g
Huile de ricin	30 g
Rhum blanc ou brun	1 l

Laissez macérer les plantes dans le rhum une quinzaine de jours en agitant de temps en temps. Filtrez. Ajoutez l'huile de ricin. Agitez le flacon avant d'utiliser la lotion.

LOTION CONTRE L'ACNÉ

Utilisez cette lotion le matin et le soir pour assainir le visage, tonifier la peau. Il est souhaitable de l'employer également avant de faire un masque ou après un bain de vapeur.

Plante d'aigremoine	20 g
Plante de saponaire	30 g
Plante de pensée sauvage	30 g
Feuilles d'ortie piquante	50 g
Racines de bardane	50 g

Mettez une cuillerée à soupe de plantes dans un quart de litre d'eau, faites bouillir pendant 2 ou 3 minutes, laissez infuser durant 10 minutes, filtrez. Ajoutez au liquide obtenu deux cuillerées à soupe de vinaigre de toilette et une pincée de sel marin. Cette solution ne se conserve pas plus de 7 ou 8 jours au frais.

LOTION TONIQUE

Lotion de beauté pour nettoyer, assainir, tonifier, rafraîchir la peau après le démaquillage, ou pour votre confort dans la journée.

Sommités de mille-feuille	20 g
Sommités de mille-pertuis	20 g
Feuilles de thym	20 g
Feuilles de verveine	30 g
Fleurs de sureau	30 g
Boutons de roses du Maroc	30 g
Teinture de benjoin	20 gouttes
Sel marin	1 pincée

Préparez une décoction pendant 3 minutes suivie d'une infusion durant 10 minutes en mettant deux cuillerées à soupe pour un quart de litre d'eau. Filtrez, ajoutez la teinture de benjoin et le sel marin.

MARMELADES

De préparation fort simple, elles sont destinées à faciliter l'absorption de certaines plantes.

MARMELADE DE CASSE

Pour lutter contre la constipation, mais aussi pour soulager les affections des bronches et calmer la toux, prenez une cuillerée à soupe matin et soir.

Manne en larmes	50 g
Pulpe de casse muette	30 g
Feuilles de guimauve en poudre	20 g
Huile d'amande douce	30 g
Eau de fleurs d'oranger	50 g

Laissez macérer une douzaine d'heures la casse muette dans l'eau de fleurs d'oranger légèrement chauffée. Broyez la manne, ajoutez l'huile d'amande douce, la guimauve, et la solution de fleurs d'oranger et de casse.

MASTICATOIRES

Ils sont destinés à être mis en contact avec la muqueuse buccale afin d'activer la salivation et d'y faire pénétrer le produit amalgamé au masticatoire.

On utilisait la térébenthine, le mastic, aujourd'hui on utilise la gomme chicle, plus connue sous le nom de chewing-gum, dans laquelle on incorpore diverses essences de plantes, de l'argile, etc.

Un masticatoire très utilisé pour les maux de gorge ou autres malaises est la propolis, substance sécrétée par les abeilles.

MELLITES

Ce sont des préparations de plantes, d'extraits, d'essences, de consistance sirupeuse due au miel entrant dans leur composition. Si l'on ajoute du vinaigre, ils prennent le nom d'« oxymellite ».

MELLITE DE ROSES ROUGES

Plus connu sous le nom de « miel rosat », on en fait usage par attouchements contre les aphtes, en gargarisme pour soulager les maux de gorge. En ajoutant une même quantité de vinaigre de cidre, il combat l'aphonie, permettant de parler haut et fort, d'éclaircir la voix des chanteurs.

Roses rouges en poudre	50 g
Eau-de-vie ou rhum	250 g
Miel de montagne	300 g

Laissez macérer 24 heures la poudre de roses avec l'eau-de-vie ou le rhum. Retirez le liquide en pressant, ajoutez le miel.

MOXAS

Invention japonaise et chinoise au nom d'origine portugaise signifiant « mèche », les moxas sont destinés à provoquer une révulsion douloureuse sur des points d'acupuncture. Les plus connus sont les moxas japonais composés de fibres d'armoise, les moxas chinois étant faits avec du lycopode, d'autres sont faits avec du charbon, des gommes, du coton, etc.

NÉBULISATS

Ce sont des extraits secs obtenus par le séchage rapide d'une solution végétale pulvérisée sous forme de brouillard dans un courant d'air chaud : en termes simples, ce sont des infusions sèches. Pour leur fabrication, on utilise un appareil sécheur spécial, un atomiseur. On les emploie pour la préparation des gélules, des solutions, des sirops, etc.

ONGUENTS

Ils sont composés de résines, de divers corps gras, auxquels on ajoute des extraits, poudres ou essences de plantes. Ils se différencient des baumes ou des pommades par leur résine, qui rend la pâte épaisse.

PASTILLES ET PÂTES

Elles permettent l'absorption agréable de plantes dont la saveur est repoussante. Les pastilles sont préparées à base de mucilages, de sucre, de chocolat, les pâtes avec du sucre et de la gomme.

PILULES

Notre société de facilité nous a fait oublier qu'il y a très peu d'années on fabriquait couramment des pilules. Le principe actif en est un extrait de plante ou une poudre dans lequel on ajoute, pour en faire une pâte solide, du sirop de gomme, de l'eau, de la glycérine, de l'huile, de l'alcool. On en confectionne ensuite des masses sphériques de poids variable en fonction de la prescription.

POUDRES

Elles sont tout simplement le résultat de la libération des plantes très sèches, que l'on tamise ensuite. La *prêle*, l'*ortie*, la *sauge* sont souvent employées de cette façon.

POUDRE JOVIALE DES SULTANES

Digestive, tonique, excitante, elle combat la fatigue, redonne la forme au corps et à l'esprit, contribue aux plaisirs de l'amour.

Prenez une cuillerée à café rase dans de l'eau, du miel ou de la confiture avant le repas.

Poudre d'écorces de cannelle	10 g
Poudre de clous de girofle	10 g
Poudre de macis	10 g
Poudre de noix de muscade	10 g
Poudre de racines de galanga	10 g
Poudre de racines de zédoaire	20 g
Poudre de santal	20 g
Poudre de noix de kola	30 g

Mélangez les poudres entre elles, conservez la préparation à l'abri de la lumière dans des récipients bouchés.

POUDRE DE RÉGLISSE COMPOSÉE

Contre la constipation, prenez une cuillerée à café de poudre dans du miel, un yaourt ou de l'eau, ou dans de la pulpe de pruneaux le soir au coucher.

Semences de fenouil en poudre	10 g
Soufre lavé	10 g
Racines de réglisse en poudre	15 g
Folioles de séné en poudre	15 g
Sucre roux en poudre	50 g

Mélangez le tout jusqu'à l'obtention d'une poudre unie.

POUDRE VERMIFUGE

Pour faciliter l'expulsion des vers chez les enfants ou les adultes, une poudre agréable à consommer.

Poudre de sommités d'absinthe	60 g
Poudre de racines de réglisse	40 g
Poudre de semences d'anis vert	10 g

Prenez une cuillerée à café le matin à jeun dans de la pulpe de pruneaux pendant 5 jours en période de pleine lune.

SAVONS

La saponification est la transformation des corps gras par les alcalis. Il est difficile de déterminer de façon précise les circonstances de la découverte du savon.

On a trouvé dans les fouilles de Pompéi un atelier complet de savonnerie.

Certaines argiles, dites terres à savon, sont utilisées pour laver, ce sont le *ghassoul,* ou *rassoul,* ou le *tfal* d'Afrique du Nord, le *piloh* ou le *sapounochama* de Grèce. On en fait encore usage pour affiner le grain de la peau, sur le visage ou le corps, et pour dégraisser les chevelures huileuses.

Liquides ou solides, tout en conservant leur qualité première de lavage, ils paraissent faciliter l'absorption d'un principe actif autant qu'une pommade.

On fait des savons à l'argile, à la propolis, à l'huile d'amande douce, au romarin, etc. Nous vous donnons ici une recette simple de savon de beauté que vous parfumerez et colorerez à votre guise. Pour donner de belles formes à vos savons, utilisez des mini moules à gâteau, c'est un plaisir.

Savon de Marseille en copeaux	100 g
Huile d'amande douce	10 g
Miel de montagne	10 g
Essence ou senteur	2 g ou 80 gouttes

Mélangez l'huile dans le savon, ajoutez ensuite le miel et en dernier lieu l'essence.

À la place de l'huile d'amande douce, vous pouvez ajouter celle de *souci, mille-pertuis, avocat, germes de blé, jojaba,* etc.

Le miel est facultatif, vous pouvez mettre des algues broyées, de l'argile, des plantes en poudre.

Le parfum est fonction du goût de chacun, 2 g ou 80 gouttes pour 100 g suffisent. Colorez votre savon avec des jus de fruits ou de plantes, carottes, fraises, cresson, persil, etc.

SIROP

Il s'agit d'un mélange tout simple de sucre et d'eau que l'on fait cuire, mais avec des dosages précis d'eau et de sucre pour en assurer une bonne stabilité et éviter les fermentations.

Le sucre est dissous à chaud ou à froid :

– 1 800 g de sucre pour 1 l d'eau pour une dissolution à froid.

– 1 650 g de sucre pour 1 l d'eau pour une dissolution à chaud.

On obtient ainsi le sirop simple.

SIROP DE DROSERA

Calmant les toux les plus récalcitrantes, ce sirop convient aussi bien aux enfants qu'aux adultes.

Plante de drosera	50 g
Fleurs de coquelicot	20 g
Eau	1 l
Sucre	quantité suffisante

Versez le litre d'eau bouillante sur les plantes et laissez en contact 6 heures. Filtrez. Ajoutez pour 100 grammes d'infusion 180 grammes de sucre. Faites chauffer jusqu'à dissolution complète.

Les sirops ci-après se préparent tous de la même façon, en mettant 70 g de plante pour 1 l d'eau.

SIROP D'ABSINTHE : tonique, active l'appétit, vermifuge, digestif.

SIROP D'ACHE : tonique, digestif, décongestionne les reins, soulage les rhumatismes.

SIROP D'ACORE : utile contre l'aphonie, les affections des bronches, de la gorge, soulage les rhumatismes.

SIROP D'ARMOISE : soulage les règles douloureuses et favorise la menstruation.

SIROP DE CAMOMILLE : soulage la migraine et les règles douloureuses, facilite la digestion, stimule l'appétit.

SIROP DE COQUELICOT : calme les toux nerveuses, c'est un bon somnifère pour les enfants.

SIROP DE DICTAME : digestif, aphrodisiaque.

SIROP D'ÉRYSIMUM : utile contre l'aphonie, il rend la voix à ceux qui ne peuvent se taire.

SIROP D'EUCALYPTUS : diurétique, antirhumatismal.

SIROP DE FUMETERRE : décongestionne le foie, dépure le sang, lutte contre l'artériosclérose.

SIROP DE HOUBLON : dépuratif, il calme et repose.

SIROP D'HYSOPE : soulage les bronches, calme la toux, facilite la respiration des asthmatiques.

SIROP DE LIERRE TERRESTRE : très bon calmant de la toux.

SIROP DE MARRUBE BLANC : Ffacilite l'expectoration, adoucit les bronches.

SIROP DE MÉLISSE : calme, détend, repose.

SIROP DE MYRTE : excellent balsamique pour les bronches et contre la toux.

SIROP DE NÉNUPHAR : détend, favorise le sommeil, anti-aphrodisiaque, poison des jeux de l'amour.

SIROP DE PENSÉE SAUVAGE : dépuratif, contre l'eczéma, l'acné, en cure de printemps.

SIROP DE PRIMEVÈRE : calmant et relaxant, soulage les bronches, calme la toux.

SIROP DE SAPONAIRE : dépuratif du sang, décongestionne le foie, la vésicule.

SIROP DE SCABIEUSE : dépuratif précieux contre l'acné, l'eczéma, le psoriasis, facilite la salivation.

SIROP DE TUSSILAGE : calme la toux, soulage les bronches.

SIROP DE BOURGEONS DE PIN : utile pour soulager la toux et dégager les bronches.

Bourgeons de pin	100 g
Eau-de-vie ou rhum	150 g
Eau	1 l
Sucre	quantité suffisante

Laissez macérer les bourgeons dans l'eau-de-vie ou le rhum pendant une douzaine d'heures en agitant de temps en temps.

Versez ensuite l'eau bouillante dessus, laissez en contact pendant 6 heures. Filtrez. Ajoutez 180 g de sucre pour 100 g de liquide obtenu.

Préparez de la même façon les sirops ci-après :

SIROP D'ÉCORCES D'ORANGE AMÈRE : fortifiant, tonique, combat la fatigue.

SIROP DE ROSES ROUGES : astringent pour la gorge, contre les angines, les diarrhées.

SIROP DE CERISES : très diurétique et draineur, augmente le volume des urines. Pour 100 g de jus de cerises, ajoutez 140 g de sucre. Portez sur le feu jusqu'à ébullition, filtrez ensuite.

Préparez de la même façon les sirops de coings, fraises, framboises, groseilles, mûres.

SIROP DES CINQ RACINES

Voici une façon agréable d'utiliser ces plantes diurétiques.

Racines d'ache	30 g
Racines d'asperge	30 g
Racines de fenouil	30 g
Racines de fragon	30 g
Racines de persil	30 g
Sucre de canne	700 g
Eau	1 l

Versez un demi-litre d'eau bouillante sur les plantes, laissez macérer pendant 12 heures. Filtrez. Renouvelez l'opération avec l'autre demi-litre, que vous laissez en contact durant 6 heures. Filtrez. Ajoutez le sucre à ces deux solutions, faites cuire jusqu'à clarification.

SIROP DÉPURATIF

Bien des formules de sirop dépuratif existent dans les textes anciens ; nous vous en donnons une qui peut être utilisée contre les affections cutanées, acné, eczéma, psoriasis, impétigo, ou simplement en cure de printemps.

Semences d'anis vert	10 g
Sommités de bourrache	10 g
Plante de fumeterre	10 g
Fleurs de roses rouges	10 g
Baies de sureau	10 g
Racines de bardane	20 g
Racines de patience	20 g
Plante de pensée sauvage	20 g
Racines de salsepareille	20 g
Plante de saponaire	20 g
Eau	1 l
Sucre de canne	quantité suffisante

Versez les plantes dans l'eau froide, portez à ébullition 2 minutes, laissez reposer pendant 5 heures. Filtrez. Pour 100 g de solution obtenue, ajoutez 180 g de sucre. Faites cuire jusqu'à clarification.

SIROP DE RHUBARBE COMPOSÉ

On l'appelle aussi « sirop de chicorée composé » ou « sirop de rhubarbe et de chicorée ».

Utilisé comme dépuratif et laxatif, il convient bien aux enfants.

Racines de rhubarbe	40 g
Racines de chicorée	40 g
Feuilles de chicorée	50 g
Plante de fumeterre	15 g
Plante de scolopendre	15 g
Baies d'alkékenge	10 g
Écorces de cannelle de Ceylan	4 g
Bois de santal citrin	4 g
Eau	1 l
Sucre de canne	quantité suffisante

SIROP DE SALSEPAREILLE COMPOSÉ

Sudorifique et dépuratif, il soulage toutes les affections cutanées, eczéma, dartres, psoriasis, acné, ou tout simplement on l'utilise en cure de printemps.

Un demi-verre à bordeaux dans de l'eau le matin à jeun et le soir avant le repas.

Racines de salsepareille	50 g
Sommités fleuries de bourrache	30 g
Roses pâles du Maroc	30 g
Folioles de séné	30 g
Semences d'anis vert	30 g
Eau-de-vie ou rhum	150 ml
Sucre de canne	500 g
Miel de montagne	500 g
Eau distillée	900 ml

Faites macérer pendant 10 jours les racines de salsepareille dans l'eau-de-vie ou le rhum en agitant de temps en temps. Filtrez.

Versez l'eau bouillante sur les plantes, laissez en contact une douzaine d'heures. Filtrez en exprimant les plantes. Ajoutez la solution alcoolisée de salsepareille, le miel et le sucre. Faites cuire à feu doux pendant 2 heures.

SUCS

Gommeux, aqueux, résineux, huileux ou laiteux, ils sont obtenus par simple pression de la plante. Très altérables, on les prépare au moment du besoin. Ex. : *suc de chélidoine sur les verrues.*

TABAC

Tabac de plantes, cigarettes, cigares sont des formes de médication qui s'appliquent aux maladies des voies respiratoires.

On fume le tabac de plante à la pipe, en cigarette. En cigare, il est constitué de feuilles souples de la plante enroulées : les plus célèbres sont les *cigarettes d'eucalyptus.*

TEINTURES

Les teintures sont le résultat de l'action dissolvante de l'alcool sur une ou plusieurs substances végétales. Elles portaient jadis avec les alcoolats les noms de « baumes », « élixirs », « gouttes », « essences », « quintessences ».

Les plantes sont laissées à macérer une dizaine de jours dans de l'alcool à 70 ou 80° au dosage de 20 % en moyenne.

Les teintures mères sont le résultat soit du mélange d'un suc de plantes avec l'alcool, soit de la macération dans l'alcool de plantes fraîches broyées.

TEINTURE D'ARNICA AROMATIQUE

Une cuillerée à café dans un demi-verre d'eau plusieurs fois par jour en cas de chute, de contusion, pour éviter l'apparition des « bleus », mais également en bain de bouche pour aseptiser et donner de l'énergie à vos gencives.

Fleurs d'arnica	25 g
Clous de girofle	5 g
Écorces de cannelle	5 g
Racines de gingembre	5 g
Semences d'anis vert	50 g
Eau-de-vie à 45° ou rhum	500 ml

Faites macérer les plantes pendant 10 jours, filtrez. Conservez la préparation dans des flacons bouchés.

VINS

Résultat de l'action dissolvante sur les principes actifs des plantes, les vins peuvent être très alcoolisés, comme le banyuls ou le malaga, ou riches en tanins, comme les bordeaux, que l'on retiendra pour faire des vins toniques et digestifs. Le vin blanc est choisi pour des préparations diurétiques et de drainage.

VINS MÉDICINAUX

VIN D'ABSINTHE

Un verre avant les repas comme tonique et fortifiant.

Sommités d'absinthe	30 g
Eau-de-vie à 45°	60 g
Vin blanc	1 l

Laissez macérer l'absinthe dans l'eau-de-vie pendant 24 heures. Continuez la macération pendant 10 jours en ajoutant le vin blanc. Prenez soin d'agiter de temps en temps. Filtrez. Ajoutez 100 g de sucre si nécessaire.

VIN D'ALKÉKENGE

Pour lutter contre les affections des reins et des voies urinaires, les calculs, la goutte, les rhumatismes. Prendre deux ou trois verres par jour comme diurétique, ou pour soulager les douleurs rhumatismales.

Baies d'alkékenge	100 g
Vin blanc	1 l

Laissez macérer les baies d'alkékenge dans le vin blanc pendant 10 jours en agitant de temps en temps. Filtrez.

VIN D'ANGÉLIQUE

Antistress, antispasmodique, équilibrant, défatigant, digestif, le vin d'angélique est une excellente préparation, à condition de ne pas en abuser : un verre à bordeaux en guise d'apéritif en début de repas.

Fleurs de camomille	5 fleurs
Vanille	1 gousse
Plante de chardon béni	5 g
Racines de gentiane	5 g
Feuilles de noyer	5 g
Racines d'angélique	20 g
Vin rouge	750 ml

Faites macérer les plantes dans le vin pendant 8 jours, filtrez, ajoutez si vous le désirez 100 g de sucre.

VIN DE CANNELLE COMPOSÉ

Pour faciliter la digestion, mais aussi tonifier et passer un bon hiver en évitant les accès fébriles, prendre un petit verre avant les repas.

Semences de cardamome	1 g
Clous de girofle	1 g
Noix de muscade	1 g
Racines de gingembre	2 g
Écorces d'orange amère	5 g
Écorces de cannelle	10 g
Vin rouge de Bordeaux	750 ml

Faites macérer les plantes une semaine, filtrez, ajoutez si vous le désirez 150 g de sucre.

VIN DE GENTIANE

Tonique, fortifiant, excitant de l'appétit. Un verre avant le repas. Il se prépare avec 30 g de racines de gentiane par litre ; on peut éventuellement remplacer le vin blanc par du vin rouge.

VIN D'HIPPOCRATE

Pour digérer, tonifier, donner de l'énergie. Ce vin très fort doit être dosé dans un verre à liqueur, un avant les repas.

Écorces de cannelle	45 g
Amandes douces	125 g
Eau-de-vie à 45°	360 ml
Sucre de canne	900 g
Vin de Malaga	720 ml

Faites macérer le tout pendant 8 jours en agitant de temps en temps, filtrez.

VIN DE KOLA

Digestif et tonique. Un verre après le repas. Le vin blanc peut être remplacé par un vin liquoreux, la dose de noix de kola est de 60 g par litre.

VIN DE QUINQUINA

Tonique, fortifiant, reconstituant. Un verre avant les repas. Préférez le vin rouge pour sa préparation.

VIN ROSAT

Appliqué surtout en pansement des ulcères variqueux, il se prépare avec 20 g de roses de France pour un litre de vin rouge.

VIN D'AUNÉE

Ce vin est aussi appelé « *potio paulina* » en souvenir de saint Paul qui le recommandait à Timothée pour faciliter la digestion.

Toujours d'actualité, un verre à bordeaux avant le repas tonifie l'estomac, redonne de l'appétit, facilite la digestion.

Racines d'aunée	60 g
Vin rouge	1 l

Faites macérer pendant 8 jours 60 g de racines d'aunée dans un litre de vin rouge. Filtrez. Ajoutez éventuellement 200 g de sucre ou de miel.

Les vins suivants se préparent de la même façon que le vin d'aunée.

VIN D'ASPÉRULE ODORANTE : délicieux vin parfumé appelé « vin de mai », époque à laquelle on le fabrique, 30 g par litre.

VIN DE MENTHE COQ : facilite la digestion, à prendre après le repas, 30 g par litre.

VIN DE NOYER : astringent, très bon pour la circulation du sang ; l'idéal pour sa préparation est de mettre trois ou quatre noix fraîches avec leur brou par litre et d'y ajouter une feuille.

VIN D'ORANGES AMERES : tonique à prendre avant le repas, 30 g par litre.

VIN DE PAQUERETTE : s'utilise en application contre les chutes, le torticolis, les engorgements divers, 50 g par litre.

VIN DE PEUPLIER : soulage la toux, facilite l'expectoration, 60 g par litre.

VIN DE POTENTILLE TORMENTILLE : contre les diarrhées et la colique, 60 g par litre ; choisir un vin de Bordeaux riche en tanins.

VINAIGRE

Acetum des Latins, le vinaigre est le résultat de la fermentation acide des liquides alcooliques tels que le vin, le cidre, la bière, etc.

Sa connaissance remonte à l'Antiquité la plus reculée.

Additionné d'eau, il était la boisson ordinaire des soldats romains que l'on appelait « oxycrat ».

Le vinaigre, par sa composition alcoolisée et son acidité, permet d'ex traire une plus grande quantité des principes actifs des végétaux.

VINAIGRE ANTIPOUX

Lotion des cheveux pour lutter contre les poux.

Fleurs de tanaisie	50 g
Fleurs de lavande	30 g
Vinaigre de cidre	1 l

Laissez macérer les plantes dans le vinaigre une dizaine de jours, filtrez ensuite.

VINAIGRES AUX FRUITS

Pour le plaisir du palais, faites macérer 3 kg de fruits rouges, *mûres, cerises, framboises, fraises*, dans 2 l de vinaigre de cidre pendant 10 jours. Filtrez sans presser les fruits.

Bien d'autres vinaigres du cuisinier se font avec les herbes du jardin ou de la nature, choisissez selon votre goût, estragon, laurier, thym, poivre, piment, etc.

VINAIGRE DES QUATRE VOLEURS

C'est à Toulouse, au XVIIe siècle, que quatre voleurs détroussant les pestiférés révélèrent, pour avoir la vie sauve, le secret de la protection dont ils se frictionnaient.

Antiseptique, le vinaigre des quatre voleurs s'utilise en friction du corps pur ou dilué dans l'eau pour adoucir la peau, calmer la sensation de démangeaison, lutter contre les boutons du visage ou du corps ; à titre préventif, il s'utilise en rinçage des cheveux pour les faire briller mais aussi pour éviter la venue des poux.

Plante d'absinthe	20 g
Feuilles de romarin	20 g
Feuilles de sauge	20 g

Feuilles de menthe	20 g
Fleurs de lavande	20 g
Racines de calamus	3 g
Écorces de cannelle	3 g
Clous de girofle	3 g
Noix de muscade	3 g
Ail	3 g
Camphre chinois	5 g
Vinaigre blanc	1,5 l

Faites macérer les plantes dans le vinaigre pendant 10 jours. Filtrez. Ajoutez le camphre.

N.B. : nous avons retiré la rue et l'acide acétique de la formule initiale, deux substances délicates à utiliser.

VINAIGRE DE TOILETTE

Sur le visage, aussi bien pour faire régresser les boutons d'acné et autres imperfections qu'en lotion quotidienne, pour tonifier et adoucir.

Pour le corps, dans le bain pour en adoucir l'eau, en friction pour calmer les démangeaisons, en compresse pour atténuer les brûlures du soleil.

Racines de bardane	15 g
Feuilles de lierre grimpant	15 g
Feuilles d'ortie piquante	15 g
Feuilles de romarin	15 g
Ail	10 g
Fleurs de camomille romaine	10 g
Aiguilles de pin	10 g
Fleurs d'arnica	5 g
Feuilles de cresson des fontaines	5 g
Vinaigre de cidre	1 l

Laissez macérer les plantes dans le vinaigre, en agitant de temps en temps, pendant 15 jours. Filtrez. Formule originale de l'Herboristerie du Palais-Royal, le vinaigre de toilette s'utilise pour les cheveux : une cuillerée à soupe dans la dernière eau de rinçage.

VINAIGRE VIRGINAL

Tonique de la peau, en lotion ou dans l'eau du bain.

Résine de benjoin du Sian	100 g
Eau-de-vie à 45° ou rhum	250 g
Vinaigre de cidre	250 ml

Laissez macérer le tout pendant 3 semaines, filtrez.

VINAIGRE VULNÉRAIRE

Utile en friction du corps pur ou dilué pour soulager les coups, contusions, douleurs articulaires.

Écorces de cannelle	8 g
Macis	8 g
Clous de girofle	8 g
Bois de santal citrin	4 g
Semences de fenouil	4 g
Sommités d'absinthe	7 g
Feuilles de romarin	7 g
Feuilles de menthe	7 g
Fleurs de lavande	7 g
Feuilles de marjolaine	2 g
Vinaigre de cidre	100 ml

Faites macérer les plantes dans le vinaigre 10 jours en agitant de temps en temps. Filtrez.

Recettes de santé

Depuis des siècles, maladies et remèdes voyagent côte à côte. Ne remplaçant toutefois pas l'avis et les prescriptions du médecin, voici des recettes du jardin des bonnes santés pour mieux vivre.

ABCÈS

Cette inflammation localisée, s'accompagnant de la formation de pus, nécessite une cure d'élimination avec des plantes dépuratives, drainant le foie et la vésicule biliaire.

En application, faites des cataplasmes chauds, très souvent répétés.

En infusion, prenez une tasse à jeun, une autre avant les principaux repas de cette composition :

Feuilles de menthe	10 g
Écorces de bourdaine	10 g
Racines de berbéris	20 g
Racines de chicorée	30 g
Racines de pissenlit	30 g
Racines de patience	30 g
Racines de bardane	50 g

Mettez une cuillerée à soupe de plantes par tasse. Faites une décoction pendant 3 ou 4 minutes, laissez ensuite infuser durant 10 minutes.

CATAPLASME

Faites des applications chaudes, très souvent répétées.

Feuilles de bouillon blanc	50 g
Feuilles de guimauve	50 g
Farine de lin	200 g

Faites cuire à feu doux pendant 5 minutes cinq à six cuillerées à soupe de plantes dans la quantité d'eau nécessaire pour réaliser un cataplasme.

PLANTES UTILES : en tisane à boire, toutes les plantes dépuratives ; en cataplasmes, les plantes émollientes.

ACNÉ

Résultat de la suppuration d'un follicule pileux et des glandes sébacées, l'acné est souvent liée à un déséquilibre hormonal, digestif ou nerveux.

Il est indispensable de régulariser l'élimination, tout en retrouvant un équilibre, de surveiller l'alimentation en évitant charcuterie, viandes grasses, graisses cuites, fromages trop riches, chocolat.

Faites une cure de 3 semaines, renouvelez le traitement si nécessaire. Complétez celui-ci par *trois gélules de levure vivante* le matin à jeun, des bains de vapeur, des lotions, des masques. Les produits à la *propolis* sont très bien adaptés.

Prenez une tasse de ce mélange de plantes le matin à jeun, une ou deux autres le soir avant ou après le repas.

Feuilles de menthe poivrée	10 g
Sommités d'aspérule odorante	20 g
Feuilles de noyer	20 g
Fleurs de souci	20 g
Racines de bardane	30 g
Racines de chicorée	30 g
Sommités de pensée sauvage	30 g
Plante de saponaire	30 g

Préparez-la en décoction pendant 2 minutes, puis en infusion durant 10 minutes à raison d'une cuillerée à soupe de plantes par tasse.

PLANTES UTILES : *feuilles et racines de bardane, sommités de centaurée, racines de chicorée, plante de fumeterre, écorces d'orme, feuilles d'ortie, racines de patience, plante de pensée sauvage, feuilles et racines de pissenlit, racines de salsepareille.*

BAIN DE VAPEUR AUX BOURGEONS DE PIN

Destiné à éliminer les impuretés en profondeur par la transpiration, le bain de vapeur complète efficacement le masque.

Bourgeons de pin	40 g
Racines de bardane	40 g
Plante de pensée sauvage	40 g
Feuilles de sauge	40 g
Fleurs de sureau	40 g
Poudre de rassoul	40 g
Feuilles de thym	40 g

Présentez votre visage sur les vapeurs qui s'élèvent. À faire une ou deux fois par semaine.

ACNÉ ROSACÉE

Il s'agit d'une congestion des veinules – couperose – et d'une inflammation des follicules pileux – acné : tout simplement l'acné sur une couperose.

Évitez les surcharges alimentaires et l'application de liquides trop chauds sur le visage ; pas de bain de vapeur.

Pour l'amélioration de l'état général, faites de temps en temps une cure de TISANE ou d'ÉLIXIR DU PALAIS-ROYAL (page 350 et 416), et des CURES POUR LA CIRCULATION DU SANG.

Cônes de cyprès	20 g
Feuilles de noisetier	20 g
Racines de petit houx	20 g
Feuilles de pissenlit	20 g
Fleurs de souci	20 g
Plante de pensée sauvage	30 g
Plante de saponaire	30 g

Faites une décoction pendant 2 minutes, puis une infusion durant 10 minutes à raison d'une cuillerée à soupe de plantes par tasse.
PLANTES UTILES : les plantes contre l'acné et les plantes pour stimuler la circulation du sang.

AÉROCOLIE – AÉROGASTRIE – AÉROPHAGIE

L'aérocolie est la présence de gaz dans l'intestin, l'aérogastrie d'air dans l'estomac, et l'aérophagie la pénétration d'air dans l'œsophage et l'estomac. Dans ce dernier cas, il est possible que la sensation d'air dans l'estomac soit simplement d'origine nerveuse.

Faites votre possible pour manger lentement, dans le calme, en évitant les farineux.

Il est important, les malaises passés, de stimuler tous les organes de la digestion, le foie, la vésicule biliaire, l'estomac.

Pour ces trois malaises on utilise les mêmes plantes, qui sont carminatives. Nous vous en donnons une formule très simple, utilisée depuis fort longtemps.

Prenez une tasse 15 minutes avant ou 1 heure après le repas.

Racines d'acore	20 g
Semences d'anis vert	20 g
Fruits de badiane	20 g
Semences de carvi	20 g
Semences de coriandre	20 g
Semences de cumin	20 g
Semences de fenouil	20 g
Feuilles de sarriette	20 g

Préparez-la en mettant une cuillerée à café de plantes par tasse, faites bouillir pendant 3 minutes et infuser durant 10 minutes.

ALBUMINURIE

Se traduisant par la présence d'albumine dans les urines, il peut s'agir d'un phénomène d'élimination, souvent lié à un excès d'urée, dans les cas d'angine, de scarlatine, de grossesse, de fatigue.

Réduisez votre consommation de protéines, viande ou poisson. Il est nécessaire de consulter le médecin. Toutefois ces plantes peuvent vous aider : buvez un litre de leur infusion dans la journée.

Feuilles de piloselle	20 g
Sommités de verge d'or	20 g
Feuilles de bouleau	30 g
Fleurs de bruyère	30 g
Baies d'alkékenge	100 g

Préparez-la en mettant quatre cuillerées à soupe de plantes par litre d'eau, faites bouillir pendant 3 minutes, laissez infuser durant 10 minutes.

PLANTES UTILES : *feuilles ou racines d'ache, baies d'alkékenge, rhizomes de chiendent, fleurs de genêt, feuilles de gui, stigmates de maïs, racines de panicaut, plante de piloselle, aubier de tilleul, sommités de verge d'or, plante de vergerette du Canada.*

ALLERGIES

Chaque jour grandit la liste des agents allergiques, l'organisme tolérant mal certaines substances, ce qui se traduit par de l'asthme, de l'urticaire, de l'eczéma.

Il est nécessaire de drainer les reins, les intestins, le foie pour permettre à ce dernier de jouer son rôle antitoxique.

Dans votre alimentation, consommez des aliments frais, cuits à l'étouffée, pour conserver un maximum de vitamines et faciliter la fabrication dans votre organisme d'enzymes digestifs.

Pour l'asthme et l'eczéma, il est souhaitable de vous reporter aux indications précises pour ces malaises. Dans les autres cas, buvez un litre de cette tisane comme boisson dans la journée.

Feuilles de buis	20 g
Plante de gaillet	20 g

Sommités de mélilot	20 g
Feuilles de mélisse	20 g
Plante de saponaire	20 g
Fleurs de souci	20 g
Sommités de verge d'or	40 g

Prenez quatre bonnes cuillerées à soupe de plantes pour un litre d'eau, faites bouillir pendant 3 minutes et laissez infuser durant 10 minutes.

PLANTES UTILES : les plantes dépuratives, pour le foie, et plus particulièrement la *verge d'or*.

ALLERGIE AU SOLEIL

De plus en plus fréquemment la peau de nombreuses personnes ne supporte pas le soleil.

À titre préventif, faites une cure 1 ou 2 mois avant d'aller au soleil avec la boisson contre l'allergie, ou la TISANE DU PALAIS-ROYAL (page 416).

Dans votre alimentation, consommez beaucoup de légumes cuits ou crus, particulièrement des *carottes*, riches en provitamine A, ou bêta-carotène. Complétez ces flatteries à votre estomac par du *jus* ou des *capsules de carottes*.

AMAIGRISSEMENT

Un amaigrissement anormal nécessite une consultation médicale sérieuse.

Totefois, pour faire grossir, augmenter la prise de poids, une plante donne de très bons résultats, le *fenugrec*.

Prenez-le en tisane ou en poudre associé aux *germes de blé*. En poudre, quatre ou cinq cuillerées à soupe de chaque dans du yaourt, du miel ou de la confiture. De temps en temps, pour assurer une meilleure assimilation, prenez la tisane pour le foie (page 419).

AMÉNORRHÉE

(*voir* **RÈGLES**)

C'est l'absence des règles. En dehors des périodes de grossesse, d'allaitement et de ménopause, l'aménorrhée est pathologique.

ANÉMIE

Il s'agit d'un appauvrissement du sang se traduisant par une fatigue importante, des vertiges, une pâleur excessive.

Il est important d'avoir une alimentation riche en minéraux, vitamines, chlorophylle, que vous apportent les légumes, les fruits, ou les compléments alimentaires à base d'algues ou de fer.

De temps en temps, des bains de *romarin* et de *sarriette*, ou d'eau de mer (ils existent en poudre) redonnent de l'énergie.

Les plantes amères qui sont digestives et toniques sont les bienvenues. On en fait des tisanes, un vin. Prenez une tasse avant les repas.

Fleurs de matricaire	10 g
Feuilles de menthe poivrée	10 g
Plante de chardon béni	20 g
Feuilles de germandrée	20 g
Racines d'impératoire	20 g
Feuilles de noyer	20 g
Racines de gentiane	30 g
Racines de patience	30 g

Mettez une cuillerée à soupe de plantes par tasse d'eau. Faites bouillir pendant 3 minutes et laissez infuser durant 10 minutes.

VIN : un verre à liqueur avant le repas redonne de l'énergie.

Racines de colombo	2 g
Écorces de chêne	2 g
Fleurs de camomille	3 g
Racines de gentiane	5 g
Noix de kola	5 g
Écorces de quinquina	5 g
Écorces d'orange amère	10 g
Vanille	1 gousse

Faites macérer les plantes pendant 10 jours dans un litre de vin rouge de Bordeaux, ou autre, riche en tanins, en prenant soin de couper en deux la gousse de vanille dans le sens de la longueur.

PLANTES UTILES : *plante d'absinthe, racines d'aunée, plante de centaurée, écorces de chêne, feuilles de cresson, semences de fenugrec, baies de genévrier, racines de gentiane, plante de germandrée, racines de gingembre, cônes de houblon, racines d'impératoire, laminaires, feuilles de mélisse, plante de mille-feuille, feuilles de noyer, racines de patience, feuilles de pervenche, plante de prêle, écorces de quinquina, racines de raifort, feuilles de romarin, feuilles de ronce, fleurs de souci.*

ANGINE

L'angine est une inflammation de la gorge et des amygdales.

Si elle est mal soignée, des complications, comme la néphrite ou les rhumatismes articulaires, peuvent se déclarer.

La difficulté à avaler et la perte de l'envie de manger sont propices à la préparation d'une tisane rafraîchissante.

Buvez-en à volonté plusieurs tasses par jour, chaudes si possible.

Rhizomes de chiendent	25 g
Racines de fraisier	25 g
Baies de genévrier	25 g
Feuilles de guimauve	25 g
Feuilles d'hysope	25 g
Racines de réglisse	25 g
Feuilles de thym	25 g

Preparez-la en mettant une cuillerée à soupe de plantes par tasse ou quatre par litre. Faites bouillir pendant 2 ou 3 minutes, laissez infuser durant 10 minutes.

GARGARISMES : Faites-en plusieurs fois par jour.

Plante d'aigremoine	20 g
Feuilles de fraisier	20 g
Feuilles de noyer	20 g
Feuilles de plantain	20 g
Feuilles de ronce	20 g

Mettez une bonne cuillerée à soupe de plantes par tasse, faites bouillir pendant 3 minutes, laissez infuser durant 10 minutes.

PLANTES UTILES : en gargarismes et à boire, *racines ou feuilles d'ache, plante d'aigremoine, écorces d'aulne, racines de bistorte, fleurs ou feuilles de bouillon blanc, racines de bugrane, feuilles de chêne, feuilles de chèvrefeuille, fleurs de coquelicot, feuilles d'eucalyptus, feuilles et racines de fraisier, feuilles de framboisier, plante de géranium à Robert, feuilles, fleurs ou racines de guimauve, plante d'hysope, feuilles de mûrier noir, feuilles de noyer, feuilles d'ortie, feuilles de plantain, potentille ansérine, potentille tormentille, feuilles de ronce, pétales de roses, feuilles de romarin, feuilles de thym, fleurs et feuilles de tussilage, feuilles de troène.*

ANGOISSE – ANXIÉTÉ

Angoisse, anxiété, inquiétude, cet état émotionnel très désagréable se traduit par une sensation d'étouffement, une accélération de la respiration.

Il est important de faire un apport équilibré de minéraux avec des compléments alimentaires en insistant sur le magnésium.

La *poudre de prêle* prise régulièrement vous y aidera, ainsi que des plantes calmantes, relaxantes, équilibrantes.

Prenez plusieurs tasses par jour de cette recette, dont une le soir.

Pétales d'oranger	10 g
Feuilles de serpolet	10 g
Plante d'escholtzia	20 g
Sommités de mélilot	20 g
Plante de prêle	20 g
Feuilles d'angélique	30 g
Sommités d'aspérule odorante	30 g
Plante de lotier corniculé	30 g

Préparez-la en mettant une cuillerée à soupe de plantes par tasse, faites bouillir pendant 2 ou 3 minutes, laissez infuser durant 10 minutes.

Prenez également une cuillerée à café de *poudre de prêle* dans un peu d'eau, ou un yaourt, ou du miel.

PLANTES UTILES : *feuilles ou racines d'angélique, fleurs d'aubépine, plante de ballote, laminaires, sommités de lotier corniculé, fleurs ou racines de nénuphar, plante de passiflore, chatons de saule.*

APHONIE

L'aphonie, qui perturbe la voix, est la paralysie plus ou moins importante des muscles du larynx, trop sollicité par les chanteurs et les gens qui parlent beaucoup.

Utiles en gargarismes, les plantes douces décontractent et adoucissent cette partie de l'arrière-gorge, organe si précieux des belles voix.

Faites des gargarismes plusieurs fois par jour.

Feuilles de tussilage	20 g
Racines de réglisse	30 g
Racines d'acore	30 g
Plante d'érysimun	70 g

Mettez une cuillerée à soupe du mélange par tasse, faites bouillir pendant 2 ou 3 minutes, laissez infuser durant 10 minutes

PLANTES UTILES : en gargarismes, *feuilles ou racines d'ache, feuilles de cerfeuil, plante d'érysimum, fleurs ou feuilles de mauve, feuilles de persil, feuilles de ronce.*

APHTE

L'aphte est une ulcération douloureuse localisée dans la bouche.

Tout en faisant des applications ou des bains de bouche, prenez des plantes activant tout le système digestif (page 417).

Faites des bains de bouche plusieurs fois par jour avec ces plantes.

Feuilles de ronce	20 g
Feuilles de sauge	20 g
Feuilles de troène	20 g
Racines de bistorte	80 g

Prenez une cuillerée à soupe de ce mélange pour une tasse d'eau, faites bouillir pendant 3 minutes et laissez infuser durant 10 minutes.

PLANTES UTILES : en bain de bouche ou attouchements sur les aphtes, *feuilles de basilic, racines de bistorte, semences de fenugrec, feuilles de myrtille, feuilles de ronce, boutons de roses de France, plante de serpolet, feuilles de thym, feuilles de troène.*

APPÉTIT (MANQUE D')

Le manque d'appétit est souvent dû a un encombrement digestif, ou à un état plus ou moins anorexique.

Pour vous aider, les espèces apéritives sont les plus adaptées, elles stimulent l'appétit tout en activant les fonctions digestives en tisane, comme cette recette, ou en vin. Prenez une tasse 10 minutes avant chaque repas.

Coques de cacao	40 g
Sommités de petite centaurée	40 g
Racines de gentiane	40 g
Noix de kola	40 g
Écorces d'orange amère	40 g

Mettez une cuillerée à soupe de plantes par tasse, faites bouillir pendant 2 ou 3 minutes, laissez infuser durant 10 minutes.

PLANTES UTILES : en tisane ou dans du vin, *plante d'absinthe, feuilles de cerfeuil, plante de chardon béni, fleurs de camomille romaine, feuilles ou racines de chicorée, feuilles de cresson, racines de gingembre et de ginseng, cônes de houblon, racines d'impératoire, fleurs de matricaire, feuilles de pervenche, racines de raifort, feuilles de romarin, feuilles de roquette.*

ARTÉRIOSCLÉROSE

C'est l'épaississement et le durcissement des artères.

Accompagnée ou non de cholestérol, il est nécessaire de combattre l'artériosclérose et de rétablir la souplesse artérielle, pour éviter la destruction complète des artères.

L'alimentation doit être légère, la même que celle préconisée contre l'excès de cholestérol, riche en légumes, céréales, pauvre en graisses cuites.

Associées à la tisane – pour avoir l'âge de vos artères, mais pas plus –, prenez quatre gélules par jour d'*huile de pépins de cassis*, ou de *poisson des mers froides*, très riches en acides gras polyinsaturés, ou de *lécithine de soja*.

Buvez deux ou trois tasses par jour de la préparation ci-après, avant les repas de préférence, en alternant toutes les 3 semaines avec un mélange de *ginkgo biloba* et de *feuilles de pervenche*.

Feuilles d'artichaut	20 g
Chrysantellum americanum	20 g
Plante de fumeterre	20 g
Feuilles de gui	20 g
Thalle de laminaire	20 g
Feuilles de noyer	20 g
Plante de prêle	20 g
Fleurs de tilleul	20 g
Plante d'ulmaire	20 g
Feuilles de verveine ou	
Feuilles de menthe pour parfumer	20 g

Faire une décoction pendant 2 minutes, suivie d'une infusion durant 10 minutes en mettant une cuillerée à soupe de plantes par tasse.

PLANTES UTILES : la composition tisane du Palais-Royal, les plantes contre le cholestérol, pour le foie, la vésicule, la circulation du sang. *Plante d'alchémille, racines d'arbousier, feuilles d'artichaut, fleurs d'aubépine, feuilles de bouleau, feuilles de cassis, plante de chardon béni, Chrysantellum americanum, feuilles de fraisier, plante de fumeterre, baies de genévrier, feuilles de gui, plante de mille-pertuis, feuilles de muguet, feuilles de noyer, feuilles d'ortie, feuilles de pervenche, feuilles ou racines de pissenlit, feuilles de romarin, feuilles de sauge, fleurs de tilleul.*

ARTHRITE

L'arthrite est une inflammation plus ou moins importante de l'articulation.

Pour soulager la douleur, parfois violente, faites des massages avec le baume souverain (page 338) sur les parties douloureuses ; si elle vous semble difficile à localiser, frictionnez votre corps avec la lotion ci-dessous.

De temps en temps utilisez des plantes d'élimination, comme l'*aubier de tilleul*, ou la composition TISANE DU PALAIS-ROYAL (page 416).

Buvez deux ou trois tasses par jour de cette composition pendant 3 semaines.

Feuilles d'ache	20 g
Feuilles d'ortie piquante	20 g
Racines de panicaut	20 g
Feuilles de bouleau	20 g

Feuilles de cassis	20 g
Feuilles de fraisier	20 g
Baies de genévrier	20 g

Préparez-la en décoction pendant 2 minutes en mettant une cuillerée à soupe de plantes par tasse ou quatre par litre.

EAU DE FRICTION SOUVERAINE

Essence de cajeput	5 g
Essence de camomille	5 g
Essence de genièvre	5 g
Essence de lavande	5 g
Essence de romarin	5 g
Eau-de-vie ou rhum	250 ml

Mélangez les essences à l'eau-de-vie ou au rhum.
N.B. : en moyenne 1 g d'essence = 40 gouttes.

L'arthrite dentaire est une inflammation de la gencive se traduisant par le déchaussement des dents. La visite chez le dentiste s'impose.

Les plantes à boire sont les mêmes que pour l'arthrite, tout en prenant de la *prêle* pour reminéraliser. En complément, utilisez ce mélange de poudres en guise de dentifrice et en massage de la gencive.

Poudre de ratanhia	50 g
Poudre de prêle	50 g
Poudre de sauge	50 g
Sel marin fin	100 g
Huile de pépins de courge	quantité suffisante

Mélangez la poudre avec un peu d'huile et d'eau de façon à faire une pâte.

PLANTES UTILES : *feuilles ou racines d'ache, feuilles d'artichaut, feuilles de bouleau, sommités de bourrache, fleurs de bruyère, feuilles de cassis, queues de cerises, racines de chiendent, feuilles de fraisier, feuilles de framboisier, feuilles de frêne, baies de genévrier, plante de germandrée, plante de lycopode, feuilles d'ortie, racines de panicaut, racines de petit houx, bourgeons de peuplier, plante de prêle, racines de raifort, plante de renouée, feuilles de romarin, écorces de saule, racines de sceau de Salomon, plante de scolopendre, plante de vergerette du Canada.*

ARTHROSE

L'arthrose est un processus inflammatoire entraînant un phénomène de dégénérescence des cartilages avec usure progressive des extrémités osseuses et formation de protubérances.

Pour soulager ces douleurs inflammatoires, faites des cures régulières de 3 semaines en alternant ces deux préparations, et de temps en temps prenez la TISANE ou l'ÉLIXIR DU PALAIS-ROYAL (pages 350 et 416), pour rééquilibrer l'état général.

Buvez trois tasses par jour, en alternant, une semaine sur deux.

Racines de barbane	30 g
Racines de fraisier	30 g
Racines de petit houx	30 g
Racines de panicaut	40 g
Racines d'harpagophytum	100 g
Aubier de tilleul sauvage	100 g

Préparez-la en décoction pendant 5 minutes, laissez infuser durant 10 minutes en mettant une cuillerée à soupe de plantes par tasse. Prenez trois tasses par jour.

Feuilles de cassis	20 g
Feuilles de fraisier	20 g
Baies de genévrier	20 g
Plante de prêle	20 g
Fleurs de sureau	20 g
Plante d'ulmaire	20 g
Plante de vergerette	20 g

Mettez une cuillerée à soupe de plantes par tasse, faites bouillir pendant 2 ou 3 minutes, laissez infuser durant 10 minutes.

PLANTES UTILES : *racines d'harpagophytum et plante de prêle* en association ; les plantes contre l'arthrite et les rhumatismes.

ARYTHMIE – TACHYCARDIE

Il s'agit de modifications du rythme cardiaque, par simple excitation du sympathique avec extrasystoles, ou plus sérieuses. Dans ce dernier cas, consultez le médecin. Prenez deux ou trois tasses par jour de tisane de *fleurs d'aubépine.*

ASTHME

L'asthme est caractérisé par des difficultés respiratoires, surtout lors de l'expiration. Évoluant suivant les cas, il peut régresser, se stabiliser, se transformer en bronchite chronique.

Plusieurs préparations sont proposées, elles peuvent être alternées.

– Pour faciliter la respiration, prenez deux ou trois tasses par jour de la préparation ci-après.

Feuilles de cochléaria	10 g
Feuilles de serpolet	10 g
Fleurs de bouillon blanc	20 g
Fleurs de tussilage	20 g
Racines d'aunée	30 g
Feuilles d'hysope	30 g
Bourgeons de pin	30 g

Mettez une cuillerée à soupe de plantes pour une tasse, faites bouillir pendant 2 minutes, laissez infuser durant 10 minutes.

– Tout en facilitant la respiration, celle-ci calme, détend, repose. Prenez-en deux ou trois tasses par jour, dont une au coucher.

Fleurs de coquelicot	10 g
Plante de véronique	10 g
Racines d'aunée	20 g
Feuilles de lierre terrestre	20 g
Feuilles d'angélique	30 g
Semences d'anis vert	30 g
Fleurs de lavande	30 g

Préparez-la en décoction pendant 2 minutes, suivie d'une infusion durant 10 minutes, en mettant une cuillerée à soupe de plantes par tasse.

– La préparation suivante est un traitement de fond contre l'asthme afin de retrouver un équilibre. Prenez-en une tasse avant les repas.

Feuilles de buis	20 g
Sommités de mille-feuille	20 g
Fleurs de souci	20 g
Sommités de verge d'or	20 g
Sommités de mille-pertuis	30 g
Feuilles de thym	30 g
Chrysantellum americanum	40 g

Mettez une cuillerée à soupe de plantes par tasse, faites bouillir pendant 2 ou 3 minutes, laissez infuser durant 10 minutes.

PLANTES UTILES : *plante d'aigremoine, feuilles ou racines d'angélique, semences d'anis vert, fleurs d'arnica, fleurs d'aubépine, racines d'aunée, fleurs et feuilles de bouillon blanc, feuilles de chélidoine, feuilles de cochléaria, fleurs de coquelicot, plante de drosera, feuilles d'eucalyptus, semences de fenouil, feuilles de gui, feuilles d'hysope, fleurs de lavande, lichen d'Islande, feuilles de lierre terrestre, plante de marrube blanc, fleurs ou feuilles de mauve, sommités de mille-pertuis, feuilles ou fleurs d'oranger, sommités d'origan, feuilles d'ortie, bourgeons de pin, racines de polygala, racines de raifort, feuilles de romarin, feuilles de sauge, feuilles de serpolet, feuilles de thym, feuilles ou fleurs de tussilage, racines de valériane.*

BLÉPHARITE

C'est l'inflammation du bord des paupières donnant une impression de rougeur due à la fatigue.

Il est important d'équilibrer l'organisme en prenant la composition pour l'état général qu'est la TISANE DU PALAIS-ROYAL (page 416).

Sur les paupières, faites des compresses plusieurs fois par jour avec l'une de ces plantes ou, mieux, leur mélange.

Fleurs de bleuet	20 g
Fleurs de camomille	20 g

Plante d'euphraise	20 g
Fleurs de sureau	20 g

Prenez une cuillerée à soupe de ce mélange pour une tasse d'eau bouillante, laissez infuser pendant 10 minutes. Filtrez.

PLANTES UTILES : en compresses ou bains d'yeux, *fleurs de bleuet, fleurs de camomille, plante d'euphraise, plante de mélilot, feuilles de plantain, fleurs de sureau.*

BRONCHITE

C'est une inflammation des bronches causée par un refroidissement ; elle peut devenir chronique si elle est mal soignée.

L'alimentation doit être légère, les soupes de légumes conviennent parfaitement.

Les plantes choisies sont destinées à éliminer, faciliter l'expectoration, soulager les bronches.

Les cataplasmes de *farine de lin* adouciront les bronches et calmeront la toux.

Prenez deux à quatre tasses dans la journée.

Fleurs de bouillon blanc	10 g
Sommités de bourrache	10 g
Thalle de carragahen	10 g
Baies de genévrier	20 g
Lichen pulmonaire	20 g
Feuilles de lierre terrestre	20 g
Fleurs de mauve	20 g
Feuilles de myrte	20 g
Bourgeons de pin	20 g

Parfumez avec de la *réglisse* éventuellement. Préparez-la en décoction pendant 2 minutes suivie d'une infusion durant 10 minutes, à raison d'une cuillerée à soupe de plantes par tasse.

PLANTES UTILES : les espèces pectorales, *feuilles ou racines d'ache, ail des ours, racines d'aunée, fleurs ou feuilles de bouillon blanc, sommités de bourrache, feuilles de bucchu, plante de capillaire, carragahen, plante de cataire, plante de chardon béni, feuilles de chèvrefeuille, racines de consoude, fleurs de coquelicot, plante de drosera, feuilles d'eucalyptus, baies de genévrier, plante de germandrée, feuilles, fleurs ou racines de guimauve, feuilles d'hysope, racines d'impératoire, feuilles de laurier, lichen d'Islande, feuilles de lierre grimpant ou terrestre, plante de marrube blanc, fleurs de mauve, feuilles de menthe coq, sommités de mille-pertuis, feuilles de myrte, sommités d'origan, fleurs de pâquerette, bourgeons de peuplier, fleurs de pied-de-chat, bourgeons de pin, racines de polygala, polypode de chêne, lichen pulmonaire, racines de raifort, feuilles de sauge, plante de scabieuse, plante de scolopendre, feuilles de serpolet, fleurs de sureau, feuilles de thuya, feuilles de thym, fleurs ou feuilles de tussilage, plante de vipe-rine, fleurs de violette.*

BRÛLURES

Lésions provoquées par la chaleur, les brûlures peuvent être plus ou moins étendues et plus ou moins profondes.

Faites des compresses ou des bains d'*huile de mille-pertuis* (page 358) le plus rapidement possible.

Vous pouvez également appliquer des *pommes de terre* ou des *carottes* râpées, de la *pulpe de citrouille*, un blanc d'œuf battu en neige mélangé à deux cuillerées à soupe d'*huile d'olive*, de l'*huile de lis*, de la *consoude* fraîche.

CALCULS

Les calculs sont la formation d'une concrétion solide à divers niveaux des systèmes d'excrétion ; les voies urinaires, la vésicule biliaire, plus rarement les glandes salivaires.

Pour les calculs biliaires, le régime alimentaire est le même que pour les malades du foie et ceux ayant un taux de cholestérol trop élevé : repas léger, légumes cuits ou crus, fruits, céréales, viandes et poissons maigres cuits sans graisses.

Dans les cas de calculs rénaux, pas de vin blanc, pas de coquillages ni de crustacés, pas de fromage, si possible peu de laitages.

Une cure d'*aubier de tilleul* pour toutes sortes de calculs suffit souvent, mais des compositions bien élaborées ont leur succès.

Pour éviter si possible la formation de calculs, nous en revenons toujours au principe de base d'une bonne santé : éliminez, éliminez... L'ÉLIXIR ou la TISANE DU PALAIS-ROYAL (pages 350 et 416) vous y aide généreusement.

Pour les lithiases et les calculs biliaires, prenez une cuillerée à soupe d'*huile d'olive* le matin à jeun, et deux ou trois tasses par jour de cette composition.

Écorces de berbéris	20 g
Feuilles de boldo	20 g
Plante de chélidoine	20 g
Racines de curcuma	20 g
Baies de genévrier	20 g
Racines de pissenlit	30 g
Feuilles d'ortie	30 g
Sommités de verge d'or	30 g

Préparez-la en mettant une cuillerée à soupe de plantes par tasse, faites bouillir pendant 2 ou 3 minutes, laissez infuser durant 10 minutes.

Faites des cataplasmes de *son* chauds sur les parties douloureuses.

PLANTES UTILES : toutes les plantes ou compositions pour le foie et la vésicule biliaire ; *feuilles d'artichaut, feuilles de boldo, écorces de berbéris, sommités de bourrache, sommités de centaurée, plante de chardon Marie, racines de curcuma, plante d'eupatoire, baies de genévrier, plante de grémil, feuilles d'ortie, racines de pissenlit, écorces de saule, fleurs de sureau, aubier de tilleul, jus de radis noir.*

Pour chasser les boues et les calculs des reins et de la vessie, prenez un litre par jour.

Racines de bugrane	20 g
Feuilles de busserole	20 g
Feuilles de fraisier	20 g
Baies de genévrier	20 g
Feuilles de bouleau	30 g
Racines de pissenlit	30 g
Sommités de sabline	50 g

Faites bouillir pendant 3 minutes 4 cuillerées à soupe du mélange par litre.

PLANTES UTILES : toutes les plantes diurétiques en général ; *feuilles d'aigremoine, plante d'alchémille, feuilles d'artichaut, fleurs d'aubépine, feuilles de bouleau, fleurs de bruyère, racines de bugrane, feuilles de busserole, feuilles de cassis, racines de céleri, feuilles ou racines de chicorée, racines de chiendent, racines de fenouil, feuilles ou racines de fraisier, feuilles de frêne, baies de genévrier, stigmates de maïs, feuilles d'orthosiphon, fruits de paliure, plante de pariétaire, racines de petit houx, racines ou feuilles de pissenlit, plante de prèle, fleurs ou plante de reine-des-prés, plante de sabline, bourgeons de sapin, feuilles de sauge, fleurs de sureau, plante de verge d'or, plante de véronique.*

CELLULITE

La cellulite est une inflammation des tissus, due à une accumulation de déchets et de toxines ralentissant la circulation du sang, qui se caractérise par un aspect en peau d'orange.

L'alimentation doit être équilibrée, sans surcharges excessives.

Il est nécessaire, en complément des bains d'algues, des frictions au gant de crin, des crèmes de massage, de prendre des associations de plantes pour éliminer, améliorer la circulation du sang, et faciliter une meilleure assimilation ; la TISANE ou l'ÉLIXIR DU PALAIS-ROYAL comporte tous ces éléments (pages 350 et 416).

La *crème à la centella*, appliquée régulièrement, donne de très bons résultats. Buvez un litre par jour de cette préparation anticellulite.

Feuilles de bouleau	20 g
Feuilles de cassis	20 g
Stigmates de maïs	20 g
Sommités de mille-feuille	20 g
Feuilles d'ortie	20 g
Feuilles de pissenlit	20 g
Sommités de reine-des-prés	20 g
Feuilles de troène	20 g

Faites bouillir pendant 2 minutes et infuser durant 10 minutes quatre cuillerées à soupe de plantes par litre.

PLANTES UTILES : *feuilles de bouleau, feuilles de cassis, plante de centella, laminaires, feuilles de lierre grimpant, stigmates de maïs, sommités de mille-feuille, feuilles d'ortie, racines de panicaut, plante de pariétaire, feuilles ou racines de pissenlit, fleurs de prunellier, plante ou fleurs de reine-des-prés, écorces de saule, fleurs de sureau, feuilles de troène, varech vésiculeux, sommités de verge d'or, feuilles de vigne rouge.*

CHOLESTÉROL

Le cholestérol est un corps gras complexe jouant un rôle important dans l'organisme. Il peut être apporté par l'alimentation ou produit par notre corps. Un de ses dérivés se transforme en vitamine D, la vitamine antirachitique, quand vous allez au soleil.

Tout en prédisposant à des problèmes artériels graves, l'excès de cholestérol procure une mauvaise haleine, la tête lourde, des éblouissements, une fatigue nerveuse ; rien ne va plus, une rémise en état est indispensable.

L'alimentation choisie doit être riche en fruits et légumes, et bien sûr pauvre en graisses cuites, sucres « lents » tels que farineux et féculents, surtout si l'activité physique est réduite.

En complément, le matin à jeun, prenez une cuillerée à soupe de *lécithine de soja* ; riche en choline, elle entraîne les graisses et les cholestérols dans la digestion.

Les plantes choisies facilitent la combustion des graisses et des cholestérols en activant le travail du foie et de la vésicule biliaire.

Prenez une tasse avant les repas.

Sommités d'aspérule odorante	10 g
Plante de fumeterre	10 g
Feuilles de kinkéliba	20 g
Feuilles de pissenlit	20 g
Plante de saponaire	20 g
Feuilles d'artichaut	30 g
Chrysantellum americanum	40 g

Parfumer avec des *feuilles de menthe* ou de *verveine*. Mettez une cuillerée à soupe de plantes par tasse, faites bouillir pendant 2 ou 3 minutes, laissez infuser durant 10 minutes.

PLANTES UTILES : *feuilles d'artichaut, racines de chicorée, racines de chiendent, Chrysantellum americanum, plante de fumeterre, feuilles de kinkéliba, feuilles ou racines de pissenlit, plante de prêle, racines de salsepareille, aubier de tilleul sauvage.*

CIRCULATION

Somnolence, sommeil, extrémités des membres froides ou marbrées, visage congestionné, jambes lourdes, tous ces symptômes apparents démontrent une mauvaise circulation du sang.

L'alimentation doit être très variée, facile à digérer, en insistant sur les aromates et en particulier l'*ail* et le *citron*.

N'hésitez pas à faire des exercices physiques, marche, natation, jardinage, sans excès si vous n'en avez pas l'habitude.

Si la congestion est trop importante, faites des bains de pieds avec la *vigne rouge* et le *romarin*, des massages avec l'*huile hydrosoluble au citron* (page 333).

Les plantes utilisées associent des toniques veineuses, mais aussi celles qui « allègent » le sang ; de temps en temps, faites la CURE DES PLANTES (page 348) ou de l'ÉLIXIR DU PALAIS-ROYAL (page 416), des frictions avec une gelée tonique.

Prenez deux ou trois tasses par jour en dehors des repas, en cure de 3 semaines par mois.

Feuilles d'hamamélis	10 g
Feuilles de noyer	10 g
Feuilles d'ortie piquante	10 g
Noix de cyprès	20 g
Sommités de mille-feuille	30 g
Racines de petit houx	40 g
Feuilles de vigne rouge	40 g

Faites bouillir pendant 2 minutes et laissez infuser durant 10 minutes une cuillerée à soupe de plantes par tasse.

PLANTES UTILES : *fleurs d'arnica, feuilles et cônes de cyprès, feuilles d'hamamélis, marrons d'Inde, sommités de mille-feuille, feuilles de noyer, racines de petit houx, feuilles de sauge, feuilles de vigne rouge.*

COLIBACILLOSE

Les colibacilles sont des germes se trouvant normalement dans les intestins sans causer de troubles. Mal stabilisés, ils prolifèrent et passent dans les reins par l'intermédiaire du sang, provoquant des crises de cystite (page 409).

Pour assurer leur équilibre dans les intestins, faites des cures de temps en temps avec les TISANES POUR LE FOIE ou LA VÉSICULE BILIAIRE, ou, pour aider votre corps à conserver toute son énergie, prenez l'ÉLIXIR ou la TISANE DU PALAIS-ROYAL (pages 350 et 416).

COLIQUE

Douleur provoquée par une inflammation, la colique revêt plusieurs formes, hépatiques, néphrétiques, salivaires, traitées à la rubrique « Calculs ».

COLIQUE DU NOURRISSON

Pour soulager ces amours de la vie, faites un cataplasme de *son* tiède sur le ventre, ou un massage très léger, ressemblant à une caresse, avec de l'*huile d'amande douce.*

L'*eau de fleurs d'oranger* dans le biberon donne de bons résultats. Pour prévenir ces maux de ventre, laissez infuser pendant 10 minutes trois *grains de fenouil* ou d'*anis* dans trois cuillerées à soupe d'eau bouillante. Ajoutez au biberon.

COLITE

La colite est l'inflammation du côlon provoquée par une accumulation de déchets. Cercle vicieux, un état spasmodique nerveux, irritable, s'installe ; des douleurs, bien souvent sans raisons apparentes se déclenchent.

L'alimentation doit être pauvre en fibres, évitez les crudités, les fruits mal mûris, les légumes trop riches en fibres, les fromages fermentés, le fromage blanc, les féculents.

Vous pouvez consommer des fromages à pâte cuite, très peu de yaourt, des *carottes* cuites, du *jus de carottes*, du poisson cuit à l'eau, des viandes grillées. L'alimentation à base de céréales est celle qui convient le mieux. De temps en temps, pendant 24 heures, ne consommez que du *riz complet* avec un filet d'*huile d'olive.* En se digérant, il drainera dans l'intestin les déchets accumulés.

En complément, vous pouvez boire dans la journée, pour adoucir, de la *pulpe* ou du *jus de myrtille*, des gélules de *charbon végétal*, une ou deux cuillerées à soupe de *pollen* pour équilibrer.

Les herbes pour tisane sont des plantes digestives et antispasmodiques ; agréables à boire, elles remplacent le café après le repas.

Prenez-en une tasse après les repas, ou plusieurs tasses par jour en cas de crises.

Feuilles de mélisse	10 g
Pétales d'oranger	10 g
Feuilles de serpolet	10 g
Feuilles de verveine	10 g
Sommités de mélilot	20 g
Fruits de badiane	20 g
Feuilles de marjolaine	20 g
Fleurs de matricaire	20 g
Feuilles de sarriette	20 g

Préparez-la en décoction en mettant une cuillerée à soupe de plantes par tasse, faites bouillir pendant 2 ou 3 minutes, laissez infuser durant 10 minutes.

PLANTES UTILES : toutes les plantes digestives et antispasmodiques et plus particulièrement la *sarriette* jouent un rôle antiputride ; *sommités d'aspérule odorante, feuilles de basilic, sommités de calament, fleurs de camomille, fleurs de lavande, feuilles de marjolaine, fleurs de matricaire, fleurs de mauve, sommités de mélilot, feuilles de mélisse, feuilles de menthe coq, feuilles de myrtille..*

CONSTIPATION DES COLITIQUES

Cette sensibilité des intestins ne permet pas d'utiliser n'importe quel laxatif. Il doit être préparé très doux, grâce aux mucilages que certaines plantes contiennent, comme la *graine de lin*, l'*ispaghul*, le *psyllium*.

AGAR-AGAR

L'*agar-agar*, une algue douce, facilite le transit sans irriter l'intestin.

Prenez une cuillerée à café d'*agar-agar* en poudre ou en paillettes pour une tasse d'eau, faites bouillir pendant 1 minute. Buvez le tout le soir au coucher.

La composition douce ci-après donne de bons résultats.

Prenez une tasse matin et soir si nécessaire.

Plante de pariétaire	10 g
Plante de saponaire	10 g
Plante de carragahen	20 g
Feuilles de frêne	20 g
Racines de réglisse	20 g
Racines de chicorée	30 g
Feuilles de guimauve	40 g

Préparez-la en mettant une cuillerée à soupe de plantes par tasse, faites bouillir pendant 2 minutes, laissez infuser durant 10 minutes.

CONJONCTIVITE

La conjonctivite est une inflammation de la paupière se manifestant par une rougeur et des larmoiements excessifs.

Il est important de rééquilibrer l'état général avec des plantes dépuratives, ou la TISANE DU PALAIS-ROYAL (page 416).

Utilisez la composition de la rubrique « Blépharite » (page 396) pour adoucir, en lavage, lotion, compresses ou bains d'yeux.

PLANTES UTILES : *fleurs de bleuet, fleurs de camomille romaine, plante d'euphraise, sommités de mélilot, feuilles de plantain, fleurs de roses, fleurs de sureau.*

CONSTIPATION

La constipation est un retard dans l'évacuation des selles. Cet encombrement dépend de nombreux facteurs : état nerveux, manque de tonus du côlon, mauvais fonctionnement du foie, intestin trop long, etc.

L'alimentation doit être riche en fibres végétales. Faites un apport supplémentaire de *son de blé* ou d'*avoine*, si l'intestin n'est pas irrité. Les *graines de lin* ou le *psyllium* sont plus doux, grâce à leur mucilage. Mangez des *pruneaux* ou buvez-en un jus, le soir au coucher de préférence.

Bien souvent, un simple drainage du foie en rétablit ses fonctions. Les plantes pour activer le transit sont laxatives de façon efficace et douce.

Prenez une tasse le soir quand c'est nécessaire.

Semences de fenouil	10 g
Feuilles de baguenaudier	10 g
Plante de mercuriale	10 g
Baies de genévrier	10 g
Feuilles de pissenlit	10 g
Racines de chicorée	20 g
Plante de saponaire	20 g
Feuilles de mauve	20 g
Racines de réglisse	20 g
Écorces de bourdaine	20 g

Préparez-la en mettant une cuillerée à soupe de plantes par tasse, faites bouillir pendant 3 minutes, laissez infuser durant 10 minutes.
Contre la constipation des jeunes enfants ou des personnes très fragiles, faites leur absorber la valeur d'une cuillerée à soupe de *manne de frêne* le soir au coucher.

PLANTES UTILES : *feuilles de boldo, écorces de bourdaine, de carragahem, de casse muette, feuilles ou racines de chicorée, racines de garance, baies de genévrier, feuilles de globulaire, feuilles, fleurs ou racines de guimauve, graines de lin, feuilles de liseron, feuilles ou fleurs de mauve, feuilles de mercuriale, fleurs de pêcher, feuilles ou racines de pissenlit, racines de polypode de chêne, fleurs de prunellier, racines de réglisse, fleurs de roses, racines de rhubarbe, feuilles de séné, baies de sureau, feuilles et racines de violette.*

COQUELUCHE

Maladie infectieuse, elle se manifeste par des quintes de toux excessives.

La composition de plantes contre la toux nerveuse convient parfaitement. Pour les enfants, adaptez les dosages en mettant une cuillerée à café par tasse et faites-leur prendre trois tasses par jour.

COR

Le cor est l'épaississement de couches cornées provoqué par le frottement ou la compression du pied contre une chaussure.

Faites macérer pendant quelques jours des *feuilles de lierre grimpant* dans du vinaigre. Appliquez une de ces feuilles sur le cor, maintenez-la à l'aide d'une bande ou d'un pansement toute la nuit. Renouvelez cette application autant de fois que c'est nécessaire. La même chose peut être faite avec des *pétales de lis.* Vous pouvez également appliquer avec succès du *suc de chélidoine* ou de l'*essence de thuya.*

CORYZA OU RHUME DE CERVEAU

Il s'agit d'une inflammation des fosses nasales, accompagnée d'écoulement du nez, d'éternuements et de larmoiements. Le coryza étant une manifestation allergique, les plantes à prendre sont les mêmes que celles indiquées pour enrayer l'allergie. Pensez surtout à prendre les plantes pour reéquilibrer l'état général, l'ÉLIXIR ou la TISANE DU PALAIS-ROYAL (pages 350 et 416).

POUDRE STERNUTATOIRE
Pour décongestionner les fosses nasales, il est souhaitable de priser ce mélange de poudres qui provoquent l'éternuement.

Poudre de feuilles de basilic	20 g
Poudre de feuilles de marjolaine	20 g
Poudre de fleurs de lavande	20 g

Mélangez les poudres, et prisez-les plusieurs fois par jour.

COUPEROSE

La couperose est une rougeur de la peau due à une congestion des veinules.

Pour lutter contre cette perturbation, il est important de prendre la tisane indiquée pour favoriser la circulation du sang (page 402) et d'utiliser sur le visage une lotion appropriée.

Lotionnez ou faites des compresses sur le visage matin et soir.

Fleurs de roses de Provins	30 g
Plante d'alchémille	30 g
Plante de mille-feuille	30 g
Feuilles de myrte	30 g
Teinture de benjoin	quantité suffisante

Mettez trois cuillerées à soupe de plantes pour un demi-litre d'eau, faites bouillir pendant 1 ou 2 minutes, laissez infuser durant 10 minutes. Ajoutez une cuillerée à café de teinture de benjoin. Filtrez. Pour mieux conserver cette lotion, laissez-la reposer pendant 7 ou 8 jours dans un endroit frais, ajoutez une bonne pincée de sel marin.

CREVASSES

(*voir* **ENGELURE**)

COUPS DE SOLEIL

Évitez ses coups douloureux et désagréables, en vous exposant au soleil progressivement. Prévenez l'agression de ses rayons quelque temps avant l'exposition en stimulant le foie, en consommant beaucoup de légumes et en particulier des *carottes*. À défaut, buvez des *jus de carottes* ou prenez chaque matin trois ou quatre capsules de *macérat huileux de carottes*.

Nourrissez votre peau, assouplissez-la avec des applications régulières d'*huile de germes de blé*, de *noisette*, de *sésame* ou de *carottes*. S'ils n'ont pu être évités, lotionnez les coups de soleil avec le vinaigre de toilette (page 379), l'*huile de mille-pertuis* (page 358).

CRAMPES

Très désagréables, les crampes des membres se soulagent avec la prise régulière de *prêle* et de plantes pour la circulation du sang. En complément, faites le soir au coucher un massage des membres avec le baume souverain (page 338).

CURE DE PRINTEMPS

Le printemps est là, le printemps rit, chassons toutes ces humeurs accumulées, drainons, éliminons, pour permettre à tous nos viscères de bien fonctionner. Mangez légèrement, consommez des crudités ou des légumes cuits, faites une cure de *jus de sureau*.

Prenez *trois gélules de levure vivante* à jeun. Buvez une tasse le matin à jeun de cette composition de plantes très printanière, deux autres dans la journée pendant 3 semaines.

Feuilles de citronnelle	10 g
Sommités de petite centaurée	10 g
Feuilles de pissenlit	10 g
Racines de patience	10 g
Racines de salsepareille rouge	20 g
Feuilles de frêne	30 g
Plante de pensée sauvage	30 g
Plante de saponaire	30 g

Préparez-la en mettant une cuillerée à soupe de plantes par tasse, faites bouillir pendant 2 ou 3 minutes, laissez infuser durant 10 minutes.

PLANTES UTILES : toutes les plantes diurétiques, dépuratives, hépatiques.

CYSTITE

Inflammation des voies urinaires souvent liée à la présence de colibacilles, la cystite a des symptômes variés : difficulté à uriner, brûlures, quelquefois présence de pus ou de sang dans les urines, spasmes importants.

Il est nécessaire de laver tout le conduit urinaire avec des plantes diurétiques, adoucissantes et antiseptiques. En dehors de ces périodes de crises, rétablissez votre organisme en faisant une CURE POUR L'ÉTAT GÉNÉRAL avec l'ÉLIXIR ou la TISANE DU PALAIS-ROYAL (pages 350 et 416). La *pulpe de myrtille* complète efficacement ce traitement.

Buvez à volonté un litre dans la journée.

Plante de chardon béni	20 g
Plante de pariétaire	20 g
Feuilles de busserole	30 g
Plante de lamier blanc	30 g
Fleurs de bruyère	50 g

Faites une décoction pendant 3 minutes suivie d'une infusion durant 10 minutes, en mettant quatre cuillerées à soupe de plantes par litre.

PLANTES UTILES : une décoction de *baies de myrtille* plusieurs fois par jour élimine avec succès les crises de cystite ; *plante d'aigremoine, feuilles d'ail des ours, baies d'alkékenge, feuilles d'artichaut, racines d'aunée, feuilles de bouleau, sommités de bourrache, fleurs de bruyère, feuilles de bucchu, racines de bugrane, feuilles de busserole, queues de cerises, feuilles de chèvrefeuille, feuilles et racines de chicorée, racines de chiendent, écorces d'épine vinette, semences et racines de fenouil, feuilles et racines de fraisier, feuilles de framboisier, feuilles de frêne, baies de genévrier, plante de lamier blanc, feuilles de lierre grimpant, stigmates de maïs, sommités de mélilot, sommités de mille-pertuis, feuilles de myrtille, écorces d'orme, plante de pariétaire, bourgeons de pin, feuilles de plantain, feuilles de ronce, pétales de roses de Provins, sommités de sabline, feuilles de thuya, fleurs et feuilles de tussilage, fleurs et feuilles d'ulmaire, sommités de verge d'or, plante de vergerette du Canada.*

DARTRES

Il s'agit d'une dermatose accompagnée d'une pelade très légère. Il est recommandé de prendre la même tisane que celle indiquée pour l'eczéma (page 414). En complément, faites un apport de vitamines en prenant le matin à jeun trois gélules de *levure de bière vivante*, et trois gélules d'*huile de germes de blé*. Appliquez sur le visage des crèmes à base de *germes de blé*, ou une huile polyvitaminée.

Lotionnez le visage tous les jours avec cette préparation.

Écorces de bouleau	80 g
Écorces d'orme	80 g
Feuilles de plantain	80 g

Faites bouillir pendant 5 minutes cinq cuillerées à soupe de plantes par litre. Laissez infuser durant 10 minutes, filtrez. Pour faciliter la conservation, ajoutez une pincée de sel marin.

PLANTES UTILES : *racines et feuilles de bardane, fleurs et feuilles de bouillon blanc, feuilles et écorces de bouleau, sommités de bourrache, feuilles de chélidoine, feuilles et racines de chicorée, feuilles de cochléaria, plante de fumeterre, cônes de houblon, écorces d'orme, feuilles d'ortie piquante, feuilles de passerage, racines de patience, feuilles et racines de pissenlit, racines de salsepareille, plante ou racines de saponaire, feuilles de sauge, plante de scabieuse, pétales de souci, plante de véronique.*

DÉCALCIFICATION – DÉMINÉRALISATION

Résultat d'une diminution du taux de calcium dans les os, il est nécessaire de retrouver un équilibre pour permettre de nouveau la fixation de ce minéral.

L'alimentation doit être riche en laitages et fruits secs. L'exposition au soleil permet un apport de vitamine D qui facilite la fixation du calcium ; à défaut, prenez une ou deux capsules d'*huile de flétan* par jour, des composés minéraux.

Rétablissez l'état général en prenant la TISANE ou l'ÉLIXIR DU PALAIS-ROYAL (pages 350 et 416) ainsi qu'une cuillerée à café de *poudre de prêle*, qui facilite la fixation du calcium, ou de *poudre de dolomite*, dont le rapport calcium-magnésium est très équilibré.

Prenez deux ou trois tasses par jour de cette composition.

Feuilles de sauge	10 g
Feuilles de serpolet	10 g
Plante de véronique	10 g
Racines d'angélique	20 g
Sommités d'aspérule odorante	20 g
Racines d'aunée	30 g
Plante de germandrée	30 g
Plante de prêle	40 g

Faites bouillir pendant 2 ou 3 minutes et infuser durant 10 minutes une cuillerée à soupe de plantes par tasse.

DIABÈTE

Le diabète est une maladie due au trouble du métabolisme des sucres dans l'organisme, du fait de l'altération du pancréas. Il se traduit par une soif et une faim permanentes, une exagération du volume des urines. Des complications peuvent s'ensuivre, cardiaques, artérielles, oculaires, nerveuses, rénales.

L'équilibre dans l'alimentation est important, évitez les sucres rapides ou lents – farineux –, les féculents, les excitants – café, alcool. Un contrôle régulier de sucre dans le sang est souhaitable.

Prenez de temps en temps pendant quelques jours la préparation pour l'état général, l'ÉLIXIR ou la TISANE DU PALAIS-ROYAL (pages 350 et 416), et régulièrement l'association de plantes ci-après qui a fait ses preuves depuis fort longtemps.

Prenez-en deux ou trois tasses par jour.

Plante d'aigremoine	10 g
Feuilles d'avocatier	10 g
Feuilles de pervenche	10 g
Plante de renouée	10 g
Feuilles de noyer	20 g
Feuilles d'olivier	20 g
Plante de galéga	30 g
Plante de géranium à Robert	30 g
Feuilles de myrtille	30 g

Préparez une décoction pendant 3 minutes, suivie d'une infusion pendant 10 minutes, en mettant une cuillerée à soupe de plantes par tasse.

PLANTES UTILES :*plante d'aigremoine, plante d'alchémille, feuilles d'artichaut, feuilles d'avocatier, feuilles et racines de bardane, feuilles de cresson, feuilles d'eucalyptus, semences de fenugrec, feuilles de galéga, plante de géranium à Robert, cosses de haricot, feuilles de lampsame, feuilles de mûrier noir, feuilles de myrtille, feuilles de noyer, feuilles d'olivier, feuilles d'ortie, racines de patience, feuilles de pervenche, plante de renouée, feuilles de ronce, feuilles de sauge, sceau de Salomon, plante de scrofulaire, racines de valériane.*

DIARRHÉE – ENTÉRITE

L'entérite est une inflammation de l'intestin se compliquant souvent de diarrhées. L'alimentation doit être légère avec des légumes cuits, des *jus de carottes* ou de *myrtilles* à volonté. Pour éviter une déshydratation et une fatigue trop importante, il est souhaitable de stopper rapidement la diarrhée avec cette composition de plantes appropriées.

Prenez-en trois ou quatre tasses par jour.

Plante d'aigremoine	20 g
Racines de consoude	20 g
Racines de potentille tormentille	20 g
Écorces de simaruba	20 g
Feuilles de vigne rouge	20 g

Racines de bistorte	30 g
Feuilles de salicaire	30 g

Mettez une cuillerée à soupe de plantes par tasse, faites bouillir pendant 3 minutes, laissez infuser durant 10 minutes.

PLANTES UTILES : *plante d'aigremoine, plante d'alchémille, racines d'arbousier, fleurs et feuilles d'aubépine, plante de benoîte, écorces de berbéris, racines de bistorte, fleurs et feuilles de bouillon blanc, plante de bourse-à-pasteur, feuilles de buis, feuilles de busserole, fleurs de camomille, fruits de caroube, plante de chardon béni, écorces et feuilles de chêne, racines de consoude, fruits d'églantier, feuilles d'eucalyptus, feuilles et racines de fraisier, feuilles de framboisier, plante de géranium à Robert, feuilles de germandrée, feuilles de gui, feuilles ou racines de guimauve, fleurs ou feuilles de mauve, sommités de mélilot, feuilles de myrte, feuilles de myrtille, feuilles d'ortie, plante de pimprenelle, feuilles de plantain, plante de potentille ansérine, fleurs de prunellier, feuilles et pétales de roses, feuilles de salicaire, feuilles de sauge, sceau de Salomon, plante de scolopendre, sommités de séneçon, écorces de simaruba, fleurs, feuilles et écorces de sureau, feuilles de troène, fleurs et feuilles d'ulmaire, sommités de verge d'or, plante de vergerette.*

DIGESTION

La digestion est le processus extraordinaire pendant lequel se transforment les aliments que nous absorbons dans le parcours anatomique d'une dizaine de mètres de longueur appelé « tube digestif ».

Bien des plantes facilitent cette action. Nous vous suggérons une composition des plus agréables que vous pouvez servir à la fin d'un repas, ne serait-ce que pour le plaisir.

Feuilles d'angélique	20 g
Fruits de badiane	20 g
Feuilles de basilic	20 g
Feuilles d'hysope	20 g
Fleurs de matricaire	20 g
Feuilles de myrte	20 g
Feuilles de verveine	20 g

Mettez une cuillerée à soupe de plantes pour une tasse, portez à ébullition, laissez infuser pendant 10 minutes.

PLANTES UTILES : *racines d'acore, racines d'aunée, fruits de badiane, feuilles de basilic, plante de berce, sommités de calament, fleurs de camomille romaine, plante de cataire, plante de chardon béni, sommités de centaurée, feuilles de cerfeuil, feuilles de cochléaria, racines de curcuma, feuilles de dictame, semences de fenouil, plante de germandrée, racines de gingembre, cônes de houblon, feuilles d'hysope, feuilles de laurier-sauce, feuilles de lierre terrestre, feuilles de marjolaine, sommités de mélilot, feuilles de mélisse, feuilles de menthe poivrée, feuilles de ményanthe, feuilles de noyer, sommités d'origan, feuilles ou fleurs d'oranger, racines de polygala, racines de raifort, feuilles de romarin, feuilles de sarriette, feuilles de sauge, feuilles de thym.*

DYSMÉNORRHÉE

(*voir* **RÈGLES**)

ECZÉMA

Héréditaire, allergique, asthmatique, associé à un terrain arthritique, une peau plus ou moins rougeâtre avec ou sans suintement, il existe de nombreuses sortes d'eczéma avec des manifestations plus ou moins envahissantes.

Évitez les surcharges alimentaires, surtout les excitants tels que café et alcool.

Rétablissez l'équilibre de la peau en utilisant les produits à la *propolis*, les crèmes, les lotions, les shampooings, les gels douche, les savons.

Faites une cure de temps en temps, 8 jours par mois par exemple, de la TISANE DU PALAIS-ROYAL pour l'amélioration de l'état général (page 416). En dehors de ces périodes, prenez cette composition de plantes en cure de 3 semaines ou plus régulièrement en fonction de votre état. Durant les périodes de nervosité plus importante, ajoutez à ces plantes une cuillerée à café de *passiflore* par tasse.

Prenez deux ou trois tasses par jour dont une à jeun.

Sommités de bourrache	20 g
Plante de centaurée	20 g
Feuilles de noyer	20 g
Racines de salsepareille	20 g
Racines de bardane	30 g
Plante de pensée sauvage	30 g
Plante de saponaire	30 g

Faites bouillir pendant 3 minutes et laissez infuser durant 10 minutes une cuillerée à soupe de plantes par tasse.

PLANTES UTILES : *feuilles d'artichaut, feuilles et racines de bardane, feuilles de bouleau, sommités de bourrache, racines de bugrane, sommités de centaurée, plante de cardère, feuilles de centella asiatica, feuilles ou racines de chicorée, feuilles de cochléaria, feuilles de cresson, plante de fumeterre, cônes de houblon, fleurs de lavande, sommités de marrube blanc, feuilles de ményanthe, feuilles de noyer, écorces d'orme, feuilles d'ortie piquante, feuille de passerage, racines de patience, plante de pensée sauvage, feuilles et racines de pissenlit, plante de salicaire, racines de salsepareille, plante de saponaire, feuilles de sauge, plante de scabieuse, fleurs de souci, plante de véronique.*

EMPHYSÈME

(*voir* ASTHME)

ENGELURE

Provoquée par l'humidité et le froid, l'engelure se manifeste par une rougeur cutanée, une enflure, puis des crevasses très douloureuses.

Faites un apport de multivitamines, prenez plusieurs tasses par jour de la COMPOSITION DU PALAIS-ROYAL pour l'amélioration de l'état général (page 416), ainsi que de celle pour la CIRCULATION DU SANG (page 402). Vous pouvez mélanger les deux compositions pour ne pas avoir plusieurs tasses à préparer. Si vous êtes sujet aux engelures, le mieux est de prévoir une cure à l'entrée de l'hiver.

Les gerçures, fissures également importantes, se traitent de la même façon.

Pour soulager, appliquez le BAUME SPÉCIAL anti-angelure (page 337).

ENROUEMENT

(*voir* APHONIE)

ÉNURÉSIE

(*voir* INCONTINENCE D'URINES)

ÉTAT GÉNÉRAL

Drainer l'organisme, supprimer les toxines permet aux organes de jouer leur rôle complet : meilleure respiration, meilleure circulation du sang, meilleure digestion et surtout bon fonctionnement du foie, dont l'action est si essentielle.

La tisane du Palais-Royal, dont nous vous présentons la composition ci-après, pourrait s'appeler « tisane de longue vie », « de bonne santé », « de bonheur », ou « des mille et mille vertus ». Vous en prendrez une tasse chaque fois que vous ne vous sentirez pas bien, pour un encombrement digestif, une lassitude, en complément de la plupart des autres traitements.

TISANE DU PALAIS-ROYAL

Prenez une tasse avant les repas.

Fleurs de camomille romaine	4 g	*Feuilles de frêne*	6 g
Écorce de cannelle de Ceylan	4 g	*Baies de genévrier*	6 g
Semence de cardamone	4 g	*Racines de gentiane*	6 g
Chrisantellum americanum	4 g	*Racines de gingembre*	7 g
Racines de curcuma	4 g	*Feuilles de pervenche*	7 g
Clous de girofle	4 g	*Racines de petit houx*	7 g
Feuilles de gui	4 g	*Racines de pissenlit*	7 g
Racines d'acore	5 g	*Feuilles de prêle*	7 g
Plante d'aigremoine	5 g	*Feuilles de romarin*	7 g
Racines d'angélique	5 g	*Racines de saponaire*	7 g
Feuilles d'artichaut	5 g	*Racines de chicorée*	8 g
Écorce de berbéris	5 g	*Écorce d'échinacéa*	8 g
Écorce de la pacho	5 g	*Feuilles de ginkgo biloba*	8 g
Feuilles de thym	5 g	*Feuilles d'ortie piquante*	8 g
Écorce de bourdaine	6 g	*Feuilles de sauge*	8 g
Feuilles de cassis	6 g	*Feuilles de séné*	8 g
Racines d'eleutérocoque	6 g	*Racines de zédoaire*	8 g
Semence de fenouil	6 g		

Faites bouillir pendant 3 minutes une cuillerée à soupe de plantes par tasse, et laissez infuser durant 10 minutes.

VIN DU PALAIS-ROYAL

Versez 40 g du mélange précédent dans un litre de vin blanc. Laissez macérer une dizaine de jours, filtrez, ajoutez 100 g de sucre ou de miel selon votre goût. Prenez un verre avant les repas.

FATIGUE

Souvent provoquée par un excès d'effort physique, la fatigue peut troubler l'état nerveux. Repos, grand air, soleil sont, comme chacun le sait, la meilleure des médications. À défaut de telles possibilités, mais en prenant soin de ne pas excéder la limite au-delà de laquelle la fatigue mène à un état dépressif, prenez une tasse par jour des plantes recommandées pour l'état général, sans oublier cette composition « coup de fouet ».

Prenez-en deux tasses par jour avant les repas.

Racines d'angélique	10 g
Racines d'aunée	10 g
Racines de gentiane	10 g
Plante de chardon béni	20 g
Racines de gingembre	20 g
Feuilles de romarin	20 g
Plante de germandrée	30 g
Feuilles de noyer	30 g

Préparez-la en décoction pendant 2 minutes suivie d'une infusion durant 10 minutes, en mettant une cuillerée à soupe de plantes par tasse.

Des recettes de vin (page 374) donnent de l'énergie aux organismes les plus fatigués.

PLANTES UTILES : *sommités d'absinthe, racines d'angélique, écorces de cannelle, sommités de centaurée, plante de chardon béni, racines de condurango, feuilles de cresson, feuilles de dictame, semences de fenugrec, racines de gingembre, racines d'impératoire, feuilles de noyer, feuilles de romarin, plante de santoline, feuilles de sarriette, feuilles de sauge, feuilles de thym.*

FIBROME

Tumeur bénigne, le fibrome est une masse fibreuse nécessitant une attention particulière et régulière du médecin.

Prenez une tasse par jour de plantes améliorant l'état général ou l'ÉLIXIR DU PALAIS-ROYAL (page 350).

Soutenez votre organisme en prenant le matin une cuillerée à café de *poudre de feuilles d'ortie*, ou des cocktails riches en fer.

En cas d'écoulement excessif, cette association de plantes astringentes vous aidera. Prenez-en deux ou trois tasses par jour.

Plante de bourse-à-pasteur	30 g
Écorces de chêne	30 g
Feuilles d'ortie	30 g
Plante de persicaire âcre	30 g
Plante de renouée	30 g
Feuilles de salicaire	30 g

Faites une décoction pendant 3 minutes, suivie d'une infusion durant 10 minutes, en mettant une cuillerée à soupe de plantes par tasse.

PLANTES UTILES : *plante de bourse-à-pasteur, plante de chardon Marie, écorces de chêne, feuilles de lierre grimpant, plante de persicaire âcre, plante de pimprenelle, plante de renouée, fleurs de souci, plante de vergerette.*

FIÈVRE

Élévation de la température du corps, la fièvre a des origines très variées. Pour l'éliminer, il faut s'abstenir de manger, boire beaucoup, activer la transpiration. Pour cela les plantes sudorifiques sont les bienvenues.

Prenez plusieurs tasses chaudes par jour de cette préparation.

Fleurs de tilleul	10 g
Feuilles de buis	20 g
Baies de genévrier	20 g
Racines d'impératoire	30 g
Sommités de bourrache	40 g
Fleurs de sureau	40 g

Faites bouillir pendant 2 minutes, puis laissez infuser durant 10 minutes, une cuillerée à soupe de plantes par tasse.

PLANTES UTILES : *sommités d'absinthe, feuilles ou racines d'ache, feuilles d'artichaut, racines d'aulne, plante de benoîte, sommités de bourrache, feuilles de buis, sommités de centaurée, feuilles et racines de chicorée, feuilles d'eucalyptus, feuilles de frêne, racines de gentiane, feuilles de germandrée, racines d'impératoire, feuilles de kinkéliba, feuilles de laurier, sommités de mille-pertuis, feuilles d'olivier, écorces de quinquina, feuilles de romarin, pétales de roses, feuilles de sauge, écorces de saule, fleurs de sureau, fleurs de tanaisie, feuilles de thym.*

FLATULENCE

(*voir* **AÉROPHAGIE**)

FOIE ET VÉSICULE (AFFECTIONS)

Le foie est un organe de consistance ferme, c'est la plus lourde des glandes, un à deux kilogrammes selon les individus. Véritable chef d'orchestre, il agit sur le métabolisme des sucres, qu'il stocke pour les libérer au fur et à mesure des besoins ; des protéines, qu'il transforme, éliminant les déchets (urée, ammoniaque) ; des graisses, qu'il oxyde pour en faciliter l'assimilation.

Il sécrète la bile, qui est collectée vers un canal et expulsée sous l'influence du bol alimentaire pendant la digestion. Vous comprendrez qu'un mauvais fonctionnement de ce filtre entraîne toutes sortes de malaises et qu'il est nécessaire de le stimuler de temps en temps. Mangez légèrement, en évitant les excès, les graisses cuites, l'alcool, le chocolat.

– Composition pour soulager le foie. Prenez-en une tasse avant les repas.

Feuilles d'artichaut	10 g
Sommités d'aspérule odorante	10 g
Fleurs de souci	10 g
Feuilles de boldo	20 g
Fleurs de matricaire	20 g
Feuilles d'ortie piquante	20 g
Feuilles de pissenlit	30 g
Feuilles de kinkéliba	30 g

Préparez-la en décoction pendant 2 minutes, puis laissez infuser durant 10 minutes en mettant une cuillerée à soupe de plantes par tasse.

PLANTES UTILES : *feuilles et racines d'ache, plante d'aigremoine, feuilles d'artichaut, sommités d'aspérule odorante, écorces de bourdaine, feuilles de buis, sommités de centaurée, plante de chardon Marie, feuilles de chélidoine, feuilles et racines de chicorée, racines de curcuma, semences de fenouil, plante de fumeterre, plante de gaillet, racines de gentiane, feuilles de germandrée, feuilles de lierre grimpant, sommités de marrube blanc, fleurs de matricaire, feuilles de mélisse, feuilles de menthe poivrée, feuilles d'ortie, feuilles et racines de pissenlit, polypode de chêne, feuilles de romarin, plante de saponaire, fleurs de souci, plante de véronique.*

– Composition pour soulager la vésicule biliaire. Prenez une tasse avant les repas

Écorces de bourdaine	10 g
Racines de berbéris	10 g
Plante de chardon Marie	10 g
Plante de gaillet	20 g
Feuilles de mélisse	20 g
Racines de pissenlit	20 g
Feuilles d'artichaut	30 g
Feuilles de boldo	30 g

Mettez une cuillerée à soupe de plantes par tasse, faites bouillir pendant 2 ou 3 minutes, laissez infuser durant 10 minutes.

PLANTES UTILES : tout en activant l'évacuation de la bile, elles agissent également sur le foie ; *feuilles d'artichaut, feuilles de boldo, feuilles de buis, plante de chardon Marie, racines de chicorée, racines de curcuma, plante de gaillet, racines de gentiane, plante de lierre grimpant, fleurs de matricaire, feuilles et racines de pissenlit, polypode de chêne, racines de rhubarbe.*

FURONCLES

(*voir* **ABCÈS**)

FRIGIDITÉ

Incapacité du désir sexuel, la frigidité, terme employé pour la femme, est très complexe. Beaucoup de facteurs psychiques sont en cause et surtout un déséquilibre du contexte affectif. Alimentez-vous correctement en faisant un apport suffisant de légumes, de fruits frais et secs pour les minéraux et les vitamines ; ajoutez des *germes de blé* à vos aliments.

Prenez de temps en temps la TISANE POUR L'ÉTAT GÉNÉRAL ou l'ÉLIXIR DU PALAIS-ROYAL (pages 350 et 416), et une ou deux tasses par jour de la composition ci-après :

Plante de cataire	50 g
Plante de berce	50 g
Racines d'éleuthérocoque	50 g
Feuilles de roquette	50 g
Stigmates de safran	2 g

Préparez-la en décoction pendant 2 minutes, puis en infusion durant 10 minutes, en mettant une cuillerée à soupe de plantes par tasse.

Dans le cas contraire d'une ardeur sexuelle excessive, prenez tous les soirs une tasse de tisane d'*écorces de saule*, ou de *racines de nénuphar*.

GASTRITE

Inflammation de la paroi de l'estomac, la gastrite provoque des douleurs vives ; il y a souvent une formation excessive d'acidité ; sa complication peut se traduire par des saignements.

Commencez votre repas par un aliment doux : pain beurré, carottes ou pommes de terre cuites ; évitez les viandes en début de repas qui augmentent la production d'acidité. Une tisane de plantes douces, *mauve*, *guimauve*, avant le repas convient également très bien.

Prenez de temps en temps la TISANE DU PALAIS-ROYAL (page 416) pour l'amélioration de l'état général, et régulièrement après le repas la TISANE recommandée CONTRE LA COLITE (page 403).

GERÇURE

(*voir* **ENGELURE**)

GLOSSITE

(*voir* **APHTE**)

GOUTTE

La goutte est le résultat d'une formation excessive d'acide urique localisée aux articulations et en particulier au gros orteil, provoquant une douleur extrême, le pied ne supportant même pas la légèreté d'un drap. Sans bruit, lentement, elle s'installe jusqu'à l'apparition d'une crise, souvent à la suite d'une fatigue ou d'un repas trop copieux.

L'alimentation doit être légère : mangez suffisamment de légumes cuits ou crus, en évitant ceux qui contiennent beaucoup d'acide oxalique, les asperges et l'oseille, en évitant aussi l'alcool, le vin blanc, le champagne.

Le but des préparations de plantes dans le cas de la goutte est de dissoudre l'acide urique, mais aussi de l'éliminer et d'éviter ainsi la récidive de ce désagrément. La goutte n'arrivant pas seule, rétablissez votre organisme, pensez à votre bien-être et aux douleurs que vous venez d'avoir, faites de temps en temps un traitement pour l'état général avec la TISANE DU PALAIS-ROYAL (page 416).

Des cures d'*aubier de tilleul* (page 297) ou la composition ci-après donnent de bons résultats.

Buvez-en un litre par jour pendant 3 semaines.

Feuilles de fraisier	20 g
Baies de genévrier	20 g
Plante de prêle	20 g
Plante de saponaire	20 g
Feuilles de bouleau	30 g
Feuilles de cassis	30 g
Feuilles d'ortie	30 g

Préparez-la en décoction pendant 2 minutes, suivie d'une infusion durant 10 minutes, en mettant une poignée ou quatre cuillerées à soupe de plantes par litre.

PLANTES UTILES : *feuilles et racines d'ache, baies d'alkékenge, feuilles d'artichaut, feuilles et racines de bardane, feuilles de bouleau, sommités de bourrache, fleurs de bruyère, feuilles de buis, feuilles de cassis, queues de cerises, feuilles et racines de chicorée, racines de fenouil, feuilles et racines de fraisier, feuilles de framboisier, feuilles de frêne, fleurs de genêt, baies de genévrier, racines de gentiane, feuilles de gui, cosses de haricot, plante de lycopode, feuilles d'orthosiphon, feuilles d'ortie, racines de panicaut, plante de persicaire, racines de petit houx, bourgeons de peuplier, bourgeons de pin, feuilles et racines de pissenlit, racines de polygala, racines de raifort, plante de renouée, feuilles de romarin, feuilles de ronce, écorces de saule, racines et feuilles de saponaire, plante de scolopendre, sceau de Salomon, sommités de séneçon, écorces, feuilles et fleurs de sureau, feuilles de thuya, feuilles de thym, fleurs et feuilles d'ulmaire, sommités de verge d'or, plante de vergerette du Canada.*

GRIPPE

La grippe est une maladie infectieuse et contagieuse avec élévation rapide de la température, courbatures, maux de tête, se compliquant par une bronchite et de la toux.

Augmentez le processus d'élimination par la transpiration avec la préparation pour atténuer la fièvre (page 418), soulagez les bronches avec la composition spéciale (page 397).

Pour mieux se défendre en période d'hiver ou d'épidémie, buvez une ou deux tasses par jour de cette délicieuse boisson aux épices.

Écorces de cannelle	1 pincée
Feuilles de laurier-sauce	2 feuilles
Baies de genévrier	3 baies
Clous de girofle	2 clous
Fleurs de tilleul	1 pincée

Le tout pour une tasse d'eau bouillante. Laissez infuser pendant 5 à 10 minutes. Filtrez. Sucrez au miel éventuellement.

PLANTES UTILES : *feuilles ou racines d'ache, feuilles et fleurs de bouillon blanc, sommités de bourrache, écorces de cannelle, plante de capillaire, sommités de centaurée, feuilles d'eucalyptus, semences de fenouil, racines d'impératoire, feuilles de laurier, fleurs de lavande, feuilles de lierre terrestre, fleurs de matricaire, feuilles ou fleurs d'oranger, sommités d'origan, bourgeons de pin, feuilles de sauge, fleurs de sureau, feuilles de thym, feuilles ou fleurs de tussilage, fleurs de violette.*

HÉMORROÏDES

Les hémorroïdes sont une dilatation des veines au niveau de l'anus, pouvant être internes ou externes. Cet état de faiblesse des veines est favorisé par l'obésité, la position assise, la constipation.

Enrichissez votre alimentation d'un apport de fibres suffisant pour éviter la constipation ; vous les trouvez dans les légumes, le pain complet ou en ajoutant à vos aliments du *son de blé* ou d'*avoine*.

Pour traiter les hémorroïdes, il est recommandé d'associer les plantes dépuratives capables d'alléger le sang avec celles qui tonifient les veines et stimulent la circulation sanguine.

Prenez deux ou trois tasses de cette préparation par jour, en cure de 3 semaines.

Plante de chardon Marie	10 g
Plante de saponaire	10 g
Sommités de mille-feuille	20 g
Plante de pensée sauvage	20 g
Racines de petit houx	20 g
Plante de prêle	20 g
Feuilles de vigne rouge	20 g
Feuilles de ficaire	40 g

Faites une décoction pendant 2 minutes, puis une infusion durant 10 minutes en mettant une cuillerée à soupe de plantes par tasse.

En cas de saignements importants, effectuez des bains de siège avec la composition ci-après.

Cônes de cyprès	50 g
Feuilles de noyer	50 g
Racines de petit houx	50 g
Écorces de chêne	150 g

Mettez six cuillerées à soupe de plantes par litre, faites bouillir pendant 10 minutes, versez cette solution dans l'eau du bain de siège.

PLANTES UTILES : *feuilles et semences d'aneth, racines de berbéris, racines de bistorte, fleurs et feuilles de bouillon blanc, plante de bourse-à-pasteur, plante de chardon Marie, écorces de chêne, racines de consoude, feuilles de ficaire, feuilles de gui, feuilles d'hamamélis, plante de lamier blanc, fruits de marronnier d'Inde, sommités de mille-feuille, feuilles de myrte, feuilles et fruits de myrtille, plante de pariétaire, plante de pensée sauvage, feuilles de persicaire, racines de petit houx, plante de pimprenelle, plante de potentille ansérine, plante de prêle, plante de renouée, plante de salicaire, plante et racines de saponaire, sceau de Salomon, fleurs de sureau, racines de potentille tormentille, feuilles de vigne rouge.*

HERPÈS

L'herpès se manifeste par une éruption de petites vésicules aux niveaux de la peau ou des muqueuses, débutant par une sensation de brûlures et de démangeaisons. Occasionnel, il peut réapparaître pour diverses raisons au même endroit.

Prenez deux tasses par jour de la TISANE DU PALAIS-ROYAL pour l'amélioration de l'état général (page 416), en alternant avec la TISANE CONTRE L'ECZÉMA (page 414). En cas de fatigue importante, prenez des tisanes d'*ortie* et de *prêle*.

Faites des lotions avec une décoction de *racines de bistorte*, de *fraisier* ou de *plante d'aigremoine*.

HYPERTENSION

L'augmentation de la tension artérielle est le résultat de la résistance excessive du passage sanguin dans les artérioles. De nombreux facteurs en sont la cause et des complications graves peuvent s'ensuivre. Ne faites pas d'excès alimentaire, consommez beaucoup d'*ail*, de *persil*, évitez le sel.

Pensez à drainer de temps en temps les reins, le foie et les intestins ; les plantes agissant sur l'état général, comme celles de la TISANE DU PALAIS-ROYAL (page 416), sont fort utiles.

Bon nombre de plantes luttent contre l'hypertension. Nous vous suggérons cette bonne composition. Prenez-en deux ou trois tasses par jour.

Racines d'arbousier	20 g
Plante de chardon béni	20 g
Feuilles de pervenche	20 g
Feuilles de gui	30 g
Feuilles d'olivier	30 g
Feuilles et fleurs d'aubépine	40 g

Faites bouillir pendant 2 minutes et laissez infuser durant 10 minutes en mettant une cuillerée à soupe de plantes par tasse.

PLANTES UTILES : *feuilles d'ail des ours, racines d'arbousier, fleurs et feuilles d'aubépine, feuilles de berce, sommités de bourrache, plante de bourse-à-pasteur, feuilles de cassis, plante de chardon béni, feuilles de chélidoine, plante de fumeterre, feuilles de gui, feuilles de lierre grimpant, feuilles d'olivier, feuilles d'orthosiphon, fruits de paliure, fleurs de pâquerette, feuilles de persil, feuilles de pervenche, sommités de séneçon, fleurs de souci, fleurs et aubier de tilleul, racines de valériane.*

HYPOGLYCÉMIE – HYPOTENSION

Diminution du taux de sucre dans le sang, l'hypoglycémie entraîne des troubles divers : sueurs, palpitations, quelquefois syncopes. Un contrôle de santé profond est nécessaire. Faites une cure de TISANE DU PALAIS-ROYAL améliorant l'état général (page 416) associée à une ou deux tasses par jour de *semences de chardon Marie.*

IMPÉTIGO

Lésion due à un microbe, cette affection, arrivant surtout chez les enfants, nécessite une grande hygiène pour éviter la contagion ou la complication en eczéma. Utilisez en lotion et boire une tasse de cette composition de plantes par jour pour les jeunes enfants deux pour les plus grands et les adultes.

Feuilles de bardane	25 g
Sommités de bourrache	25 g
Plante de pensée sauvage	25 g
Feuilles de salicaire	25 g
Plante de saponaire	25 g

Préparez une décoction pendant 2 minutes, suivie d'une infusion durant 10 minutes en mettant une cuillerée à soupe de plantes par tasse.

PLANTES UTILES : toutes les plantes dépuratives et contre l'eczéma (pages 321 et 414).

IMPUISSANCE

Souvent transitoire, l'impuissance est d'origine physique ou psychique. L'alimentation doit être équilibréee en insistant sur les épices, *safran*, *gingembre*, etc., les fruits secs, *amandes*, *raisins*, *abricots*, les *germes de blé*, les *algues*, les produits de la mer, les huîtres en particulier.

Prenez de temps en temps la TISANE DU PALAIS-ROYAL (page 416) pour l'état général, la circulation du sang, la tonicité du corps ainsi qu'une de ces préparations.

– Prenez une ou deux tasses par jour de cette recette.

Plante de berce	30 g
Feuilles de dictame de Crète	30 g
Racines d'éleuthérocoque	30 g
Noix de kola	30 g
Feuilles de roquette	30 g
Feuilles de sarriette	30 g
Écorces de yohimbé	30 g

Faites une décoction pendant 3 ou 4 minutes suivie d'une infusion durant 10 minutes en mettant une cuillerée à soupe de plantes par tasse.

– Prenez une cuillerée à café de cette poudre du bonheur, que vous mélangerez dans du miel, du yaourt ou un peu d'eau sucrée.

Poudre d'écorces de cannelle	10 g
Poudre de gousses de vanille	10 g
Poudre de noix de kola	20 g
Poudre de racines de gingembre	30 g
Poudre de ginseng de Corée	30 g
Poudre d'écorces de yohimbé	30 g
Poudre de germes de blé	100 g
Poudre d'amande	100 g

Mélangez les poudres.

PLANTES UTILES : *feuilles de berce, semences de céleri, racines d'éleuthérocoque, semences de fenugrec, racines de gentiane, racines de gingembre, racines de ginseng, feuilles de menthe poivrée, sommités de mille-pertuis, feuilles de romarin, feuilles de roquette, stigmates de safran, plante de santoline, feuilles de sarriette, feuilles de sauge, gousses de vanille, écorces de yohimbé.*

INCONTINENCE D'URINES – ÉNURÉSIE

Ces deux malaises, qui empoisonnent la vie quotidienne, ont des causes différentes mais un résultat identique.

L'incontinent est dans l'impossibilité de se retenir ; plus psychique, l'énurétique ressent l'envie d'uriner, mais avoue ne pas en avoir le temps.

Dans le premier cas, un examen approfondi s'impose ; dans le deuxième, une aide psychologique est souhaitable, surtout chez les enfants.

Soutenez l'état général en évitant les fatigues excessives, sinon faites prendre des cocktails à base de fer ; si le sujet est trop anxieux, donnez-lui des préparations à base de plantes antispasmodiques pour qu'il se repose mieux.

Incontinents et énurétiques peuvent utiliser cette composition.

Faites-en prendre une ou deux tasses 1 heure avant le coucher.

Noix de cyprès	10 g
Feuilles d'ortie	10 g
Plante de potentille ansérine	20 g
Plante d'escholtzia	20 g
Feuilles de thuya	20 g
Sommités d'alchémille	30 g
Plante de bourse-à-pasteur	30 g
Sommités de mille-feuille	30 g

Préparez-la en décoction pendant 2 minutes suivie d'une infusion durant 10 minutes en mettant une cuillerée à soupe de plantes par tasse.

PLANTES UTILES : *plante d'aigremoine, plante d'alchémille, racines de bistorte, plante de bourse-à-pasteur, feuilles de busserole, noix de cyprès, plante de gaillet, sommités de mille-feuille, plante de potentille ansérine.*

INSOMNIE

Le sommeil est indispensable à la vie, et un manque de sommeil déséquilibre le physique et le psychique. Très souvent aucune autre médication n'égale une nuit faite d'un bon sommeil.

Ayez une vie saine, faites du sport, de la marche au grand air, même un minimum si vous ne pouvez faire autrement.

Évitez de manger lourdement le soir, ne surchauffez pas les chambres, pensez à les aérer très souvent, chassez les soucis... mais ça c'est un autre problème.

Pour redonner de l'énergie aux fonctions du corps, faites une cure de temps en temps avec la TISANE DU PALAIS-ROYAL pour l'amélioration de l'état général (page 416). Régulièrement, en cure de prévention, prenez la composition ci-après, qui est des mieux adaptées. Prenez une tasse le soir, deux à une heure d'intervalle si c'est nécessaire.

Fleurs d'aubépine	10 g
Sommités d'aspérule odorante	10 g
Sommités de lamier blanc	10 g
Fleurs de primevère	20 g
Fleurs de lavande	20 g
Chatons de saule	20 g
Pétales de fleurs d'oranger	30 g
Plante de passiflore	30 g

Faites une décoction pendant 2 minutes suivie d'une infusion durant 10 minutes en mettant une cuillerée à soupe de plantes par tasse.

PLANTES UTILES : *plante d'agripaume, sommités d'aspérule odorante, fleurs et feuilles d'aubépine, plante de ballote, feuilles de basilic, feuilles de boldo, feuilles de bouillon blanc, fleurs de coquelicot, semences de gattilier, cônes de houblon, plante de lamier blanc, fleurs de lavande, sommités de lotier corniculé, feuilles de marjolaine, plante de marrube blanc, sommités de mélilot, feuilles de mélisse, feuilles de menthe coq, fleurs ou racines de nénuphar, feuilles, fleurs ou boutons d'oranger, plante de passiflore, fleurs de primevère, chatons de saule, feuilles de thym, fleurs de tilleul, racines de valériane.*

JAMBES LOURDES

(*voir* CIRCULATION *et* VARICES)

LACTATION

POUR LA FAVORISER

Pendant la grossesse, sous l'influence de différentes hormones, la glande mammaire se prépare à la sécrétion de lait qui se déclenche à partir du premier ou deuxième jour après l'accouchement.

Il se peut que, pour diverses raisons, cette sécrétion soit insuffisante dans la quantité et dans la durée pour alimenter bébé.

Les céréales, le blé et les germes de blé, la bière sans alcool sont des aliments qui facilitent la lactation ainsi que cette composition de plantes. Prenez-en une à quatre tasses par jour.

Semences d'aneth	20 g
Semences d'anis vert	20 g
Semences de carvi	20 g
Semences de fenouil	20 g
Cônes de houblon	20 g
Plante de galéga	60 g

Préparez une décoction pendant 3 minutes, suivie d'une infusion durant 10 minutes, en mettant une cuillerée à soupe de plantes par tasse.

PLANTES UTILES : *semences d'aneth, semences d'angélique, semences d'anis vert, semences de carvi, semences de cumin, semences de fenouil, plante de galéga, cônes de houblon, plante de lamier blanc, fleurs de sureau.*

POUR L'ARRÊTER

Il est possible qu'au contraire vous vouliez arrêter la lactation. Pendant quelques jours prenez trois ou quatre tasses par jour de cette composition.

Racines d'acore	30 g
Écorces de bourdaine	30 g
Feuilles de persil	30 g
Feuilles de pervenche	50 g

Prenez une cuillerée à soupe de plantes par tasse, faites bouillir pendant 2 ou 3 minutes, laissez infuser durant 10 minutes.

PLANTES UTILES : *racines de calamus, feuilles de cerfeuil, feuilles de fraisier, feuilles de menthe poivrée, feuilles de persil, feuilles de pervenche.*

LUMBAGO

Douleur vive du bas du dos, le lumbago est en relation avec une simple contracture musculaire, une lésion des ligaments ou une hernie discale. Le traitement aux plantes est le même que pour l'arthrite et les rhumatismes. Maintenez de la chaleur sur cette partie du corps, avec une flanelle par exemple, et surtout massez avec le BAUME SOUVERAIN (page 338), frictionnez avec l'ALCOOL VULNÉRAIRE (page 330), prenez des bains à l'*huile de romarin, sarriette* (page 333).

MAIGRIR

Rester svelte, mince, pour bon nombre de raisons, c'est le souhait de bien des hommes et des femmes. Faites de l'exercice, un sport si vous le pouvez – aussi bien pour l'esprit que pour le physique –, évitez la facilité des ascenseurs ou de la voiture quand vous le pouvez.

L'équilibre alimentaire est très important, bannissez de votre alimentation le chocolat, les gâteaux, les sucreries, les féculents, les pâtes, les sucres, qui aiguisent l'appétit. Préférez les légumes cuits ou crus à volonté, les viandes maigres grillées et sans sauce, les poissons au court-bouillon ou en papillotes, les protéines végétales, c'est-à-dire le soja, que vous agrémenterez avec yaourt, fromage blanc ou potage. Buvez un litre par jour de cette composition.

Écorces de bourdaine	20 g
Racines de fenouil	20 g
Racines de panicaut	20 g
Racines de réglisse	20 g
Thalle de laminaire	30 g
Feuilles de lierre grimpant	30 g
Sommités de mille-feuille	30 g
Feuilles d'ortie piquante	30 g
Plante de reine-des-prés	30 g
Thalle de varech	30 g
Feuilles de vigne rouge	40 g

Faites une décoction pendant 3 minutes, suivie d'une infusion durant 10 minutes, en mettant une cuillerée à soupe de plantes par tasse ou quatre par litre.

Pour compléter l'action de la tisane et vous permettre de surveiller votre alimentation sans sensation de faim ni de fatigue, ajoutez un grand verre de *jus de baies de sureau* par litre de tisane.

Tous les jours, prenez *trois ou quatre gélules de laminaire*, de *varech*, ou *une ampoule de distillat d'algues* vers 11 h et 18 h. Si vous faites un peu d'exercice physique, prenez de la *carnitine liquide* ou en *gélules*, de la *spiruline*.

PLANTES UTILES : *plante d'aigremoine, plante d'alchémille, écorces de bourdaine, feuilles de busserole, racines de fenouil, plante de gaillet, laminaire, feuilles de lierre grimpant, feuilles d'ortie piquante, plante de reine-des-prés, feuilles de vigne rouge, varech vésiculeux.*

MAL DE MER

Nausées, vertiges, angoisses, le mal de mer peut être atténué par la prise d'une ou deux tasses par jour de *feuilles de ményanthe,* quelque temps avant le voyage en voiture, avion ou bateau.

Durant le voyage, respirez à fond, appliquez en massage un peu d'*essence de lavande*, de *mélisse* ou de *fleurs d'oranger* sur le plexus.

MÉMOIRE

Certaines plantes vous permettent, non pas d'avoir une mémoire exceptionnelle, mais au moins un peu plus d'attention : mangez du poisson, des fruits secs, ajoutez à cela deux ou trois gélules à base de phosphore par jour, ou des composés minéraux. Prenez une ou deux tasses par jour de la préparation ci-après.

Racines de chicorée	30 g
Feuilles de ginkgo biloba	30 g
Sommités de lotier corniculé	30 g
Feuilles de pervenche	30 g
Feuilles de thym de Provence	30 g

Faites bouillir pendant 2 ou 3 minutes et laissez infuser durant 10 minutes une cuillerée à soupe de plantes par tasse.

MÉNOPAUSE

Période de la vie de la femme, survenant entre 45 et 55 ans, où la sécrétion ovarienne s'arrête. Tous les appareils fonctionnels peuvent subir des perturbations à cette occasion, pouvant entraîner hypertension, bouffées de chaleur, troubles du caractère, angoisse, etc.

L'alimentation doit être surveillée à cette époque où les échanges s'effectuent plus lentement. Pour cela, prenez de temps à autre les plantes de la TISANE DU PALAIS-ROYAL améliorant l'état général (page 416), des *gélules d'algues*, de *spiruline*, de *laminaire*.

Si les bouffées de chaleur restent importantes malgré les tisanes, faites un ou plusieurs bains de pieds par jour avec la *vigne rouge* ou l'*huile au citron*.

La composition de plantes la mieux adaptée est cette composition souveraine, à prendre dans la journée ; le soir, buvez une tisane pour vous détendre (page 429).

Écorces de bourdaine	10 g
Plante de passiflore	10 g
Plante de bourse-à-pasteur	20 g
Feuilles de gui	20 g
Feuilles d'ortie piquante	20 g
Feuilles de vigne rouge	20 g
Fleurs d'aubépine	30 g
Feuilles de sauge	30 g

Faites bouillir pendant 2 ou 3 minutes et laissez infuser durant 10 minutes en mettant une cuillerée à soupe de plantes par tasse.

PLANTES UTILES : *feuilles d'ail des ours, fleurs et feuilles d'aubépine, sommités de ballote, plante de bourse-à-pasteur, feuilles de cassis, plante de chardon Marie, cônes de cyprès, feuilles de gui, cônes de houblon, plante de lamier blanc, feuilles de menthe poivrée, feuilles et fleurs d'oranger, feuilles d'ortie piquante, plante de passiflore, plante de persicaire âcre, plante de pimprenelle, plante de prêle, feuilles de sauge, fleurs de souci, feuilles de vigne rouge.*

MIGRAINE

Souvent localisée d'un seul côté, la migraine peut être accompagnée de nausées et de malaises divers. La migraine ophtalmique s'accompagne de taches brillantes dans le champ de vision.

La migraine étant souvent d'origine digestive ou nerveuse, faites une cure pour rétablir l'état général avec la TISANE DU PALAIS-ROYAL (page 416).

Pour soulager les migraines, prenez plusieurs tasses par jour de la préparation ci-après, au tout début de leur apparition.

Fleurs de lavande	20 g
Plante de véronique	20 g
Feuilles de verveine officinale	20 g
Plante de chardon béni	30 g
Fleurs de matricaire	30 g
Plantes de calament	50 g

Faites bouillir pendant 2 minutes et laissez infuser durant 10 minutes une cuillerée à soupe de plantes par tasse.

PLANTES UTILES : *feuilles de basilic, plante de calament, fleurs de camomille, plante de chardon béni, semences de guarana, fleurs de lavande, feuilles de marjolaine, fleurs de matricaire, feuilles de mélisse, feuilles de menthe poivrée, feuilles d'oranger, fleurs de pâquerette, fleurs de primevère, feuilles de romarin, feuilles de serpolet, fleurs de tilleul, feuilles de thym, plante de véronique, plante de verveine officinale.*

NÉPHRITE

Inflammation du rein et des voies urinaires, elle peut être chronique, infectieuse ou toxique. Un contrôle approfondi et suivi est souhaitable.

L'alimentation doit être équilibrée, en évitant l'excès d'aliments riches en prurines tels que viandes et poissons. Buvez un litre et plus de cette composition dans la journée.

Feuilles d'artichaut	30 g
Feuilles de bouleau	30 g
Stigmates de maïs	30 g
Plante de pariétaire	30 g

Plante de persicaire	30 g
Racines de petit houx	30 g
Plante de piloselle	30 g

Faites bouillir pendant 2 ou 3 minutes et laissez infuser durant 10 minutes en mettant quatre cuillerées à soupe de plantes par litre d'eau.

PLANTES UTILES : toutes les plantes diurétiques, mais plus particulièrement *feuilles et racines d'ache, plante d'aigremoine, feuilles de bouleau, sommités de bourrache, rhizomes de chiendent, feuilles d'eucalyptus, plante de gaillet, fleurs de genêt, baies de genévrier, feuilles de gui, fleurs de mauve, feuilles de muguet, racines de panicaut, plante de pariétaire, fleurs de pêcher, plante de persicaire, feuilles de plantain, plante de prêle, fleurs et feuilles de reine-des-prés, bourgeons de sapin, fleurs de sureau, racines de potentille tormentille, sommités de verge d'or, plante de vergerette.*

ŒDÈME

Résultant du passage de l'eau de l'intérieur vers l'extérieur des vaisseaux sanguins, l'œdème a diverses origines et nécessite un examen médical approfondi pour en connaître les raisons précises.

Tout en prenant les plantes de la TISANE DU PALAIS-ROYAL pour soutenir l'état général (page 416), préparez la composition ci-après qui active l'élimination ; buvez cette tisane à volonté dans la journée, chaude si possible.

Feuilles de bouleau	30 g
Queues de cerises	30 g
Stigmates de maïs	30 g
Feuilles d'orthosiphon	30 g
Feuilles de piloselle	30 g
Plante de saponaire	30 g
Fleurs de sureau	30 g

Mettez quatre ou cinq cuillerées à soupe de plantes pour un litre d'eau, faites bouillir pendant 2 ou 3 minutes et laissez infuser durant 10 minutes.

PLANTES UTILES : toutes les plantes diurétiques, et plus particulièrement *feuilles d'artichaut, feuilles de bouleau, queues de cerises, fleurs de genêt, baies de genévrier, plante de gratiole, stigmates de maïs, feuilles d'orthosiphon, feuilles de piloselle, fleurs de sureau.*

ONGLES

Raffiné jusqu'au bout des doigts, il est plus élégant d'avoir des ongles solides, bombés, fermes, et non pas cassants et se dédoublant.

Comme les cheveux, ils sont le reflet de l'état de santé général. Pour remédier aux ongles cassants, faites une cure de temps en temps avec les plantes recommandées pour l'état général ou l'ÉLIXIR DU PALAIS-ROYAL (page 416).

Matin et soir avant les repas, prenez trois gélules de *levure vivante* et de *prêle* pour leur richesse en vitamines, acides aminés et silice, ou bien des *complexes de vitamines et minéraux.*

Prenez le temps de faire un massage prolongé de l'ongle, mais aussi de toute l'extrémité du doigt avec cette composition d'essences et d'huile.

Essence de lavande	200 gouttes
Essence de sarriette	100 gouttes
Essence de térébenthine	50 gouttes
Huile d'avocat	50 ml

Mélangez les essences avec l'huile d'avocat.

ORGELET

L'orgelet est un furoncle sur la paupière au niveau d'un cil. Il est souhaitable d'activer l'élimination et de rééquilibrer l'état général ; prenez pour cela deux tasses par jour de la TISANE DU PALAIS-ROYAL pour l'amélioration de l'état général (page 416).

Faites des compresses chaudes plusieurs fois par jour sur les paupières avec ces plantes.

Son de froment	100 g
Farine de lin	100 g
Fleurs de sureau	100 g

Versez dans une casserole les plantes mélangées, ajoutez la quantité d'eau nécessaire pour faire une pâte liquide. Faites cuire à feu doux quelques minutes. Étalez la pâte sur un linge fin, appliquez la compresse sur la paupière pendant 15 minutes. Renouvelez cette opération plusieurs fois dans la journée.

PALPITATIONS

Perception des battements du cœur, cette impression pénible est souvent d'origine nerveuse.

La meilleure des plantes pouvant y remédier est la *fleur d'aubépine*, à prendre régulièrement en tisane à raison de deux ou trois tasses par jour dont une le soir au coucher.

PANARIS

(*voir* **ABCÈS**)

PELLICULES

Reflet d'une déficience interne, digestive, nerveuse, hormonale, il est souhaitable d'atténuer les pellicules en effectuant avant tout un drainage avec la CURE DU PALAIS-ROYAL pour l'amélioration de l'état général ; complétez ce traitement en prenant *trois gélules de levure vivante* le matin à jeun.

Faites l'application une fois par semaine de ce cataplasme de plantes, qui non seulement élimine les péllicules, mais aussi fortifie la gaine des cheveux et leur donne de la vigueur.

BAIN DE PLANTES POUR TOUS CHEVEUX

Poudre de feuilles de thym	60 g
Poudre de feuilles de bouleau	60 g
Poudre de racines de bardane	60 g
Poudre de feuilles d'ortie	60 g
Poudre de plante de prêle	60 g
Huile de cade	quantité suffisante

Mettez quatre cuillerées à soupe de la préparation dans de l'eau bouillante, juste la quantité nécessaire pour faire une pâte ni trop liquide, ni trop épaisse. Ajoutez une demi-cuillerée à café d'huile de cade. Appliquez cette pâte sur des cheveux propres et mouillés, laissez agir 30 minutes. Rincez abondamment.

POUR TRAITER ET LAVER : Utilisez ce shampooing à l'huile de cade.

Essence de citron	20 gouttes
Essence de thym	20 gouttes
Essence de bouleau	20 gouttes
Essence de lavande	20 gouttes
Huile de cade	1/2 cuillerée à café
Shampooing aux plantes	2 cuillerées à soupe

Mélangez essences, huile et shampooing, appliquez la mixture sur des cheveux mouillés en faisant un massage profond. Laissez agir pendant 15 minutes. Rincez abondamment.

PERTES BLANCHES

Écoulement génital, les pertes blanches peuvent avoir des origines variées dont les plus courantes sont l'anxiété et l'excès de fatigue. Il est indispensable d'en soigner les causes, de se reposer et de prendre deux tasses par jour de cette composition.

Plante d'alchémille	10 g
Racines d'arbousier	10 g
Feuilles de fraisier	20 g
Feuilles de ronce	20 g
Plante de vergerette	30 g
Plante de lamier blanc	60 g

Préparez-la en décoction pendant 3 minutes en mettant une cuillerée à soupe de plantes par tasse.

PLANTES UTILES : *plante d'alchémille, plante d'aigremoine, racines d'arbousier, plante d'argentine, sommités d'aspérule odorante, racines d'aunée, plante de benoîte, racines de bistorte, plante de bourse-à-pasteur, fleurs de bruyère, écorces de chêne, racines de consoude, cônes de cyprès, écorces d'épine vinette, feuilles d'eucalyptus, semences de fenugrec, baies de genévrier, racines de gentiane, feuilles de germandrée, écorces de grenadier, feuilles de gui, feuilles d'hamamélis, cônes de houblon, plante de lamier blanc, sommités de mille-feuille, sommités de mille-pertuis, feuilles de myrte, feuilles de noyer, feuilles de plantain, plante de potentille ansérine, racines de raifort, plante de renouée, feuilles de romarin, feuilles de ronce, pétales de roses rouges, plante de salicaire, feuilles de sanicle, feuilles de sauge, plante de scabieuse, fleurs de tanaisie, feuilles de thym, racines de tormentille, feuilles de vigne rouge.*

PHARYNGITE

(*voir* **RHINO-PHARYNGITE**)

Inflammation du pharynx, elle est souvent associée à une rhinite.

PIQÛRES D'INSECTE

Elles peuvent provenir d'insectes variés. Appliquez, le plus rapidement possible après la piqûre, une *feuille broyée de persil*, de *cerfeuil*, ou de *bardane* –, encore faut-il en avoir à portée de main.

Passez de l'eau froide, le jus d'un *citron*, de l'*essence de lavande*, à défaut du VINAIGRE DE TOILETTE (page 379), que l'on doit toujours avoir chez soi.

POUX

Ces petites bêtes fort désagréables ont tendance à résister aux traitements les plus puissants.

Pour éviter de tels déboires, faites régulièrement une légère friction avec de l'*essence de lavande* ; utilisez tous les 2 ou 3 jours du *vinaigre de tanaisie* dans la dernière eau de rinçage.

VINAIGRE DE TANAISIE

Essence de lavande	5 ml
Fleurs de tanaisie	80 g
Vinaigre de cidre	750 ml

Laissez macérer le tout pendant 15 jours. Filtrez. Mettez deux ou trois cuillerées à soupe de la préparation dans l'eau de rinçage.

PROSTATITE

De la forme et de la taille d'un marron, la prostate est située sous la vessie et joue un rôle important dans la production du sperme. Son inflammation entraîne des pesanteurs, des difficultés à uriner.

L'alimentation devra être facile à digérer, consommez des légumes à volonté avec une préférence pour l'oignon cru.

Prenez soin, à partir d'un certain âge – en prévention pour certains, en traitement pour d'autres –, de faire des cures régulières en alternant ces trois traitements :

– prenez durant 10 jours une cuillerée à soupe de graines de courge, le matin ou le soir ;

– deux ou trois tasses par jour de tisane épilobe pendant 10 jours ;

– deux ou trois tasses par jour de cette composition pendant 10 jours.

Recommencez.

Fleurs de bruyère	10 g
Noix de cyprès	10 g
Bourgeons de pin	10 g
Feuilles de busserole	20 g
Feuilles de thuya	20 g
Plante de verge d'or	20 g
Plante de lamier blanc	30 g
Feuilles de passerage	40 g

Faites bouillir pendant 2 minutes et laissez infuser durant 10 minutes une cuillerée à soupe de plantes par tasse.

PLANTES UTILES : *fleurs de bruyère, feuilles de busserole, cônes de cyprès, plante épilobe à petites fleurs, baies de genévrier, feuilles de gui, feuilles d'hamamélis, plante de lamier blanc, marrons d'Inde, feuilles de myrte, feuilles de passerage, racines de petit houx, bourgeons de pin.*

PRURIT

Pour soulager ces démangeaisons, faites une friction avec le vinaigre de toilette pur ou dilué.

En cas de prurit vulvaire, lotionnez la partie à traiter avec une décoction concentrée (40 g par litre) d'*alchémille*.

PLANTES UTILES : toutes les plantes dépuratives, pour l'eczéma, pour le foie, etc.

PSORIASIS

Le psoriasis est une lésion cutanée formant des plaques de dimensions et de couleurs variées. Elles peuvent s'accentuer ou disparaître sans raison apparente. L'évolution du psoriasis est permanente au cours de la vie, en progression ou en régression. Il faut agir par tâtonnement.

Prenez soin d'avoir une hygiène de vie normale, évitez les surcharges alimentaires, privilégiez les périodes de détente.

Tous les produits à base de propolis vous rendront de grands services : savons, gels douche, shampooings, crèmes, etc.

Prenez un litre par jour de cette composition.

Plante de cardère	20 g
Écorces d'orme	20 g
Racines de patience	20 g
Racines de salsepareille	20 g
Fleurs de souci	20 g
Feuilles de pissenlit	30 g
Plante de saponaire	30 g

Faites une décoction pendant 3 minutes, suivie d'une infusion durant 10 minutes en mettant quatre cuillerées à soupe de plantes par litre.

PLANTES UTILES : toutes les plantes dépuratives, associées à celles qui sont antispasmodiques, et plus particulièrement *feuilles d'artichaut, feuilles et racines de bardane, plante de cardère, plante de centaurée, feuilles et racines de chicorée, feuilles de cochléaria, feuilles de cresson, feuilles de ményanthe, feuilles de noyer, écorces d'orme, feuilles de passerage, racines de patience, plante de pensée sauvage, feuilles et racines de pissenlit, racines de salsepareille, écorces de saule, plante de scabieuse, fleurs de souci, plante de véronique, sommités de verge d'or.*

RÈGLES

Les règles sont la manifestation de la fin du cycle menstruel chez la femme. Leur absence chez une personne adulte est anormale, en dehors des périodes de fécondation, d'allaitement et de ménopause,. Les douleurs qu'elles provoquent chez bon nombre de femmes perturbent leur vie de tous les jours. Une quantité appréciable de plantes emménagogues provoquent, facilitent, soulagent l'écoulement des règles.

Prenez deux ou trois tasses de cette préparation par jour, 10 jours avant la date présumée ainsi que les 2 premiers jours des règles.

Feuilles de menthe poivrée	10 g
Fleurs de matricaire	10 g
Feuilles de romarin	10 g
Sommités de mille-feuille	20 g
Plante de séneçon	30 g
Fleurs de souci	30 g
Sommités d'armoise	40 g

Préparez-la en décoction pendant 2 minutes et en infusion durant 10 minutes en mettant une cuillerée à soupe de plantes par tasse.

PLANTES UTILES : *sommités d'absinthe, feuilles ou racines d'angélique, semences d'anis, feuilles d'armoise, racines d'aunée, écorces de berbéris, fleurs de camomille, semences de carvi, de cumin, de fenouil, baies de genévrier, feuilles d'hamamélis, fleurs de lavande, sommités de marrube blanc, fleurs de matricaire, feuilles de mélisse, feuilles de menthe poivrée, feuilles de ményanthe, sommités de mille-feuille, sommités d'origan, feuilles de persil, feuilles de romarin, stigmates de safran, feuilles de sauge, écorces de saule, sommités de séneçon, feuilles de serpolet, fleurs de souci, feuilles de thym, plante de vergerette du Canada, feuilles de vigne rouge.*

RHINO-PHARYNGITE

Inflammation du pharynx et des fosses nasales, la rhino-pharyngite peut être infectieuse ou allergique, mais bien souvent elle est causée par l'excès de pollution, ou un refroidissement.

Faites des inhalations plusieurs fois par jour avec des *feuilles d'eucalyptus* et des *bourgeons de pin*, ou des composés d'essences (page 355) ainsi que des gargarismes avec les plantes ci-après.

Fleurs de camomille romaine	10 g
Feuilles de myrtille	20 g
Feuilles de ronce	20 g
Plante d'aigremoine	30 g
Plante d'érysimum	30 g

Faites une décoction pendant 2 minutes, suivie d'une infusion durant 10 minutes, en mettant une cuillerée à soupe de plantes par tasse.

RHUMATISMES

Affections touchant les articulations, les rhumatismes sont qualifiés par certains cyniques de « brevet de longévité », en raison des douleurs intenses et de l'impotence qu'ils provoquent, .

Bain d'algues, frictions avec la L'EAU DE FRICTION SOUVERAINE (page 393), massages avec le BAUME SOUVERAIN (page 338), soulagent ces douleurs, ainsi que cette composition de plantes. Prenez-en deux ou trois tasses par jour.

Feuilles de bouleau	10 g
Feuilles de cassis	10 g
Plante de chardon béni	20 g
Feuilles de fraisier	20 g
Baies de genévrier	30 g
Feuilles d'ortie	30 g
Plante d'ulmaire	30 g

Préparez-la en décoction pendant 2 minutes suivie d'une infusion durant 10 minutes en mettant une cuillerée à soupe de plantes par tasse.

PLANTES UTILES : *baies d'alkékenge, feuilles d'artichaut, feuilles et racines de bardane, feuilles de berce, fleurs de bleuet, feuilles de bouleau, sommités de bourrache, feuilles de buis, fleurs de camomille romaine, feuilles de cassis, queues de cerises, plante de chardon béni, feuilles et racines de chicorée, rhizomes de chiendent, feuilles et racines de fraisier, feuilles de framboisier, feuilles de frêne, plante de fumeterre, plante de gaillet, fleurs de genêt, baies de genévrier, feuilles de germandrée, cosses de haricot, racines d'harpagophytum, plante de lycopode, feuilles et racines d'ortie, feuilles et racines de pissenlit, plante de prêle, racines de raifort, plante de renouée, feuilles de ronce, racines de salsepareille, feuilles et racines de saponaire, feuilles de sauge, écorces de saule, sceau de Salomon, plante de scolopendre, sommités de séneçon, feuilles de serpolet, fleurs, feuilles et écorces de sureau, fleurs de tanaisie, feuilles de thuya, feuilles de thym, fleurs et feuilles d'ulmaire.*

RHUME DES FOINS

(*voir* **CORYZA**)

SALIVATION

Pour diverses raisons, la salivation peut être diminuée. Dans ce cas, faites des bains de bouche avec des *fleurs de primevère* ou de *scabieuse*.

Dans le cas contraire d'excès de salivation, utilisez la plante d'*aigremoine* ou la racine de *bistorte*.

SÉBORRHÉE

Sécrétion excessive du sébum au niveau de la peau ou du cuir chevelu, il est important de rééquilibrer l'état général avec l'ÉLIXIR (page 350) ou la TISANE DU PALAIS-ROYAL (page 416).

Ajoutez à l'eau du bain des décoctions concentrées de *sauge*, de *thym* ou d'*aigremoine*. Pour les cheveux, pensez à utiliser le vinaigre de toilette en dernière eau de rinçage, en cataplasme le bain de plantes de *thym*, de *bouleau*, de *bardane*, de temps en temps faites un shampooing avec du *rassoul*, puissant dégraissant.

SANG

(*voir* **CIRCULATION**)

SCIATIQUE

Le nerf sciatique est le nerf le plus volumineux du corps ; descendant dans la fesse, il est relié aux muscles de la cuisse, de la jambe et du pied. Il est compréhensible que pour diverses raisons mécaniques, hernie discale, arthrite, immobilisation prolongée, chute, l'irritation de ce nerf provoque une douleur brutale et vive.

Des massages légers ou des bains avec cette huile soulagent et décongestionnent.

Essence de camomille	5 ml
Essence de genièvre	5 ml
Essence de lavande	5 ml
Essence d'origan	5 ml
Essence de pin	5 ml
Essence de romarin	5 ml
Huile de coco ou de sésame hydrosoluble	250 ml

Buvez plusieurs tasses par jour de la composition de plantes ci-après.

Baies de genévrier	30 g
Feuilles de lierre grimpant	30 g
Bourgeons de peuplier	30 g
Écorces de saule blanc	30 g
Plante d'ulmaire	30 g
Feuilles de verveine officinale	30 g

Préparez une décoction pendant 2 minutes, suivie d'une infusion durant 10 minutes, en mettant une cuillerée à soupe de plantes par tasse.

PLANTES UTILES : toutes les plantes agissant sur l'arthrite, l'arthrose, les rhumatismes.

SINUSITE

Infection et inflammation des sinus, la sinusite se manifeste par des douleurs intenses et un écoulement plus ou moins purulent.

Il est important de soigner l'état général avec les plantes de la TISANE DU

PALAIS-ROYAL (page 416) et plus particulièrement le FOIE (page 419), pour permettre à l'organisme de mieux se défendre.

Pour parer au plus pressé, faites des lavages de sinus et des inhalations plusieurs fois par jour avec cette composition.

Fleurs de tilleul	10 g
Feuilles d'eucalyptus	50 g
Bourgeons de pin	50 g
Feuilles de thym de Provence	50 g

Versez deux cuillerées à soupe de plante dans un demi-litre d'eau, portez à ébullition, versez le tout dans un récipient pour procéder à l'inhalation.

Faites des frictions plusieurs fois par jour en insistant sur la poitrine et le dos avec la COMPOSITION D'ESSENCES (page 355). Si votre peau est sensible, ajoutez-y un peu d'huile d'*amande douce*.

SPASMES

Résultant d'une contraction involontaire d'un ou de plusieurs muscles, les spasmes perturbent certains organes, estomac, intestins, et les voies urinaires.

Cette composition a pour effet de décontracter, reposer, détendre l'organisme. Prenez-en plusieurs tasses par jour si nécessaire.

Feuilles d'angélique	20 g
Feuilles de basilic	20 g
Plante de calament	20 g
Fleurs de lavande	20 g
Sommités de lotier	20 g
Feuilles de marjolaine	20 g
Pétales d'oranger	20 g
Plante de passiflore	20 g

Préparez-la en légère décoction pendant 1 ou 2 minutes, suivie d'une infusion durant 10 minutes.

PLANTES UTILES : *plante d'agripaume, semences d'aneth, feuilles ou racines d'angélique, semences d'anis vert, feuilles d'armoise, sommités d'aspérule odorante, feuilles et fleurs d'aubépine, racines d'aunée, feuilles de basilic, plante de calament, fleurs de camomille romaine, plante de chardon Marie, plante de gaillet, semences de gatillier, cônes de houblon, fleurs de lavande, sommités de lotier corniculé, feuilles de marjolaine, fleurs de matricaire, sommités de mélilot, feuilles de mélisse, feuilles de menthe coq, sommités de mille-feuille, feuilles et fleurs d'oranger, sommités d'origan, fleurs de pâquerette, plante de passiflore, fleurs de primevère, feuilles de romarin, feuilles de sauge, écorces de saule, feuilles de serpolet, fleurs de tilleul, racines de valériane.*

STOMATITES

(*voir* **APHTES**)

STRESS

L'être humain réagit mal aux agressions de plus en plus importantes de la vie courante ; nervosité, angoisse, spasme, susceptibilité, agressivité, fatigue en sont le reflet.

L'alimentation doit être équilibrée, riche en fruits secs, et frais suivant la saison, en légumes cuits ou crus, en céréales, tous aliments riches en vitamines et minéraux. Évitez les excitants tels que l'alcool, le café, le thé, le tabac.

Dans les cas d'angoisse trop importante, faites une onction sur les tempes et le plexus solaire avec le BAUME DÉTENTE (page 335). Pensez également à prendre de la DOLOMITE EN GÉLULES, d'un rapport calcium-magnésium très équilibré, ou de la *prêle*, des complexes minéraux, des ampoules de cohobat d'*angélique*.

Pour supprimer votre stress, établir votre équilibre, buvez cette tisane de plaisir matin et soir.

Plante d'agripaume	20 g
Fleurs et feuilles d'aubépine	20 g
Racines d'éleuthérocoque	20 g
Racines d'angélique	30 g
Sommités de lotier corniculé	30 g
Feuilles de romarin	30 g

Préparez-la en décoction pendant 2 minutes, suivie d'une infusion durant 10 minutes.

TABAC

Supprimer l'envie du tabac n'est pas chose facile, il appartient à chacun d'avoir suffisamment de volonté pour prendre conscience des « destructions » que le tabac cause dans son organisme.

Les décoctions d'écorces ou de feuilles de *sassafras*, de graines d'*avoine* vous aideront à enrayer le tabagisme.

Mais la meilleure solution est d'être prêt psychologiquement à cesser d'user de ce « poison ». Des plantes vous aideront à mieux supporter cette période de sevrage qui rend agressif, boulimique, insomniaque. Prenez en complément des tablettes de composés minéraux ou d'association de vitamines et de minéraux. Buvez plusieurs tasses par jour de cette composition.

Racines d'angélique	20 g
Feuilles de cassis	20 g
Feuilles de kinkéliba	20 g
Laminaires	20 g
Sommités de lotier corniculé	20 g
Feuilles de romarin	20 g
Écorces de sassafras	20 g

Faites une décoction pendant 2 minutes et laissez infuser durant 10 minutes.

PLANTES UTILES : *feuilles et racines d'angélique, sommités de lotier corniculé, plante de prêle* donnent particulièrement de bons résultats. Sont utiles également les plantes toniques, antispasmodiques et calmantes.

TÆNIA

Ver parasite, le tænia entraîne une augmentation de la faim, un amaigrissement, parfois des malaises. Il est important de se débarrasser de ce parasite au plus tôt.

RACINES DE FOUGÈRE MALE OU ÉCORCES DE GRENADIER

Faites bouillir pendant 15 minutes 50 g de l'une de ces plantes dans trois quarts de litre d'eau. Prenez cette quantité en plusieurs fois dans la soirée. Buvez ensuite une décoction concentrée de *bourdaine* ou de *séné* pour purger. Prenez soin de vous reposer le lendemain.

GRAINES DE COURGE

Préparation plus agréable, non moins efficace : pilez 50 g de graines de courge dans un peu de sucre ou de miel. Absorbez cette quantité en plusieurs prises dans la soirée, prenez une purge 1 heure après.

Renouvelez l'un ou l'autre de ces traitements 2 mois après si nécessaire.

TOUX

La toux est le réflexe destiné à expulser les mucosités se trouvant dans la gorge, la trachée ou les bronches ; elle peut être d'origine nerveuse.

Les plantes choisies sont adoucissantes, balsamiques et calmantes.

Voici une composition des plus efficaces éliminant la toux des bronchiteux, des fumeurs, des nerveux, des asthmatiques. Prenez-en plusieurs tasses par jour en l'associant à une cuillerée à café de miel par tasse.

Carragahen	10 g
Fleurs de coquelicot	10 g
Plantes de drosera	10 g
Fleurs de tussilage	10 g
Baies de genévrier	20 g
Feuilles d'hysope	20 g
Feuilles de lierre terrestre	20 g
Feuilles de myrte	20 g
Lichen pulmonaire	20 g
Racines de réglisse	20 g

Préparez-la en décoction pendant 2 minutes, suivie d'une infusion durant 10 minutes, en mettant une cuillerée à soupe de plantes par tasse.

PLANTES UTILES : *racines d'acore, racines d'aunée, feuilles de basilic, plante de bétoine, plante de cataire, racines de consoude, fleurs de coquelicot, feuilles de cresson, plante de drosera, feuilles d'eucalyptus, plante d'euphraise, semences de fenouil, baies de genévrier, feuilles, fleurs et racines de guimauve, feuilles d'hysope, racines d'imperatoire, feuilles de laurier-sauce, lichen blanc d'Islande, lierre grimpant et lierre terrestre, sommités de marrube blanc, feuilles ou fleurs de mauve, sommités de menthe coq, sommités de menthe pouliot, feuilles de myrte, sommités d'origan, fleurs de pâquerette, fleurs de pêcher, bourgeons de peuplier, fleurs de pied-de-chat, bourgeons de pin, racines de poly-*

gala, polypode de chêne, fleurs de primevère, pulmonaire officinale et de chêne, racines de réglisse, plante de scabieuse, feuilles de scolopendre, feuilles et fleurs de tussilage, plante de véronique, fleurs de violette.

TRANSPIRATION

Excès de transpiration, mains moites, pieds humides, irritant jusqu'à la douleur, se traitent bien en prenant à volonté dans la journée des *tisanes d'hysope* et *de sauge.*

Faites des bains complets, ou seulement de pieds, avec ce composé d'essences et d'huile de coco. Cette huile peut également s'utiliser en massage.

Essence de citron	5 ml
Essence de genièvre	5 ml
Essence de sauge	5 ml
Essence de thym	5 ml
Huile de coco hydrosoluble	250 ml

Pour le corps, ou plus spécialement pour les pieds, utilisez cette composition de poudres.

Poudre d'argile	50 g
Poudre de prêle	50 g
Poudre de sauge	50 g
Poudre de thym	50 g

Mélangez les poudres entre elles.

ULCÈRE VARIQUEUX

Situé sur les jambes, l'ulcère variqueux est tout simplement l'aboutissement d'une escarre sur une varice.

Véritable exutoire, il est primordial de traiter l'état général, d'activer l'élimination, de faciliter la circulation du sang.

L'alimentation doit être légère, en évitant les surcharges. Faites des bains de pieds avec de la *vigne rouge* en cas de congestion excessive.

En alternant une semaine sur deux avec l'ÉLIXIR ou la TISANE DU PALAIS-ROYAL (pages 350 et 416), prenez deux ou trois tasses par jour de cette tisane.

Plante de géranium à Robert	10 g
Plante de renouée	10 g
Feuilles de salicaire	10 g
Plante d'aigremoine	20 g
Feuilles de noyer	20 g
Plante de pensée sauvage	20 g
Plante de prêle	20 g
Plante de fumeterre	30 g
Plante de centella asiatica	40 g

Faites une décoction durant 2 minutes, suivie d'une infusion pendant 10 minutes, en mettant une cuillerée à soupe de plantes par tasse.

PLANTES UTILES : pour compresses ou cataplasmes, réduire les plantes en poudre, faire une pâte : *plante de bétoine, feuilles ou fleurs de bouillon blanc, feuilles de céleri, feuilles de centella asiatica, feuilles de cerfeuil, écorces de chêne, racines de consoude, feuilles de cresson, sommités de mille-pertuis, feuilles de persil, pétales de souci ;*
pour boire en tisanes : *feuilles et racines d'ache, plante d'aigremoine, feuilles et racines de bardane, feuilles de berce, feuilles et fleurs de bouillon blanc, plante de bourse-à-pasteur, feuilles de centella asiatica, plante de chardon béni, écorces de chêne, racines de consoude, semences de fenugrec, feuilles et racines de fraisier, baies de genévrier, plante de géranium à Robert, feuilles d'hamamélis, cônes de houblon, feuilles de lierre terrestre, sommités de mille-pertuis, feuilles de noyer, feuilles d'ortie, plante de pensée sauvage, bourgeons de pin, feuilles de plantain, plante de prêle, plante de renouée, feuilles de salicaire, feuilles de sauge, feuilles de serpolet, fleurs de souci, racines de potentille tormentille, plante de verge d'or, plante de verveine officinale, plante de véronique.*

URÉE

Dégradation des protéines, l'urée est présente dans le sang et les urines où elle s'élimine. Son accumulation excessive, reflet d'un mauvais fonctionnement de l'élimination urinaire, conduit à une peau terne avec démangeaisons, une hypertension, des troubles de la respiration, de la digestion, de la vision, de la conscience.

Avant tout, supprimez dans l'alimentation l'apport de protéines, viandes ou poissons, en leur préférant les fruits et les légumes. Buvez un litre par jour de cette composition.

Feuilles d'artichaut	20 g
Plante de lampsane	20 g
Racines de pissenlit	20 g
Racines de salsepareille	20 g
Feuilles de busserole	30 g
Fruits de paliure	30 g
Plante de piloselle	40 g

Préparez-la en décoction pendant 2 minutes, suivie d'une infusion durant 10 minutes, en mettant une cuillerée à soupe de plantes par tasse ou quatre par litre.

PLANTES UTILES : toutes les plantes pour le foie et diurétiques, mais plus particulièrement *feuilles d'artichaut, racines d'aunée, fleurs de bruyère, feuilles de busserole, queues de cerises, feuilles et racines de chicorée, rhizomes de chiendent, racines de garance, fleurs de genêt, baies de genévrier, plante de lampsane, feuilles d'orthosiphon, fruits de paliure, racines de panicaut, feuilles de piloselle, feuilles et racines de pissenlit, feuilles de romarin, racines de salsepareille, feuilles de sauge, fleurs de tilleul.*

VARICES

Elles sont provoquées par une dilatation des veines, au niveau des jambes dans la plupart des cas. Il est recommandé de lutter contre les varices en allégeant le sang et en tonifiant la paroi veineuse.

Comme pour tous les problèmes circulatoires, pas de cigarettes, pas d'alcool, une alimentation facile à digérer. Évitez les bains chauds, l'excès de soleil.

Dans les cas de lourdeur excessive, faites des bains de pieds avec des décoctions concentrées de *vigne rouge* et des massages avec de l'*hydrosoluble au citron*. De temps en temps, faites une cure avec l'ÉLIXIR ou la TISANE DU PALAIS-ROYAL (pages 350 et 416).

Pendant 3 semaines par mois, prenez deux tasses par jour de cette préparation.

Plante de bourse-à-pasteur	20 g
Plante de lamier blanc	20 g
Sommités de mille-feuille	20 g
Plante de saponaire	20 g
Noix de cyprès	30 g
Racines de petit houx	30 g
Feuilles de vigne rouge	30 g

Préparez-la en décoction pendant 2 minutes suivie d'une infusion durant 10 minutes.

PLANTES UTILES : *feuilles et racines de bardane, plante de bourse-à-pasteur, plante de chardon Marie, feuilles et racines de chicorée, cônes de cyprès, plante de fumeterre, feuilles de gui, feuilles d'hamamélis, plante de lamier blanc, fruits de marronnier d'Inde, sommités de mille-feuille, plante de pensée sauvage, plante de persicaire âcre, racines de petit houx, feuilles et racines de pissenlit, feuilles de plantain, plante de renouée, feuilles et racines de saponaire, feuilles de vigne rouge.*

VERRUES

Tumeurs bénignes, contagieuses, d'origine virale, les verrues se traitent en appliquant tous les jours du *suc frais de chélidoine*, à défaut de l'*essence de thuya*, ou en broyant des *fleurs de souci.*

VERS ET PARASITES

Divers parasites troublent énormément l'état général : la langue est épaisse et blanche, l'haleine fade ; quelquefois un état fiévreux, bien souvent un excès de nervosité s'y associent.

L'écoulement de la bile, qui aseptise et régularise les fonctions intestinales, doit être soutenu en favorisant un bon fonctionnement du foie.

Pour cela faites des cures de temps en temps pour l'ÉTAT GÉNÉRAL (page 416) ou pour le FOIE (page 419).

Prenez une tasse de cette composition le matin et le soir, pendant une semaine, 4 jours avant, 4 jours après la pleine lune.

Semences de santoline	10 g
Feuilles de noyer	20 g
Feuilles de thym	20 g
Racines de réglisse	20 g
Sommités d'absinthe marine	30 g
Mousse de Corse	30 g
Écorces de grenadier	30 g

Faites une décoction pendant 3 minutes, suivie d'une infusion durant 10 minutes, en mettant une cuillerée à soupe de plantes par tasse.

Une POUDRE VERMIFUGE (page 367) donne également de bons résultats. Dans les cas rebelles, complétez cette cure par un lavement. Voici les quantités pour une dose.

Mousse de Corse	30 g
Fleurs de tanaisie	30 g
Sommités d'absinthe marine	30 g

Faites bouillir ces plantes pendant 5 minutes dans un litre et demi d'eau, filtrez. Laissez refroidir avant de l'utiliser.

PLANTES UTILES : *sommités d'absinthe marine, plante de ballote, sommités de centaurée, feuilles de chélidoine, écorces de grenadier, mousse de Corse, fleurs de pêcher, semences de santoline, fleurs de tanaisie, feuilles de thym.*

VÉSICULE BILIAIRE

(*voir* **FOIE**)

YEUX

Brillant, clair, éclatant, l'œil est le reflet de votre être le plus profond.

Les malaises oculaires importants sont traités aux rubriques « Blépharite » et « Conjonctivite » La composition ci-après est indiquée pour assurer un meilleur confort à vos yeux tellement agressés par la pollution, la luminosité des écrans et les lumières.

Faites des compresses ou des bains d'yeux.

Fleurs de bleuet	20 g
Fleurs de camomille romaine	20 g
Plante d'euphraise	20 g
Pétales de roses rouges	20 g

Faites une infusion pendant 10 minutes en mettant une cuillerée à café de ce mélange de plantes pour une tasse d'eau.

ZONA

Infection virale des terminaisons nerveuses, le zona, proche de la varicelle, est plus ou moins douloureux en fonction de sa localisation et de la sensibilité de la personne qui en est atteinte.

Prenez le plus rapidement possible la TISANE DU PALAIS-ROYAL pour l'état général (page 416), faites des compresses avec une décoction de *fleurs de tilleul*, de *guimauve*, de *mauve* ou de *sureau*.

Éventuellement, buvez un litre dans la journée de cette composition.

Écorces de berbéris	20 g
Fleurs de camomille romaine	20 g
Racines de pissenlit	20 g
Racines de salsepareille	20 g
Fleurs de sureau	20 g
Plante de calament	40 g
Feuilles de buis	60 g

Préparez-la en mettant quatre cuillerées à soupe de plantes par litre, faites bouillir pendant 2 ou 3 minutes et laissez infuser durant 10 minutes.

Infusions plaisir

Les infusions plaisir se prennent aussi bien le matin qu'après les repas ou dans la journée. On se délecte de leur parfum, on les offre aux amis. Une multitude de plantes parfumées peuvent, grâce à de « savants » mélanges, flatter agréablement le palais. Voici une liste non exhaustive des principales d'entre elles :

> *racines d'acore, fleurs d'acacia, feuilles, semences ou racines d'angélique, semences d'anis vert, fruits de badiane, feuilles de basilic, écorces de cannelle, fleurs de camomille, semences de cardamome, feuilles de citronnelle, semences de coriandre et de cumin, enveloppes de fruits de cynorrhodon, feuilles d'estragon, semences de fenouil, racines de gingembre, fleurs d'hibiscus, feuilles d'hysope, fleurs de jasmin, feuilles de laurier, fleurs de lavande, feuilles de marjolaine, feuilles de mélisse, feuilles de menthe poivrée, pétales d'œillet, feuilles ou fleurs d'oranger, bourgeons de pin, fleurs de prunellier, racines de réglisse, feuilles de romarin, boutons de roses rouges, feuilles de sarriette, feuilles de sauge, feuilles de thym et de thym citron, fleurs de tilleul, fèves tonkas, feuilles de verveine ;* des fruits secs et confits : *amandes, abricots, angélique, gingembre, pruneaux, raisins.*

INFUSIONS DU MATIN

Leur parfum doit être agréable, frais et tonique.

Feuilles de basilic
Feuilles de romarin
Feuilles de sarriette
Feuilles de thym citron
Fruit de citron

Pour une tasse à thé, versez une pincée de chaque plante et le quart d'un citron dans l'eau bouillante pendant 10 minutes.

Agréable à boire, un arôme piquant et tonique.

Feuilles de romarin
Feuilles de sauge
Feuilles d'ache
Feuilles de noyer
Cerfeuil frais

Versez une pincée de chaque plante pour une tasse d'eau bouillante que vous laisserez infuser pendant 10 minutes.

INFUSIONS D'APRÈS REPAS

Un parfum suave, très doux, légèrement anisé, une douceur pour l'estomac.

Fruits de badiane
Feuilles de basilic
Semences de fenouil
Fleurs de matricaire
Gousse de vanille

Versez une pincée de chaque plante et un quart de gousse de vanille pour une tasse d'eau bouillante, laissez infuser pendant 10 minutes.

Un peu plus épicée et fraîche.

Feuilles de basilic
Semences de cardamome
Feuilles d'hysope
Feuilles de mélisse
Feuilles de menthe ou d'estragon

Versez une pincée de chaque plante, avec deux grains de cardamome, pour une tasse d'eau bouillante, laissez infuser pendant 10 minutes.

INFUSIONS TONIQUES

Voici deux recettes très toniques qui facilitent la digestion.

Tige d'angélique confite
Racines de gingembre
Fèves tonkas
Feuilles de romarin
Gousse de vanille

Pour une tasse d'eau bouillante, versez une pincée de chaque plante et la tige d'angélique confite, un quart de gousse de vanille, laissez infuser pendant 10 minutes.

Écorces de cannelle
Semences de cardamome
Céleri frais
Gingembre confit
Fève tonka

Versez une pincée de chaque plante, deux grains de cardamome, une fève de tonka pour une tasse d'eau bouillante, laissez infuser pendant 10 minutes.

INFUSION ADOUCISSANTE DES BRONCHES

Pour adoucir les bronches, éclaircir la voix, faciliter la respiration.

Fleurs de coquelicot
Feuilles de laurier-sauce
Bourgeons de pin
Feuilles de thym
Raisins blonds de Smyrne

Pour une tasse à thé d'eau bouillante, versez une pincée de chaque plante ainsi qu'une dizaine de raisins, laissez infuser pendant 10 minutes.

INFUSIONS DE L'APRÈS-MIDI

Agréablement parfumée, fraîche, acidulée.

Baies de cassis
Enveloppes de fruits de cynorrhodon
Feuilles d'hysope
Fleurs de karkadé
Boutons de roses rouges

Versez une pincée de chacune de ces plantes pour une tasse d'eau bouillante, laissez infuser pendant 10 minutes.

Un parfum fleuri, très délicat.

Fleurs de jasmin
Fleurs d'œillet
Pétales d'oranger
Boutons de roses rouges
Fleurs de violette

Versez une pincée de chaque plante pour une tasse d'eau bouillante, laissez infuser pendant 10 minutes.

INFUSIONS DU SOIR

Des plantes au parfum de miel qui procurent un bon sommeil.

Sommités d'aspérule odorante
Fleurs de lavande
Fleurs de matricaire
Pétales d'oranger
Fleurs de tilleul

Versez une pincée de chaque plante pour une tasse d'eau bouillante, laissez infuser pendant 10 minutes.

Douceur du calme vespéral, légèrement laxative.

Feuilles de marjolaine
Feuilles de mélisse
Feuilles de myrte
Feuilles de pêcher
Baies de sureau

Pour une tasse à thé d'eau bouillante, versez une pincée de chaque plante, en ajoutant un ou deux pruneaux si vous souhaitez un effet plus laxatif. Laissez infuser le tout pendant une dizaine de minutes.

Un délicat parfum de détente après le repas.

Fruits de badiane
Racines de réglisse
Baies de myrtille
Racines de gingembre confites
Amandes concassées
Gousse de vanille

Versez une pincée de chaque plante pour une tasse d'eau bouillante, laissez infuser pendant 10 minutes.

Index

B

C

D

E

F

H

I

J

K

L

Q

R

S

T

U

V

Maquette et réalisation
Dominique Guillaumin

Sommaire

Achevé d'imprimer
dans les ateliers de Normandie Roto S.A.
61250 Lonrai
pour le compte des Éditions Le Pré aux Clercs
en avril 1992

Imprimé en France
Dépôt légal : avril 1992
N° d'éditeur : 2781. N° d'imprimeur : I2-0843